# 自序

猶憶民國三十七年，我初入國立廈門大學攻讀教育系，曾讀到陶知行先生所著記載他創辦曉莊學校一書，當時深受感動，尤以書中所述有關如何陶冶學生心性者，更覺傾心。私下立志，將來畢業後，亦必辦一如曉莊學校般富有教育理想的學校爲終身職業。事隔三十年，至今陶書確名早已忘，書中所述詳情亦已無從追憶，然使我深刻難忘的，則是這本書在當時曾啓發了我對於教育心理學的愛好，並知凡從事教育工作者，所應抱有之理想。

我在廈大僅讀了一年級，只讀的普通課程，尚未讀到教育心理學。三十八年，大陸沉淪，逃到香港，曾轉入新亞書院寄讀。所選課程中有教育心理學一門，却使我很失望，因所講心理學並非如我所想像。但我當時亦並不能明白說出自己所喜歡的心理學究竟是那樣的，只覺得自己心中有許多疑問無從獲得解答。但同時讀到中國文化史一課，在那國家整個沉淪時，這門課却使我對國家民族的前途重又燃起了信心，而連帶對自己的未來亦充滿樂觀。

限於當時的環境，我只在新亞讀了一年，又轉來臺灣，進入當時的省立師範學院卽今國立師範大學之教育系，借讀兩年直到畢業。在師範學院的兩年中，所讀全部課程盡是有關教育的，使我逐漸感到越讀教育專門的課程，與我當年初進廈大時所抱對於從事教育事業需有理想的一番心情及對教育心理的愛好距離却越遠，內心不免常感到空疏。而當年得自中國文化史一課的印象，則不時常在腦海中流轉，於是自己選定王陽明的教育思想爲題，作爲我私下研究的工作，成陽明教育思想一小書。當時於陽明傳習錄中讀到許多有關教學故事的記載，啓發了我對儒家心性之學的愛好，重新又引起我對研究教育心理的興趣。但欲從王學入門，再作深入的研究，必得通理學，以自己當時對國學知識的過於淺薄，一時實無從着手，只得暫時擱置一旁。那時我實亦未能深切體認到儒家心性學與西方教育心理學之異同，更不知儒家心性學在今日新式教育制度下所可有的地位。

民國四十五年春在港成婚，因向學之心甚切，乃於四十七年春赴美，在柏克萊加州大學教育研究院進修一年，我又重新燃起要探究西方教育心理學的願望，因此選了教育心理學一課。據當時同班美國同學告訴我，教心理學的這位教授是美國當時頗負名望的心理學教授之一。但這門功課給我的印象，雖限於語言的困難，上課時我無法領略教授許多風趣幽默的比喻外，而其課程內容，除了增添許多新的教育心理學的實驗資料外，與我十年前在香港時所唸大致相同，只所用語言文字相異而已。自美回港後，我對西方教育心理學再無興趣，而於我國原有的儒家心性學則更深懷念，惟因當時生活極不安定，未能一意全心向學，僅能不斷作偶然之翻閱而已。

民國五十六年，由港遷臺，定居外雙溪，生活安定。心情輕鬆，於是又引起我對儒家心性學探討的興趣。逐漸深切體會到，不明白中國整個學術思想史的演變，實在無法對儒家有關人生教育方面的心性問題有眞切之瞭解，於是始決心再加擴大我的研究範圍到中國全部教育史的題目上來，而於教育史中特注重及學術思想之演變。外子賓四於五十八年起在文化學院歷史研究所開課，每年所開課目雖不同，然多屬有關中國學術思想方面。外子晚年講學，頗喜注重在學術思想自古至今的演變，並喜針對當前[illegible]雙方現實世界中之種種弊病而有所剖析，對我啓發最多。

民國六十年冬，蒙中國文化學院創辦人張曉峯先生許我[illegible]

期兩小時，六十二年又增開中國通史一課。教育史一課初開時，曾草擬一大綱，於每星期上課回家後，必將堂上所講，以及講課時連帶牽涉到的問題與自己所省悟的種種感想，於散步中向外子一一詳告。有的經他再深入講解，有的命我再查書補充，數年來未曾中斷。我最先所擬大綱遂有不斷修正與增添，而中國通史的講授對我教育史一課的教學亦極有裨益。

六十五年夏，我乃特地辭去中國通史一課，以便專心一志將講授中國教育史一課累年所積的卡片全部整理成書。此一工作由正式動筆至完成，前後近兩年。初稿陸續完成時，外子曾隨時加以潤飾。他本允待我全稿完成後，再從頭至尾為我修飾一遍。不幸，他於去年冬雙目視力驟然衰退，不能見字。稿成，我只得將全書向他誦讀一遍，他在聽後又隨時口加修飾。

自念我決心研究中國教育史，已年過四十，苦於國學基礎太過薄弱，此一工作深有力不從心之憾。本書疏漏之處，自所難免，容他年學業有進，於將來此書再版時，當續加修正補充。本書所取材料太多，未能一一註明出處，特於每一篇後附參考書目，書中所引未查原書者，則參考書目中亦不列入。此書之成，實有賴於張曉峯先生之慨然許我在中國文化學院開課。又文化學院許研究所年老教授可各自在家開班，不必一定要到校。外子之課如不在家中講授，此九年來，我亦難以每次參加聽講，則此書之成，恐仍有待。這一切皆得感謝張曉峯先生，特在此著誠懇之表白。

民國六十七年五月十二日胡美琦於臺北士林外雙溪之素書樓書成自序

# 引論

## 一

中國傳統文化極重視歷史，歷史包括了一切人事記載，並不專限在政治、軍事、經濟等事項上，而尤所重要的，則爲人物一項。中國人奉爲正史的所謂二十五史，開始於史記，即爲一種列傳體，此即說明人物記載乃是中國歷史之主要主幹。其在政治、軍事、經濟等種種項目上闖了禍，貽害人羣的，當然歷史上不能不記載，以供後人之炯戒，但歷史人物主要注重正面性的，可資後人師法的。因此，以人物爲中心的中國史，也可說是一部敎育史。而在中國歷史上，若分門別類來看，反而像敎育一門轉形冷淡。若寫分門別類的中國敎育史，反而會感到材料不多，這裏面卻有一番特別的情由，需該說明。

再從中國人的文化傳統觀念看，人類文化的演進主要在乎人類自身的敎化。一個民族文化價值之高下，與其歷史過程事屬一體。有關人事的一切都密切相關，全包涵在人文之一體中，但一民族傳統文化對此各方面發展之偏重偏輕，影響所及，實是決定此一民族的文化價值與其前途及命運。

中國歷史其對一切文化事態似乎特別重視學術思想之具有敎化功能者，其地位又在其他政治社會一切事變之上。以中國人觀念來說，也可謂應以學術思想來領導政治社會等各方面的發展。換言之，即政治社會各方面的發展，都應在民族自身敎化一大理想大前提之下。此一觀念實使我中華文化在以往歷史上能屢仆屢起，雖國家屢經禍亂而文化終能綿延不斷，並成爲世界上文化最悠久、歷史最完備的國家。

因此可以說，中國文化傳統最看重教育。但所看重的是廣義的教育，而不是狹義的僅指傳授智識技能的學校教育而言。所謂廣義的教育，乃是指人生的全部過程，自幼兒以至老死，以及人生的各種活動，包括家庭與社會中人與人之間的一切交往在內。因此，中國自古以來歷史上並無單純的所謂教育家，也缺乏專門講教育理論的書籍。其實我們可以說，一部中國思想史即是一部中國教育思想史，凡是歷史上被社會所尊重的人物，他都帶有教育家的精神，因爲他足以爲當世法，足以爲後世師。

我們看重孔子，尊孔子爲至聖先師，但我們絕不能說孔子是一位現代西方所謂的教育家，因爲孔子對人類文化的貢獻，傳授知識技能只是其一小部份。他被尊爲至聖先師是指廣義的教育而言。再就通俗言之，如三國時代的諸葛亮與關羽，以狹義的教育觀念來看，此兩人都與教育扯不上關係，但一個代表忠，一個代表義，自三國以來，此兩人在中國社會教育上有極大的貢獻。如果誇大其詞，我們亦可說諸葛亮與關羽對社會教育的貢獻，其地位亦至高無倫。西方人看重事業，事業要論成敗，而中國人每不以成敗論人，此因爲中國文化傳統中看重人物的品格表現。看重人物，就得要論品德。若僅以事業論，諸葛亮關羽都是失敗者，不足重視，若以人品論，則一代表忠，一代表義，都足以爲後世法爲百世師。我們要研究中國教育史絕不容忽視此一以往文化傳統及其歷史記載之特性。

中國近代受西方文化影響，視教育成一專門的學問，但這只是近百年來的現象。如果說，教育應包括品格修養與學識充實兩部份，在西方教育傳統中，則是將兩者各別分開實施，品格教育屬宗教方面，智識技能屬學校教育。但在中國教育傳統中，視品格教育與智識技能爲教育的一整體，或可說，更看重品格教育在智識技能之上。孔子曰：「行有餘力，則以學文。」是先行爲後知識的，此就小學階段言。又曰：「博我以文，約我以禮。」便成了先知識後行爲，此是指大學階段而言。可見知識行爲乃是一體，只在教育階段的過程中有先後之分。東西雙方兩種不同的文化傳統，演變出兩種不同的人生。亦可說，演變出兩種不同的歷史形態與社會形態，而反應到教育的一應措施上，亦自有不同。

亦可說，西方文化傳統中，有宗教、法律、教育三項之分別，宗教救人靈魂與人安慰，在人生的某一方面是有其教導功能的，法律則在某幾方面禁止人做壞事，教育重在傳授人知識技能，教人謀生的本領，此三者各別有其用途。但中國文化傳統中，教育功能則已包括了西方人宗教、法律之兩項，此因中國教育精神看重人的品格修養，講德性，重做人的道理，取代了宗教地位。德性表現在行爲上，人人有好的行爲表現，自可人人守法不做壞事。所以在中國文化傳統中，沒有自創的宗教，法律亦比較不受重視，而教育一項，其受重視之地位，則又高過了西方。兩種文化背景不同，其歷史發展的路向自然也不相同，因此我們絕不能以西方人的眼光，來從事研究中國教育史，這點是首當注意的。

## 二

中國歷史的演進，並非沒有變動，但其變動不如西洋史之可以截然劃分。中國歷史上，雖亦不斷有朝代更迭，有盛有衰，有治有亂，而其文化精神則依然一線相承，惟有在和平狀態下轉移改進，易使人忽略其中所有之變化。中國歷史上有封建制度，乃是先秦以前的一種政治體制，此與西方史上中古時期之所謂封建社會有不同。西方中古時期並無統一的政治，此後現代國家興起，政治亦未曾統一。中國在封建時代已有一統一王朝，今可稱之爲封建的統一。自秦代乃變爲一種郡縣的統一，而封建政體才告結束。大體言之，自秦以後，已無貴族世襲的政治，社會上亦不再是貴族平民顯然劃分的兩階層，而逐漸形成士農工商的四民社會。秦始皇雖被稱爲中國歷史上之暴君，但其最受詬病的焚書事件，卻爲主張廢封建而引起，此在歷史上有明證。今人治教育史，有將自秦至清，二千年來稱之曰半封建時代之教育，可謂昧於史實。

先秦以前，封建時代最高教育的對象，乃爲貴族階層，教育內容主要也限於貴族日常生活所需之種種，此爲不諍之事實，但自漢武帝以後，國家成立太學，立五經博士，太學生選自民間俊秀及地方低級小吏。太學中所敎五經，在封建時期雖屬王官之學，但至此，則五經乃以敎平民，而奪爲一般政治措施方面之最高領導。自武帝成立國立太學，可說政府將政權從貴族階級之手中正式公開轉移給平民社會高級知識份子之手，故自此以下之政府當稱之爲士人政府。至唐，有科舉考試制，許人民自由報考，可謂政權之更澈底開放。如強稱自秦以下的中國爲半封建時期，誠不知將此史實作如何解釋。

有說中國兩千年來是一專制政治，科舉取士的制度爲便於中央集權的統治，爲牢籠天下人心的一手段，平民一旦被錄取，卽變爲統治階級，而供君主之驅策。又說考試制度使平民有由其一躍而升入統治階級的希望，遂養成馴服被治的民族性，而不願起來革命。此又爲昧於史實之言。漢武帝以五經爲士人求學之目標，主通經致用，講經重微言大意，以求領導政治之實際應用。惟當時讀書人究屬社會中之少數，解經重家法師說，讀書人不普遍，不免形成讀書入仕爲少數人之特權，遂演變成東漢以後的門第，此乃爲當時歷史上的時代環境所限止，絕非當時上層政治所能急切轉變。至唐代有科舉制，許士人自由報名，門第勢力始能因此逐漸消失，而平民與士人間之流轉亦加速。下至宋代，社會再不受門第影響，而又因印刷術之發明，書籍流通較前大爲便利，讀書再不是少數人的特權，布衣卿相已成當時一極普通之現象，平民與士子間之流轉更快速，宰相之子弟，依然當依科舉進升，如不努力考試，三四代後，仍得從政治圈中退出，成爲一平民。

有了國家，便該有政府組織，來管理國家之事。而此政府中人，由平民中公平競爭，自由升起，是一種極合理的現象。不能因有了此一政府，卽認爲此國家乃有統治與被統治特定的兩階層之劃分，而視此爲一不合理的制度。如此，則除非將國家之政治組織徹底取消不可。一個國家管理衆人之事的一羣人，旣屬不斷地起自民間，瞭解民隱，此卽可稱爲是一種開明的政治，又何需起而革命。而且中國是一個廣土衆民統一的大國家，一旦引起革命，勢必長期動亂不易恢復。因此在中國，社會革命必然會弊多於利。中國政府長期實行考試制度，意卽在此。而敍述中國教育思想勢必牽涉到政府上層的考試制度，由此也可瞭解中國教育在過去傳統文化中所佔的重要地位。

又有人批評中國的傳統文化思想是以儒家思想爲中心，而謂儒家思想爲封建時代之產物，建基於農村經濟，雖有功於維持農村社會之安定，但尊君抑民便利於帝王專制政治對其人民的統治與駕馭，而認爲漢武帝之罷黜百家，立五經博士，獨尊儒術，爲最佳之明證。此又爲有背於史實之批評。先秦諸子中，以儒家思想最標榜人文精神，儒家對於整個人生做人處事抱有一崇高理想，因此對於人生各方面的活動，包括政治活動在內，都有一理想標準，而教導人終身向此標準努力以赴，改造現實以達成理想，此爲其他諸家所不及。故凡對政治抱有理想的人，莫不主看重儒家思想，此爲情理所趨，亦無可厚非。

## 三

要研究中國教育史，首先應瞭解中國傳統教育中的精神與理想。中國傳統文化以儒家思想爲主流。儒家思想中教育的主要意義在教人如何做人，並不專爲傳授知識技能。其教育對象乃爲全人類之全人生，每一人自幼兒以至老年，包括了整個人生過程。故儒家教育宗旨重在「人羣」，而教育實施則重在

「小己」。既非今日所謂之大衆主義，亦非今日所謂的個人主義，主要在融個人於大衆，而各盡其可能之貢獻，其努力則在各人德性之自我修養，做理想中一社會人。故儒家教育思想乃是一種德性主義，建本於人的性情，務使其自動自發，而傳授知識技能居其次。理想人之最高標準在成爲一「聖人」，故在儒家思想中特標出一種人品觀。

中國人的人品觀中，主要有「君子」與「小人」之分，其分別則在各自的德性上，而不在社會中的職位上。做一皇帝有好皇帝壞皇帝之分，做官有淸官貪官有盡職不盡職之分，做一農民或商人亦有守法不守法之分。今日社會複雜，職業變化多端，但無論那一行業中，人都有好壞之分，此好壞乃專從人的德性分。人人皆有一份好德性，皆可完成爲一好人，其事則需有賴於教育的講明與指導。此因人性本於天賦，人性相同，只要明性盡性，人人自可達到其最高可能之境界，故曰：「人皆可以爲堯舜」。此是平等的，亦是自由的。果使社會中人人都成堯舜，則現實的社會也就是人生的天堂了，此亦卽是儒家教育的最終目標。

近代西方人崇尚自由平等，但只從外面看，便成爲人人不平等，處處不自由。西風東漸，中國的一輩知識份子乃認爲中國傳統文化思想中不講自由平等爲一大病害，此實未深切瞭解儒家思想。人人生而有智愚貧富等的不平等，長大進入社會又有機緣命運等的限止，不可能人人在社會上求得職業財富地位的平等，於是因於外面的不平等而引起了種種爭端，遂更使人感有不自由。儒家思想重在各自追尋德性上的平等與自由，其事在向內求，不在向外爭，求之已則得，爭於外則失。人生亦惟有求得德性上的平等與自由，才是人生的眞平等眞自由。如不能明白此中眞意，盲目向外面去爭取，眞性日漓，自我全失，尙何平等自由可言。

西方人提倡向外爭取自由平等，其實所爭有限，若人人儘自向外爭取，你的自由必將妨害了他人的自由，因此在人生現實生活中，個人行爲只能有有限度的自由，不可能有無限度的自由，惟其在德性修養上，乃可使人人獲得其充分無限之自由，不僅不互相妨害，而更見其互相融洽。儒家所謂盡性成德，乃是人生一最高最大的自由，而由此每一人之最高最大的自由，來達成社會中人人所嚮往愛好的眞平等。既此便是儒家的教育理想與精神。

# 四

中國文化傳統精神看重道的傳授，師卽所以傳道，中國文化傳統中之尊師意義卽在此。所以中國傳統教育理想最重師道。中國歷史上第一位大聖人孔子，卽是一大教育家，正爲孔子乃爲中國社會首唱師道者，換言之，中國傳統的教育理想由他奠定，所以後人尊其爲「至聖先師」。孔子是一師，同時又是一聖人，中國文化理想中的聖，同時便該是一師，而爲師者，在理想上也該學爲聖，這是中國文化傳統中最著精神之點，而正好以孔子爲代表。孟子說：「聖人百世之師也」。又說：「百世之下聞者莫不興起也。非聖人而能若是乎？」這話足以說明中國傳統文化精神重在求人品之完整，而教育的意義也主要在品格德性的培養。如果教育只看重知識技能的傳授，孔子亦不能爲百世師了。

中國社會傳統觀念以「天、地、君、親、師」五者並重。天地是一宇宙自然，由自然產生出人類，人類不斷的演進而有了人文敎化。在中國的文化系統中，有三大統並受重視，一曰「血統」，屬家庭倫理，凡子女必應孝父母，子孫必祭其祖先。二曰「政統」，屬政治羣體，主尊君，卽所以重政統。三曰「道統」，或稱學統，屬文化理想人生大道，尊師卽所以重道。無天地與親，則無人類。無君，則雖有人類而無羣體組織，如此則人類只得在此天地自然中聽任其各別的自生自滅。此一尊君觀念，最爲近世受西方文化影響者所反對。古人云：「君者羣也，不得羣心，則爲獨夫。」故君亦有君道，得道之君固當尊。應知政統正爲人類進化的產物，是不容否定的。無師，人道無以顯無以成。此三統乃中國文化傳統精神之所寄，而中國文化傳統之得以一脈相承數千年來傳遞不絕實有賴於此。

此三統之中，尤以道統更在其他兩統之上。道指人生文化的理想而言，包括了人與人之間一切交往，也卽指君臣父子夫婦兄弟朋友人羣間的各種倫理關係而言。所以「尊師重道」，乃是中國傳統文化中一特有精神，而中國社會亦賴師道爲中心而維繫。中國社會中此一尊師傳統之特殊意義，爲並世其他民族文化中所無，而卓然成爲中國文化精神獨出之所在。孟子曰：「人之異於禽獸者幾希。」此一尊師重道之傳統，豈不值得我們今日再反省，再警惕。

君主政統，師主道統。從過往的歷史演變中看，政統數百年必變，而道統則與民族文化而並存，在中國傳統文化觀念中，毋寧是道統更重於政統。因此中國歷史上歷代帝王主政統者，亦必知尊道統，此又爲中國傳統文化中另一特有精神。在此一特有精神下，自古以來王子貴冑必受教育，而以王太子爲尤然。漢高祖起自平民，史稱其見人戴儒冠必取而溲溺之，卽其爲帝，過魯以太牢祠孔子。高祖以下自惠文景武起諸帝爲太子時，皆必拜師受敎。文帝時，賈誼上陳政事疏，特提出太子必受教育的理論，曾云：「天下之命懸於太子，太子之善在於早諭敎與選左右。」又云：「夫敎得而左右正，則太子正矣。太子正，而天下定矣。」在君主政體之下，主張太子早受教育，也應可稱爲一極端開明的主張。下至東漢，光武帝在軍中猶投戈講藝，息馬論道，卽位後，史稱其旦聽朝至日晏，夜講經聽誦，是光武以一開國天子而勤劬如一書生，實爲歷代所少有。光武以下明章爲太子時，敬師崇敎，亦儼然一如書生家庭之子弟。東漢皇室世傳書香之習，直至順帝時，尚有餘風。史載章帝師張酺，後出爲東郡太守，章帝東巡泰山，過東郡，張酺謁見。章帝先備師弟子禮，令酺講尙書一篇，酺上坐，帝下坐聽講。然後再修君臣之禮，帝上坐，酺下坐白事。此在中國歷史上，永傳爲帝王尊師的一段佳話。此卽所謂道統尊於政統之一明白例證。

至宋代，不僅皇太子需延師受教，政府更有經筵講官之設，爲皇帝師，皇帝亦得定期聽講。神宗時，王安石爲講官，爭天子立聽，講官坐講。曾謂：講官所講者道，天子尊道，則當立而聽，講官坐講，非以自尊，乃尊道。其後程伊川以一社會白衣進爲哲宗侍講，亦爭坐講之禮。他曾說：「天下重任唯宰相與經筵，天下治亂繫宰相，君德成就責經筵。」其後明清兩代，皆有經筵講官之設，而歷史上教育東宮太子的制度，更值得注意。

古人云：「經師易得，人師難求。」經師重知識傳授，人師重行道踐履。中國文化傳統精神一向看重所言必能所行，故教育重在能以身作則之人師，更在講授書本知識的經師之上。中國傳統社會一向所期望於師者，無論是幼學啓蒙之師，乃至講學論道之師，要之，師之爲業，必當明道作人。換言之，理論實踐合而爲一，身爲師者，得有志擔負起人生中最偉大崇高之職務。

唐代韓愈曾作師說曰：「師者所以傳道、授業、解惑也。」此三項實已包括盡了爲師之全部任務。道指人生理想與做人標準，業則可包括學業與事業，人生各應經過一番學問，再把其學問所得來貢獻於社會，卽是事業，此二業仍只是一業，上自爲君下至社會中各行各業都可包括盡。人類歷史不斷演變，社會情況日益複雜，人之才性各異，而所遭遇又是千差萬變，則不免時有所惑而需人指引。照此說來，韓愈所說之師道至高，何人能盡得此師職呢？豈不成虛懸之說！孟子曾說：「人之患在好爲人師。」孔子雖爲後世尊爲至聖先師，但他只自許爲能學不厭而敎不倦而已。因自人道論絕對需有師，而師道難盡，故在孔子也只有一面敎，一面學，古人說敎學相長，其意在此。

但師道也可從另一面解說，因師道雖如此博大高深，但從人生切近處講，師道只在敎人如何好好地做一人，敎人在其自身所屬之各行各業中，各盡一己之責而已。孔子曰：「吾道一以貫之。」曾子曰：「夫子之道忠恕而已矣。」爲人處世之道一言而盡。孔子又曰：「三人行必有吾師焉。」孟子亦曰：「子歸而求之有餘師。」可見人人可以爲人師，人人亦可以自得師，由此人人自能懂得推己及人，懂得如何去引導人啓發人，敎人去做一好人一善人。如此說來，師道卻又是人人皆能，人人可有，但此亦需有一個起碼條件，即是人人先要抱有肯爲之心。孟子曰：「是不爲也，非不能也。」此一肯爲之心的起碼條件，推極言之，亦可謂即是爲師之道之最高目標了。

近百年來中國社會在西方文化的極度震撼中，首先對自己民族文化傳統喪失了信心，進而懷疑中國以往歷史文化中是否眞有此一套道統，又是否值得保留與發揚，至使師道淪喪。此百年來敎育制度的逐步西化，智識技能的傳授遂成爲敎育中惟一目標，德育退於不重要地位。敎育意義與理想的大前提已變，則所謂師道之內涵意義，自亦隨之而變。今日之敎師則僅成爲一純職業性之自謀生活的職位，父母寄望於師者，只在如何敎導其子女使能升入高級學校，以及獲得一學校文憑，以爲子女他日步入社會之謀生工具，卻並不連帶重視到學校之敎師本身。社會亦只以百業中之一業來衡量敎師之地位。今日社會之普遍現象，視學校敎育爲一職業預備所，一知識販賣場，在此一風氣之下，而希望學校敎育作育出之人才眞能爲國家民族以及天下之用，豈不成一空想。

要恢復民族自信自尊，必先復興文化，要復興文化，首先必應振興敎育，要敎育善盡其職，必當復與師道。師道之尊，固然有賴於社會風氣的提倡，然爲師者，亦應各求自尊自重，互尊互重。古人曰：「敬業樂羣。」爲師者，倘能人人敬此業，樂此羣，縱使社會不尊師，師道仍可以復興。教育本是一種精神事業，上承往世，下啓後代，不僅青年們的前途操在教師們的手中，國家民族的前途亦有賴一輩教師的善盡職守。對教育事業抱信心，對青年前途抱熱忱，對國家民族命運抱關切，爲師者，能懷有此種崇高的情感，自會激發出其深切的責任感。而在其盡責的過程中，自能獲得一種快樂與滿足，此種快樂與滿足，則決非金錢物質以及權勢地位所能換取，而尤其是教師自身人格的提高，更是一種無價的收穫了。

## 五

由於中國文化傳統有其獨有的特性，因此要瞭解中國以往教育的演變，不僅要看重學校教育及國家考試制度之兩項，其更主要者，在注意中國歷史上學術思想之演變而歸宗於孔子儒家之所以然，如是始可接觸到學校教育及考試兩項制度背後演進變遷之意義所在，而此一學術思想之演變又與其各時代之歷史背景相配合。試舉例言之，如繼先秦列國紛爭百家競起之後，秦漢一統，社會學術風氣亦隨而變，故講學尙同亦勝於求異。漢武帝表章五經，其主要意義在根據歷史演變來領導時代新運，故其時治經學者亦貴在講求五經中之大意微言，以通經而致用，卽本經術以領導政治，成爲其時學者一更重大的目的，因而國家教育才應運而起。五代爲中國歷史上最黑暗的時期，社會無學術無人才，至宋而人才蔚起，學術思想煥然一新，意在復兩漢經學之光昌。不幸自慶歷熙寧先後兩次變法失敗，學術路向才自注重上層政治一轉而偏重下層社會。先重個人修身，而後乃始及於治平大道。於是下層社會私家講學之風漸盛，理學家之書院講學遂轉在舊有公立學校之上。

經學理學雖同講儒家思想，而學術思想之偏重偏輕，所反應於政治教育者則大不相同。兩宋以前儒家思想尊周公孔子，顯以政治爲重。兩宋以後講儒家思想尊孔孟，轉以教育爲重。前期學校教育及察舉考試，皆以五經爲主，後期學校教育及考試制度才有四書，其地位轉在五經之上。就儒家傳統中之學術思想言，此事實爲古今一大轉變，但因此一轉變純在平和狀態下完成，而易被人忽略，一若儒家思想一線相承，無所更改。一般人好批評中國過去兩千年來儒家思想定於一尊，無所變化，而不知其有大不同者。儒家思想本包括有人人平等一思想，宋儒轉偏修身，爲君王者，也得先修身，受此同一思想所約束。而同時北宋禁洛學，南宋禁朱學，下至明代，王學亦受禁止。近人好批評儒家思想爲便利於帝王專制，此實大謬不然，絕非能深切瞭解儒學之眞精神。

中國文化傳統中，有「政統」與「道統」之分。尊「政統」，則主以政治領導學術思想，尊「道統」，則主以學術思想領導政治。自漢以來，中國歷史演進常主以學術思想領導政治，尤以宋代理學興起爲然。故自漢以來中國教育無論是國家教育，以及私人講學，其培植人才固求進升爲政治之用，而亦必尊奉儒家道統以求爲政治奠定一理想。西方歷史中，因無此一傳統，近代西方才自帝王專制激動起民主革命。近代國人，亦爭民主，才擯儒家，認爲儘供帝王所役使。此實大背歷史情實，而有關於中國之教育思想遂亦盲然不得其眞象，欲治中國教育思想史，此一層實不當不嚴重加以分辨。

儒家思想本是涵蓋了全人生，因此中國傳統教育思想亦是包涵着全人生。我們要瞭解以往中國的教育過程應注意三點。

一、中國傳統教育內容包含社會家庭學校三方面，相互配合而成一教育整體，缺一不可。而此三者中最重要的應屬家庭，其次爲社會，最後始是學校。此因教育精神重在教人做人，則家庭是屬最先，而社會次之，學校乃分別獨立於家庭社會之外。傳授知識技能固以學校爲優，而躬行實踐爲人之道，則自更以家庭社會爲直接適切之所。今苟以學校教育單獨可盡全部教育之職責，則恐終無當於中國傳統教育之理想。

二、中國教育史之演變，私家教育的影響亦遠在國家公立教育之上。中國歷代政府無不注重國家公立教育的建立，然僅以兩漢太學爲時最久，亦最有成績。史稱明代國家教育超過唐宋，亦不能與漢相比。唐宋兩代政府雖曾盡力提倡國家教育，但爲時極短。其他魏晉南北朝五代元清，國家教育更屬有名無實，未見績效。在以往教育史上眞具影響力者，多在社會私家講學的一面。先秦諸子百家皆起自民間，宋代理學家興起，元明繼之，書院講學亦都接近社會，與先秦諸子蔚爲中國教育上自由講學先後輝煌之兩大時期。兩漢雖稱國家教育之最盛期，但自西漢末，私家講學之風已起，至東漢，私家講學之聲勢更遠駕國立太學之上。魏晉南北朝以至隋唐，教育事業陷於門第與寺院之中，雖其宗旨與精神亦重在教人做人，但皆偏在一邊，不能與兩漢經學相比，然因其遠離政治而接近社會，故使國家公立教育不能與之相爭。宋以後之書院講學，下歷元明清三代，書院教育不斷，雖其間亦有書院官立化之階段，一切措施由政府主持，但僅可謂是一暫時現象，其主要精神則全在私家自由講學，仍屬接近社會而遠離政治。此乃中國教育之重大趨勢所在，而使門第與寺院兩種教育皆得掃除，遂使宋以後之書院講學成爲中國教育史上一起死回生之重大轉捩點。此爲注意中國傳統文化之命脈所在者，所不得不加以考慮之一端。

三、中國歷史看重人物，而中國教育則以培養人物爲中心，此因中國文化傳統以分別人品爲其主要之觀念。重人物，卽是重人品。人物與人品之典型，可以超於朝代更迭、政權轉移的影響之上，而有其一貫相承之精神，作爲社會人羣共同之模範。中國是一廣土衆民大統一的國家，政府法制，學校教育，往往有顧及不到之處，不能不重視社會教育的力量。而社會教育之提倡，不在制度，而全賴看重人物。此所以中國傳統教育看重師資人選遠勝過於學校之場地。縱使無學校，不得卽視爲無教育。而無師資人選，則縱有規模宏大之學校建築亦不得卽視爲有教育。此卽所謂「人存政擧人亡政息」之意。此又爲中國人一特殊心理，而爲治中國教育史者所應必先明瞭之一事。故在中國教育史上，乃不能有經歷五六百年長時期之教育場所，如英國牛津劍橋之類。然不能因此而誤會，中國人之重視教育乃在英國人之下。

## 六

歷史的分期並非可以一成而不變，治中國史者通常以朝代更迭來劃分，此專就政治演變看，亦非不可。然政治亦只是歷史中之一環，中國有四千年以上的歷史，文化一脈相傳，欲瞭解中國歷史主要應注意三方面：一、上層政治，二、下層社會，三、通貫於上下兩層之學術思想。就教育史來說，依上層政治之轉變按朝代來分期，顯然不足表現歷代教育轉變的特色與精神，因此這本教育史的分期，特顧及到政治社會與學術思想三方面的演變，將全部過程分爲八時期，並特標出每一期教育精神所表現者爲題，而註明其所屬之時代。所分八期如下：

一、貴族教育時期——西周至孔子

二、私家自由講學期——孔子至秦

三、國家教育時期——秦及兩漢

四、門第與寺院教育上期——魏晉南北朝
五、門第與寺院教育下期——隋唐五代
六、書院講學上期——兩宋
七、書院講學下期——元明
八、教育的衰落時期——清及民國

周以前史料不多，可資徵信者更少，故本書暫置周以前於不論。詩書雖起於西周，而有關西周史料亦有限，此書定西周至秦爲封建貴族教育時期，亦僅能就有限的史料標示大綱，簡單說明。爲避免煩瑣之考據，其他小節不再詳論。第二期自孔子至秦代開始，定爲私家自由講學期。兩期之間特以孔子爲分界嶺，此爲中國教育史一特點。孔子是歷史上第一個把王官之學轉成爲百家言的人，又是促使士階層興起之人，士階層自孔子以後影響了中國以下二千五百年的歷史，而孔子又是中國教育史上第一位以宣揚人生大道爲其志職的至聖先師。中國歷史文化中產生了孔子，纔使源遠流長之中國文化傳統得一集大成之中心人物，抑且有了孔子，才使中國文化中不再需要有宗教。孔子爲中國之至聖先師，其身分實儼然兼爲一宗教主，故以孔子爲中國上古教育史之分界嶺，實最能表現出中國全部教育史之主要精神所在。而在私家自由講學之一期中，特以士階層之興起爲獨立一章，亦以見士階層在中國歷史上之重要地位，及其在以下士農工商四民社會中之居於領導地位之所在。

秦及兩漢，乃有中國歷史上郡縣大一統政府之創建。而漢武帝以下之國立太學，也遂成爲中國教育史上國家教育之最盛期，故特稱此一段時期爲國家教育期。兩漢重視經學，創設士人政府，因而形成魏晉南北朝一段時期的門第特殊地位，使政治與社會皆發生了大變化，學術思想亦由孔子的儒家，轉入莊老道家，而外來的佛教乃繼而稱盛。做人的理想遂由淑世轉而為出世。下至隋唐，門第的影響未斷，而佛教的影響反較南北朝時更盛。在此一長時期中，國家教育形同虛設，只隋及唐初雖一時有振興之象，惟為時短暫，並無成績。因此本書定魏晉南北朝與隋唐為門第與寺院教育時期，而分為上下兩期敍述之，此實為中國教育史上一最大的轉變期。

宋元明三代，大體言之，可謂是中國歷史上之儒學復興期。亦可謂乃上承先秦民間自由講學之風，而影響上層政治，社會上興起書院講學，遂成為此三代教育一特點。故本書定宋元明三代為書院講學期，亦分上下兩期敍述之。

清及民初，本書特定為教育的衰落期。滿清入主，乃為中國史上全部政權由異族統治之第二次，而滿州人因勢利導，其統治之術尤勝於蒙古人，意欲以中國傳統文化來統治中國人，清代學校與考試兩制度雖若一依明代之舊，而實際實深藏有箝制社會民間學術思想自由之用心。晚明遺老含志難伸，乾嘉之儒乃以反科舉考試之功令來反政府，於儒學中立漢學宋學之別，伸漢學抑宋學，而乾嘉經學遂轉成為一種校勘訓詁考據專一致力於書本文字之研究，中國傳統的教育精神遂因之湮晦不彰。道咸以降，雖欲改途而急切未能上路，內憂外患相乘迭起。近百年來，西學東漸，中國政治社會及學術思想皆遭受歷史上前所未有的衝激，而倉皇求變以為應付。自滿清末葉之政治革新，變法自強，更轉而為學術思想之棄舊從新，提倡新文化運動，於是教育制度及教育理想亦澈底翻新，而惟以西方為依歸。

自民國以來學校制度一切模仿外來形式，以為如此將可迎頭趕上，庶國家富強可以企足而待。然不幸新式教育雖行之六十餘年，國家多難，每變愈亟，而新教育則並未能對多難的國家民族之前途指示一明燈，帶來一希望。三十年來政府偏安一島，而最近經濟突飛猛進，功利思想迷漫全社會，更使教育上弊端百出，遂使中國民族文化傳統中之舊教育思想不僅無人注意，乃亦探索無從。故本書才定清代及民國同爲教育的衰落時期。而於民初以來的新教育，僅略提數語，而目之爲教育的過渡時期，以期後來之能有改進，幸讀者能諒此意。

歷史智識貴能鑒古而知今，文化乃由積累而成，貴有綿延持續性。古人云：繼往開來。未能鑒古繼往，焉得知今開來？時代雖變，不同的時代產生出不同的問題，這是歷史文化綿延持續中所應有的現象。一國家之可貴，在此國家有其自己民族文化之獨立性，本於此獨立性，庶能對歷史中不斷產生的新問題有其一貫精神之應付。因此當前我國的教育問題，也必需仍從我國以往的文化傳統中求解答。當知學校形式可模仿他人，而教育精神則需一本自己傳統，無可抄襲。

有關中國教育史之著作，自民國以來雖已有多部，但因成書較早，著者大都受新文化運動以來思想過於偏激的影響，視中國過去爲一封建社會，爲一專制政治。在此一偏激的前提下，對以往之舊教育亦不免多所曲解。余生幸晚，得見民國以來新知識份子所尊崇膜拜的西方歐美諸國，近三十年來文化發展亦已面臨了窮途思變之勢。當前之中國知識份子，雖一時尙難跳出民國以來新文化運動崇洋蔑古之潮流影響，但已逐漸覺醒，要回頭再重新重視中國過去歷史文化之大傳統，欲爲國家民族的前途尋出路。使我在此趨勢下，求能對我國以往教育平心探索，勉成此書，庶望盡一己之棉薄，爲國家教育前途尋得一新出路。著者雖負有此志，惟以學識所限，恐不能符合此大願。謹抒淺見，幸讀者有所進教，則不勝私望之至。

# 中國教育史 目錄

# 第三篇　國家教育時期——秦及兩漢

## 第四篇　門第與寺院教育上期——魏晉南北朝

## 第五篇　門第與寺院教育下期——隋唐五代

## 第六篇 書院講學上期——兩宋時期

# 第一篇　貴族教育時期——西周至孔子

## 第一章　古代學校教育概況

詩書古經典大概起於西周之初，此事雖有明白的記載與證據，但並不詳細。此一時期乃中國歷史上封建時代，社會上顯然有貴族與平民兩階層。左傳曰：「國之大事惟祀與戎。」封建時代的軍隊主要由貴族子弟組成，平民沒有重要的地位。宗廟祭祀，尤為封建時代一項重大事件，在宗廟服務的，更都由當時封建貴族所擔任，平民沒有份參加。故此一時期中，只有貴族子弟得受較高一層教育，平民中偶有特殊英武或聰明俊秀的子弟，有時獲蒙挑選，與貴族子弟同受教育，那只是極有限的少數。總括言之，我們可以說，這一時期由於其政治組織與社會形態的特殊情況，教育重點僅注意貴族階層。貴族方面的一切生活，皆經教育之指導，惟有關此一時期的學校教育，根據現有資料也僅可知其一大概而已。

### 一、辟雍

辟雍乃古代之國立大學，位於中央政府天子所在地。詩大雅靈臺曰：

虡業維樅，賁鼓維鏞，於論鼓鐘，於樂辟廱。

朱子注：辟雍，天子之學，大射行禮之處也。水旋丘如璧，以節觀者，故曰辟廱。

虡是懸鐘鼓的，業是一塊大版，設於虡上以為飾。樅是牙做的。賁是大鼓，鏞是大鐘。古人行禮必身樂，學校亦兼爲行禮之地。

詩周頌振鷺曰：

振鷺于飛，于彼西雝。

鷺，潔白之鳥，象在辟雍之學士皆潔白之士也。雝字从广，下邕，广讀若儼，象對刺高屋之形，四方有水曰邕。辟雝之制，四面有水環之。

詩大雅文王有聲曰：

鎬京辟廱，自西自東，自南自北，無思不服，皇王烝哉。

周武王遷鎬，及有天下，乃爲中央政府所在地。故靈臺辟廱乃文王之學，鎬京辟廱則武王之學也。

又漢三輔黃圖曰：

周文王辟廱，在長安西北四十里。

此可證直至漢代，文王辟廱尚有遺址。是知中國之有國立太學遠當在三千年以前。

小戴禮記王制篇曰：

天子曰辟雍。

可知辟雍爲天子之學，卽猶今稱國立大學也。言天子於此行禮，東西南北四方來觀禮者，無不感化於德，心悅而誠服也。

## 二、泮　宮

詩魯頌泮水曰：

思樂泮水，薄采其芹……

朱子注：泮水，泮宮之水也。諸侯之學，鄉射之宮，謂之泮宮。其東西南方有水，形如半璧，以其半於辟廱。故曰泮水，而宮亦以名也。

此見泮宮乃列國諸侯之學校，猶今之省立大學，故其學校外面所環之水，其形制僅得中央大學辟雍之一半。

又曰：

明明魯侯，克明其德，旣作泮宮，淮夷攸服……？

言其外環之水則曰泮水，言其中建之官，則曰泮宮，其實一也。

禮記王制篇曰：

諸侯曰泮宮

禮記禮器篇曰：

魯人將有事於上帝，必先有事於頖宮。

注：魯人將祭上帝，必先有事頖宮。頖宮，諸侯之學也。

可知泮宮在諸侯國境內。此制沿革至今，全國各省縣均有孔子廟，廟旁設有明倫堂，堂前有泮水，上築橋，過橋卽可拾級登堂。此一建築式樣，卽古代泮宮沿襲下來，至清代秀才進學卽稱入泮。觀於後代之所沿襲，卽可約略推知前代規模之大概矣。

## 三、庠序學校

孟子滕文公篇：

設爲庠序學校以敎之。庠者，養也。校者，敎也。序者，射也。夏曰校，殷曰序，周曰庠。學則三代共之，皆所以明人倫也。人倫明于上，小民親于下，有王者起，必來取法，是爲王者師也。

朱子注曰：庠以養老爲義，校以敎民爲義，序以習射爲義，皆鄉學也。學，國學，共之，無異名也。

朱子意，鄉學共有此四種名稱。惟學之一名，則與國學相共，無異名。至於是否夏時曰校，殷時曰序，周時曰庠，朱子不詳論，今亦無可深考。

漢書食貨志曰：

五家爲鄰，五鄰爲里，四里爲族，五族爲黨，五黨爲州，五州爲鄉。於里有序，而鄉有庠。序以明敎，庠則行禮，而視化焉。春令民畢出在壄，冬則畢入于邑。冬，民旣入，餘子在于序室。

此謂里學爲序，鄉學爲庠，應較殷曰序，周曰庠之說爲近情。要之，當時學校有此諸異名也。

禮記樂記篇曰：

家有塾，黨有庠，術有序。

此又與漢書異。要之，庠序學校同爲古時學校名稱，旣不能斷然分爲某一時期用某一名稱，亦不可強爲此諸名稱作分別，亦不能強定其地區大小之分別。至於塾之一稱，則沿用至今，與學校並存，而庠序二名，則廢而不用，成爲古典名稱矣。

## 四、瞽　宗

春官大司樂：

凡有道者，有德者，使教焉，死則以爲樂祖，祭于瞽宗。

注：道，多才藝者。德，能躬行者。鄭衆云：「瞽，樂人。」或曰：「祭于瞽宗，祭于廟中。」

明堂位曰：「瞽宗，殷學也。泮宮，周學也。」以此觀之，祭於學宮中。

今按，古之學，主要在教樂，以瞽者爲樂師，故學校亦稱瞽宗。學校中奉祠樂祖，則如後代學校奉祀孔子像，宋代以下之書院，奉祀理學諸儒像，皆其遺意。

禮記文王世子篇：

春誦夏弦，大師詔之瞽宗。秋學禮，執禮者詔之。冬讀書，典書者詔之。禮在瞽宗，書在上庠。

據此知瞽宗乃學校名，亦可謂卽是祭樂師之所也。古代掌樂者多稱師，此師卽指瞽者言。如春秋時有師曠，孔子也曾向師襄學樂，可知古代教育有教音樂之師其起當甚早，此雖僅屬推論，無確鑿可信之證明，但亦有甚深而特別之意義存在。

蓋樂歌所唱，今日主要可見者，卽爲詩經三百首，此皆寓有極深之教育意義。古代宗廟朝廷，有關祭祀朝會，及出師凱旋等種種大場合，皆有特定之禮，禮必附以樂，皆需唱詩，故樂教顯然爲當時封建社會貴族生活中一極爲重要之項目。故瞽宗乃爲古代學校之一名稱，並爲較古之一名稱，後人強分瞽宗爲殷學，上庠爲虞學等，則皆爲無從考證之虛說也。

## 五、鄉　校

左傳曰：

鄭人遊於鄉校，以論執政。

此言鄉校，卽鄉學也。

詩鄭風子衿曰：

青青子衿，悠悠我心，縱我不往，子甯不嗣音。

序曰：

子衿刺學校廢也。世亂則學校不修焉。

疏：校是學之別名，非謂鄭國獨稱校也。言學校廢者，謂鄭國之人廢於學問耳，非謂廢毀學宮也。

今按詩云嗣音，則學校中以弦誦爲主也。又云校是學之別名者，校有比較考校之義。又後世軍職多稱校，故將校並稱，是古代學校，旣重唱詩，又重比武，卽從此等處，便可想見。

# 第二章　貴族教育精神的表現

此一時期因其歷史背景的特殊，反應到當時教育精神的特殊，可從三方面來瞭解。

## 一、貴族教育

此時期的教育內容，主要爲禮、樂、射、御、書、數，皆爲貴族階級日常生活中所不可或缺之項目。古代政治上行封建制度，有貴族平民兩階級存在，高等教育爲貴族階級所專享，一般平民子弟之英武俊秀者，雖可升到貴族圈中，受同樣之教育，但大體說來，此時期教育可稱爲貴族教育期。

今人聽到貴族一名稱卽覺其討厭，但若貴族而有教育，其教育又特有極合理之意義，則此輩貴族，亦無特別需加鄙視之必要。主要在根據歷史來細看當時貴族之表現。更要則在明究當時之貴族教育，以求明瞭其教育理想，卽人生理想之所在，始可把握到當時之實況，而求得一公平的判斷。

## 二、政教合一

此一時期之政治，與教育有密切之關係。換言之，古代政治卽建基在貴族教育上。也可說，此乃中國自古以來之文化傳統，特別重視教育，故使教育之成效能直接呈顯於政治，此一種政教合一之精神直流傳到近代。至西方文化東漸始有改變，此爲東西雙方教育文化精神之絕大分歧。我們若求對過去傳統教育精神澈底明瞭，則不得不對此特加留意。

此時的學校皆是國立或公立，而政府許多大典禮亦都在學校中舉行。如敬老養老之禮。

禮記王制篇內則：

有虞氏養國老於上庠，養庶老於下庠。夏后氏養國老於東序，養庶老於西序。殷人養國老於右學，養庶老於左學，周人養國老於東膠，養庶老於虞庠。

注：皆學名也，異者，四代相變耳。

皇侃曰：

人君養老有四種，一是養三老五更，二是子孫爲國難而死者之父祖，三是養致仕之老，四是引戶校年。

又如行軍出師之禮，凱旋之禮，獻馘獻囚之禮，外夷貢獻之禮，皆在學校中舉行，此正如白虎通所謂「行禮樂，宣教化。」之義也。

詩魯頌泮水：

思樂泮水，薄采其茆，魯侯戾止，在泮飲酒，既飲旨酒，永錫難老，順彼長道，屈此羣醜。

朱注：茆，今江南人謂之蓴菜。此章以下皆頌禱之辭。

今按：羣醜卽指下之淮夷。

又曰：

明明魯侯，克明其德，既作泮宮，淮夷攸服，矯矯虎臣，在泮獻馘，淑問如皋陶，在泮獻囚。

朱注：馘，所格者之左耳也。囚，所虜獻者。問，訊囚也。囚，所虜獲者。蓋古者出兵，受成於學，及其反也，釋奠於學，而以訊馘告。故詩人因魯侯在泮，而願其有是功也。

又曰：

濟濟多士，克廣德心，桓桓于征，狄彼東南，烝烝皇皇，不吳不揚，不告于訩，在泮獻功。

朱注：東南謂淮夷。

又曰：

翩彼飛鴞，集于泮林，食我桑黮，懷我好音，憬彼淮夷，來獻其琛，元龜象齒，大賂南金。

朱注：琛，寶也。南金，荆揚之金也。

據此，知上言諸禮，皆在泮宮行之。

依照中國傳統理想，政府一切設施，都該帶有教育性，而學校的一切活動，也該帶有政治性。此等皆在封建時代而已有之理想，則所謂中國古代之封建政治，論其實質，其實也不該厚非。

## 三、政府宗廟學校幾爲三位一體

左傳曰：

國之大事，惟祀與戎。

古者封建時代，政治較爲簡單，一國內之大事，惟在祭祀與戰爭。兩者相較，戰爭爲非常之事，或可十年二十年無戰事。而祭祀則爲常年例行之事，年年不可或缺。貴族封建，立基於宗法，祭祀乃爲貴族宗法中首先一大事。當時之國家，實即是家族之擴大。古代是宗法社會與封建政治的結合體，每人在社會與政治中之地位，就在於祭祀時依輩分親疏而排定預祭地位之高下。故宗廟裏的譜牒，即是政治上之名分。此一情形，到春秋以下卽告大轉變。但其把學校地位與宗廟地位政府地位平等重視之一事實，實大可闡揚。中國後人之重視古代，實亦在此等精神上特加重視。

又古代學術，大抵只重一個禮字。而禮之重要者，爲祭祀，祭祀之主要卽在禮。禮又推擴而爲古代貴族階級間許多種日常生活的方式和習慣。此種生活，皆帶有宗教意味與政治效用。而當時學校教育之內容也就以當時貴族階級間各種生活爲主，故教育內容亦重在禮，因此我們可以說古代的政治是禮治，而古代之學校教育是禮教。凡學校所教卽是貴族階級之生活，同時亦卽是政治生活，在其政治生活與日常生活之背後，乃有一種宗教精神。

卽如宗廟祭祀，乃是對死者之一種敬禮，又推擴到以天與人挽合爲一體。故中國古代一禮字，已把宗教與政治與日常人生挽合爲一體了。而學校教育也不僅是對生者，又牽連到對死者。又推擴到人類以外之大宇宙。此一種把宗教與政治與教育之三合爲一，亦可稱爲中國古人一絕大理想之表現，値得爲我們研究民族文化者一絕大該注意的題目。而中國傳統教育自封建時代以來，卽注意禮教，換言之，則是注重人生教育，在人生中卽包括了宗教與政治。此一傳統，直到後代，無有大變，此與近代教育專重知識技能之傳授大異其趣，此又是研究中國教育史者一絕大該注意的題目。

## 參考書目

詩經　文獻通考

左傳　五禮通考　清秦蕙田著

孟子　國史大綱

周官　國史新論

小戴禮記　中國傳統教育制度與教育思想　政治大學教育研究所講稿　錢穆

白虎通

# 第二篇　私家自由講學期——孔子至秦

自孔子至秦約三百年，此一階段的教育情況特殊，乃有教育而無學校，故從此時期的教育精神所表現的特殊性來看，可稱為私家自由講學期。這一段時期，可說是我國歷史上變動最劇烈的時期，其變化簡單可分三方面來看。

一、從歷史看——貴族階級破壞，平民階級逐漸興起。

二、從學術看——政府上層的王官之學變成了社會下層的百家之言。

三、從教育看——貴族教育轉變成了社會平民私家的自由講學。

此刻講教育史，固應注重在第三方面的探討，但更應注意到此一時期之歷史背景，如不着眼在其兩者間之相互關連，則也無法對此時期所顯現在教育的特殊性上獲得明瞭。

此時期的國家體制和政治制度，隨着貴族階級之破壞，平民階級之興起，而發生了劇變，由宗法封建的政體，轉而為大一統的郡縣制。除天子世襲外，貴族特權隨着宗法封建政體的轉變而取消。經濟制度則隨着井田制度之廢棄，而逐漸產生了自由工商業，跟着發展成工商業集合的大都市。社會一般情況也隨着政治經濟種種劇變，由簡單而日趨於複雜，不再是單純的明顯的貴族平民兩階層，而逐漸形成為士農工商，中國此下所特有的四民社會。學術方面，亦因此而劇變，原先是職掌在政府衙門內的王官之學，漸漸流散到民間來成為新興的百家言。教育內容亦因此轉變，從注重貴族階級日常生活的種種藝能練習，轉而為民間諸子百家新興思想的私人開門授徒的自由講述。總之，此一時期乃是我國歷史上一重大轉變的時期，不論政治、經濟、社會、學術、思想、教育，都在劇變中，各方面都値得我們注意，忽略了其中任何一方面，都不易對此一時期之一切，有正確的瞭解。因其每一方面都相互關連着，尤其是此一劇變乃在一和平狀態下逐步轉移，並無平民社會起來武裝革命，形成階級鬬爭之態勢，因此也未能顯然劃分爲兩時期。此種平和演變，在於轉變中之各方面都易被忽視，此則不得不特別提出，敎我們注意。換言之，此種演變以漸不以驟。粗看之仍似一線相承，和平傳遞，但其中卻寓有了劇變，此爲治中國歷史文化傳統者所不得不知，敎育則是其中之一項而已。

# 第一章　士階層的興起

中國歷史在傳統文化上扮演一極重要角色的是「士」。自孔子以來兩千五百年，士階層主持教育，領導政治，延續文化，最占一重要地位。然而卻並沒有特定的組織或權位，來扮演他們那一份特定的職責。朝代轉移，社會變遷，不同的時代中，士階層有其不同的表現。也因中國歷史上的「士」階層，不論在任何時代，卻都貫澈有一番他們共同的精神。那一番精神，可說是站在人文本位的立場，依據過去的歷史傳統而來發揚人的羣性，以期到達一理想的境界。換言之，卽是在求如何將人與人之間的種種關係，安排在一最合情合理的情況中。如能達到此一理想，也卽是我們在現實人生中已到達了理想美滿的天堂。此一種精神，也可說是中國文化傳統中的一種宗教精神，而和世界其他民族所有之各宗教，在形式上內涵上均不同。就各個人而言，每一個人需先完成其自己做到一「士」或說「士君子」，人人能成爲一「士」或「士君子」，則此人類全社會自可成爲一「天堂」。而如何使人都能成爲一「士君子」則爲教育的責任。從全體人羣而言，社會、經濟、政治、文化、思想、教育、藝術、才技等等，都是我們達到此理想天堂的業務中之一部份，然而在其中，教育顯然更是一基礎，而建立奠定此基礎者，則爲「士」。故在中國社會上，亦只有所謂士，而無所謂特出的教育家或宗教家。因此，可以沒有一種特殊的宗教組織，乃及沒有一種固定的學校形式，而教育精神，卻得具體表現充分發揮。

因此，古代封建社會顯然有貴族平民兩階層，而在此封建社會轉移到大一統郡縣時代四民社會的過程中，在貴族平民兩階層之中新生成長出一中間階層的「士」，亦不是在一種特殊的宗教與固定的學校中培養而來。在中國文化傳統中，特有此一番無形的教育精神力量，實爲研究此下中國教育史者所應特加重視的。

# 第二章　孔　子

百家的開先爲儒家。

何謂儒?說文:「儒,術士之稱」。禮記,鄉飲酒義注:「術,猶藝也。」列子周穆王篇:「魯之君子多術藝。」可知術士卽猶稱藝士,稱藝士者,由其嫻習六藝。周官「保氏敎國子六藝六儀。」六藝者——五禮,六樂,五射,五御,六書,九數。此禮、樂、射、御、書、數之六科,殆爲當時貴族子弟幾種必修之學科。亦有擅習此六種藝能,其本身並不是貴族,而以此六科友敎貴胄間者,則稱藝士,或術士,或儒。此在春秋時代已有,亦卽以後儒家之來源。藝士嫻習此六藝,不僅可任友敎,並可直接參加貴族隊伍。如知書、數可爲冢宰,知禮、樂可爲相,習射、御可爲將。如此則藝士卽獲進身於貴族之階層中,此本爲此輩藝士所期望,故曰:「三年學,不志於穀,不易得」。又說:「學也,祿在其中矣」。可知最初儒士習六藝,本以此進身於貴族,而換取穀祿。

當時嫻習禮、樂、射、御、書、數六藝,以進身於貴族,卽所謂「宦學事師」者,其事本不限於魯。然至於原本先王,稱道詩、書,以推見禮、樂之本源,與其因革,以及世變之流失,而欲以所謂文、武、周公之道來改易當世,則其事必待於魯。因魯最多古典册之保留。仲孫湫曰:「魯秉周禮。」祝佗言:「伯禽封魯,分器備物而有典册。」韓宣子言:「周禮盡在魯。」禮運:「孔子曰:吾觀周道,幽厲傷之,吾舍魯何適矣」。中庸孔子對魯哀公亦曰:「文武之道,布在方策。」故知魯存周禮。於當時列國中最特出,而孔子亦由此起。

孔子戒子夏曰：「女爲君子儒，毋爲小人儒。」論語言及儒字者惟此一見，可知儒固已先孔子而有，而孔子在當時，猶未嘗自承爲儒。稱孔子之徒爲儒者，其事當始於墨。墨子初亦學儒者之業，受孔子之術，繼以爲其禮煩擾，厚葬靡財，久服傷生，乃始背業，自倡新義，而昌言非儒。惟儒者所習，皆當時貴族相沿傳守遵行之成法，墨子則非禮樂，尙功用，而大儉約，人們稱之曰墨。蓋儒與墨，皆當時社會人物流品中之一項，即人生行業中之一業一行，儒先起，初乃模儗上層之貴族，墨後起，轉爲代表下層之庶民。

曲禮「宦學事師」。宦與學俱是習爲職事。既有宦學事師之人，自必有爲之師者，故藝士，儒士，即不進身貴族，亦可以爲求宦遊學者之師，於是此後之儒士生活，乃可逐漸脫離貴族之豢養而獨立。儒家的創始人爲孔子。由其自創一套道義來教育後生，於是儒遂轉成一學派，而爲當時社會平民私家自由講學之最先興起者。

## 第一節　孔子的生平

孔子的先世爲宋人，本是貴族。曾祖孔防叔避難至魯，失卻了卿位，但亦不是受地而耕之平民。在當時，貴族平民之間，已有新興階層之士族，或係貴族後裔之疏遠者，或是貴族之破落者，與平民中之俊秀子弟，因其學習了當時貴族階級禮、樂、射、御、書、數諸藝，而得進身於貴族階層中當差服務，受祿養以爲生。此等士族，各國皆有，而魯爲盛，孔防叔在魯，其身分亦當爲一「士」。

孔防叔之孫叔梁紇，爲魯鄹邑大夫，娶顏氏女，而生孔子。孔子生於魯襄公二十二年，即公元前五五一年，距今二五二八年，今政府並推定陽曆九月二十八日爲孔子之誕辰。孔子名丘，字仲尼，相傳因孔子父母禱於尼丘山而得生，故以爲名。孔子生，其父叔梁紇卽死，或云：「當時孔子年三歲。」及其未滿十七歲時，其母又死。

孔子生於士族家庭中，其母顏氏，姬姓，亦士族。孔子兒時耳濡目染，以禮爲嬉，已是一士族家庭中好兒童。史記孔子世家云：「孔子爲兒嬉戲，常陳俎豆，設禮容。」有關孔子幼年期之教育情況，所知僅如此。

孔子自曰：

吾十有五，而志於學。

當時士族家庭多學禮、樂、射、御、書、數六藝，以爲謀求進身貴族階層得一職業，獲一分穀祿爲生，當時稱之爲儒。儒乃當時社會中一行業，卽如叔梁紇，乃至孔防叔，上不列於貴族，下不儕於平民，應亦是一士，其所業亦卽是儒。儒爲孔子之前所已有，孔子卽生於儒的家庭中。惟自孔子以後，而儒業始大變。孔子之學非僅爲謀生，更要從所習六藝中探討其意義所在，及其源流演變，而判其是非得失。於是乃知在所學中有道義。孔子告誡子夏說：「汝爲君子儒，毋爲小人儒。」僅爲謀生而求一職業，卽成了小人儒。孔子之所謂君子儒，則須在其職業上能守道義，以明道行道爲主，不合道則寧棄職而去，此乃孔子所傳之儒學。自此以後，儒乃成一學派，爲百家講學之開先，乃不僅爲一職業。孔子自謂「十有五而志於學」應是指其對儒者諸藝肯用功學習而言。孔子又說：「三十而立。」則是對其所學，自知其中有道義，能自守自立，不專意於謀求職業。

孔子年十九而婚，年二十生子伯魚。

孔子家語說：

孔子年十九，娶於宋幵官氏，一歲而生伯魚。伯魚之生也，魯昭公以鯉賜孔子，榮君之貺，故名子曰鯉，而字伯魚。

孔子於何年出仕不可知，然孔子早孤家貧，不得不早謀出仕。孔子自言：「吾少也賤，故多能鄙事。」孟子萬章篇言：「孔子嘗爲委吏矣，曰會計當而已矣。嘗爲乘田矣，曰：牛羊茁壯長而已矣。」委吏乃主管貴族家庭倉庫委積之事，必料量升斗，會計出納。乘田乃主管貴族家庭牛羊放牧蕃息之事，必晨夕飼養，出放返繫。此等皆鄙事。孔子早年地位卑賤，在當時貴族家庭中任此等職務。

左傳「昭公十七年秋，有郯子來朝，昭子問少皞氏官名云云。仲尼聞之，見於郯子而學之。」是年孔子二十七歲，因已出仕在貴族中，故能見異國之君而問學。

論語八佾篇：

子入太廟，每事問。或曰：孰謂鄹人之子知禮乎！入太廟，每事問。子聞之，曰：是禮也。

此亦因孔子當時已出仕，故得入太廟充助祭之役。人呼之曰「鄹人之子」，可見其時孔子尚年少，當必在三十前，然其時孔子已以知禮聞名。而其時魯太廟中已多種種不合禮之禮。孔子初之太廟，年少位卑，然已不甘僅爲獲得祿養之一小人儒，而有志來矯正當時貴族階層中，種種奢僭非禮之禮。他的隨事發問，實際不是不明白此種種禮，乃是因其不合禮而故意發問，說那是甚麼禮呀？外面裝像不知，其實已是孔子一種反抗心理之隨時流露。他聽旁人笑他，卻說這就是禮嗎？論語「是禮也」之「也」字，乃是一種反問辭，卽「邪」字。孔子抱有這種心情，可知其不能久安於仕了。同時亦可知當時孔子學已甚博。後來衞公孫朝問於子貢曰：「仲尼焉學？」子貢曰：「文武之道，未墜於地，在人。賢者識其大者，不賢者識其小者，莫不有文武之道焉。夫子焉不學，而亦何常師之有。」

相傳孔子問禮於老聃，訪樂於萇弘，問官於郯子，學琴於師襄，其人苟有所長，孔子皆從而師之。

但孔子年過三十，即退出仕途，在家授徒設敎，至是孔子乃成爲一敎育家。孔子之學既非當時一般士子僅求獲取穀祿者之所謂學，因此孔子之敎，亦非當時一般士人之所爲敎。於是孔子遂成爲中國歷史上特立新創的，第一個以教育學生爲人生大道之一超職業性的敎育家。即是以「道義」爲理想的一敎育家。因此世尊之爲「至聖先師」。

史記孔子世家云：

季平子得罪魯昭公，昭公率師繫平子。平子與孟氏叔孫氏三家共攻昭公，昭公師敗，奔於齊。齊處昭公乾侯。其後頃之，魯亂，孔子適齊。

是年，孔子年三十五，因魯亂往齊，在齊約一年，即返魯。孔子自三十後至五十止，前後約二十年，除在齊一年外，均在魯授徒敎學，此爲孔子第一期的敎育生涯。其時的弟子有顏無繇，仲由，曾點，冉伯牛，閔損，冉求，仲弓，宰我，顏回，高柴，公西赤諸人。其中顏無繇與顏回，乃是父子同學。其他諸人齡相差有若父子般的亦尚多。但不聞孔子有分班分科之敎。大抵孔子之敎，傳道更重於授業。而來學者則主在從師，不像進學校。

左傳昭公七年：

公至自楚，孟僖子病不能相禮，乃講學之。苟能禮者從之。及其將死也，召其大夫曰：「禮，人之幹也。無禮無以立。吾聞將有達者曰孔丘，聖人之後也。我若獲沒，必屬說（南宮敬叔）與何忌（孟懿子）於夫子，使事之，而學禮焉，以定其位。」故孟懿子與南宮敬叔師事仲尼。

此時的貴族階級既多奢僭違禮，同時又多不悅學，不知禮。孟僖子相魯君，過鄭至楚，在種種禮節上多不能應付，歸而深悔之。孟僖子卒在昭公二十四年，時孔子年三十五，已以好學知禮見重於魯國。故孟僖子臨死，乃遺命二子從孔子學禮。但其時孔子所講之禮，多主裁抑當時貴族階層之奢僭非禮，而當時的貴族卻並不以爲忤，並對孔子羣致敬意。至如孟僖子之命子從學，則尤爲少見。此層應爲研究中國古代自封建宗法社會如何轉移到秦漢一統後之平民社會一重要關鍵。

當時貴族階層雖多不守禮，但仍知重禮。孔子雖從道義立場反對當時之貴族階層，但仍爲當時貴族所尊敬。這是中國傳統文化之深厚處，而孔子特爲此項深厚文化傳統中一更特出之人物。

史記孔子世家云：

> 孔子不仕，退而修詩、書、禮、樂。弟子彌衆，至自遠方，莫不受業焉。

此當早在孟僖子遺命二子從學孔子前之情形。惟自孟懿子及南宮敬叔亦來從學之後，孔子之教育事業，當更爲昌隆。

孔子五十以後，再度出仕。史記孔子世家云：

> 定公九年，陽虎奔於齊。其後，定公用孔子爲中都宰。一年，由中都宰爲司空，由司空爲大司寇。

蓋因魯國經陽虎之亂，季孫、孟孫、叔孫三家，各有所憬悟，魯國君臣遂有起用孔子之意，孔子亦爲明道傳道而樂於出仕。其時孔子年五十一，在一年間，由中都宰升爲司空，再升爲大司寇，其升遷如此之速，正可顯見當時魯國君臣欲重用孔子之心情。然孔子出仕僅四年，終因孔子主張墮三都，而受到阻力，不被信用，遂去魯，時孔子已年五十有五矣。

孔子失位去國，僕僕道途，在外周遊十四年，未能申其所志，受困阨於途，孔子曾屢有慨嘆。

論語子罕篇載：

子畏於匡。曰：「文王既沒，文不在茲乎！天之將喪斯文也，後死者不得與於斯文也。天之未喪斯文也，匡人其如予何？」

史記孔子世家云：

孔子適衛，去衛過匡。陽虎嘗暴匡人，孔子狀類陽虎，拘焉五日。

在陳絕糧，而困餓於陳蔡之間。

論語衛靈公篇載：

在陳絕糧，從者病莫能興。子路慍見，曰：「君子亦有窮乎」？子曰：「君子固窮。小人窮，斯濫矣。」

孟子盡心篇載：

君子之戹於陳蔡之間，無上下之交也。

至此，孔子已無意在外周遊，慨然發出歸歟之歎。論語公冶長篇載：

子在陳，曰：「歸與，歸與？吾黨之小子狂簡，斐然成章，不知所以裁之。」

是孔子既失意於政治，遂更注意到教育事業上來。孔子思歸，魯人來召，孔子卽行。

史記孔子世家云：

季康子使公華公賓公林以幣迎孔子，孔子歸魯。孔子之去魯，凡十四歲而反乎魯。

其時孔子已六十八歲矣。魯君臣雖尊禮孔子，然顧其私利，孔子終不見用。子貢冉有子路仕於魯，只冉有受重用，然而冉有未能符孔子之期望。

論語八佾篇載：

季氏旅於泰山，子謂冉有曰：「女弗能救與？」對曰：「不能。」子曰：「嗚呼！曾謂泰山不如林放乎？」

古禮，惟諸侯始得祭其境內之名山大川。季氏旅泰山，卽是其僭禮，冉有不能止，孔子非之。

孟子離婁篇載：

冉求爲季氏宰，無能改於其德，而賦粟倍他日。孔子曰：「求，非我徒也，小子鳴鼓而攻之。」

論語雍也篇載：

冉求曰：「非不說子之道，力不足也。」子曰：「力不足者，中道而廢，今女畫。」

當時季氏重用冉子，孔子極望冉子能挽季氏於大道，而冉子自諉力不足。冉子果能悅孔子之道，不能改季氏之德，則惟有翘然而去。今旣不能去，而又盡力助其聚歛，故孔子深非之。而孔子晚年在魯，其政事上所有之抱負，遂亦無可舒展。故孔子晚年其主要屬意所在，乃爲其敎育事業。其第二期敎育，後輩弟子從學者愈衆，如子游，子夏，有子，曾子，子張，樊遲等皆是，曾子與曾點，亦是先後父子同學。惟孔子晚年，其主要從事固在敎，同時亦仍在學。

論語載：

子曰：「我非生而知之者，好古敏以求之者也。」

子曰：「十室之邑，必有忠信如丘者焉，不如丘之好學也。」

子曰：「默而識之，學而不厭，誨人不倦，何有於我哉。」

葉公問孔子於子路，子路不對。子曰：「女奚不曰：其爲人也，發憤忘食，樂以忘憂，不知老之將至云爾？」

子貢問於孔子曰：「夫子聖矣乎？」孔子曰：「聖則我不能，我學不厭，而教不倦也。」子貢曰：「學不厭，智也。教不倦，仁也。仁且智，夫子既聖矣。」子曰：「若聖與仁，則吾豈敢，抑爲之不厭，誨人不倦，則可謂云爾已矣。」公西華曰：「正唯弟子不能學。」

孔子自言，曰：「好學。」曰：「樂學。」曰：「學不厭，教不倦。」孔子之所以再三自道者在此，其好學不倦之精神，誠足爲百世所仰慕。孔子人格之偉大，德性之崇高，甚難用言語敍述得完美，試舉孔子弟子推崇夫子之言而參考之。

孟子公孫丑上篇載：

宰我曰：「以予觀於夫子，賢於堯舜遠矣。」子貢曰：「見其禮而知其政，聞其樂而知其德，由百世之後，等百世之王，莫之能違也。自生民以來，未有如夫子也。」有若曰：「豈惟民哉，麒麟之於走獸，鳳凰之於飛鳥，泰山之於丘垤，河海之於行潦，類也。聖人之於民，亦類也。出於其類，拔乎其萃，自生民以來，未有盛於孔子也。」

孟子稱讚宰我子貢有若謂其智足以知聖人，而又不至阿其所好。然此三子之推崇孔子僅就功業言。

孟子滕文公上篇載：

曾子曰：「江漢以濯之，秋陽以暴之，皜皜乎不可尙已。」

曾子以江漢及秋陽比孔子，猶覺意有未盡，更以天爲比。曾子之讚美孔子，則就孔子之人格精神與其境界言，較上引三子之推崇更爲親切而入裏。

論語子罕篇載：

顏淵喟然嘆曰：「仰之彌高，鑽之彌堅，瞻之在前，忽焉在後。夫子循循然善誘人，博我以文，約我以禮。欲罷不能，既竭吾才，如有所立卓爾。雖欲從之，末由也已。」

此則從孔子之教誨誘掖言，從其自己對於孔子教誨誘掖之可望而不可即言，從自己之欲罷不能與欲從無由言。則顏子之讚美孔子，乃讚美孔子之教，亦即讚美孔子之學，而自嘆其欲學而未能。惟顏子獨稱美孔子之學，而孔子亦獨美顏子爲好學，以此較之，曾子之讚美孔子，僅就孔子之人格精神與其境界言者，則顏子之言，更令人覺得親切而有味。而孔子人格之偉大，與其功業之高不可及，皆於此而可見。顏子之善述其師，無怪其爲孔門弟子之首。觀於孔門弟子之欽仰其師，不得不驚嘆孔子感化力之強，與其人格之崇高。

當時有人不識孔子之人格，而加以譏毁，且有疑孔子爲不如其門弟子者。

論語子張篇載：

叔孫武叔語大夫於朝，曰：「子貢賢於仲尼。」子服景伯以告子貢。子貢曰：「譬之宮牆，賜之牆也，及肩，窺見室家之好。夫子之牆數仞，不得其門而入，不見宗廟之美，百官之富。得其門者或寡矣。夫子之云，不亦宜乎。」

叔孫武叔毁仲尼。子貢曰：「無以爲也，仲尼不可毁也。他人之賢者，丘陵也，猶可踰也。仲尼，日月也，無得而踰焉。人雖欲自絕，其何傷於日月乎，多見其不知量也。」

陳子禽謂子貢曰：「子爲恭也，仲尼豈賢於子乎？」子貢曰：「君子一言以爲知，一言以爲不知，言不可不慎也。夫子之不可及也，猶天之不可階而升也。夫子之得邦家者，所謂立之斯立，道之斯行，綏之斯來，動之斯和。其生也榮，其死也哀。如之何其可及也。」

子貢爲當時人所推崇，就上述子貢言更可想見孔子人格之崇高。然孔子所自述，則其一生主要只在「學不厭」「敎不倦」而已。

孔子晚年，除敎授外尙有著述一事。

論語子罕篇載：

子曰：「吾自衞反魯，然後樂正，雅頌各得其所。」

孔子以詩敎，詩與樂有緊密相聯不可分隔之關係。而詩與樂又必配於禮而行。孔門重禮敎，重詩敎。尤其在詩敎上，可以陶冶人之情志，以達於中正和平之境。詩有雅頌之別，大雅與頌爲天子之樂，小雅爲諸侯之樂，風詩則爲諸侯大夫之樂，與鄉樂。詩、禮、樂三者一體相關，乃西周以來治國平天下之大典章所繫。當孔子時，三家者以雍徹。不僅大夫專政，驕僭越禮，亦因自西周之亡，典籍喪亂，故孔子有「我觀周道，幽厲傷之」之歎。吳季札聘魯，請觀周樂，是西周以來所傳詩樂，獨遺存於魯者較備。孔子周遊反魯，用世之心已淡，乃留情於古典籍之整理，而獨以正樂爲首事。所謂雅頌各得其所者，正樂卽所以正禮，此乃當時政治上大綱節所在。孔子之意務使詩敎與禮敎合一，私人修德與大羣行道合一，其正樂實有其甚深甚大之意義存在。以今天我們的語言說，詩是文學，禮屬政事，文學亦當與政事合一。惟孔子後期敎育，則注重學生們之文學修養，更勝過了使學生們在政事上之歷練。

孔子又曰：

興於詩，立於禮，成於樂。

正因詩、禮、樂三者本屬一事，孔子告伯魚曰：「不學詩，無以言。不學禮，無以立。」其意甚顯。可見孔子教育精神，始終是以明道行道貢獻於社會大羣爲主。至於私人之文學修養，則僅爲其基礎，非其最後終極目標所在。換言之，孔子之所學，乃是一種傳統文化之學，孔子之所教，則是一種文化理想之教。孔子可謂是一個文化理想的教育家。但人文理想之基礎在個人，使個人完成其基礎同時亦即是目標所在。故孔子之教育精神，可以永垂萬世而無極，但亦可在其當身當世而完成。

孔子於正樂外，又作春秋，爲孔子晚年一大事。

孟子曰：

世衰道微，邪說暴行有作，臣弒其君者有之，子弒其父者有之。孔子懼，作春秋。春秋，天子之事也。是故孔子曰：「知我者，其惟春秋乎，罪我者，其惟春秋乎。」

又曰：

孔子成春秋，而亂臣賊子懼。

又曰：

王者之迹熄而詩亡，詩亡然後春秋作。晉之乘，楚之檮杌，魯之春秋，一也。其事則齊桓晉文，其文則史。孔子曰：「其義則丘竊取之矣。」

孔子著史作春秋，其事亦一本於禮，而孔子之治禮，其事亦一本於史。此爲文王周公以來中國文化大傳統所在。故孔子所言之禮，實已包括了全人生。其言史，亦包括了全人生。其言禮，猶言史，言史亦重在言禮，卽可謂重在言道。孔子志欲行道於天下，及其老，而知行道天下之事不可得，乃轉而著述。亦爲其欲行道天下之另一表現。

孔子七十三歲卒。

## 第二節　孔子的教育思想

孔子生在春秋晚期，他是在中國文化思想上有最高領導地位的人。但他的思想並非憑空突起，他也是承續春秋以前的思想而來。然而孔子能集前代思想之精髓，而更加以發揚光大，後人尊孔子爲集古代思想之大成者。

孔子從事政治活動是失敗了，但孔子從事的教育事業卻給後世留下絕大的影響。孔子是開始傳播古代貴族學到民間來的第一人，他把封建時代，貴族階層的一切生活經驗和人事職責，尤其是在宗廟和衙門裏所表現的一切禮樂制度，來變換成人類社會共有共享的學術事業。舊說孔子修詩書，訂禮樂，贊易，而作春秋，此卽所謂六經，其先皆官書。卽謂六經皆當時政府中的檔案或文卷，故稱王官之學，經孔子之手，而流布於民間，成爲百家言。

但實際而論，孔子當時所教，乃六藝，非六經。禮、樂、射、御、書、數，當時稱之曰六藝。孔子身通六藝，但最重要的，乃在孔子於此種種實用藝能之上，發揮出一番人生的大道理。此下時代變了，社會情態隨之而變，而孔子所講的這一番人生大道，則永遠傳留下來，爲中國後世所遵行信守。

孔子思想博大精深，可以說是道地的人文主義的思想，是以人爲本位，站在人生立場來立論的。孔子思想實際也就是一種教育思想。大體說來，可分爲兩方面，一方面是有關個人德性的修養，也就是如何能使一個人成爲一理想人。另一方面是有關個人對於國家社會的貢獻，如何使一有德性修養的人，去從事於有益國家社會的事業。換言之，如何使理想能在事業上實踐。這兩方面也可說一是「體」，一是

「用」。個人德性修養是「體」，對國家社會有貢獻是「用」。「體」是「用」的基礎，「用」是「體」的實踐，兩者之間有密切的關連。孔子的思想，完全着重在講人生大道的「體」「用」上。

孔子常喜講「仁」，仁字從二人，猶言人與人相處。自內心言，人與人相處所共有的同情心曰「仁心」。自外在之行爲言，人與人相處所行之道曰「仁道」。論語，樊遲問「仁」，子曰：「愛人」。孟子曰：「仁者，愛人」。又曰：「仁者，人心也」。可知只在人類所同有的一顆人與人相愛之心便是「仁」。而這顆人與人相愛之心，卻是人心所固有。換言之，這是人心的本質。

父母愛子女，子女愛父母，便是人人有此一顆人與人相愛之心之明證。把這人與人相愛之心，加以推擴，便是孔子所謂的「仁」。故講「仁」必重「孝」。

論語學而篇云：

有子曰：「君子務本，本立而道生。孝弟也者，其爲仁之本與？」

孔門講道多偏重孝，一因講孝人人有份，天下沒有無父母的子女。二因講孝盡了人生的全時期，父母死了，孝心還可存在。如是則從現世人生過渡接通到過去的人生，如是則人生界已滲透進宇宙界，而融爲了一體。

「仁」既是人心所固有，然而在現實的人生中，我們常感到「仁心」「仁道」並未能流暢發揚。在孔子的思想中看來，這是因爲我們人類太爲一切自我的功利打算所擾亂，所以掩蔽了我們固有的「仁心」與「仁道」。

論語子罕篇云：

子罕言利，與命與仁。

命有外在的，有內在的。先天的稟賦與外在的環境，皆是命。一面當盡其在我，一面當安其在外。「仁」是指我們內心的情意，人的先天稟賦中本有此「仁心」，我們自當尊重保存。然而外在的環境中，又常有種種限止，使我們不可反抗。所以從命講，「仁道」是我們內在的命，當盡力遵行的。而仁道又不易行，因受外在之命所限止。外在的命固非由己可主，而我們內心的「仁愛」，則可由我們自己作主。孔子不看重個人的功利計較，寧可贊成命的觀念。我們若懂得先天的和外在的種種束縛限止，自肯回向內心求其所可自主的情意了。所以孔子說：「不知命，無以爲君子。」君子應知其所當爲，與其所不能爲，這皆是知命。人若知命，自可從內心所可自主的情意，來求建立人生應有的理想。故孔子講「仁」又講「知」，孔子說：

知者利仁，仁者安仁。

有大智慧的人，必能知命，自能認清了先天之所稟賦，與其外在環境中之種種束縛與限止，自然會感到人生內在必然而可能之「仁」。若先天不與人類以一顆共有的「仁心」，則人類將不可能存在。但若人道易行，則人生只來享受，不待努力，其意義與價值又何在？惟知者知得此外在之命，乃知「仁心」「仁道」，對他是只有利而無害的。「仁」是對人生最有利的行徑了。一個大智慧者，正在其不斷的對「仁道」有認識。至於早能以「仁心」行「仁道」的「仁」者，他自知我此「仁心」，乃由天所稟賦，自能安於其命，不斷向前，而更無其他的想望與變遷了。

故孔子論仁，主要乃指人心內部之情意與態度。此種情意與態度，如何而求其表達到外面實際的人生界，而恰到好處呢？孔子纔又講到禮。

論語顏淵篇載：

顏淵問「仁」，子曰：「克己復禮爲仁。一日克己復禮，天下歸仁焉。爲仁由己，而由人乎哉？」

在知識上必須知命纔能求「仁」，在行爲上必須復禮纔能爲「仁」。「禮」是人生相處之種種節限，人往往爲個己求利的目的而逾越了此種節限，因此要能克去一己之私慾，回復到人與人間所共由之「禮」，纔得爲「仁」。禮的本源是「仁」，自「仁心」發出始有禮。如若任憑各人自己私慾的衝動，向外發展，卻未必就是利，所以孔子說：

不知命，無以爲君子。不知禮，無以立。

孔子認爲人生只能有有節限的自由。「命」與「禮」是人生的節限，「仁」是可以由人自主的。我們只要把自己先安頓在「命」與「禮」的節限之內，這裏便見有個人的自由。孔子敎人，只敎人回過頭來盡其在我，只在我自己一邊用力。

人在節限中獲得了其盡量之自由，這是一種「樂」，故孔子言禮必連言樂。人須認識得此節限是「智」，故孔子言仁，必連言智。但孔子更喜言仁與禮。禮是規定，仁是自由。古代封建貴族，由西周周公以來，已建立了許多禮。孔子則在此種種禮上發明出一共同原則便是「仁」。

論語里仁篇：

子曰：「參乎！吾道一以貫之。」曾子曰：「唯。」子出，門人問曰：「何謂也？」曾子曰：「夫子之道，忠恕而已矣。」

曾子所言，也可說是說準了。孔子之道，是極看重忠恕的。盡己之心爲「忠」，推己心以及人爲「恕」。忠恕卽各人自己內心所共有與可有之德。儒家言「忠」「恕」「孝」「弟」，皆極簡約平易，人人可以共由。聖人雖高出於人人，然必指示人一共由之路，使人可以由此路共達於聖人之境。孔子又由忠恕兩字中單講一恕字。可說恕亦卽是仁。

論語衞靈公篇載：

子貢問曰：「有一言而可以終身行之者乎？」子曰：「其恕乎？己所不欲，勿施於人。」

「仁道」最重要在能使「人」「我」相通。能通「人」「我」，故能直。直是直心直道，更不要委曲了。忠恕，卽是講通「人」「我」之直道，而恕更然。所以孔子說吾道一以貫之。一卽在我心，而恕則由我心通他心，最簡易直捷，故可終身行之了。

孔子思想一面從歷史觀念根據文王周公從「禮」的本源處看，一面從人生立場根據「仁道」，卽「人道」，卽人與人相通之道的觀點來看，其大意是如此。禮的最重大者，惟葬與祭。孔子推原葬祭的心理，是報本反始的，卽原於人類的孝心，孝心推廣曰「仁」，曰「忠恕」。孔子以「忠」來積極獎進人類的合作，以「恕」來消極弭解人類之衝突。「仁」「孝」「忠」「恕」是人與人相處最主要的原則，也是維持人類社會於永久不弊的要素。這一切都必以人人之各自力行爲基點、爲中心。自一中心而推及於外。如此則人生中的「生死」「羣己」「天人」諸大問題，在孔子的「仁道」中均已全部化成一片了。

論語公治長篇云：

顏淵季路侍。子曰：「盍各言爾志。」子路曰：「願車馬衣裘與朋友共，弊之而無憾。」顏淵曰：「願無伐善，無施勞。」子路曰：「願聞子之志。」子曰：「老者安之，朋友信之，少者懷之。」

這是孔門師弟子各自述其志願，也是他們的人生理想。他們三人的人生理想是相同的，都希望人與人相處，不要存一「人」「我」之見，不要專在自私的功利上計較，只是三人深淺度不同。子路只從經濟物質上來說，顏淵深一層，從內心的情感上來說，對人也如對己般。孔子更深一層，他不僅要在自己的心上不分「人」「我」，更希望能使對方人的心上也不覺得有「人我」之分。這是從自我修養透進到對人的教育意義上來了。孔子的對人教育也自和自我修養一以貫之的。

可見孔門志業全在人事上，全在人與人相接觸中所表現的心境，而尤其重要的，則在於各自從自己心地上用功。故孔子告顏淵說：「爲仁由己，而由人乎哉。」自己內心所得即是「德」，自己內心無德，雖亦可以行但終究會行不通。故一切「仁」「孝」「忠」「恕」都是從各人內心之「德」爲基點而散發向外，「德」則必靠自己的學習與修養。所以說，孔子思想其實就是教育思想。惟其注重點在於學者各人之自我的「學」與「行」，更重要於外在的知識與技能之傳授而已。

論語憲問篇云：

子曰：「古之學者爲己，今之學者爲人。」

孔子所謂爲己之學，卽指各自個人內心的德性。孔子並非不主張學以爲人，但必以爲己爲本。故孔子說：「己欲立而立人，己欲達而達人。」未有不能爲己而能爲人的。「己立」「己達」都須在各人自己內心上用功夫，別人是無可爲力的。若只在外面條件上計較，卽非能立，不能立，卽不能達。達是由己達到人，不是由人達到己。所以孔子又說：

知之者，不如好之者。好之者，不如樂之者。

此最是孔子論學之精語。僅知之而不能心好之，便知得不篤實。心雖好之，而內心未能確有所得，則不覺其可樂，而所好亦不深。孔子敎人，循循善誘，務使人能達於自強不息欲罷不能之境，然後我與道渾然一體，乃能達到可樂的境界，也就是孔子所謂的「從心所欲不踰矩」的地步，也就是人生與敎育的最高理想了。

孔子的教育理想一面注重在教人「好之」「樂之」的內心之「德」上，一面更注重到在將此內心「好之」「樂之」的那一番「德」，能表現於外在的行爲上，也卽是「學」與「行」相一致。

論語學而篇云：

子曰：「弟子入則孝，出則弟，謹而信，汎愛衆，而親仁。行有餘力，則以學文。」

這是說幼年弟子爲學當重德行修養，平日行爲應注意「入孝」「出弟」「謹信」「親仁」等項。這些能做到，再作書本知識的研尋，所以六藝亦以禮樂爲先，書數爲末。

論語述而篇云：

子以四敎：文、行、忠、信。

文是指書本知識，行是指道德行事，忠信則是指我們各人內心的德行修養，此三者合起來才是孔子敎育的理想。四敎先重文，次重行，最後反及心。此是指成人敎育言。故與上引弟子敎育，指一般在家庭未到學校之幼年青年敎育有先後之不同。但其重「行」重「心」之意義則仍一致。這在今天我們的敎育方向只重外面知識技能的研尋，跑上一條偏路，所最值得反省的了。

就因爲孔子敎育思想的範圍廣大，與其意義深入，所以我們整個的人類敎育，自古至今，更至於將來，皆不能逃出於孔子敎育思想之外，而孔子則永遠爲人類之師，而莫能違之了。

論語衞靈公篇云：

子曰：「有敎無類。」

人生有差別，如貴賤、貧富、智愚、善惡都是人與人間的差別。就孔子的敎育理想言，只重在個人內心德性的修養，重在自己內心向外表達的努力，故人人都可以平等受教，而又人人都能各因其性而有所成就。如此說來，人只需有教化，不再要分差別。所以孔子說：

自行束脩以上，吾未嘗無誨焉。

束脩只一束乾肉，乃贄見中極薄的禮。雖然如此，孔子也從沒有不與以敎誨的。雖貧如顏淵，更是長期在門受敎，那是人人皆知的。

論語陽貨篇云：

子曰：「鄉原德之賊也。」

孟子萬章篇亦云：

孔子曰：「過我門而不入我室，我不憾焉者，其惟鄉原乎！鄉原德之賊也。」

孔子自言：「有敎無類。」不論貴賤、貧富、智愚、善惡，只要你帶一束乾脯薄禮到門，孔子都肯加以敎育感化，使他有所成就。但鄉原，孔子獨不願加以敎誨。所謂鄉原者，就是那種人人都不得罪的好人，媚世僞善，不願有所作爲，孔子稱他們是人類中的敗類。只有這種人，過孔子門而不入，孔子不感得有憾，除此之外，任何人孔子是都願與以敎誨的。孟子對孔子斥鄉原之義曾有極精闢之發揮，留待孟子篇中再加討論。

## 第三節　孔門弟子及其論學情況

### 一、孔子的弟子

史記孔子世家載：

孔子以詩、書、禮、樂教弟子，蓋三千焉，身通六藝者，七十有二人。

三千之衆，恐有不確。七十二人或疑是七十七人之誤，大抵孔門弟子只此數。

孟子云：

以德服人者，中心悅而誠服也，如七十子之服孔子也。

此稱七十，乃據整數言。

崔述洙泗考信錄云：

家語云：「自周返魯，道彌尊矣，弟子之進蓋三千焉。」夫孔子之道大矣，豈一見老聃之所能尊。而是時孔子年僅三十有五，弟子安得遂至於三千乎。

今按適周見老聃事，亦未可信。孔門賢弟子，迄今可考知者，其盛已爲後代中國教育史上所不及。

綜其生平，殆以有弟子七十餘人爲可信也。

據史記仲尼弟子列傳，列其姓名較著者有：

顏回，字子淵。魯人。少孔子三十歲。

閔損，字子騫。魯人。少孔子十五歲。

冉耕，字伯牛。魯人。年無考。

冉雍，字仲弓。魯人。少孔子二十九歲。伯牛之子。

冉求，字子有。魯人。少孔子二十九歲。

仲由，字子路。魯之卞人。少孔子九歲。

宰予，字子我。亦稱宰我。魯人。年無考。
端木賜，字子貢。衞人。少孔子三十一歲。
言偃，字子游。吳人。或疑是魯人。少孔子四十五歲。
卜商，字子貢。衞人。少孔子四十四歲。
顓孫師，字子張。陳人。少孔子四十八歲。
曾參，字子輿。魯之武城人。少孔子四十六歲。
澹臺滅明，字子羽。魯之南武城人。少孔子三十九歲。
宓不齊，字子賤。魯人。少孔子三十歲。
原憲，字子思。魯人。少孔子三十六歲。
公冶長，字子長。齊人。年無考。
南宮括，字子容。魯人。年無考。
曾點，字子晳。曾參之父。年無考。
顏無繇，字路。顏回之父。少孔子六歲。
高柴，字子羔。或云鄭人，或云魏人，或云齊人。少孔子三十歲。
漆雕啓，字子開。魯人。少孔子十一歲。
司馬耕，字子牛。宋人。年無考。
樊須，字子遲。齊人，或云魯人。少孔子三十六歲。（疑當作四十六歲）。
有若，魯人。少孔子三十三歲。

公西赤，字子華。魯人。少孔子四十二歲。（疑當作三十二歲。）

孟懿子，名何忌，魯貴族。少孔子二十三歲。

南宮敬叔，名說。魯貴族。少孔子二十三歲。

右列舉二十七人可值得重視者有數點玆分敍如後：

1. 孔子弟子不限於魯人。

史記孔子世家云：

孔子不仕，退而修詩、書、禮、樂，弟子彌衆。至自遠方，莫不受業。

崔述云：

孔子弟子，魯人爲多，其次則衞、齊、宋，皆鄰國也。

當時平民社會之教育風氣始開，交通亦不便，孔子教育已播及多數鄰國，實爲曠古未有之事。只因後代尊孔，崇爲至聖先師，遂信其弟子有三千之衆，又謂其普遍及於全中國。

2. 有父子同門受教者。

如：

顏無繇，顏回父子。

曾點，曾參父子。

冉耕，仲弓父子。

此事則爲後世所少有。顏無繇、曾點、冉耕三人中，只知顏無繇少孔子六歲，其他二人無考，殆與孔子年在仲伯之間。而顏冉兩家，又在孔子早年受教，已父子同門，更難得。

3.孔子弟子雖多起於微賤，然其中亦有貴族子弟來受敎者。

左傳昭公七年載：

公至自楚，孟僖子病不能相禮，乃講學之。苟能禮者從之。及其將死也，召其大夫曰：「禮，人之幹也。無禮無以立，吾聞將有達者曰孔丘，聖人之後也。我若獲沒，必屬說與何忌於夫子，使事之而學禮焉，以定其位。」故孟懿子與南宮敬叔師事仲尼。

孟僖子乃魯國三家貴卿之一，其臨死，遺命二子往從孔子學禮。亦爲當時所少有。惟後人盛稱其事，一若孔子之敎澤廣被，此事亦具重大影響，則恐未必。

## 二、孔門四科

論語先進篇載：

子曰：「從我於陳蔡者，皆不及門也。德行：顏淵、閔子騫、冉伯牛、仲弓。言語：宰我、子貢。政事：冉有、季路。文學：子游、子夏。」

此卽後人所謂之四科十哲。孔門四科中首德行，以顏淵爲首。蓋此諸人，於孔子之爲人爲學，皆具體而微，故於同門中特受尊敬。其他三科，則各因其才性所近，各有專長，然不能如德行科之備有孔門敎育理想之全體成就，故依次列於德行科之後。

言語科指使命應對，外交辭令。其時列國間交往頻繁，而又政出大夫，外交一項更屬重要，故言語乃列於政事前。文學指對古經籍之研究。蓋孔門敎育，本主用世。及孔子晚年，用世之心已淡，故其弟子亦特多用心於述古傳後之文學一類也。

孔門四科的分別其實只是孔子對當時人生一理想，乃包括有「體」「用」兩面的人文主義之理想。可謂德行是其本體。孔子處於當時貴族階級多奢僭違禮，同時又多不悅學，不知禮。當時士階層興起，本求爲貴族階級所用。而孔子教育之主要精神，則爲起而改革當時貴族階級之不守禮，以微賤來對抗高貴，故不得不先求自己具備有一套德性，乃能不恥惡衣惡食，而一志於道，乃能藏器在身，而不求急用。如此乃可受貴族之尊重，再進而談改革。德行是個人平素修養的基礎，用時亦需要有知識的鑽研與實際致用之準備。如在外交政事的種種知識，也得從古經籍的研尋中，求其意義與沿革。有了知識，完成了德行，才可在具體事業上求表現，才可對國家社會有貢獻。

四科本是一體，而可應用於各方面之人生。在孔子所學，是完整之一體，但其弟子受教，則不免各從其性之所近，各自在某一方面有成就有發展。故論語所載雖分四科，但不列於德行科者，並非指其有背於德行。列在德行科者，亦非指其短於此下之三科。而四科僅舉十哲，此是舉例而已。孔門弟子不預於四科之列者，亦未嘗不於此四科中各有其地位，此所列則特指其較爲傑出者而言。如曾子、有子，皆極爲孔門後學所尊，但亦不列四科之內，固不得因此而薄之。

孔子於諸弟子中特讚賞顏淵，論語雍也篇：

子曰：「賢哉回也，一簞食，一瓢飲，在陋巷。人不堪其憂，回也不改其樂。賢哉回也。」

此可謂與孔子之飯疏食，飲水，曲肱而枕之，同其修養，同其樂趣，故後人遂以孔顏樂處並稱之。孔子又讚顏淵曰：

用之則行，舍之則藏，惟我與爾有是夫。

汲汲於求用世，每爲人情之常。論語記德行一科有閔子騫、冉伯牛、仲弓，此三人殆亦能舍之則藏，不汲汲於進取者。孔子之所以更獨讚賞於顏淵，當因顏淵在「用之則行」一面尤有更高出於三人之上之處。故孔子獨以「惟我與爾有是」稱之。「用之則行，舍之則藏。」此應爲孔子當時處世之最高標準。消極的避世，固非孔子所願，然而僅求用世，至於不惜自屈己志，則更爲孔子所不取。孔子之求爲可用，必有其外在環境之相宜條件，此所以孔子勉子夏，欲其爲君子儒，勿爲小人儒。孔子之此番理想，恐只有名列德行一科的弟子最能深切瞭解。然而身寓大才，而能不求用世，則更爲難能。孔子之獨稱賞於顏子者應在此。後人多知重顏子之德，而不免忽略於顏子之才，則未爲眞能欣賞於顏子之爲人與其爲學之全體。

孟子公孫丑篇載：

昔者竊聞之，子夏、子游、子張皆有聖人之一體。冉牛、閔子、顏淵則具體而微。

子夏、子游、子張皆孔子晚年弟子。子游、子夏列於文學一科，成就燆然，但亦僅得孔子爲學之一部份。冉牛、閔子、顏淵，三人皆列德行，其爲學之規模格局，在大體上近似於孔子，只氣魄力量有不及。然如顏子，早年不壽，先孔子而卒，則亦未能眞見其氣魄力量之所表現，故孔子尤深惜之。

孔門弟子又有先進後進之分。

論語先進篇載：

子曰：「先進於禮樂，野人也。後進於禮樂，君子也，如用之，則吾從先進。」

先進後進，乃指孔門弟子之前輩後輩言。孔子終身設教，其中年周遊在外十四年，在出遊前之諸弟子爲先進，如顏回、閔子騫、仲弓、子路等，其於禮樂，務其大體，猶存淳素之風，較之後輩轉似樸野。其出遊歸來後之諸弟子，如子游子夏等爲後進，於禮樂講求愈細密，然微有趨於文勝之概。孔子意，當代若復用禮樂，我當從先進諸弟子。此可見在孔子門下，其先後風氣已有變。孔子早年講學，其用意偏重於用世，而晚年則其意更偏於明道。來學者受其薰染，故先進弟子更富用世精神，後進弟子更富傳道精神。而孔子猶曰：「如用之，則吾從先進。」此則見孔子之用世精神，直至晚年猶存。惟其志不忘於用世，故其所明所傳之道之尤為可貴也。

## 三、孔門師弟子自由論學之情況

論語先進篇載：

子路、曾皙、冉有、公西華侍坐。子曰：「以吾一日長乎爾，毋吾以也。居則曰不吾知也。如或知爾，則何以哉？」子路率爾而對曰：「千乘之國，攝乎大國之間，加之以師旅，因之以饑饉，由也為之，比及三年，可使有勇，且知方也。」夫子哂之。「求，爾何如？」對曰：「方六七十，如五六十，求也為之，比及三年，可使足民。如其禮樂，以俟君子。」「赤，爾何如？」對曰：「非曰能之，願學焉。宗廟之事，如會同，端章甫，願為小相焉。」「點，爾何如？」鼓瑟希，鏗爾，舍瑟而作，對曰：「異乎三子者之撰。」子曰：「何傷乎！亦各言其志也。」曰：「莫春者，春服既成，冠者五六人，童子六七人，浴乎沂，風乎舞雩，詠而歸。」夫子喟然歎曰：「吾與點也。」三子者出，曾皙後。曾皙曰：「夫三子者之言何如？」子曰：「亦各言其志也已矣。」曰：「夫子何哂由也？」曰：「為國以禮，其言不讓，是故哂之。」「唯求則非邦也與？」「安見方六七十、如五六十，而非邦也者？」「唯赤則非邦也與？」「宗廟會同，非諸侯而何？赤也為之小，孰能為之大？」

此章最可見當時孔門師弟子自由講學的情況。自孔子出，由注重貴族生活的禮教，轉而引伸出平民私家的自由講學。孔子講人生大道，使教育包含了人生全階程，可由各人從其自己內在的心情上努力，來完成他自己。因此最重要的，在受教者各各發自內心的感受。這一章孔門師弟子論學，實卽是言志。子路少孔子九歲，曾皙、曾參父，或較子路略年幼，故排名在次。冉有少孔子二十九歲，公西華少孔子三十二歲。而同時中不論年齡差別，長幼同坐，各言己願，那眞是極有情味的，夫子再加以讚許，此是何等值得追憶的一種教育場面呀！子路志在治軍，冉有志在理財，公西華志在外交相禮，而曾晳獨遊心事外，在日常人生中賞心自得，一門心情，各具別撰，而融融一堂，共依聖人爲師，那眞是人生中難得的局面。實有極深的啓發作用。論語公治長篇又有一條說：

顏淵季路侍。子曰「盍各言爾志！」子路曰：「願車馬，衣輕裘，與朋友共，敝之而無憾。」顏淵曰：「願無伐善，無施勞。」子路曰「願聞子之志。」子曰：「老者安之，朋友信之，少者懷之。」

此又是一境界。大抵孔門教學，不以空言爲教，又不專以書本文字爲學，所言卽其所志所行，所志所行卽其所言。言與志與行相一致。從他們平日所言所志所行，卽便是他們日常講求的人生大道。師弟子教學相一致，只有深淺之別，更無別此之異，那又是何等地值得歡欣鼓舞呀！

論語子罕篇言：

顏淵喟然嘆曰：「仰之彌高，鑽之彌堅，瞻之在前，忽焉在後。夫子循循然善誘人，博我以文，約我以禮。欲罷不能，既竭吾才，如有所立卓爾。雖欲從之，末由也已。」

這是孔門最高弟子顏淵讚歎其師之偉大。一位教師能使受教者，感覺到教師對他的教誨無事不包合，無處不存在，能誘導提示受教者，循着次第從淺而深，一步步的向前，能將受教者本身自具的才知，完全的顯現出來，而仍是欲罷不能的懇切嚮往，不斷地求再向前，孔子這樣的教育，眞是天地間稀遘難遇的，最偉大最善於領導人的教師了。然而偉大善教之師，也貴有受教者之欣賞與合作，才能收到啓發的效果，所以孔子說：

> 不憤不啓，不悱不發。舉一隅不以三隅反，則不復也。

在受教者之內心，如無「憤」「悱」之感覺，不知道前面有路，而欲從無由，又不肯舉一反三，自己觸類旁通，則偉大善教如孔子，也將到此爲止，以靜待受教者之自開悟、自奮發，乃始能繼此而續加以指導。此是說教者之善於誘導，必使受教者先有了心理上的準備，使師弟子之間相互配合，方始逐步向前。此一番平等自由活潑的教學情況，在孔門弟子中，最能洞徹明白孔子這一番深義的，則只有顏淵一人，所以孔子也要嘆賞顏淵之好學了。

孔子又曾說：

> 「賜也，女以予爲多學而識之者與？」對曰：「然。非與？」曰：「非也。予一以貫之。」

孔子只以自己所學來教人，這是孔子對其弟子自言爲學的境地。孔子自言爲學重要不在博聞強記，重要的在對這許多博聞強記的知識，要能相互貫通，纔是更高一層的爲學。所以孔子言詩，亦說詩三百，一言以蔽之，曰：「思無邪。」其言禮，則曰：「禮與其奢也寧儉。」又曰：「殷因於夏禮，周因於殷禮，雖百世可知。」這些都是所謂「一以貫之」的實例。

「一以貫之」，約略如近人所謂的歸納法。舉一反三，約略如近人所謂的演繹法。歸納法愈悟愈簡單，演繹法愈推愈複雜。無論演繹或歸納，都要善學的弟子自用其聰明與智慧自發自悟，而善教的先生，則只在一旁如接生婆般，讓那孕婦的胎兒能順利生產。

孔子之道雖高深，孔子之教雖無所不包，然而孔子之教也只是人的性情、音容、飲食、起居，交接酬應之務，君臣、父子、夫婦、兄弟之常，出處、去就、辭受、取舍，以至政事之設施，與禮樂、文章的講論，都是日常人生有關的種種。因此孔子之道亦最平易近人，使人親切易於從事。

論語述而篇云：

子曰：「二三子以我爲隱乎？吾無隱乎爾。吾無行而不與二三子者，是丘也。」

這一條最足以使人明白孔子敎人的深義。孔子所敎只是人生平實的道理，懂得了這道理，就在日常行爲上表現出來。爲學不是在講一套高深的空論。孔子之敎，卽是後人之所謂身敎，乃是一種人格敎，爲師者之人格，明白擺在受敎者之面前，那便是一種最高深，亦是最平實的敎育了。

孔子的敎育，又最能因材施敎。

論語先進篇言：

子路問：「聞斯行諸？」子曰：「有父兄在，如之何其聞斯行之？」冉有問：「聞斯行諸？」子曰「聞斯行之。」公西華曰：「由也問：『聞斯行諸。』子曰：『有父兄在。』求也問：『聞斯行諸。』子曰：『聞斯行之。』赤也惑，敢問。」子曰：「求也退，故進之。由也兼人，故退之。」

這是孔子因材施敎的一個最好實例，人的智質性情並不全同，而人生的道理也不是只有一格，外面環境不同，自己行事也不得不變。論語中有許多有關「問政」、「問孝」、「問仁」、「問士」、「問君子」等諸條，不同的人問，孔子卽有不同的回答。這都因問者各人材性不同，處境背景不同，而孔子加以不同的教與啓發。這些也最可使我們知道一以貫之、舉一反三的需要。

孔子在當時傳道授教，並沒有一所學校，亦無所謂教室，只是私家開門授徒。

莊子漁父篇云：

孔子遊乎緇帷之林，休坐乎杏壇之上，弟子讀書，孔子弦歌鼓琴。

杏壇只是一栽有杏花的高地，並無建築，幕天席地，莫非孔子設教之所。又孔子週遊列國，受困於宋，與弟子習禮大樹之下。可見孔子行遊坐息，無時無處，都可設教。由此，也更可明瞭當時自由講學之眞精神。

## 第四節　孔子從事教育事業的經濟情形

古代封建時期，社會顯然有貴族與平民兩階級之存在，此後戰國時代，平民學者興起，逐漸形成了士的一新中間階層，爲當時社會一絕大變遷。平民學者起而代替貴族階級，掌握了學術文化智識上的權威地位，他們多抱有超地域超家族超國家的天下觀念，或世界觀念，到處游動，貴族階級因而日見陵替。其間雖無貴族平民兩階級間之劇烈鬬爭，而列國封建，經兩三百年的過渡，終於造成了秦漢之大一統。此在中國歷史進展演變中，是一極爲値得重視的大事。尤以士之一階層，自此以下，兩千數百年來，在中國文化中始終站在一領導地位。因此，對於此一新階級的如何興起，不能不加以研究。試舉其日常生活中之經濟一項加以闡述，或可更易明瞭士階級興起的一機緣之內在實況。

封建時代貴族平民兩階層，貴族有世襲分地，平民亦分田還受，生活都可解決。士的一階級，乃由宗法封建之貴族階級疏遠輩分，及由平民階級中之英武俊秀子弟之晉升者而形成的一個中間階層。他們既無貴族的世襲分地，也不甘於如平民般的分田耕種，他們又如何來解決他們各自的生活呢？自孔子起至戰國末，游士高張，都應從其當時的經濟生活來加以考察。

孔子曰：

自行束脩以上，吾未嘗無誨焉。

當時人從師學藝，以求仕進獲穀祿。從師則必有贄見禮，束脩乃一束乾肉，爲贄禮中之最薄者。自此以上，弟子求學，各視其家有無，對師致送敬儀，厚薄不等，爲師者乃可藉此爲生。孔子年過三十，開始授徒設教，即不復出仕，想來他的生活，便靠來學者之束脩，則宜乎生活必極端艱困。

子曰：

飯疏食，飲水，曲肱而枕之，樂亦在其中矣。不義而富且貴，於我如浮雲。

據此章可見孔子當時之生事。中國人常稱安貧樂道，孔子即爲第一個榜樣。

史記孔子世家云：

衞靈公問：「孔子居魯得祿幾何？」對曰：「奉粟六萬。」衞人亦致粟六萬。

孟子盡心篇云：

君子之厄於陳蔡之間，無上下之交也。

荀子宥坐篇云：

孔子南適楚，厄於陳蔡之間。七日不火食，藜羹不糂。弟子皆有飢色。

孔子去魯，周遊列國，一羣學生隨行。當時孔門諸弟子大多出身平民，既不受職任事，隨孔子出遊，則其生活必反有賴於孔子之給養。舉此，亦可知當時師弟子之間，經濟關係早已達一家人無有相通之程度，故如稱孔門稱儒家，此「家」與「門」兩字實已道盡當時教育界之眞情實況。在師弟子之間，其內在之情感與其外在之經濟固已相互融通親密如在一家一門之類，不得以近人所稱專家專門來想像。

論語先進篇云：

顏淵死，子曰：「噫！天喪予，天喪予。」

顏淵死，顏路請子之車，以爲之椁。子曰：「才不才，亦各言其子也。鯉也死，有棺而無椁。吾不徒行以爲之椁，以吾從大夫之後，不可徒行也。」

顏淵死，門人欲厚葬之。子曰：「不可。」門人厚葬之。子曰：「回也，視予猶父也，予不得視猶子也。非我也，夫二三子也。」

顏淵在諸弟子中，最爲孔子所深愛，故顏路有此請。然喪禮當稱家之有無方爲合禮，孔子拒顏路之請，亦卽是他深賞顏淵生前之安貧樂道，決不以死後之葬事厚薄縈其心。然顏淵終於爲其同門師兄弟所厚葬，此也可見當時師弟子間有通財之義。而孔子當時弟子，亦多有從政多財的，所以共力相助，顏淵終於得厚葬。但此前孔子獨生子伯魚先死，也只薄葬，有棺無椁，孔子也只算了。此又是孔子安貧樂道之一例。孔子之自由講學，乃從其能安貧樂道來，此層不可不知。

## 第五節　孔子之喪

禮記檀弓篇云：

孔子之喪，門人疑所服。子貢曰：「昔者夫子之喪顏淵，若喪子而無服，喪子路亦然。請喪夫子，若父而無服。」

孟子滕文公篇云：

孔子歿，三年之外，門人治任將歸，入揖於子貢，相嚮而哭，皆失聲，然後歸。子貢反築室於場，獨居三年，而後歸。

史記孔子世家云：

孔子葬魯城北泗上，弟子皆服三年。三年心喪畢，相訣而去，則哭，各復盡哀，或復留。惟子貢廬於冢上，凡六年，然後去。弟子及魯人往從冢而家者，百有餘室，因命曰孔里。魯世世相傳，以歲時奉祠孔子冢，而諸儒亦講禮鄉飲大射於孔子冢。孔子冢大一頃，故所居室，弟子內，後世因廟，藏孔子衣冠琴車書。至於漢二百餘年不絕。高皇帝過魯，以太牢祠焉。諸侯卿相至，常先謁，然後從政。

史記儒林傳云：

高皇帝誅項籍，舉兵圍魯，魯中諸儒尙講誦習禮樂，弦歌之音不絕。

觀以上諸條，可知孔子身後受世尊敬，實遠超於此下諸子百家之上，而無與倫比。

孔子之子早喪，孫幼，故孔子卒，其喪由弟子主持。孔子非貴族，然亦自異於當時的平民階級，儒士在當時實是社會中新興的一階層。古代宗法封建社會中，既無自由講學，亦無弟子喪師之禮，觀於孔子之喪，諸弟子議對其師之喪禮，可證當時儒士在社會中之地位，乃由儒士自己創立，並無成規可尋。

孔子在中國此下歷史文化上之主要貢獻，在其自爲學，與其教育事業之兩項。自有孔子，中國的教育事業遂超出於政治事業之上，而成爲社會人生文化中主要一項目，而孔子因被後代尊爲至聖先師，其意義即在此。

## 第六節　孔門弟子學術路向的轉變

當孔子之時，貴族階級已將次崩壞，諸侯上僭天子，大夫上僭諸侯，貴族階級自身已不能自守其階級之限制，甚至於臣弒其君，子弒其父，亂臣賊子不絕跡。於是孔子力倡「君君、臣臣、父子、子子」、「正名」、「復禮」的主張，爲魯司寇，主墮三都，齊陳成子弒君，則沐浴而請討之。其敎訓弟子則勉以爲「君子儒」勿爲「小人儒」。但終其身孔子不得行其志而死。

孔子死後，貴族之驕奢淫亂日甚一日，孔子弟子亦終不能推行孔子之志，儒家思想不得不暫時轉入到消極的路上去，如子夏曾子等皆是。曾子處費，受季孫氏之尊養，子夏居魏，爲魏文侯師。魏文侯與季孫氏一簒位，一擅國，依儒家精神言，全該排斥，惟那時的儒家不僅無力推翻他們，仍不得不受他們的尊養奉事，此因當時儒家的勢力和地位仍需賴貴族扶護。於是漸漸轉成一種高自位置，傲不爲禮的態度，這是一種變態的士禮，子夏、曾子、田子方、段干木、子思皆是。

孟子離婁下云：

曾子居武城，有越寇。或曰：「寇至，盍去諸？」曰：「無寓人於我室，毀傷其薪木。」寇退。則曰：「修我牆屋，我將反。」寇退，曾子反。

說苑云：

魯人攻鄪，曾子辭於鄪。鄪君曰：「寡人之於先生，人無不聞。今魯人攻我，而先生去，我胡守先生之舍？」魯人果攻鄪，數之十罪，而曾子之所爭者九。魯師罷，鄪君復修曾子舍，而復迎之。

孟子萬章篇：

繆公之於子思也，亟問，亟餽鼎肉。子思不悅，於卒也，摽使者出諸大門之外，北面稽首再拜而不受，曰：「今而後知君之犬馬畜伋。」蓋自是臺無餽也。

史記孔子弟子列傳云：

孔子既沒，子夏居西河教授，爲魏文侯師。

呂氏舉難篇云：

白圭曰：「文侯師子夏，友田子方，敬段干木。」

史記魏世家則謂：

文侯師田子方。

孟子滕文公篇，孟子論魏文侯欲見段干木曰：

古者不爲臣不見，段干木踰垣而避之。

呂氏期賢篇云：

魏文侯過段干木之閭而式。

曾子、子夏親受業於孔子，子思爲孔子孫，田子方學於子貢（呂氏春秋當染篇）。段干木學於子夏，（呂氏尊賢篇）。亦孔門再傳弟子。於當時情勢皆不能有所矯挽，徒以踰垣不禮受貴族之尊養，遂開君卿養士之風。人君以尊賢下士爲貴，貧士以立節不屈爲高，自古貴族間相互維繫之禮，一變而爲貴族與平民相對抗之禮，此實已與孔子當時所謂之禮絕不同。

魏文侯以大夫僭國，禮賢下士以收人望，邀譽於諸侯，游士依以發迹，實開戰國養士之風，對於先秦學術興衰關係極大。

從此等消極狀態下又轉回來，重新走上積極的新路，開始再向政治上幹實際的活動，便成後來的法家。李克、吳起、商鞅可爲代表。

李克，子夏弟子。爲魏中山守。漢書食貨志有李悝爲魏文侯作盡地力之教，李悝卽李克也。史記貨殖傳平準書云：「李克務盡地力。」

史記吳起傳，吳起嘗學於曾子。先仕魯，聞魏文侯賢，遂來仕魏爲西河守，令民僨表立信。

商鞅爲李克吳起之後起，當亦學於儒，相秦變法，秦爲之強。李克吳起商鞅皆爲戰國初起時的法家，其實乃淵源於儒家。其守法奉公精神卽是孔子所倡正名復禮的精神，只不過隨時勢而轉移。法家用意，在把貴族階級上下秩序重新建立，此仍是儒家精神，但他們避去了最上一層的纂位擅權於不問，而只整理其以下者，此亦孔子所謂成事不說，亦不得已而思其次也。然而吳起在楚，商鞅在秦，都因此受一般貴族之攻擊而殺身，其後游仕的勢力與地位逐漸提高，但與孔子當時所倡儒家正名復禮的精神則越來越遠。當時士階層之崛興，其事實創始於孔子之自由講學，那亦是無可否認的事了。

孔叢子曰：

曾子謂子思曰：「昔者吾從夫子巡守於諸侯，夫子未嘗失人臣之禮，而猶聖道不行。今吾觀之，有傲世之心，無乃不容乎？」子思曰：「時移世異，人有宜也。當吾先君，周制雖毀，君臣固位，上下相持，若一體然。夫欲行其道，不執禮以求之，則不能入也。今天下諸侯方欲力爭，競招英雄，以自輔翼，此乃得士則昌，失士則亡之秋也。伋於此時不自高，人將下吾，不自貴，人將賤吾。舜禹揖讓，湯武用師，非故相詭，乃各時也。」

世謂孔叢子僞書，而曾子從遊孔子在孔子晚年週遊列國歸魯之後。此一段記載，固不可信，然而所敍，卻可看出孔子死後儒家學術風氣的轉變，及行誼的不同。由此更可明白當時社會情勢的變遷。

# 第三章　墨　　子

儒家之後第二個起來的是墨家，儒墨兩家，是先秦諸子中最大最先的兩家。

## 第一節　墨子的生平

古籍中有關墨子的材料不詳，因此對於墨子的生平引起後人許多疑問，如墨子之姓氏、國籍、生卒年歲等，都成了疑問。

墨子姓墨名翟，從來都如此說，直到清末江瑔著讀子巵言，論墨子非姓墨，開始有了異議。江氏認爲墨家稱墨乃本道術，不由姓氏，此言極是。然因對「墨」字意義未能考證明確，以至有人以爲墨字指面目黧黑言，又附會到僧人的緇衣，又因孟子說：「墨子無父。」便說墨子出家，摩頂放踵是禿頭赤足的僧裝。種種無稽之說，皆從墨子不得其解而來。至錢穆先秦諸子繫年，始將墨家墨字考證明確，則江氏認爲墨爲道術之稱，不由姓氏，可稱定論了。

墨乃古代刑名之一，白虎通五刑：「墨者，墨其額也。」周禮司刑注鄭玄云：「墨，黥也。先刻其面，以墨窒之。」墨罪是五刑中最輕的，古人犯輕刑，往往罰作奴隸苦工。周禮司厲注鄭衆說：「今之爲奴婢，古之罪人也。」故知墨爲刑徒，亦卽是奴役。墨家生活菲薄，其道以自苦爲極，故遂被稱爲墨了。

墨子國籍舊有宋楚魯三說。墨子貴義篇說：「墨子南遊於楚」，可證墨子非楚人。公輸篇有：「子墨子歸過宋」一語，可證墨子非宋人。呂氏春秋愛類篇：「公輸般欲爲楚攻宋，墨子聞之，自魯往。」高誘注呂氏春秋當染篇謂：「墨子魯人。」墨子貴義篇有：「墨子北之齊，南遊使於衞」及「墨子南遊於楚。」公輸篇「子墨子歸過宋」諸語，皆可證墨子魯人說。

墨子生卒年代，古來紛紜無定說，據錢穆先秦諸子繫年，定墨子生於孔子卒後十年內，其卒時已年八十餘。

淮南子要略云：

墨子學儒者之業，受孔子之術，以爲其禮煩擾而不說，厚葬靡財而貧民，久服喪生而害事，故背周道而用夏政。

這一節話實在是討論墨學淵源最可依據的史料。墨子生當孔子卒後，生於儒學空氣極濃厚的魯國，影響他最深切的自然是儒學。孔子栖栖皇皇，一生沒有得志，在他身後季孫專魯，魏斯篡晉，維繫貴族階級的古禮，益發崩壞。孔子君君、臣臣的主張已絕對不行，而曾子居武城，子夏居西河，還安受着貴族的蔭庇和豢養，而無可奈何。墨子是在這樣的環境中生長起來的，他的痛惡貴族階級的奢僭，而要加以矯正，是受着儒家的影響。他的重視古官書，時時稱道，也是受儒家的影響。然因墨子極端反對貴族生活，所以反對禮樂，而因此亦連帶反對儒家。儒者所習，正是當時貴族相沿傳守遵行的種種禮，而墨子倡新義，非禮樂，尙功用，倡儉約，衣食操作以刑人苦力的生活爲標準，儒家相譏說：「這那裏是講的文武周公的道呢？」墨則自稱這是大禹之道以爲抗，莊子天下篇說：

墨子稱道曰：「昔者禹之湮洪水，決江河，而通四夷九州也。名山三百，支川三千，小者無數。禹親自操橐耜，而九雜天下之川。腓無胈，脛無毛，沐甚雨，櫛疾風，置萬國。禹大聖也，而形勞天下也如此。」使後世之墨者，多以裘褐爲衣，以跂蹻爲服。日夜不休，以自苦爲極。曰：「不能如此，非禹之道也，不足謂墨。」

禮記上說：「禮不下庶人，刑不上大夫。」孟子說：「有君子焉，有野人焉。」「勞心者治人，勞力者治於人；治於人者食人，治人者食於人。」這些話是說古代貴族階級未消滅以前的社會上的分野。講禮的，勞心的，食於人的，是貴族。勞力的，食人的，是平民。墨子提倡勞役的人生，以自苦爲極，把刑徒奴役的生活來做人類普通的榜様，因而他又反對仕進。墨子自己說：

度身而衣，量腹而食，比於賓萌，未敢求仕。

墨子雖自苦如此，然對墨家一輩門徒，爲學風的傳播上，和生活的維持上，則也只有幫他們在政治界多盡些介紹游揚的責任。因此當時墨家連墨子本人在內，到底還要受當時貴族的豢養，那是爲其時社會經濟的情況所限，也是無可奈何的。

## 第二節　墨子的思想

孔子講仁，墨子講兼愛。論語：子曰：「仁者，愛人。」但此種愛，仍是有親疏等差的分別之愛。兼愛則是一種平等無分別的愛，故墨子主張

視人之父若其父。

儒家則說：

老吾老，以及人之老。

在儒家看法，自己的父母和別人的父母顯然有別，要能先愛自己的父母，才能及於別人的父母，這

其間自有不同。在墨子之意，若從人生界看，固然覺得人與人有差別，若從上帝意志看，則人生將只是平等，無分別。因此墨子又提出天志的觀點來作爲他兼愛理論的根據。他說：

天兼天下而愛之。

天兼天下而食焉，我以此知其兼愛天下之人也。

因此墨子批評當時反對他兼愛理論的人說：

今天下之士君子，知小而不知大。

可知儒墨兩家是站在不同的立場上立論。儒家講仁，看重禮樂，尤其看重喪葬之禮，爲其可以敎孝、敎忠、敎仁。儒家認爲喪葬之禮，乃對於已死的人盡心，最可發明人類的孝弟心。墨子主張兼愛，一切平等，視人之父若其父，便不該有古人那許多禮，禮正是代表着一種人與人間的差別的。在墨子看來，禮是人類生活中的一種奢侈，尤其是喪葬之禮。墨子反對久喪，正爲要人不荒怠了工作。墨子主張節葬，其用意正在節用，墨子站在節用的觀點上來非禮非樂。墨家認爲一切費用與其化在死者身上，不如用在活人身上更有意義。墨子主張兼愛，站在一般貧苦勞工一邊的經濟問題上，便覺得貴族的葬祭之禮最屬無謂。

孟子批評墨子說：

墨氏兼愛，是無父也。

這正是指斥墨子的平等無差別觀。若使人人都爲實際的物質經濟條件打算，既不能平等加厚，則只有平等減薄。不能厚待別人父親像自己父親般，則只有薄待自己父親像別人父親般，這豈不成了無父嗎？

莊子亦批評說：

墨子其生也勤，其死也薄，其道大觳，使人憂，使人悲，其行難爲也。恐不可以爲聖人之道。

反天下之心，天下不堪。墨子雖能獨任，奈天下何？離於天下，其去王也遠矣。

這是說墨子雖有心爲天下人著想，但墨子太自苦了，天下人之心，卻不能接受墨子那般的想法。

「反貴族」是墨學思想的泉源，「兼愛」與「尙賢」是墨子學說裏中堅的兩大骨幹。尙賢主張足以打倒貴族階級在政治上的特殊地位，兼愛主張則足以打倒貴族階級在生活上的特殊地位。墨子的尙賢思想，因當時貴族階級政治上自身地位的崩壞，以及時勢的逼迫需要，尙賢主義早爲時代潮流所容受，而兼愛一義遂爲墨學最受批評的中心。儒墨的爭論，遂只集中在對於禮樂上的見解。儒家看重禮樂主「仁」，而墨家則堅決排斥禮樂主「兼愛」，孟子反對墨學，也便專指「兼愛」一義。後人遂誤認墨學的根本觀念只有一個兼愛，那是失眞的。

其實儒墨兩派，都從一個根源上發生，有他們的共同精神。他們都是站在全人民的立場，來批評和反對他們當時的貴族生活。儒家講「君君、臣臣、父父、子子」以及「修身齊家」的思想，在當時也是反貴族的，只是較溫和。墨家反貴族的思想過於激烈，以至於不合人情，反乎人心。雖然，墨學在當時能與儒家平分天下，但後來仍是儒盛墨衰了。漢以後，墨學不傳，最顯着的例子是太史公史記列傳無墨子。直要到清末民初，中國受西化影響，以爲墨學近耶穌敎，才再被人看重。實則墨學與耶敎仍不同，墨子只講人生世界，並不講人死後的世界。墨學注重經濟問題，而耶敎則不然。

## 第三節　墨子的人格

墨子的偉大和感人，不在他的思想學說，而在他的人格表現上。墨子艱苦卓絕的行爲，充分表顯出他的爲人不爲己的偉大人格，贏得了當時人們的讚賞。莊子天下篇說：

其生也勤，其死也薄，其道大觳，使人憂，使人悲，其行難爲也，……反天下之心，天下不堪。……雖然，墨子眞天下之好也，將求之不得也。

這說明了墨子的學說，反乎人心，使人不堪，別人無法照他的說法去做，但他自己卻能實行他的主張。他這種偉大人格，卻又博得人們的歡愛，叫人有求之不得之慨。

韓非顯學篇說：

世之顯學，儒墨也。

呂氏春秋說：

孔墨弟子，充滿天下。

墨子的思想學說，絕不能與儒家相提並論，但正因他的這一種努力爲人的精神，使得墨學在當時能與儒家平分天下。我們從教育立場上來看，所重也只在墨子的人格精神上。從事教育事業，本該帶有一種爲人不爲己的宗教精神，方可期望其教育事業的發揚光大，徒空講理論，不重實踐，則難期有成。墨子人格直到今天，還值得我們尊重。

呂氏春秋長利篇載：

戎夷違齊如魯，天大寒，而後門。與弟子一人宿於郭外，寒愈甚，謂其弟子曰：「子與我衣，我活。我與子衣，子活。我國士也，爲天下惜死；子不肖人也，不足愛。子與我子之衣！」弟子曰：「夫不肖人也，又惡能與國士衣哉？」戎夷太息嘆曰：「嗟乎！道其不濟夫！」解衣與弟子，夜半而死，弟子遂活。

墨子貴義篇載：

子墨子自魯卽齊，過故人，謂子墨子曰：「今天下莫爲義，子獨自苦而爲義，子不若已。」子墨子曰：「今有人於此，有子十人，一人耕而九人處，則耕者不可以不益急矣。何故？則食者衆，而耕者寡也。今天下莫爲義，則子如勸我者也，何故止我？」

由於上面兩則故事，我們可以看出墨者的偉大人格，精神的可佩，才懂得墨學在當時怎樣地鼓動人們的心坎，而招惹人們的熱慕。然而墨學到底歸於消沉，不能持久，其原因則在墨學思想內在的矛盾性。世人反對兼愛學說。墨子辯說：

言而非兼，擇卽取兼，此言行拂也。不識天下所以皆聞兼而非之者何也。（兼愛篇）

墨子指摘世人反對兼愛的學說，但一遇到利害關頭，便會選擇眞能兼愛的人和他共事。世人批評兼愛的話，只說是「善而不可用」，墨子說：「焉有善而不可用者？」

世人不情願吃自己兼愛的虧，卻情願享別人兼愛的福。我們一定要懂得人性上有這一種矛盾性的存在，纔能眞欣賞墨子的哲學，纔能眞佩服墨子的爲人。墨子的人生，便從人性的矛盾性上出發，他的偉大，在他能爲人之所不能爲。古語云：「君子道其常，小人道其變。」儒家學說思想所言人生之道，如仁、孝、忠、恕、禮、智等，都是講的人生常道，墨家學說思想中所舉，常是人生變道，由此可知墨子思想是偏了。只因墨子精神可佩，人格偉大，有那種能爲人所不能爲的一種艱苦卓絕的操行，所以在當時能和儒家並稱，但也由此可明白，此後墨學之終於不能持久，所以中國思想終於尊儒而不尊墨。總而言之，儒家教人是教人人能行的如仁如孝，墨家教人是教人人所不能行的如兼愛如視人之父若其父。墨子主張平等，但他高高提出一番理論來強人所難，這便是他教育精神之不平等，所以他雖人格偉大亦終於在教育上是失敗了。於是墨道亦終於難以盛行了。

歷史上記載墨子另一件有名的故事，可表現出墨子全部的人格。

墨子公輸篇，宋策，呂氏愛類，淮南脩務，均載此事。

公輸般爲楚造雲梯之械，將以攻宋。墨子聞之，起於魯，行十日十夜，足重繭而不息，裂裳裹足，至於郢。見公輸般，曰：「北方有侮人，願藉子殺之。」公輸般不悅曰：「吾義固不殺人。」墨子再拜曰：「請說之。吾從北方聞子爲梯，將以攻宋，宋何罪之有？」公輸般服。墨子曰：「然胡不已乎？」曰：「不可，旣已言之王矣。」墨子曰：「胡不見我於王？」公輸般曰：「諾。」墨子見王，曰：「宋必不可得。」王曰：「公輸般，天下巧工也，已爲攻宋之械矣。」墨子曰：「令公輸般設攻，臣請守之。」於是解帶爲城，以牒爲械，公輸般九設攻城之機變，墨子九距之。公輸般攻械盡，墨子守圉有餘。公輸般詘而曰：「吾知所以距子矣。」墨子亦曰：「吾知子之所以距我矣。」楚王問其故。墨子曰：「公輸子之意欲殺臣。殺臣，宋莫能守，乃可攻也。然臣之弟子禽滑釐等三百人，已持臣守圉之器，在宋城上而待楚寇矣。雖殺臣，不能絕。」王曰：「善哉，我請無攻宋矣。」

這一故事，眞是何等的精神，何等的氣度？又是何等的技能精巧呀！楚王公輸子只爲墨子這一種精神氣度和他驚人的絕藝上降服了，絕不是爲他非攻的理論而降服。

墨子魯問篇：

公輸子謂子墨子曰：「吾未得見之時，我欲得宋。自我得見之後，予我宋而不義，我不爲。」

這正說明了墨子精神氣度感人的深厚，絕非他的思想學說之能動人心。

莊子天下篇批評墨子說：

墨翟禽滑釐之意則是也，其行則非。

又說：

墨子獨生不歌，死不服，桐棺三寸而無槨，以爲法式。以此教人，恐不愛人，以此自行，固不愛己。

莊子指出墨子從愛人的本意上，卻轉出不愛人的行爲來，因此說他「意是而行非。」這正指出了墨學中的矛盾所在。墨子處處很嚴厲的批評世俗的矛盾，但從世俗眼光看來，也覺得墨學自身充滿矛盾，儒墨的鴻溝也由此顯了。儒家講人生常道，只是一個調和，把人性本有的矛盾調和於無形。墨子講人生變道，只是一個矛盾，把人性本有的矛盾更顯出了。讓人們雖不信服墨子的理論，卻不得不崇拜墨子的人格。

## 第四節　墨子的弟子

呂氏春秋尊師篇：

孔墨弟子，充滿天下。

淮南子說：

墨子服役者百八十人。

在數量上講，墨子弟子已較孔子七十二弟子增加到一倍以上。可知時代向後，學術空氣在平民社會裏逐步展開，故爾有此現象。史記孔子弟子有專傳，其名多傳於後，墨子弟子，世幾莫能舉其名。孫詒讓墨子閒詁說：

彼勤生赴死，以赴天下之急，而姓名澌滅，與草木同盡者，殆不知凡幾，嗚呼唏矣。

這眞是沉痛之言。墨學興起，正當曾子子夏子思諸人顯名的時候，儒家已經煊赫，墨子要把一種刑徒役夫的生活，來反對儒術的貴族化。他要以裘褐爲衣，以跂蹻爲服，日夜不休，以自苦爲極，推想那時他的一輩信徒，大概亦只是以貧賤之士爲多。所以儒墨兩派在當時雖同是從平民中興起，但兩派之間亦顯似有一種階級的分別。儒家先起跡近治人的君子派，墨家繼起乃很像治於人的野人派，這是當時儒墨兩家之大分野。

墨子備梯篇：

禽子事墨子三年，手足胼胝，面目黎黑，役身給使，不敢問欲。

淮南子也說：

墨子服役者百八十人。

看來役身給使，是一輩墨徒普遍的情形。

墨子魯問篇：

子墨子出曹公子於宋，三年而反，覩子墨子曰：「始吾游於子之門，短褐之衣，藜藿之羹，朝得之則夕勿得，無以祭祀鬼神。今以夫子之敎，家厚於始，謹祭祀；然而人徒多死，六畜不蕃，身湛於病，吾未知夫子之道之可用也。」子墨子曰：「不然。鬼神之所欲於人者，欲人之處高爵祿則以讓賢，多財則以分貧。今子處高爵祿而不讓賢，一不祥。多財而不分貧，二不祥。子事鬼神，惟祭而已。若是而求福，豈可哉？」

短褐之衣，藜藿之羹，正可與面目黎黑，手足胼胝相參證。可知墨徒是生活在那樣一種物質艱困的情況中。墨子主張財多分貧，這亦是他兼愛論的實行。

墨子耕柱子篇：

子墨子游耕柱子於楚，二三子過之，食之三升，客之不厚。二三子復於子墨子曰：「耕柱子處楚無益矣。」子墨子曰：「未可知也。」毋幾何，遺十金於子墨子。子墨子曰：「果未可知也。」

墨徒中間一人得到祿位，同門的多趕去想好處。十金的饋遺，本是很薄的，然而墨子已很滿意，這可見墨家尙儉的精神，和財多分貧的實況。他們大概在墨派中間試行着共產的主張。

墨子學說雖是竭力反抗貴族，但在實際生活上，一時到底還不能嚴正地和當時的貴族隔絕，他們仍需仰仗貴族以維持他們的生活。他們的活動，現在可考的，也還只是參加當時貴族階層政治事業的一端比較的詳一些。

墨子耕柱篇：

墨子使管黔傲游高石子於衞。

游耕柱子於楚。

墨子魯問篇：

墨子游公尙過於越。

出曹公子於宋。

子墨子游魏越。

墨子使勝綽事項子牛。

可見墨子也盡力介紹他的弟子進入政治界活動，較孔子更爲熱心。墨子弟子在政治上也頗能表現他們相當的氣節。

墨子耕柱篇：

子墨子使管黔敖游高石子於衞，衞君致祿甚厚，設之於卿。高石子去之齊，見子墨子曰：「衞君以夫子之故，致祿甚厚，設我於卿，而言無行，是以去。」子墨子悅。召禽子曰：「信義鄉祿者，我常聞之矣；背祿鄉義者，於高石子乃見之也。」

但亦有不重氣節的。

墨子貴義篇：

子墨子弟子仕於衞，而反，曰：「與我言而不審，曰：『待女以千盆。』授我五百盆。」子墨子曰：「授子過千盆，則去之乎？」曰「不去。」。子墨子曰：「然則非爲其不審，爲其寡也。」

墨子魯問篇：

子墨子使勝綽事項子牛。項子牛侵魯地，而勝綽三從。子墨子使高孫子請而退之，曰：「夫子三侵魯，綽三從。綽非弗知，祿勝義也。」

祿勝義便是沒骨氣，沒節操，這是孔墨兩家同所力斥的。可證兩家學說雖異，但實際上他們也有很多類似的地方。儒墨兩家在學說上同樣反貴族，但在生活上同樣要依賴貴族。儒家以禮、樂、射、御、書、數六藝托身於貴族，墨家則以勤生赴死，濟人患難，託身於貴族，但在託身之後，仍要能矯挽貴族之過失，不能只爲托身而失身。

墨子貴義篇：

子墨子謂公良桓子曰：「衞小國也，處齊晉之間，猶貧家之處於富家之間也。貧家而學富家之衣食，多用，則速亡必矣。今簡子之家，飾車數百乘，馬食菽粟者數百匹，婦人衣文繡者數百人。若取以畜士，必千人有餘。有患難，使數百人處前，數百人處後，與婦人數百人處前後孰安？吾以爲不若畜士之安也。」

這一段故事正可看出墨家以濟人患難的精神來托身，後人或說墨流爲俠，這正是一明證。

墨子自己是魯人，他足跡所到爲楚、宋、衞、齊四國，他的游仕弟子，也只限於楚、越、宋、衞、齊五國。魯雖是墨子宗邦，然以曾子、子思爲儒者大師，正見尊禮，儒術盛，則墨術絀。同時魏文侯雖禮賢下士，然如子夏、田子方、段干木、李克一輩人均屬儒者，故也少墨徒活動的餘地。

## 第五節　墨家的鉅子制度

墨子死後不久，墨家便有一種鉅子制度的組織之出現。呂氏春秋上德篇說：

墨者鉅子孟勝善荆之陽城君，陽城君令守於國，毀璜爲符，約曰：「符合，聽之。」荆王薨，羣臣攻吳起，陽城君與焉，荆罪之。陽城君走，荆收其國。孟勝曰：「受人之國，與之有符。今不見符，而力不能禁，不能死，不可。」弟子徐弱諫曰：「死無益也。而絕墨者於世。」孟勝曰：「不然，吾於陽城君，非師則友，非友則臣也。不死，自今以來，求嚴師賢友良臣，必不於墨者矣。死之，所以行墨者之義，而繼其業也。我將屬鉅子於宋之田襄子，襄子賢者也，何患墨者之絕世邪？」徐弱曰：「若夫子言，弱請先死以除路。」遂殁頭於孟勝前。因使二人傳鉅子於田襄子。孟勝死，弟子死之者百八十三人。二人已致命，欲反死孟勝於荆，襄子止之，曰：「孟子已傳鉅子於我矣。」不聽，遂反死之。墨者以爲不聽鉅子。

這事發生在墨子死後十年左右，墨家鉅子除孟勝、田襄子外，可考見的尙有腹䵍。

呂氏春秋去私篇說：

墨者鉅子腹䵍居秦，子殺人，秦惠王曰：「先生年長，非有他子也，寡人已令吏勿誅矣。」對曰：「墨者之法，殺人者死，傷人者刑，所以禁殺傷人也。禁殺傷人，天下之大義也，王雖爲之賜，令吏勿誅，腹䵍不可不行墨子之法。」遂殺之。

上面兩則悲壯的故事，充滿了墨學的矛盾精神。照墨家理論講，似乎是主張人類是絕然平等的，所以他們要反對貴族階級，但他們的鉅子有權叫人絕對服從，這不是鉅子地位更勝過從前的貴族階級了嗎？這一矛盾墨家似乎也不能長久維持下去。腹䵍是否接田襄子鉅子的傳統不可考，但腹䵍以下鉅子姓名便不詳。

梁啓超墨子學案有一節云：

鉅子很像天主教的教皇，大約並時不能有兩人，所以一位死了，傳給別位。但教皇是前皇死後，新皇由教會公舉，鉅子卻是前任指定後任，有點像禪宗的傳衣鉢。又據孟勝事的末句有「墨者以爲不聽鉅子」一語，像是當時孟勝那兩位傳命弟子應否回去死事，成了墨家教會裏一個問題，想墨教的規條，凡墨家都要聽鉅子的號令，所以新鉅子田襄子要叫那二人不死，就說我現在是鉅子了，你們要聽我話。那二人不聽，所以當時有些墨者不以爲然。即此事見墨學是一種有組織、有統制的社會，和別的學派不同。倒是羅馬人推行景教，有許多地方和他不謀而合，眞算怪事。

據上面所引資料可知，墨家學派裏有公共服從的領袖，有粗略的分財共產制，又有團體內自行的法律，像腹䵍所說，眞可說是一種有組織、有統制的社團，到後來漢代的游俠，還帶有他們一些遺風。

# 第四章 孟　子

## 第一節 孟子的生平

孟子名軻，他本是魯國貴族孟孫氏之後，因子孫衰微，分適他國。孟子居於鄒，爲鄒人。列女傳說孟子三歲喪父，母仉氏教子有義方。孟子曾受業於子思的門人，治儒術。

史記孟子荀卿列傳：

受業子思之門人，道既通，游事齊宣王。宣王不能用，適梁，梁惠王不果所言，以爲迂遠而闊於事情。當是時秦用商君，富國彊兵，楚魏用吳起，戰勝弱敵，齊威王宣王用孫子田忌之徒，而諸侯東面朝齊，天下方務於合從連橫以攻伐爲賢。而孟軻乃述唐虞三代之德，是以所如者不合。退而與萬章之徒，序詩書，述仲尼之意，作孟子七篇。

孟子生於戰國中期，正是游仕逐漸得勢，士氣高張的時候，公孫衍張儀一怒而諸侯懼，安居而天下息，其勢力可想見。史記說梁惠王屏左右，獨坐而見淳于髡，壹語連三日三夜無倦。騶衍適梁，惠王郊迎執賓主之禮。適趙，平原君側行襒席。如燕，昭王擁彗先驅，請列弟子之座而受業，築碣石宮身親往師之。其受優禮可見。而孟子則「所如不合」，自言當時「諸侯放恣，處士橫議，楊朱墨翟之言盈天下。」自謂：「我亦欲正人心，息邪說，距詖行，放滛辭，以承三聖（大禹治水、周公擴夷狄、孔子成春秋。)」。無怪孟子之不爲世用。

太史公又說：

余讀孟子書，至梁惠王問：「何以利吾國。」未嘗不廢書而嘆也。曰：「嗟乎，利誠亂之始也。夫子罕言利者，常防其原也。」

趙恆曰：

讀孟子書，首揭孟子答梁惠利國之問，而合之於孔子罕言之旨，指尊孟子之意至矣。其時稷下諸儒尤多，而推尊孟子，使后人以孔孟並稱者，自太史公始。

太史公著史記獨展慧眼提高孟子於戰國諸子之上，使後世知孟子在文化傳統中之適當地位。惟有關孟子生平的資料並不詳；所知者多是孟子傳食諸侯在政治上的活動，在此我們不詳說了。列女傳及韓詩外傳上記載幾則有關孟子的故事都很值得我們在教育史中特別注意。

列女傳：

孟軻之母其舍近墓。孟子之少也，嬉戲爲墓間之事，踴躍築埋。孟母曰：「此非所以居子也。」乃去之市，其嬉戲爲賈衒。孟母又曰：「此非所以居子也。」乃徙舍學宮之旁，其嬉戲乃設俎豆揖讓進退。孟母曰：「此眞可以敎子矣。」遂居之。幼時問東家殺猪何爲。母曰：「欲啖汝。」既而悔，曰：「吾聞古者胎敎，今適有知而欺之，是敎之不信。」乃買猪肉以食之。稍長，就學而歸，母方績，問曰：「學何所至矣！」軻曰：「自若也。」母以刀斷織曰：「汝之廢學，若吾斷斯織矣。」軻懼，旦夕勤學不息。

這一段記載中，包括了孟子幼時三件故事，都是孟母敎子的事情。孟母三遷及抽刀斷織，尤是我們耳熟能詳的兩則故事。教育兒童要選擇環境，這道理兩千多年來仍是教育上不可磨滅的眞理。所謂近朱者赤，近墨者黑，身敎勝於言敎。敎兒童有信，大人必需要先有信。孟母善於敎養，無怪孟子將來成爲中國孔子後的又一偉大人物。

列女傳又載：

孟子處齊有憂色，擁楹而嘆。孟母見之，曰：「何也？」對曰：「軻聞之君子稱身而正位，不爲苟得。受賞，不貪榮祿。今道不用於齊，願行而母老，是以憂也。」孟母曰：「婦人之禮，精五飯，冪酒漿，養舅姑，縫衣裳而已。故有閨內之修，而無境外之志。無專制之義，而有三從之道。故年少則從父母，出嫁則從夫，夫死則從子，禮也。今子成人也，而我老矣，子行乎子義，吾行乎吾禮，子何憂乎？」

女子三從之道，其說見此。其實夫妻本屬平等，但有時妻從其夫，如孟光之從梁鴻。母子顯屬不平等，但有時母從其子，如介之推之母之從其子志。中國歷史上，如此等故事之記載甚多，此中含有甚深意義，有關於中國文化傳統人生大道，需逐事另加闡明。三從之說又何可厚非。

韓詩外傳載：

孟子妻獨居踞，孟子入戶視之，白其母，曰：「婦無禮，請去之。」母曰：「何也。」曰：「踞。」母曰：「何知之。」曰：「我親見之。」母曰：「乃汝無禮也，非婦無禮。禮不云乎：『將入門，問孰存。將上堂，聲必揚。將入戶，視必下。』不掩人不備也。今汝往燕私之處，入戶不有聲，令人踞而視之，是汝之無禮，非婦無禮也。」於是孟子自責，不敢去婦。

踞是伸腿隨意舒適的坐，夫婦居室，雖日常生活之小節亦必有禮，至於男子在外，遇出處隱顯之大義，則爲其妻與母者，亦當降志以從。可見事有大小，隨事有禮，非屬男女之不平等。

上面三段記載，第一段所記都是孟子幼時事，後兩段都是孟子成年後事。致仕，出妻，都是人生重大事件，孟子必商於母，此見孟子之孝。孟母對此，一從一違，此見孟母之明大義。至於爲妻爲母之大義所在，也必有家庭社會種種禮俗加以養成，亦見中國傳統男女敎育並加重視，惟其事不專限於學校而已。

孟子生平我們只簡單敍述到此爲止，有關孟子性善論將留到下節敎育思想中再敍述，孟子部分生活情況，歸併到下面經濟情況之一節再說明。至孟子的政治生活，則不再詳及了。

## 第二節　孟子的教育思想

孟子思想最重要的在他的性善論，孟子發明性善之義，是他對中國傳統文化的大貢獻。必人性中本有善，人生乃有正當的樂觀可言，而文化敎育有所企嚮，所以性善是孟子學說精神所在。不明性善，即爲不知孟子。也可說孟子思想其實就是一種敎育思想。孟子發明性善之義，使自來中國文化重視敎育的傳統精神有所依寄。

孟子盡心篇：

孟子曰：「人之所不學而能者，其良能也。所不慮而知者，其良知也。孩提之童，無不知愛其親也。及其長也，無不知敬其兄也。親親，仁也。敬長，義也。無他，達之天下也。」

孟子離婁篇：

孟子曰：「道在邇，而求諸遠。事在易，而求諸難。人人親其親，長其長，而天下平。」

愛與敬是人之良知良能，是人心所固有，所同有，可以不學而知而能。從愛生仁，從敬生義，我們只需親親敬長做人生易做的事，從而將這番仁義推擴到全人類，人生便沒有不能解決的問題，天下也自然太平了。而愛、敬、仁、義，則都由人的天性而來。

孟子只說性善，人之善，乃從人心所固有同有的良知良能中來，教育根據卽在此。

孟子告子篇：

惻隱之心，人皆有之。羞惡之心，人皆有之。恭敬之心，人皆有之。是非之心，人皆有之。惻隱之心，仁也。羞惡之心，義也。恭敬之心，禮也。是非之心，智也。仁、義、禮、智，非由外爍我也，我固有之也。

故一切善皆從人心中自然流露出來，不必另提一套高深的理論來教人，令人難知難能。孟子只就人心所同知同能的，來提醒指點人便行。這樣說來，教育的最大作用只在啓發人性，本是很易爲的。孟子的教育思想，可謂是歸本於道德教育，而同時又是自然主義的。在中國傳統思想中，這卽是一種天人合一。

孟子滕文公篇：

孟子道性善，言必稱堯舜。

孟子又說：

凡同類者，舉相似也。何獨至於人而疑之，聖人與我同類者。

聖人是人非神，如我們承認聖人有善有德，就不得不承認人人皆可有善有德。所以說：

人皆可以為堯舜。

這是孟子主張性善的結論。孟子只說：「人皆可以為堯舜。」他又說：「乃若其情，則可以為善矣。」孟子並未說天地生人全部是堯舜，人性全都是善，孟子只說：「可以為善。」「可以為堯舜。」重要的還在我們自己肯為與不肯為。孟子此一主張，可謂是一種生物進化論，同時亦是一種人文進化論。而人文理想亦不背於自然實況。故孟子曾引顏淵的話說：

舜何人也，予何人也，有為者亦若是。

告子篇有曹交問孟子，「人皆可以為堯舜，有之乎？」孟子說有的，這不難，「亦為之而已矣。」是孟子的教育理想主要在啓發人之自主自動，自立志，與自努力。孟子又舉例說明，

告子篇云：

徐行後長者謂之弟，疾行先長者謂之不弟。夫徐行者，豈人所不能哉，所不為也。堯舜之道，孝弟而已矣。子服堯之服，誦堯之言，行堯之行，是堯而已矣！子服桀之服，誦桀之言，行桀之行，是桀而已矣。

孟子此番意思很明白，人皆可以為堯舜，但是能不能成堯舜，只吃緊在一「為」字上。中國傳統觀念，一切理想必建立在行為上，一切行為，必建立在自動自發上。孟子所言，亦只如此。所以孟子說：

舜之居深山之中，與木石居，與鹿豕游；其所以異於深山之野人者幾希？及其聞一善言，見一善行，若決江河，沛然莫之能禦。

孟子又說：

大舜有大焉，善與人同，舍己從人，樂取於人以為善，

舜是中國上古一聖人，在舜的時代，社會尚未進化到有一套禮樂敎化來敎導人。舜之在深山中居住，和其他野人沒有什麼差別，所差別的只在他有比別人更開明更靈敏的心。而其實，在深山野人中，亦非沒有善，舜則只要聞一善言，見一善行，就能在他內心的善根上發芽滋長，就能因於這些外面的善言善行的呼喚，而引發他那內心中爲人人所固有同有的善性覺醒了，所以舜的偉大，在於他能取人之善以爲善。在他的舍己從人，是他盡量采取了與人相同的善，而自己肯爲。舜只受了人類大羣中之自然敎育，而啓發了人類文化之大理想。孟子則卽本於此歷史實況，來建立起他的敎育理想的。

孟子的性善論發展到「人皆可以爲堯舜」的結論，這就給敎育的功能帶來了莫大的鼓舞。自孟子以後，「人皆可以爲堯舜」的一語，成了敎育的最高理想。人人成堯成舜，現實的人生界就是人類的天堂。果能如此，我們便不需借助於宗敎來求逃避人生的苦難，也不需依仗於法律來制裁社會人羣的不法，只要充分發揮敎育功能，可使人人成爲聖人，則人人皆可生活在愉快幸福的環境中。孟子的性善論要人在各自努力中，來完成各人本所自有的德性。亦可說，惟有這樣，才能獲得近代人所想望的眞自由與眞平等。人生有貧富智愚等等不平等，有外在環境種種的限止，使我們不自由。我們如要向這先天稟賦的不平等，以及外在環境的種種束縛，來硬爭平等與自由，不僅不可得，且更有所失。只有從自己內心德性，卽天賦之自然平等上去求，則人人可學堯舜，是我們的自由，人人能成堯成舜，是我們的平等。外面其他一切可不計，人人自覺得到了自由，達到了平等，則人生已變成爲完美了。

孟子的性善論，在敎育意義上，帶給我們兩點極有意義的啓發作用，一是啓廸我們人人有向上的自信心，一是鞭促我們人人所應有能有的努力。若專講孟子性善論成爲一種哲學思想，而在其內心，無向上的自信，與不肯盡我的努力，則將無以眞知孟子性善論的眞意。故敎育的重要只在受敎者之自身。

孟子說：

口之於味也，有同耆焉。耳之於聲也，有同聽焉。目之於色也，有同美焉。至於心，獨無同然乎？心之所同然者，何也？謂理也，義也。聖人先得我心之所同然耳，故理義之悅我心，猶芻豢之悅我口。

聖人之所以成聖，只不過先得我心之所同然。這樣說來，聖人並不難爲，只要我們有自信心，肯向聖人學便得。孟子的教育理想是要我們受教者肯個別的自己努力，來人人達到共同一致的標準。

萬章篇說：

孟子謂萬章曰：「一鄉之善士，斯友一鄉之善士。一國之善士，斯友一國之善士。天下之善士，斯友天下之善士。以友天下之善士爲未足，又尙論古之人。頌其詩，讀其書，不知其人可乎？是以論其世也，是尙友也。」

孟子所謂尙友古人，亦不外乎求人人心性上之共鳴，求能發揚歷史文化大傳統。求各人之能自得師，其所師友，可以不在當世，而在上世。千載如覿面，敎育精神，乃有其無限止的生命。

孟子又說：

聖人百世之師也，伯夷柳下惠是也。故聞伯夷之風者，頑夫廉懦夫有立志。聞柳下惠之風者，薄夫敦，鄙夫寬。奮乎百世之上，百世之下，聞者莫不興起也；非聖人而能若是乎？而況於親炙之者乎？

可見聖人之可貴，不僅在其能爲當代人之師，尤貴其能爲萬世人之師。所以我們不僅當與我們同時期人爲師友，並當尙友古人，以百世前的聖人爲師。這一切只重在學者之自學。因此孟子極看重學者之自得。離婁篇說：

君子深造之以道，欲其自得之也。自得之，則居之安，居之安，則資之深。資之深，則取之左右逢其源。故君子欲其自得之也。

這裏所謂深造，朱子說是「進而不已之意。」此乃指學者自身的努力不懈言。道是外在的標準，是學者努力以赴的目標。人能向此目標努力不懈，自能達到與此目標合而為一的地步，而主要則在能自得。自得則是自得之於吾心。只要吾心自得，便知一切努力，一切進步，全在自己心上，而不在外面，那吾心自有無上樂趣，欲罷不能。而亦可無遠弗屆，不覺其難了。孔子說：「可與共學，未可與適道。可與適道，未可與立。」也卽此義。皆重在學者之自身，非他人所能為力也。

孟子又說：

夫道若大路然，豈難知哉，人病不求耳。子歸而求之，有餘師。

照孟子意，道只如一條大路，人人能在此路上向前行，重要的只在你自己肯不肯向這一目標去努力。你若肯學，卻並不在同時定要有人教。所以他又說：

人之患，在好為人師。

此見孟子所重，只在自學，不在人教。子貢說：「夫子焉不學而亦何常師之有。」卽是說自肯學則不患無師，重要的只在自己。若知此意，便不患好為人師了。

孟子又說：

賢者以其昭昭，使人昭昭。今以其昏昏，使人昭昭。

朱注引王勉云：「好爲人師，則自足而不復有進，此人之大患。」揚子法言云：「師者，人之模範。」做人模範不是一件容易事，自己昭昭則可以使人昭昭，若自足而不復有進，以他自己的昏昏，豈可使人昭昭。

孟子盡心篇又說：

公孫丑曰：「道則高矣，美矣，宜若登天然，似不可及也。何不使彼爲可幾及，而日孳孳也。」孟子曰：「大匠不爲拙工，改廢繩墨，羿不爲拙射變其彀率。君子引而不發，躍如也。中道而立，能者從之。」

爲師者貴能自學自進，其自身具有一最高標準，則他人自可從而學之。若爲師者，不貴自學，只求遷就人，又恐人學不到，把標準放低了，則教者失其爲教，又何能使學者得其爲學。故一切教與學，皆貴有一高標準，向此標準上共同努力。孟子之性善論與其人皆可以爲堯舜之說，卽爲爲師者與受學者立一最高共同之標準與模範。

孟子又說：

羿之敎人射，必志於彀，學者亦必志於彀。大匠誨人必以規矩，學者亦必以規矩。

彀是射者一共同標準，規矩是爲匠者一共同標準，爲學先須能有志求達此標準而向之努力。爲師者敎人主要亦在能指示此一標準。孟子敎育思想，主要在提示人一做人標準。此一標準卽是善，其最高境界則是堯舜，其他一切知識技能與學習方法，皆可隨時隨地隨人隨事而變，人生的大道義乃及人生之共同標準則不可變。

孟子說：

有爲者辟若掘井，掘井九軔而不及泉，猶爲棄井。

掘井要掘到泉，做人要做到明白自己天性之善，而知以堯舜爲模範，而努力向學之。否則其人亦猶若爲棄人。

孟子又說：

梓匠輪輿能與人規矩，不能使人巧。

規矩卽是一模範一標準，但要學者在此標準上自己去領會努力。規矩是一共同的，巧則需各人自己在此規矩中自爲體會，規矩只是方法上一套模範與限止，方法是死的，方法之後還有工夫。工夫是活的。所謂得心應手，巧從工夫來。非可以死方法敎人便成巧妙。

萬章篇又說：

孟子曰：「伯夷聖之淸者也，伊尹聖之任者也，柳下惠聖之和者也，孔子聖之時者也，孔子之謂集大成。集大成也者，金聲而玉振之也。金聲也者，始條理也，玉振之也者，終條理也。始條理者，智之事也，終條理者，聖之事也。智，譬則巧也。聖，譬則力也。由射於百步之外也，其至，爾力也。其中，非爾力也。

由射譬之，射於百步之外，到達其所欲射之目的是射者之力，此力雖亦要工夫，但此工夫還是死的。但到而中，則係於射者之巧，在工夫中還得有智慧。聖人如伊尹、伯夷、柳下惠，各盡其力，皆可以到達聖人之境，但只工夫到了不能如孔子之智慧而巧，而每射必中。故敎人者，貴能敎人之自盡其力，工夫尙可敎，智慧則非可敎。故孟子之敎育理想，只敎各人自己努力，自盡其性，他舉出伊尹、伯夷，柳下惠三聖人，各因其性而盡，是聖人中之較易學到的。他們只是各盡其善之一端，可謂是偏至之聖人。孔子乃一盡善盡美的聖人，孟子卻不明白說，人人皆可爲孔子。但孟子又自說，乃我所願則學孔子，此還要在自己智慧上盡力。此是孟子之自負，而孟子教育思想之宏通廣大，旣平易，又高深，亦於此可見矣。

孟子講教育也極看重環境。而尤其看重在人與人的關係上。孟子書中有一段極有趣的譬喩在滕文公篇：

孟子謂戴不勝曰：「子欲子之王之善與？我明告子：有楚大夫於此，欲其子之齊語也，則使齊人傅諸？使楚人傅諸？」曰：「使齊人傅之。」曰：「一齊人傅之，衆楚人咻之，雖日撻而求其齊不可得矣。引而置之莊嶽之間數年，雖日撻而求其楚亦不可得矣。子謂薛居州，善士也，使之居於王所。在於王所者，長幼卑尊皆薛居州也，王誰與爲不善？在王所者，長幼卑尊皆非薛居州也，王誰與爲善？一薛居州獨如宋王何。」

環境移人影響極大，有物的環境有人的環境，而後者更屬重要。俗語說，近朱者赤，近墨者黑。故自來中國傳統教育師友並重，朋友的影響有時會更大於師長。欲使楚人學齊語，最好去齊留學。但如今日留學政策，國內高材生，全在外國培植，亦恐培植出來的，全成外國高材，未必盡符國內之用，此層亦深値考慮。

離婁篇云：

公孫丑曰：「君子之不敎子何也？」孟子曰：「勢不行也。敎者必以正。以正不行，繼之以怒。繼之以怒則反夷矣。夫子敎我以正，夫子未出於正也，則是父子相夷也。父子相夷則惡矣。古者易子而敎之。父子之間不責善，責善則離，離則不祥莫大焉。」

不教子，朱注曰：「不親教也。……易子而教，所以全父子之恩，而亦不失其爲教。責善，朋友之道也。」人倫之中最親莫過於父子，而父子之間，愛之深則責之切。過則相傷，不及則疏，要無過不及則甚難。所以朱子說：「易子而教，所以全父子之恩，而亦不失其爲教。」這一層在中國亦成了傳統。家庭青年必出就師傅，學校教育與家庭教育分層負責，這亦是中國教育一精義。南北朝之門第教育，在此上終有病。

孟子又說：

「中也養不中，才也養不才。故人樂有賢父兄也。如中也棄不中，才也棄不才，則賢不肖之相去其閒不能以寸。」

朱注云：「養謂涵育薰陶，俟其自化也。賢，謂中而才者也。樂有賢父兄者，樂其終能成己也。爲父兄者，若以子弟之不賢遂遽絕之，而不能教，則吾亦過中而不才矣。其相去之間，能幾何哉。」孟子之意，家庭教育重在涵養，而不重在責備。涵育薰陶卽是一種環境教育，而運用父兄的親情影響，使不中不才的子弟，在此影響中自化爲中與才。教育效能之高無過於此。此可謂把教育事業分爲教與育兩項。師傅重在教，而家庭父兄則重在育。可見孟子之意，雖說易子而教，但家庭教育之責任仍不可輕。一重在道義，一重在情感，雙方兼顧，這眞是一種極偉大的教育理想了。換言之，不中不才的子弟，如若不能因其父兄而有所改正，則其父兄也無所謂賢與不賢之別了。近代國人，似乎又太看重了學校教育，而把爲家長的責任，輕輕放棄，是又偏在一邊，不合孟子教育的理想。

孟子又曾說：

「教亦多術矣。予不屑之教誨也者，是亦教誨之而已矣。」

孟子意，教育方法有多種，不屑教誨，也是教育方法中之一法。朱注曰：「所謂不屑之教誨者，其人若能感此退自修者，則是亦我教誨之也。」可見在棄與責之外，尙有不屑之一途，然此乃偏於師教，偏於學校之教言。若家庭中父母兄長，非萬不得已，將決不取此途。

孟子盡心篇：

孟子曰：「君子之所以教者五，有如時雨化之者，有成德者，有達財者，有答問者，有私淑艾者。此五者，君子之所以教也。」

孟子舉教育方法有五，「時雨化之」如營養植物的及時之雨。朱注言：「人力已至而未能自化，所少者雨露之滋耳，及此時而雨之，則其化速矣。教人之妙，亦猶是也。若孔子之於顏曾是已。」又言：「成德，如孔子之於冉閔。財與材同，此各因其所長而教之者也。達財，如孔子之於由賜。就所問而答之，若孔孟之於樊遲萬章也。私，竊也。淑，善也。艾，治也。人或不能及門受業，但聞君子之道於人，而竊以善治其身，是亦君子教誨之所及。」孟子曰：「予未得爲孔子徒也，予私淑諸人也。」朱注又說：「聖賢施教，各因其材，小以成小，大以成大，無棄人也。」其實孟子此五項教育方法，主要仍都在受教者之自身。若受教者自身不具備受教之條件，則施教者更沒有其他之方法以爲教。故欲深究孟子之教育思想，尤必深明其性善論之意義。

孟子盡心篇：

孟子之滕，館於上宮。有業屨於牖上，館人求之弗得。或問之曰：「若是乎，從者之廋也？」曰：「子以是爲竊屨來與？」曰：「殆非也。」「夫子（予）之設科也，往者不追，來者不拒，苟以是心至，斯受之而已矣。」

孟子設科教授，只要來者有向道之心，則無不受，至於其過去則不追究。過去雖有錯，現在能有心向道，便可量材施教，期其有成。但有一種人孟子不肯教育的，則是自暴自棄者。孟子說：

> 自暴者，不可與有言也。自棄者，不可與有爲也。言非禮義，謂之自暴也；吾身不能居仁由義，謂之自棄也。仁，人之安宅也。義，人之正路也。曠安宅而弗居，舍正路而不由，哀哉。

除了自暴自棄者以外，其他人都可教，就是過往有錯現在回頭，孟子也肯教。可見孟子的教育理想，主要還是放在受教者身上。

孟子是一位極看重教育的人，也是第一個提出「教育」二字連用並稱的人。他曾說：

> 君子有三樂，而王天下不與存焉。父母俱存，兄弟無故，一樂也。仰不愧於天，俯不怍於人，二樂也。得天下英才而教育之，三樂也。君子有三樂，而王天下不與存焉。

朱注曰：「盡得一世明睿之才，而以所樂乎己者教而養之，則斯道之傳，得之者衆，而天下後世將無不被其澤矣。聖人之心，所願欲者，莫大於此。今既得之，其樂爲何如哉。」此可見孟子對教育之看重。惟朱子此注，似猶有可商榷處。在孟子意，似乎並不要盡得天下英才而教育之，乃爲可樂。卽使得三少數英才，亦已是施教者之大樂。此因孟子說從事教育之樂，雖王天下亦不能比，朱子在此上遂誤說了。但孟子明說，必得天下之英才而教育之，乃爲大樂。或許因當時，百家競興，學術分散，來孟子之門受教的，卻不能如孔子門下有顏曾冉閔由賜之盛，所以孟子此言，也有感慨之意存乎其間。但後世以孔孟並尊，私淑艾者何限，則如朱子所謂後世無不被其澤。使孟子有知，亦其樂莫大矣。

中國傳統教育理想一向根據於孟子性善的理論，所以極重啓發教育，啓發人性中原有的善。又注重如何促使受教者的自動自發，及自肯爲學。因此中國傳統教育理想，並不特別看重在知識技能的傳授，也不只看重短暫的學校教育，而是着重在全人生的過程，包括了自幼兒至成人，乃至老年的全部過程。然而要使孟子性善論能發揮到完美的地步，則必需再加上孟子知言養氣的兩種功夫。這是人生兩種自我修養的功夫，亦是所以能盡人心而發明性善之最高理想之全部路程中的主要骨幹之所在。

孟子言養氣說：

其爲氣也，至大至綱，以直養而無害，則塞於天地之間。其爲氣也，配義與道，無是餒也。是集義所生者，非義襲而取之也。

人類與宇宙，個人與社會，兩相比較，人類，個人只見爲是一個短暫而又藐小的生命，如何使這短暫藐小的生命成爲久遠偉大的生命，這就有賴於孟子所謂的養氣功夫。道者，指人羣千古所同由。義者，指我個人暫時獨有的選擇。爲甚麼我個人暫時獨有的選擇而可稱謂義？因我個人暫時之獨，可以會合於人羣千古之同，所以稱謂義。亦可謂我個人暫時獨有的氣，可以合乎衆人千古所同的性，這就是孟子所謂之「配義與道」，就可使我們個人短暫藐小的生命，成爲久遠偉大的生命。人羣擁有了此，亦使人的生命在宇宙間成其爲久遠而偉大。然而要使個人暫時獨有的氣，能夠到達於至大至剛的地步，能夠充塞於天地之間，這卽是孟子所謂的浩然之氣。此一路程，要由「集義」而成。所謂「集義，」乃是要我個人暫時獨有的氣，無不合於大羣千古同有的善，則此氣自可浩然，卻並不是一時所做的事偶然合義，就能襲取於外而得之。這一點點的集義，也就是「養」的功夫。所以孟子說：

吾善養吾浩然之氣。

「養」是一種功夫，要使人所做的事每一件都能合義，這就是集義。集義方能產生浩然之氣，孟子自謂善養，其實也只在這點上。

不善養其氣，卽無以盡其性，不能盡己之性而達乎至善，卽證其無養氣之功。道性善是指人類大羣千古同然的本體，養氣是指小我短暫生命中，所獨有的工夫。所以孟子的養氣論其實卽是養心論。要養的心，隨時隨地隨事隨物無不合於義，此之謂養氣。若專在氣字上注意，便已成爲後來道家的養氣論了，此層不可不辨。

所以要養氣，必要知言。兩者兼備，方是表裏本末兼備。

孟子言知言說：

被辭知其所蔽，淫辭知其所陷，邪辭知其所離，遁辭知其所窮。生於其心，害於其政，發於其政，害於其事，聖人復起，必從吾言矣。

當孟子之時，百家爭鳴，羣言尨雜，是非淆亂。家家自以爲大道，人人自以爲正義，而不自知其所主持之理論的短暫藐小，僅爲一時之氣動，稱不上道與義。這一種淆亂混雜的情形，也使得其他人無從辯道明義，正定是非，終於也陷此羣言淆亂中，來增添此一分淆亂，這又如何能養得浩然之氣呢？

孟子道性善，言必稱堯舜，又說：「乃我所願，則學孔子。」孟子意，堯舜與孔子乃代表了人羣千古之同。孟子拒楊墨說：「楊氏爲我，是無君也；墨氏兼愛，是無父也。無父無君，是禽獸也。」則楊朱墨翟在孟子意中，只認爲他們是出於個人一時之氣動，藐小而短暫。在當時無可辨，但在千百年之後，孔子之道大行，楊墨之言早熄，則人人易知。惟當孟子時，楊墨之言盈天下，天下不之楊，則之墨，當時則天下人皆不知，而孟子獨知，所以孟子也自知拒楊墨之難。所以他要說：「能言拒楊墨者，皆聖人之徒也。」今問孟子何以獨知呢？此卽由孟子之知言。孟子知人性有善，知仁義原本人性，而知堯舜孔子之善，乃人羣千古之同。知墨氏兼愛，楊氏爲我，乃詖淫邪遁之辭。則孟子的知言，其實亦只是知人心而已。詩曰：「他人有心，予忖度之。」孟子曰：「盡心可以知性，盡性可以知天。」孟子的知言工夫，則要由知人心而達於知天命。

人必需能知得詖、淫、邪、遁之辭，而不爲其所蔽、所陷、所離、所窮，然後方能卓然超出於尨雜羣言之外，而不爲此羣言所奪所惑，方能養成一種浩然之氣，以盡性而達至善。故孟子的性善養氣知言三者，其實只是一體。孟子說：

我知言，我善養吾浩然之氣。

朱子註解說：「知言者，盡心知性，於凡天下之言，無不有以究極其理，而議其是非得失之所以然也。浩然，盛大流行之貌。氣，卽所謂體之充者，本自浩養，失養故餒。」朱注又說：「蓋惟知言，則有以明夫道義，而於天下之事無所疑。養氣，則有以配夫道義，而於天下之事無所懼。此其所以當大任而不動心也。」無所疑，知也。無所懼，勇也。親親敬長，仁也。孟子的教育思想，主要則在發揮此「知仁勇」之三達德。論語曰：

仁者不憂，智者不惑，勇者不懼。

中國後代人，乃遵循孟子之學說，而後更明白得孔子的思想的眞意義與眞趨向。故儒家教育，遂成爲中國傳統教育之主要目標與主要理想之所在。其實則此種教育，乃只是一種人文教育，亦可說是一種人心教育，乃是本於心而成其文，而又不背於宇宙之大自然，亦可謂乃是會通於宗教與科學而成其教。其中甚深妙義，則亦有待於吾人之知言。換言之，卽是欲從事教育，而無背其傳統，善盡其功能，亦必有待於一番教育哲學之研尋，此亦卽孟子之所謂知言也。

## 第三節　孟子與弟子論士人生活修養及其經濟背景

當春秋之世，社會只有世襲的貴族，與躬操勞作的平民，尚未有士的中間階層。顧亭林曰：「古之所謂士者，大抵皆有職之士，春秋以後游士日多，而先王之法遂壞。」此謂古代貴族階級制度，到戰國時已破壞不完，乃有游士，卽指其游離貴族階層而存在。孟子生當戰國中期，正是游士逐漸得勢時，他們乃多從事政治活動，進以覬取官祿，退則不甘自操勞役。至如公孫衍、張儀之流，一切惟以獵取富貴爲目的，對於國家利病，人民禍福則並不關心。

滕文公上：

景春曰：「公孫衍，張儀，豈不誠大丈夫哉！一怒而諸侯懼，安居而天下熄。」

孟子曰：「是焉得爲大丈夫乎！子未學禮乎？丈夫之冠也，父命之。女子之嫁也，母命之。往送之門戒之曰：「往之女家，必敬必戒，無違夫子！」以順爲正者，妾婦之道也。居天下之廣居，立天下之正位，行天下之大道，得志與民由之，不得志獨行其道。富貴不能淫，貧賤不能移，威武不能屈，此之謂大丈夫。」

孟子從人的內部人格而加以批評，認爲公孫衍張儀之流乃是一種妾婦之順，至大丈夫則應居廣居，立正位，行大道，富貴不能淫，貧賤不能移，威武不能屈。孟子非反對出仕，但認爲士之出仕應有一種禮，今姑名之曰「仕禮」。其實此乃是一種新禮，戒人不要僅爲貪圖個人私己的富貴而輕於出仕，而流於公孫衍、張儀之流，爲一妾婦之順。然而依照當時社會情況，爲士者又不得不出仕，否則卽無法解決其私生活。其中有偏激如陳仲子、許行之流，以織履編蓆來解決生活，這也非孟子所同意。許行主張爲治者以與民並耕而食爲賢，陳仲子則逃離貴族生活以不恃人而食爲義。然而孟子批評許行並耕之說爲不可行，批評陳仲子苦行爲不能充其類。其實許行、陳仲子皆承墨家思想而來，都是反貴族的，皆主貴族階層之平民化。反貴族，自爲士階層所羣捧，此可謂是士階層中之理論派。士階層愈得勢，乃有憑此聲勢來在政治上活動的。如公孫衍、張儀，此可謂之士階層中之實利派，後人稱之爲縱橫家，可見縱橫家亦在九流百家之中，依然是一士。惟此兩派之士，皆不爲孟子所同情。孟子意，士並非不該出仕，從事政治活動亦非全要不得。政治人物固可批評，社會人物亦須得批評，孟子乃站在一更高更大的立場來批評一切，而標出一禮字。其實孟子之所謂禮，乃是一種新禮，亦可說是一種道義。

孟子滕文公上：

陳相見孟子，道許行之言曰：「滕君則誠賢君也。雖然，未聞道也。賢者與民並耕而食，饔飧而治。今也滕有倉廩府庫，則是厲民而以自養也，惡得賢？」

孟子曰：「許子必種粟而後食乎？」曰「然。」「許子必織布然後衣乎？」曰：「否，許子衣褐。」「許子冠乎？」曰：「冠。」曰：「奚冠？」曰：「冠素。」曰：「自織之與？」曰：「否，以粟易之。」曰：「許子奚爲不自織？」曰：「害於耕。」曰：「許子以釜甑爨，以鐵耕乎？」曰：「然。」「自爲之與？」曰：「否，以粟易之。」「以粟易械器者，不爲厲陶治；陶治亦以其械器易粟者，豈爲厲農夫哉？且許子何不爲陶治？舍皆取諸其宮中而用之，何爲紛紛然與百工交易？何許子之不憚煩？」曰：「百工之事，固不可耕且爲也。」「然則治天下獨可耕且爲與？有大人之事，有小人之事。且一人之身，而百工之所爲備，如必自爲而後用之，是率天下而路也。故曰：『或勞心，或勞力。』勞心者治人，勞力者治於人，治於人者食人，治人者食於人，天下之通義也。」

許行理論，主張人人不分貴賤，都須勞作自食其力。然亦主以物易物，以獲取所需。但也並不曾主張可以無需有政治組織。孟子則認爲聖人治天下，則無暇從事生產，人類需要社會上的政治組織，大家必需分工合作，從事政治也是一項分工。許行主張並耕而治，所以孟子要加以駁斥。

滕文公下：

匡章曰：「陳仲子豈不誠廉士哉！居於陵，三日不食，耳無聞，目無見也。井上有李，螬食實者過半矣。匍匐往，將食之，三咽，然後耳有聞，目有見。」

孟子曰：「於齊國之士，吾必以仲子爲巨擘焉。雖然，仲子惡能廉？充仲子之操，則蚓而後可者也。夫蚓，上食槁壤，下飲黃泉。仲子所居之室，伯夷之所築與？抑亦盜跖之所築與？所食之粟，伯夷之所樹與？抑亦盜跖之所樹與？是未可知也。」曰：「是何傷哉！彼身織屨，妻辟纑，以易之也。」曰：「仲子，齊之世家也。兄戴，蓋祿萬鍾。以兄之祿爲不義之祿而不食也，以兄之室爲不義之室而不居也，避兄離母，處於於陵。他日歸，則有饋其兄生鵝者，己頻顣曰：『惡用是鶃鶃者爲哉？』他日，其母殺是鵝也，與之食之。其兄自外至，曰：『是鶃鶃之肉也。』出而哇之。以母則不食，以妻則食之。以兄之室則弗居，以於陵則居之。是尚爲能充其類也乎？若仲子者，蚓而後充其操者也。」

陳仲子亦本貴族世家，兄戴，食祿萬鍾，而陳仲子以爲不義，他反對當時的貴族階級，認爲不勞而食都爲不義，他要如許行般實行自食其力的生活。他處境苦，而行道篤，所以孟子雖批評他，但也認爲他是齊國士人中一位了不起的人。孟子以爲陳仲子既然能與妻同居，就證明他不能完全脫離人類社會之共同生活，既不能脫離人類社會之共同生活，而獨避兄離母以爲廉，孟子則不以爲然，故譏其不能充類。

孟子盡心篇上：

孟子曰：「仲子，不義與之齊國而弗受，人皆信之，是舍簞食豆羹之義也。人莫大焉，亡親戚、君臣、上下。以其小者，信其大者，奚可哉？」

孟子認爲陳仲子辭爵祿，苦身自給，這只是一種小義，而人類之相依羣處，以有倫理社會組織，如父母、兄弟、君臣、上下，這是人羣大道。陳仲子不顧及於此，是大不義。而當時人愛慕陳仲子的小義，而忽略了他的大不義，這是孟子認爲萬不可的。孟子力斥陳仲子的所爲，諷譏他爲蚓操，這是說他的操行，乃下儕於蚯蚓，所以認爲他是大不義，而比之爲洪水猛獸。因此孟子感歎地說：

聖王不作，諸侯放恣，處士橫議，楊朱、墨翟之言盈天下。

許行並耕近似墨翟，而陳仲子之不仕，僅至於個人生活上，可謂近似楊朱。孟子生於此一處士橫議的時代，當時的學術風氣對於一般士人影響之大可以想像，孟子獨要力挽狂瀾，其難可知。

滕文公下：

公都子曰：「外人皆稱夫子好辯，敢問何也？」孟子曰：「我豈好辯哉？予不得已也。」

孟子又說：

我亦欲正人心，息邪說，距詖行，放淫辭，以承三聖者，豈好辯哉？予不得已也。能言距楊墨者，聖人之徒也。

孟子對於作爲當時學風代表的楊墨兩派，與以嚴峻的批評，而孟子又以此與禹治洪水，周公膺夷狄，孔子作春秋相提並論，自認距楊墨爲其平生最大最重要的事業。旣不屑於爲公孫衍張儀之徒，又於許行、陳仲子輩嚴加駁詰，不僅外人難以瞭解，即孟子弟子亦都不明師意，而亦疑其師爲好辯。又不僅於思想上爲然，即在孟子之行誼上，其弟子亦多問難。

滕文公下：

彭更問曰：「後車數十乘，從者數百人，以傳食於諸侯，不以泰乎？」

孟子曰：「非其道，則一簞食不可受於人，如其道，則舜受堯之天下，不以爲泰。子以爲泰乎？」

曰：「否，士無事而食，不可也。」

曰：「子不通功易事，以羨補不足，則農有餘粟，女有餘布。子如通之，則梓匠輪輿皆得食於子。於此有人焉，入則孝，出則悌，守先王之道，以待後之學者，而不得食於子。子何尊梓匠輪輿，而輕爲仁義者哉？」曰：「梓匠輪輿，其志將以求食也。君子之爲道也，其志亦將以求食與？」曰：「子何以其志爲哉？其有功於子，可食而食之矣。且子食志乎？食功乎？」曰：「食志。」曰：「有人於此，毀瓦畫墁，其志將以求食也。則子食之乎？」曰：「否。」曰：「然則子非食志也，食功也。」

彭更亦孟子弟子，不以其師之傳食諸侯爲然。又說士不可無事而食，此亦受當時墨者議論的影響，蓋亦愛慕許行陳仲子輩之爲人者。

盡心篇上：

公孫丑曰：「詩曰：『不素餐兮』。君子之不耕而食，何也？」孟子曰：「君子居是國也，其君用之，則安富尊榮。其子弟從子，則孝弟忠信。『不素餐兮』，孰大於是？」

公孫丑亦孟子弟子，所說君子之不耕而食，較彭更意更明顯，可證當時孟子學生大多不明孟子之心意，較之孔門弟子爲大不然矣。

盡心篇上又載：

王子墊問曰：「士何事？」孟子曰：「尙志。」曰：「何謂尙志？」曰：「仁義而已矣。殺一無罪，非仁也。非其有而取之，非義也。居惡在？仁是也。路惡在？義是也。居仁由義，大人之事備矣。」

王子墊是齊國的王子，亦受當時學術風氣影響，對士之無事而食有疑問。孟子答以士尙志。志於仁義。孟子曾說：「伯夷、伊尹、孔子，行一不義，殺一不辜，而得天下不爲。」這正是尙志的最高模範。孟子說：「士尙志。」又說：「食功。」然而當時一般士風則不如此，孟子針對當時游士風氣欲有所挽正。在孔墨時批評對象爲貴族階層，在孟子時則批評對象轉像更注重在士階層。而孟子的生活情況，有時也不能和當時的士階層有大相區別處，此層亦爲其弟子所疑。

公孫丑篇：

陳臻問曰：「前日於齊，王餽兼金一百而不受。於宋，餽七十鎰而受。於薛，餽五十鎰而受。前日之不受是，則今日之受，非也；今日之受是，則前日之不受，非也；夫子必居一於此矣。」孟子曰：「皆是也。當在宋也，予將有遠行，行者必以贐，辭曰：『餽贐』予何爲不受？當在薛也，予有戒心，辭曰：『聞戒，故爲兵餽之，』予何爲不受？若於齊，則未有處也。無處而餽之，是貨之也。焉有君子而可以貨取乎？」

要之，在當時，孟子亦不能不接受貴族階層之經濟接濟，惟孟子之辭與受，則自有其標準。其受，則因其居心於仁，欲以救天下。其不受，則因其立身於義，不願妄受。於是孟子又提出其知恥的主張。

盡心篇上：

孟子曰：「人不可以無恥，無恥之恥，無恥矣。」

孟子曰：「恥之於人大矣，爲機變之巧者，無所用恥焉。不恥不若人，何若人有。」

離婁篇下：

孟子曰：「人有不爲也，而後可以有爲。」

有所不爲，則因其知恥，不知所恥，則將無所不爲矣。顧亭林說：「自一身以至於天下國家，皆學之事也；自子臣弟友以至出入往來辭受取與之間，皆有恥之事也。」當時的士階層，若有志於學，有時不可以無所受。但有志於恥，則有時不宜有所受。孟子離婁篇曾記一故事，正可爲當時士階層只在謀求個人富貴利達的游士們一最好的譏諷。

齊人有一妻一妾而處室者，其良人出，則必饜酒肉而後反。其妻問所與飲食者，則盡富貴也。其妻告其妾曰：「良人出，則必饜酒肉而後反，問其與飲食者，盡富貴也。而未嘗有顯者來。吾將瞯良人之所之也。」蚤起，施從良人之所之。徧國中無與立談者。卒之東郭墦間之祭者，乞其餘。不足，又顧而之他。此其爲饜足之道也。其妻歸，告其妾曰：「良人者，所仰望而終身也。今若此！」與其妾訕其良人，而相泣於中庭。而良人未之知也，施施從外來，驕其妻妾。由君子觀之，則人之所以求富貴利達者，其妻妾不羞也，而不相泣者，幾希矣。

孟子在當時，見稱爲連蹇，而仍能「後車數十乘，從者數百人，傳食諸侯。」以此與孔子之「飯疏食，飲水，曲肱而枕之。」以及「困厄於陳蔡之間。」實不可同日而語。因孔子時士階層初起，謀食非易。但學風越後越盛，士階層地位愈高。孟子雖不得志，尚能後車數十，從者數百，其他得志之士可推而知。孟子所以要特別對士人生活及其職責與修養所在提出討論，對此下士階層之更占重要地位，實更有值得重視之意義與價值。

孟子的處世，在其經濟方面，既一切不苟，而在其身分方面，則尤所重視。

公孫丑篇：

孟子將朝王，王使人來曰：「寡人如就見者也，有寒疾，不可以風，朝將視朝，不識可使寡人得見乎？」對曰：「不幸而有疾，不能造朝。」明日，出弔於東郭氏。公孫丑曰：「昔者辭以病，今日弔，或者不可乎？」曰：「昔者疾，今日愈，如之何不弔？」王使人問疾，醫來。孟仲子對曰：「昔者有王命，有采薪之憂，不能造朝。今病小愈，趨造於朝，我不識能至否乎？」使數人要於路，曰：「請必無歸而造於朝。」不得已而之景丑氏宿焉。景子曰：「內則父子，外則君臣，人之大倫也。父子主恩，君臣主敬。丑見王之敬子也，未見所以敬王也。」曰：「惡！是何言也！齊人無以仁義與王言者，豈以仁義爲不美也？其心曰：『是何足與言仁義也』云爾。則不敬莫大乎是，我非堯舜之道，不敢以陳於王前，故齊人莫如我敬王也。」景子曰：「否！非此之謂也。禮曰：『父召無諾；君命召，不俟駕。』固將朝也，聞王命而遂不果，宜與夫禮若不相似然！」曰：「豈謂是與？曾子曰：『晉楚之富，不可及也。彼以其富，我以吾仁；彼以其爵，我以吾義。吾何慊乎哉！』夫豈不義而曾子言之，是或一道也。天下有達尊三：爵一，齒一，德一。朝廷莫如爵，鄉黨莫如齒，輔世長民莫如德。惡得有其一，以慢其二哉！」「故將大有爲之君，必有所不召之臣，欲有謀焉則就之。其尊德樂道，不如是，不足與有爲也。故湯之於伊尹，學焉而後臣之，故不勞而王。桓公之於管仲，學焉而後臣之，故不勞而霸。今天下地醜德齊，莫能相尚，無他，好臣其所敎，而不好臣其所受敎。湯之於伊尹，桓公之於管仲，則不敢召。管仲且猶不可召，而況不爲管仲者乎？」

這一段故事，後人談論孟子者常愛稱引。在孟子當時，士可以不出仕而獲富貴，孟子則主張宜出仕。但雖出仕，而其自守則甚高。他曾說：

古之賢王好善而忘勢，古之賢士，何獨不然？樂其道而忘人之勢。故王公不致敬盡禮，則不得亟見之。見且猶不得亟，而況得而臣之乎！

這卽是孟子之自抬身分處。一個士能志道樂道，自能忘了外面的勢利，這樣的人自能知恥，知所以自守，而不輕被眼前的金玉富貴所屈服。在孟子意，貴族階層應知尊士，而士亦應知自尊。自尊之極，可以對外面一切壓迫不屈服，一切引誘不動心，孟子曾說：

生，我所欲也。義，亦我所欲也。二者不可得兼，舍生而取義者也。生亦我所欲，所欲有甚於生者，故不爲苟得也。死亦我所惡，所惡有甚於死者，故患有所不辟也。如使人之所欲，莫甚於生，則凡可以得生者，何不用也？使人之所惡，莫甚於死者，則凡可以辟患者，何不爲也？由是則生而有不用也，由是則可以辟患而有不爲也。是故所欲有甚於生者，所惡有甚於死者，非獨賢者有是心也。人皆有之，賢者能勿喪耳。

生死是人生的最大問題，一個人失去了生命，其他也就談不上了。生命的維持要靠物質經濟，這是簡而易明的事，但孟子認爲物質經濟不是人生唯一條件，更不是人生之最後最高條件，也許只能算是一人生中最起碼的最低條件。人生中必然有比生更可欲，比死更可惡的，遇此境地，則應舍生以取義。孟子更認爲舍生取義，並非只是賢者獨具的心，而是人人皆有的善性，只賢者能不失此心而已。故孟子論人生，有其最高的理想，又有其最具體之實踐。必兩者兼盡，乃始爲最有意義價值的人生。

孔子進狂狷而斥鄉原，孟子對此一層，也曾和他的學生們討論過。

孟子盡心篇：

萬章問曰：「孔子在陳曰：『盍歸乎來！吾黨之士狂簡，進取不忘其初。』孔子在陳，何思魯之狂士？」孟子曰：「孔子不得中道而與之，必也狂狷乎？狂者進取，狷者，有所不爲也。孔子豈不欲中道哉？不可必得，故思其次也。」

「敢問何如斯可謂狂矣？」曰：「如琴張、曾皙、牧皮者，孔子之所謂狂矣。」「何以謂之狂也？」曰：「其志嘐嘐然。曰：『古之人；古之人。』夷考其行而不掩焉者也。狂者又不可得，欲得不屑不潔之士而與之，是狷也；是又其次也。孔子曰：『過我門而不入我室，我不憾焉者，其惟鄉原乎！鄉原德之賊也。』」

曰：「何如？斯可謂之鄉原矣！」曰：「何以是嘐嘐然也？言不顧行，行不顧言，則曰：『古之人；古之人。』行何爲踽踽涼涼？生斯世也，爲斯世也善，斯可矣。閹然媚於世也者，是鄉原也。」

萬章曰：「一鄉皆稱原人焉，無所往而不爲原人。孔子以爲德之賊？何哉？」曰：「非之無舉也，刺之無刺也。同乎流俗，合乎汙世。居之似忠信，行之似廉潔。衆皆悅之，自以爲是，而不可與入堯舜之道。故曰德之賊也。孔子曰：『惡似而非者。惡莠，恐其亂苗也。惡佞，恐其亂義也。惡利口，恐其亂信也。惡鄭聲，恐其亂樂也。惡紫，恐其亂朱也。惡鄉原，恐其亂德也。』君子反經而已矣！經正則庶民興，庶民興，斯無邪慝矣。」

簡者，簡單義，卽不顧一切義。惟能不顧一切，故雖從事進取而能不忘他自己原初的本來面目。有志進取是狂，不忘其初是狷，故狂狷雖屬兩色，而內性實屬一貫。孔孟論人生，乃同主應有一最高理想的最高標準之嚮往，決非只追隨遷就於現實人生而不求上進的。但這裏面尚有一中道與狂狷之分別，鄉原則貌似中道而絕當加以鄙斥。孟子發明孔子「進狂狷而斥鄉原」之意，正可與前章孟子之言「舍生取義」之意義相互發揮。進一層言之，公孫衍張儀之徒，皆不正如孟子所謂閹然媚於世者，這裏正須要有甚深學問，甚深的知言工夫，然後可知鄉原也決不是平常無用之輩，亦有貌若轟轟烈烈之鄉原。又如許行陳仲子之流，豈不也正如孟子所謂「居之似忠信，行之似廉潔，衆皆悅之，自以爲是，而不可入與堯舜之道的嗎？」則無怪孟子要對此輩大加議論了。但其實不然。至少許行陳仲子是忠信廉潔的，是不同流俗，不合汚世的，是有所欲爲與有所不爲的，此正如孔子在陳所思的狂簡之士，是進取不忘其初的。故孟子亦不惜對此輩大加議論，正要引此輩盡歸中道，這是孟子一番教育心情，正待我們深細體會。

蓋在孟子之前，士階層尚在逐漸興起中，故孔子只勉弟子爲「君子儒，無爲小人儒」而已。到孟子時，士階層日興，士風已大變。下到孟子以後，漢武帝表章六經，排斥百家，獨尊儒術，自此兩千年來中國成一士人政府！士階層之在政治社會上的地位，其重要性日增。然而竟亦無人能如孟子般，特對士人生活與其修養及職責等，作如此詳盡的討論。今日則社會漸進入工商時代，競以功利爲重，而皆認過去士階層之崇尚德性爲不合時宜。然而今日的工商人也卽從知識份子轉來，究將如何安定社會，安定人心，邁向有標準有理想的人生，則仍必需從各類知識份子間之生活與其職責與修養着眼不可。如此則孟子當年之意，豈不仍值我們來再加以討論嗎？

孟子曾說：

待文王而後興者，凡民也。若夫豪傑之士雖無文王猶興。

這是孟子勉勵人自發自興的話。我們不能人人等待社會安定，一切上軌道，再來做一個善人賢人，那是凡民都能的，算不得甚麼。一個知識份子，要他能雖在變動不安中，也肯奮發向善，自興自立。到得必要時，而更肯犧牲生命來求義向善，自勵自勉，做一個豪傑之士。這大概是孟子對士人的最大願望吧！而亦可稱是孟子最高的教育理想與教育精神之所寄了。

# 第五章　戰國時期國君養賢以及公子養賢

春秋時代，貴族世卿執政，其由平民學者崛起而至卿相的，並不多見。到戰國則風氣大變，平民學者逐步得勢，貴族階級對他們亦逐步加以敬禮。他們往往取貴族世臣之權位而代之，貴族制度因此漸漸破壞。這都是繼承春秋晚期，一面是大夫專政，一面是自由講學興起的局面而來。故戰國初，都是強宗世族，趙魏韓三家分晉，田氏簒齊，魯則三桓強於國內，公室僅如小侯，而他們則禮賢下士，以收人望，而邀譽於諸侯。

戰國國君養賢始於魏文侯魯繆公，而大盛於齊威宣王時的稷下。魏文以大夫僭國，而最爲好士。遊士多依以發迹，實開戰國養士的風氣。

呂氏春秋舉難篇：

白圭曰：「文侯師子夏，友田子方，敬段干木。」

又

魏文侯過段干木之閭而式

又用李克西門豹樂羊屈侯鮒趙蒼吳起等。劉向新序有一段記載最可見魏文禮賢的態度。

公子季成謂魏侯曰：「君與子方齊禮，假有賢於子方者，君又何以加之。」魏侯曰：「如子方者，非成所得議也。仁人也者，國之寶也。智士也者，國之器也。博通士也者，國之尊也。子方仁人也，非成之所得議也。」公子季成自退於郊三日，請罪。

季成乃魏文侯弟，史記魏世家說：「魏成子食祿千鍾，什九在外，東得卜子夏、田子方、段干木。文侯以爲相。」

繼魏文侯的有魯繆公。繆公禮賢事屢見於孟子書。

孟子萬章篇：

孟子曰：「繆公之於子思也，亟問，亟餽鼎肉。子思不悅，於卒也，摽使者出諸大門之外，曰：『今而後知君之犬馬畜伋。』」

又

繆公亟見於子思，曰：「古千乘之國以友士，何如？」子思不悅，曰：「古之人有言曰：事之云乎！豈曰友之云乎？」

繆公對子思的敬禮由此可見。

戰國初年的學術昌隆，雖始於魏文魯繆，而影響最大的，則是齊國的創稷下之學。

史記田齊世家，集解引劉向別錄云：

齊有稷門，城門也。談說之士，朝會於稷下也。

太平寰宇記引別錄云：

齊有稷門，齊之城西門也。外有學堂，卽齊宣王立學所也；故稱爲稷下之學。史記云：「談說之士，會於稷下，皆此地也。」

根據上引知稷指城門，齊國當時在稷城門外設立學堂，招待一般游士，讓他們聚會談論，所以稱之爲稷下之學。

徐幹中論亡國篇：

齊桓公立稷下之宮，設大夫之號，招致賢人而尊寵之。孟軻之徒皆遊於齊。

據此知稷下學宮創始於田午。那時田午得齊不久，正當魏文禮賢風氣衰微，遂繼其後延攬賢士，以收名望，來穩固自己的地位。

新序：

騶忌既爲齊相，稷下先生淳于髡之屬七十二人，皆輕騶忌相與往見。

騶忌在齊威王時。那時已有稷下先生之稱。並有七十二人之多。

史記田齊世家：

宣王喜文學游說之士，自始騶衍、淳于髡、田駢、接子、愼到、環淵之徒，七十六人，皆賜列第爲上大夫，不治而議論。齊稷下學士復盛，且數百人。

是稷下至齊宣王時而大興，無論稷下先生是七十二人，或七十六人，大抵是本於孔子門徒七十之數。可知戰國士階層特興，還是遠承著孔子的自由講學而來。

鹽鐵論：

及湣王奮二世之餘烈，矜功不休，百姓不堪，諸儒分散，愼到、接子亡去，田駢如薛，而孫卿適楚。

據此知稷下先生乃散於湣王之末世。

史記孟荀列傳：

田駢之屬皆已死，齊襄王時，而荀卿最爲老師。齊尚修列大夫之缺，而荀卿三爲祭酒。

據此知到齊襄王時，稷下又盛。

漢志道家有鄒子四十九篇，班注云：

名衍，齊人，爲燕昭王師，居稷下，號「談天衍。」

史記孟荀列傳：

自騶衍與齊之稷下先生如淳于髡、愼到、環淵、接子、田駢、騶奭之徒，各著書言治亂之事，以干世主。

鄒衍、鄒奭同列稷下，鄒奭在鄒衍後，而鄒衍自齊使趙，已在王建八年前後。可知齊至王建時稷下之制尙存。遠溯自齊桓公，歷威、宣、湣、襄，前後五世，直到王建時，齊亡。幾乎終田齊之先後，一連百餘年養士不衰。故知齊之養士對於戰國中期後，士氣高張，學術昌盛，有極大貢獻。並且稷下自有一番風氣，自有一套制度。

劉向新序：

齊稷下先生喜議政事。

田齊世家：

稷下學士不治而議論。

其時如淳于髡卽以終身不仕見稱。所以稷下的組織仍是一種私家講學制，雖受政府奉養，但不負政治上實際責任。

前引田齊世家云：「自如騶衍、淳于髡、田駢、接子、愼到、環淵之徒七十六人，皆賜列第爲上大夫，不治而議論。」孟荀列傳云：「齊襄王時，荀卿最爲老師，齊尙修列大夫之缺，而荀卿三爲祭酒。」

可知當時遊稷下的學士，皆稱先生，皆得上大夫之位，皆可自由招收學徒，如荀卿初到稷下則稱遊學，後則爲老師。故知稷下又有講室。

孟荀列傳：

自如淳于髡以下，命曰列大夫，爲開第康莊之衢，高門大屋尊寵之。

齊策人譏田駢曰：

貲養千鍾，徒百人。

據鹽鐵論稷下此輩學徒，多及千人。

齊宣王對孟子曰：

將中國授室，養弟子以萬鍾。

但孟子獨不願接受此優待。孟子認爲，若正式出仕，便須負政治上實際責任。若私家講學，則不願受祿養，並大夫之名。惟當時稷下先生既授徒，又著書。

孟荀列傳云：

各著書言治亂之事。

劉向荀子目錄云：

咸作書刺世。

此可見當時貴族尊禮養賢之風。並多其他故事。

戰國策：

齊宣王見顏斶曰：「斶前」，斶亦曰：「王前」。宣王不說。左右曰：「王，人君也。斶，人臣也。王曰：斶前，斶亦曰王前，可乎？」斶對曰：「夫斶前爲慕勢，王前爲趨士；與使斶爲慕勢，不如使王爲趨士。」王忿然作色曰：「王者貴乎？士貴乎？」對曰：「士貴耳，王者不貴。」王曰：「有說乎？」斶曰：「有。昔者秦攻齊，令有敢去柳下季壟五十步，而樵採者，死不赦。令曰：有能得齊王頭者封萬戶侯，賜金千鎰。由是觀之，先王之頭曾不若死士之壟也。」宣王曰：「嗟乎！君子焉可侮哉！寡人自取病耳，願請爲弟子。顏先生與寡人遊，食必太牢，出必乘車，妻子衣服麗都。」顏斶辭去曰：「夫玉生於山，制則破焉，大璞不完；士生乎鄙野，推選則祿焉，然而形神不全。斶願得歸，晚食以當肉，安步以當車，無罪以當貴，清淨貞正以自虞。」再拜而辭去。

又

先生王斗造門而欲見齊宣王，宣王使謁者延入。王斗曰：「斗趨見王爲好勢，王趨見斗爲好士，於王何如？」使者還報，王曰：「先生徐之，寡人請從。」宣王因趨而迎之於門，與入曰：「寡人奉先君之宗廟，守社稷，聞先生直言正諫不諱。」王斗對曰：「王聞之過斗生於亂世，事亂君，焉敢直言正諫。」宣王忿然作色，不說，有間，王斗曰：「昔先君桓公所好者五。九合諸侯，一匡天下，今王有四焉。」宣王說，曰：「寡人愚陋守齊國，焉能有四焉？」王斗曰：「先君好馬，王亦好馬。先君好狗，王亦好狗。先君好酒，王亦好酒。先君好色，王亦好色。先君好士，王不好士。」宣王曰：「當今之世無士，寡人何好？」王斗曰：「世無騏驎騄耳，王之駟已備矣。世無東都俊盧氏之狗，王之走狗已具矣。世無毛嬙西施，王宮已充矣。王亦不好士也，何患無士。」王曰：「寡人憂國愛民，固願得士以治之。」王斗曰：「王之憂國愛民，不若王愛尺縠也。」王曰：「何謂也？」王斗曰：「王使人爲冠，不使左右便辟，而使工者何也，爲能之也。今王治齊，非左右便辟無使也，臣故曰：不若愛尺縠也。」宣王謝曰：「寡人有罪。」

如顏斶、王斗其人才幹究何如不得而知，然而齊宣王見此兩人的歷史記載，亦足以表示戰國時期國君下士之風。此外尚有燕王噲讓國其相子之，燕昭王築黃金臺師事郭隗，又有秦昭王跪見張祿先生等，此等事舉不勝舉。

從國君養賢又進一步，則爲公子養賢，以齊孟嘗、趙平原、魏信陵、楚春申四君爲最著。孟嘗君父親靖郭君，父子二人爲齊、威、湣三朝相，孟嘗君又曾相秦昭王、魏哀王，封於薛，稱薛侯。薛自成一獨立國，其聲勢地位如此，然孟嘗君極端下士。

史記孟嘗君傳：

孟嘗君在薛，招致諸侯賓客及亡人有罪者，舍業厚遇之。以故傾天下之士，食客數千人，無貴賤一與等。

太史公曰：

吾嘗過薛，其俗閭里，率多暴桀子弟，與鄒、魯殊。問其故，曰：「孟嘗君招致天下任俠姦人入薛中，蓋六萬餘家矣。世之傳孟嘗君好客自喜，名不虛矣。

故史記孟嘗君傳所記孟嘗君門下客，除鷄鳴狗盜之徒外，只一馮煖。

戰國策：

齊人有馮煖者，貧乏不能自存，使人屬孟嘗君願寄食門下。孟嘗君曰：「客何好？」曰：「客無好也。」曰：「客何能？」曰：「客無能也。」孟嘗君笑而受之，曰：「諾。」左右以君賤之也，食以草具。居有頃，倚柱彈其劍，歌曰：「長鋏歸來乎！食無魚。」左右以告，孟嘗君曰：「食之。」比門下之客。居有頃，復彈其鋏，歌曰：「長鋏歸來乎！出無車。」左右皆笑之，以告。孟嘗君曰：「爲之駕。」比門下之車客。於是乘其車，揭其劍，過其友，曰：「孟嘗君客我。」後有頃，復彈其劍鋏，歌曰：「長鋏歸來乎！無以爲家。」左右皆惡之，以爲貪而不知足。孟嘗君問：「馮公有親乎？」對曰：「有老母。」孟嘗君使人給其食用，無使乏，於是馮煖不復歌。後孟嘗君出記問門下諸客，誰習計會能爲收責於薛者乎？馮煖署曰：「能。」孟嘗君怪之曰：「此誰也？」左右曰：「乃歌夫長鋏歸來者也。」孟嘗君笑曰：「客果有能也，吾負之，未嘗見也。」請而見之，謝曰：「文倦於國家之事，開罪於先生。先生不羞，乃有意欲爲收責於薛乎？」馮煖曰：「願之。」於是約車治裝，載券契而行。辭曰：「責畢收，以何市而反？」孟嘗君曰：「視吾家所寡有者。」驅而之薛，使吏召諸民，當償者悉來合券，券徧合，矯命以責賜諸民，因燒其券，民稱萬歲。長驅到齊，晨而求見。孟嘗君怪其疾也，衣冠而見之，曰：「責畢收乎？來何疾也？」曰：「收畢矣。」「以何市而反？」馮煖曰：「君云視吾家所寡有者。臣竊計君宮中積珍寶狗馬實外廐，美人充下陳，君家所寡有者，義耳。竊以爲君市義。」孟嘗君曰：「市義奈何？」曰：「今君有區區之薛，不拊愛子其民；因而賈利之。臣竊矯君命以責賜諸民，因燒其券，民稱萬歲，乃臣所以爲君市義也。」孟嘗君不說曰：「諾！先生休矣！」後朞年，齊王謂孟嘗君曰：「寡人不敢以先王之臣爲臣。」孟嘗君就國於薛，未至百里，民扶老攜幼，迎君道中終日。孟嘗君顧謂馮煖：「先生所爲文市義者，乃今日見之。」

史又稱平原君「賓客至者數千人。」四公子中以平原君得賢最多，然所得聞者也如毛遂之徒而止，惟其間又有如趙奢、虞卿、公孫龍等，則皆其所禮待，似較其他三人為廣。

史稱信陵君門下「食客三千人。」太史公稱其接巖穴隱者，不恥下交，然而傳名於後世者，則僅侯嬴、朱亥、毛公、薛公而已。

春申君雖號門下客三千，則僅珠履三千而已，更無知名者。

戰國時學術風氣越後越盛，然而何來此多士。當時游士氣燄高，而偽濫雜進者多，並無眞貢獻。觀乎此，益可想像孟子論仕禮的一番心情。故孔子、墨翟所批評者，主要為當時之貴族，而孟子、荀卿、莊周、老聃所批評者，主要轉為當時之游士。要之，同是一種針對現實社會之自由講學。社會現象變，批評對象亦變，而其自由講學之主要精神，同寓有一種教育的意義，則先後如一，此則知人論世者所不可不知也。

# 第六章　莊　老

儒道兩家乃是中國思想史裏兩條大主流。儒家宗孔孟，道家祖莊老，論語、孟子、莊子、老子四部書，兩千年來爲中國知識階層人人所必讀。在中國文化思想演變的過程中，魏晉以前講道家，以黃老並稱，講儒家以周孔並稱，似乎政治的意味比較學術的意味更濃些。魏晉以後講道家，以莊老並稱。宋以後講儒家，以孔孟並稱，遂見人生修養的意味逐漸濃過了政治意味。這種演變極值得我們重視。

有人說莊子是衰世之書，也有人說治世講孔孟，亂世講莊老，此話實有理。儒家思想主要在使人積極向前，道家思想主要在使人消極退後。一求仕進，一求隱退，兩種精神恰相反對。但在中國傳統文化之大潮流中，更看重教育，則不得不以儒家思想爲主。儒家講教育是包含全人生的，自幼童到成年，以及中年老年人生整個過程中皆主有教育與修養。道家莊老則帶有一種反教育的情調，更不合適於幼兒與年輕人。我們應可說莊老思想只是哲學的，而非教育的。莊子老子應稱爲哲學家，而不能算是教育家。但我們亦當知儒道兩家的思想，自魏晉以下，也已逐步合流，儒家中有道，道家中有儒，所以專就教育思想講，也不可不深切的瞭解道家。

## 第一節　莊　子

孟子同時稍後有莊子，莊子名周，是宋國人。他的思想既不偏向孔孟，也不偏向楊墨，他又另自有一套。

大體說來，孔孟楊墨的思想，全都偏向人生界，而極少討論到宇宙界。孔子雖言天命，墨子亦言天志，但亦都是從人生界推演論及，因此可以說儒墨兩家的立論都是人文主義者。莊子較晚出，他的思想則轉移重點，更多注重到宇宙界，他常縱任他想像之所能及，來刻意渲染此宇宙之無限，空間無限，時間無限，由此來襯托出人生界的渺小與短暫。故儒墨兩家皆是本於人而言天，莊子則本於天而言人，此是他和孔墨思想態度上一大分別。

以莊子思想較之儒墨，儒家講仁、講禮，墨家講義、講兼愛，都僅就人生立場立言。莊子把人的地位降低了，他的齊物論把人與蟲蟻草木宇宙間萬物放在同一地位看待，同樣是渺小與短暫。莊子認為人生有限，宇宙無限，以有限的人生，如何能瞭解無限的宇宙，由此而對於人的知識加以蔑視。

莊子說：

吾生也有涯，而知也無涯，以有涯隨無涯，殆已。已而爲知者，殆而已矣。

莊子可謂是一個知識的悲觀主義者，也可說是一反知識主義者。莊子應帝王篇載有一段寓言說：

南海之帝爲儵，北海之帝爲忽，中央之帝爲渾沌。儵與忽時相與遇於渾沌之地，渾沌待之甚善。儵與忽謀報渾沌之德，曰：「人皆有七竅，以視聽食息，此獨無有，嘗試鑿之。」日鑿一竅，七日，而渾沌死。

古人說：上古是渾沌時代，知識未開稱是渾沌。莊子則贊成此渾沌，莊子認爲人類受文化敎育的陶冶，如同爲渾沌開了竅，便喪失了天眞。這是莊子蔑視了人類文化敎育，蔑視了一切人爲的進步。所以荀子批評他，說他：「知有天，而不知有人。」莊子只看重了自然的一面，而不看重人文的意義與價值，所以我們可以說莊子是反教育的，反人類歷史一切文明進步的，他只主張返歸自然。他不僅反知識，亦反道德。

馬蹄篇說：

> 赫胥氏之時，民居不知所爲，行不知所之。含哺而熙，鼓腹而遊，民能已此矣。及至聖人屈折禮樂，以匡天下之形，縣跂仁義，以慰天下之心。而民乃始踶跂好知，爭歸於利，不可止也，此亦聖人之過也。

馬蹄篇雖非莊子親作，但可認爲治莊學者應有之推演，他們認爲禮樂仁義，皆出於人類之知識，都是一種求利的手段，要之非自然。

莊子思想，無法從人類歷史來作證明，故其書本只有許多寓言，但亦含有極高的至理，對於教育思想也都有他一種反面的啓發作用，試舉兩則如下：

天道篇：

> 桓公讀書於堂上，輪扁斲輪於堂下，釋椎鑿而上，問桓公曰：「敢問公之所讀者，何言邪？」公曰：「聖人之言也。」曰：「聖人在乎？」公曰：「已死矣。」曰：「然則，君之所讀者，古人之糟魄已夫。」桓公曰：「寡人讀書，輪人安得議乎。有說則可，無說則死。」輪扁曰：「臣也，以臣之事觀之，斲輪徐，則甘而不固。疾，則苦而不入。不徐不疾，得之於手，而應於心，口不能言。有數存焉於其閒，臣不能以喻臣之子，臣之子亦不能受之於臣。是以行年七十而老斲輪。古之人，與其不可傳也，死矣，然則君之所讀者，古人之糟魄已夫。」

輪扁此番言論，對於人生中科學的藝術的種種技能方面之學習，卻有一番極深刻極精微的評論。即如寫字、繪畫、吹簫、彈琴、游泳、打球等等活動，凡屬人生實際行爲需經學習過程的，其間沒有不需一番內心甘苦，所謂得心應手，則全靠學者自己在學習過程中去親身體驗，絕不能單憑敎者的幾句話，或書本上的記載，就能使學者瞭解。如果學者眞不能達到一種親身體驗，只以書本文字爲學，將眞如莊子之所謂糟魄。進而至於文學、哲學等更然。莊子此種見解，實涵有極高眞理，但也不能因此而廢止了以讀書爲敎育的憑藉與工具。若以爲敎育不需讀書，則莊子此種思想不免太偏了。但卽在極看重敎育功能的儒家，其思想中早包有莊子的意見。儒家論讀書也需親身體驗，但不能只要親身體驗而不要讀書，論語學而時習之，在此「學」字中卽有讀書在內。儒家以讀書述古爲作人之學一要項。道家則以返人類社會於邃古原始渾沌狀態爲理想，故反對讀書。此爲儒道兩家論敎育一重大之分歧點。

又養生主篇：

庖丁爲文惠君解牛。手之所觸，肩之所倚，足之所履，膝之所踦，砉然嚮然，奏刀騞然，莫不中音，合於桑林之舞，乃中經首之會。文惠君曰：「譆，善哉！技蓋至此乎？」庖丁釋刀對曰：「臣之所好者，道也。進乎技矣。始臣之解牛之時，所見無非牛者。三年之後，未嘗見全牛也。方今之時，臣以神遇，而不以目視。官知止，而神欲行。依乎天理。批大郤，導大窾，因其固然。技經肯綮之未嘗，而況大軱乎。良庖歲更刀，割也。族庖月更刀，折也。今臣之刀，十九年矣。所解，數千牛矣，而刀刃若新發於硎。彼節者有閒，而刀刃者無厚。以無厚入有閒，恢恢乎，其於遊刃，必有餘地矣。是以十九年而刀刃若新發於硎。雖然，每至於族，吾見其難爲，怵然爲戒，視爲止，行爲遲。動刀甚微，謋然已解，如土委地。提刀而立，爲之四顧，爲之躊躇滿志。

此處述說庖丁之解牛，所謂以神遇不以目視，官知止而神欲行，可算得專心志一了，而且又深入了對象之內裏。這是人類學習中一必要條件。不論是科學的藝術的一切技能，乃至於人文社會一切行爲建設，兼包仁、義、禮、樂在內。所謂遊刃有餘，這是凡屬成功的一種最高境界，不達此境，卽不免有矛盾衝突，也卽無所謂成功。必能達到此遊刃有餘之境界，然後在此學者之內心始可有躊躇滿志的感覺。後代宋儒格物窮理之教，其實卽是此境界。這也可說是學者成功後的一種心情，卽此也可懸爲教育的最高目標。此一境界，此一目標，當然不是學者所能輕易達到的，也不是學者人人可以達到的。人生有智愚賢不肖之別，其所遇事，不論是科學的、藝術的、道德的，種種範圍，有淺有深，有高有低，有廣有狹，有難有易，有人終身爲學，雖盡全力而終不能達到此一境界，完成此一目標，然而到底也絕不能因此而廢棄了教育。但莊子的寓言，終是爲教育學習過程中提示了一最高意境，與最高目標。我們實應懸此目標來鼓勵學者，依此向前，縱使最後不易達到，但總可使人生開示了一光明之前瞻。儒家說：「人皆可以爲堯舜。」此一目標也豈人人所能達到，但總有一聖人在前作引導，令人不斷向前。而莊子則同樣提示一目標。我們可以說，儒家所提是道德的，莊子所提是藝術的，而道德與藝術則應屬一體之兩面，實在同是一種高深遠大的目標，較之近代人只重科學功利的目標遠勝。一切終必歸依於道德與藝術，乃可獲得完成其功利之目的。而道德與藝術，亦必會歸一致。荀子以道德功利兼重，終不如孟子之於道德中涵藝術。而莊子雖輕視道德，乃使重道德者，終亦不能捨棄莊子於不顧。亦可謂莊子乃善盡了教育之反面功能。

莊周誠可謂是一位曠代的大哲學家，他書中許多寓言，都有極高的人生意境，可說是將人生藝術化了。他的思想和文章充滿了詼諧幽默。讀他的書，令人緊張的心弦爲之全部鬆放，故雖說他的思想不適合於青年人，但對於成年人最低有時會給人一種失意的安慰，至少在人受了挫折之後，有一段休息鬆放，可以再有餘力向前。所以眞瞭解了莊子，對於孟子知言養氣之功有大幫助。人生須恬淡了，再求充實。瞭解了莊子之反文化、反進步，然後能有眞文化與眞進步。故眞有意於孔孟事功的，乃決不會輕看了莊子。

莊子曾做過蒙縣地方的漆園吏，大概他的低標準的經濟生活條件，是勉強可以解決了，他也不再想到其他的活動，莊子書中有幾段有關莊子生平的記載。

惠子相梁，莊子往見之。或謂惠子曰：「莊子來，欲代子相。」於是惠子恐，搜於國中，三日三夜。莊子往見之，曰：「南方有鳥，其名鵷鶵，子知之乎？夫鵷鶵，發於南海而飛於北海。非梧桐不止，非練實不食，非醴泉不飮。於是鴟得腐鼠，鵷鶵過之，仰而視之，曰：『嚇。』今子欲以子之梁國而嚇我邪。」

惠施是莊周好友，獲梁惠王之尊信，曾在梁國當過長期的宰相，梁惠王稱他爲叔父。惠施與莊周雖是好友，但在思想學說以及處世作人的態度上，都不相同。惠施也受戰國中期一般游士影響，看重功名富貴，而莊周則視權位如敝屣，其境界應遠高於惠施，宜爲惠施所防忌。

莊子釣於濮水，楚王使大夫二人往先焉。曰：「願以竟內累矣。」莊子持竿不顧，曰：「吾聞楚有神龜，死已三千歲矣。王巾笥而藏之廟堂之上。此龜者，寧其死爲留骨而貴乎！寧其生而曳尾於塗中乎！」二大夫曰：「寧生而曳尾塗中。」莊子曰：「往矣，吾將曳尾於塗中。」

或聘於莊子，莊子應其使曰：「子見夫犧牛乎！衣以文繡，食以芻叔，及其牽而入於大廟，雖欲爲孤犢其可得乎！」

莊周對於世俗的榮華富貴，喜歡用一種淡然嬉笑的態度處之，他的話充滿了諷刺，又有無限的幽默，他喜愛自然，他整個的人生態度都在他書中表現出來了。又有莊子妻死的一段故事說：

莊子妻死，惠子弔之，莊子則方箕踞，鼓盆而歌。惠子曰：「與人居，長子，老身，死不哭，亦足矣。又鼓盆而歌，不亦甚乎？」莊子曰：「不然，是其始死也，我獨何能無概然。察其始而本無生。非徒無生也，而本無形。非徒無形也，而本無氣。雜乎芒芴之閒，變而有氣，氣變而有形，形變而有生，今又變而之死，是相與爲春、夏、秋、冬四時行也。人且偃然寢於巨室，而我噭噭然隨而哭之，自以爲不通乎命，故止也。」

純藝術而過了分，遂於道德有所不顧，較之能道德而藝術者，莊周自爲不如。卽此想像其家庭生活而可知。莊周對他自己的死生也看得很淡。

莊子將死，弟子欲厚葬之。莊子曰：「吾以天地爲棺槨，以日月爲連璧，星辰爲珠璣，萬物爲齎送，吾葬具豈不備邪，何以加此。」弟子曰：「吾恐烏鳶之食夫子也。」莊子曰：「在上爲烏鳶食，在下爲螻蟻食，奪彼與此，何其偏也。」

莊周不免是一個人主義者。縱可稱之爲大智，卻不可稱之爲大仁。從其自身論，也算是一種達觀，固無不可。但從其對家庭妻子言，到底終是一缺陷。後來佛教入中國，最先便要攀附莊子，正亦在此等處。

莊子生於戰國中期，與孟子、梁惠王同時，正是戰國士氣高漲，游士羣趨富貴，爲個人謀利的時期，孟子深不以爲然，積極提倡仕禮，欲對當時士風不當有所匡救。莊子正也反對當時一般游士熱中富貴功名的輕於出仕，但他採的是消極態度，亦可謂是一種有所不爲的、善於隱的精神。在儒家精神內，本涵有積極向前與消極退隱之兩面，孔子說：「用之則行，舍之則藏。」孟子亦講仕禮，同時稱讚伊尹之任與伯夷之淸，但似乎都偏在政治意識上。莊子可算得是一位聖之淸者，有合於儒家之隱居以求志者，故在莊子書中亦常稱讚到顏淵，卽孔子所謂「舍之則藏」的一面。人生本不可能永遠積極向前，在其積極向前中，同時卽有消極隱退之一種反面存在。人生本不該有偏面的消極，但或許更不該有偏面的積極，而況有時天意命運，有不可免的挫折，更不得不求退隱、求消極。莊子的許多話，都正如流浪者的家園，又如蕩子之慈母，使人生獲得一好慰藉、好休息。雖然他的思想不適於向幼兒青年灌輸，但對成年人仍有它一番意義，此層也值得我們重視。惟人生貴能隱居求志，縱是志在藝術，亦無不可，卻不該做一種無志的貪生，此亦當爲莊周所深斥。

## 第二節　老　子

關於老子其人的傳說有多種，這不在我們敎育史討論範圍之內，我們可以略而不論。但老子道德經一書，則是戰國一部晚出書，不僅在論語後，還應在莊子後，大槪老子書出在戰國末期荀子稍前一不知名人之手。

老子說：

聖人處無爲之事，行不言之敎。

大道廢，有仁義。智慧出，有大僞。

絕聖棄智，民利百倍。絕仁棄義，民復孝慈。

絕學無憂。

聖人不死，大盜不止。

老子既是反智慧，便不要知識教育，又反仁義，便不要道德教育。老子的反人文、尙自然的思想，大體與莊子相似，因此他們都是反教育的。但莊子、老子雖同屬道家，細究之，兩人思想大有不同。莊子放達，忘世忘物，使人內心獲得一澈底的解放，照莊子意思，可使人生達到一極高的藝術境界，使人精神能有休息獲慰藉。老子雖亦同尙自然，但他不能忘世忘物，他的思想終是站在政治立場上，而又脫不了一種功利觀念。所以硏治老子書可以懂得種種權術，使自己安居高位來統制羣倫，但對個人處世則並無裨益。所以老子講的，實是一種政治哲學，而非一種人生哲學。故站在教育立場上，對同屬道家的莊子老子兩家思想，亦應採不同的態度。中國傳統的教育精神，本看重全人生的教育的，而尤重自我修養。莊子對成人教育自我修養方面，實有它的價值與意義，這是不容忽視的。而老子則不然，若遠離了政治環境，則老子書亦將無意義與價值可言。他書中的聖人，實是一統治者，而且應是統治階層中的元首。中國古代以老子與黃帝並言，合稱黃老，乃是一種政治哲學，或可稱是帝皇哲學，那是不錯的。在莊子書中，最高統治人應是一渾沌，而老子書中則必然是一絕頂聰明人，而這一絕頂聰明人，又是熱心要做一政治領袖的。老子書中雖亦有許多可寶貴的理論，但就其此一大原則言，則種種價值，非大打折扣不可。這是我們要瞭解道家思想所不可不知的。

# 第七章 荀子

荀子名況，趙國人，十五歲開始到齊游學從師，其後則爲稷下先生，並曾三爲祭酒，爲齊稷下先生中最後一大師。荀子有兩個出名的學生，一是韓非，爲韓國的公子，一是李斯，爲戰國時期最後一個在政治上得意的游士。李韓兩人都爲秦始皇所看重，但韓非囚死於秦，李斯則爲秦相。秦代專制爲後世所惡，李斯曾請秦代焚書，後代儒生因此也連帶看輕了荀子。

戰國思想在孟子以後，尚多有反對儒家別樹異幟的，於是荀卿又繼續孟子來駁擊諸家。就此一點言，其有功儒學，不在孟子下。故繼孔子後，一爲孟子，一爲荀子，成爲儒家思想的兩大家，但孟子主性善，荀子主性惡，兩人思想又恰相反。後來中國思想界並尊孔孟，荀子地位遠不能與孟子相比，其主要原因即在荀子主性惡。就人類文化發展的大趨勢與人類教育之大理想兩方面來說，荀子的性惡論皆不如孟子的性善論更合於情實。所以中國此下思想界，大體上都承襲了孟子。

荀子性惡篇說：

> 人之性惡，其善者，僞也。今人之性，生而有好利焉，順是故爭奪生，而辭讓亡焉。生而有疾惡焉，順是故殘賊生，而忠信亡焉。生而有耳目之欲，有好聲色焉，順是故淫亂生，而禮義文理亡焉。然則從人之性，順人之情，必出於爭奪合於犯分亂理而歸於暴。故必將有師法之化，禮義之道，然後出於辭讓，合於文理，而歸於治。用此觀之，然則人之性惡明矣。

荀子主人性本惡，善是出於人爲，即荀子所謂是僞的。故要使人向善，便得有師法之化，禮義之道。其實孟子主人性善，也主張有師法之化，禮義之道，只孟子認爲師法禮義敎化所講的善道，在我們人性中本已先有，只是自己不知道，一經外邊呼喚，纔把我們內心潛在的善性喚醒。此則與荀子主張大不同。至少在敎育立場上，從受敎者的地位上看來，有大不同。孟子主性善，使受敎者的地位提高了，荀子主性惡，則把受敎者的地位貶低了。

荀子辯孟子之性善說有曰：

孟子曰：「人之學者，其性善。」曰：「是不然，是不及知人之性，而不察人之性僞之分者也。凡性者天之就也，不可學不可事。禮義者，聖人之所生也。人之所學而能，所事而成者也。不可學不可事，而在人者謂之性，可學而能，可事而成，之在人者謂之僞。是性僞之分也。」

照荀子說，人性是天生的，不可學不可事，這是說天生之性，怎樣就是怎樣，人力不能改變，人力能改變的，卽荀子所謂可學而能，可事而成的，乃是禮義，荀子稱之「僞」。但禮義又從何處來呢？

荀子說：

禮義者，聖人之所生也。（性惡篇）

但聖人又如何能生出禮義來？

荀子又說：

聖人積思慮習僞，故以生禮義而起法度，然則禮義法度者，是生於聖人之僞，非故生於人之性也。（性惡篇）

聖人化性而起僞，聖人之所以同於衆，其不異於衆者，性也。所以異而過衆者，僞也。

荀子分別指定「自然」爲「性」，「人爲」爲「僞」，認爲人類文化都起於「人爲」，都生於聖人之作僞。而且把自然與人文分別得太隔絕了。只說自然人性中只有惡，一切善都非人性本有，全是人爲，這一種思想，實在太窄狹了。照荀子說法，必把自然與人文劃分成相反的兩面，而又把人分成聖人與衆人之兩等。孟子道性善，也並未說人性全是善。他只說，照人的常情說來，人是可以向善的。孟子雖也將聖人和衆人分兩等，但照孟子說法，聖人衆人還都是人，可以相通的，故曰：「人皆可以爲堯舜」，又說：「聖人與我同類」。一切人爲可能的，皆是其本質原有的。這些話比較近人情。荀子的話，則說得太極端了。大概在荀子時，道家思想已漸有地位漸得勢，道家主張一任自然反人文，荀子則恰和道家對立，主張一尊人文反自然，所以不像孟子，能在自然和人文之間有一分別，而又恰好仍留一溝通與調和的餘地。

荀子曰：

今人之性惡，必將待師法然後正，得禮義然後治。（性惡篇）

又曰：

我欲賤而貴，愚而知，貧而富，可乎？曰：「其唯學乎。」彼學者行之曰士也，敦慕焉，君子也。知之，聖人也。上爲聖人，下爲士君子，孰禁我哉。

荀子主人性惡，必需加以師法之化，禮義之導，然後才能合於文理而後治。照這樣說來，荀子應是更看重教育的，其意認爲只有教育才能使人本有的惡性改變爲善，所以荀子說：「其唯學乎。」只有學，也就是只有教育，纔能使人由賤變貴，由愚變知，由貧變富，由一個性惡的衆人變爲有人僞的善的士君子與聖人。這不是把教育看成了最重要了嗎？但爲什麼後來中國思想界講儒家，講教育，只承續孔孟，而不講荀卿呢？這裏面還有一層值得我們來分辨。原來荀子講「師」「法」並重，雖看重聖人，同時也看重王者。

荀子曰：

「學也者，因學止之也，惡乎止之。」曰：「止諸至足。」「曷謂至足？」曰：「聖也。聖也者，盡倫者也。王也者，盡制者也。兩盡者，足以爲天下極矣。故學者，以聖王爲師，案以聖王之制爲法。」

荀子認爲聖人與王者是人中最高的一等，他認爲禮義與法制也是同等重要，這就和孔孟思想不同了。孔孟看重聖人，看重禮義，但並不認爲王者可與聖人同等，只認爲王者也應該學聖人。換句話說，王者也應該受教育。所以孔孟講禮，也與荀子有不同。孔子講禮，更講仁。孟子講禮，又講義。換言之，孔孟是從人與人的情感相通處來講「禮」講「仁義」的。荀子也常講「禮義」，但偏重在法制方面，卽是偏在政治方面來講了。因此荀子不太看重講仁，因荀子認人性是惡的，出發點不同，而意境乃大異。

荀子禮論篇曾說：

禮有三本，天地者，生之本也。先祖者，類之本也。君師者，治之本也。無天地惡生，無先祖惡出，無君師惡治，三者偏亡焉，無安人。

此處所講天地和先祖是在自然方面。君與師，卽教育與政治，在人文方面。把此兩面太分開了，因此荀子講孝，也重其是禮，而不重其是仁。卽重視了人文的外在面，而並未重視到人文之內在面。

荀子又曰：

「聖人者，人之所積而致也。」曰：「聖可積而致，然而皆不可積，何也？」曰：「可以而不可使也。故小人可以爲君子而不肯爲君子，君子可以爲小人而不肯爲小人。小人君子者，未嘗不可以相爲也，然而不相爲者，可以而不可使也。」（性惡篇）

此處見荀子思想畢竟還是宗於儒家的，自有與孔孟相通處。荀子所說君子小人可以相爲而不相爲者，主要在學者自已之肯爲與不肯爲，這一層與孟子所謂：「是不爲也，非不能也」之義正相同，此卽孔子提出的「志」字。一切人爲，是必歸本於人之立志，人之意向的。所以荀子說：

蹞步而不休，跛鼈千里。累土而不輟，丘山崇成。厭其源，開其瀆，江河可竭。一進一退，一左一右，六驥不致。彼人之才性相縣也，豈若跛鼈之與六驥足哉。然而跛鼈致之，六驥不致，是無他故焉，或爲之或不爲爾。（修身篇）

此等皆是鼓勵學者勉力而爲。從此點上看，則孟荀在敎育思想上是相通的。

荀子曰：

古之學者爲己，今之學者爲人。君子之學也，以美其身，小人之學也，以爲禽犢。（勸學篇）

此說爲學當爲己，使自己能到達一更高境界。至於禽犢，則是一種禮物，用來獻人的。人之爲學，不當專爲呈獻於人，此亦是荀子極有當於儒家傳統思想之一面的。

荀子又曰：

君子曰：學不可以已。青，取之於藍，而青於藍。冰，水爲之，而寒於水。木直中繩，輮以爲輪，其曲中規，雖有槁暴，不復挺者，輮使之然也。故木受繩則直，金就礪則利。君子博學而日參省乎己，則智明而行無過矣。（勸學篇）

此說人之爲學之必要。後人所謂師不必勝於弟子，弟子不必不如師，皆承荀子青出於藍之意而來。

荀子勸學篇又曰：

> 學惡乎始，惡乎終。曰：其數，則始乎誦經，終乎讀禮。其意，則始乎爲士，終乎爲聖人。眞積，力久則入學，至乎沒而後止也。

孟荀教育理想同要達到聖人之境，同樣主張人應終身爲學。但在孔孟思想中，並不特別提高施教者的地位，毋寧說，他們是更看重受教者自身的內心自發自爲，而荀子則似乎是更看重在施教者的地位了。但受教者不合作，施教者的功能終有限。於是在荀子意中，禮必兼有法，師必能爲王者，而教育又必仰仗於政治，這就與孔孟大異其趣了。所以荀子榮辱篇又說：

> 人之生固小人，無師無法，則唯利之見爾。人之生固小人，又以遇亂世得亂俗，是以小重小也，以亂得亂也。君子非得勢以臨之，則無由得開內焉。

君子必待要得勢，卽是主張聖必兼爲王，而教育必仰賴於政治了。故孔子講學，開出了此後之游士自由議政，孟子雖對游士有許多批評，但孟子心中理想之士，是終不爲貴族王者所屈，而自由議政之風因之一昌。荀子門人如李斯、韓非，則不見有自由議政之風，卻都要借重王者來推行他們的理想和主張，教育的功能，在李韓兩人心中，似乎是沒有其地位了。

荀子致仕篇說：

> 師術有四，而博習不與焉。尊嚴而憚，可以爲師。耆艾而信，可以爲師。誦說而不陵不犯，可以爲師。知微而論，可以爲師。故師術有四，而博習不與焉。

孔孟講教育，主要偏重在受教者的德性，因此他們主張爲師施教者，應重在以自己內心的情感來感化受教者，以期受教者之自能修養德性以至聖境。而荀子則看重外在的知識，主施教者必貴有尊嚴可信，而不陵不犯，俾易得受敎者之服從。於是遂使施敎與受敎者地位相懸，而使敎育與政治成爲密切相關了。顏淵之稱孔子，曰：「博我以文，約我以禮。」博文豈不便是博習。子由、子夏居孔門四科中文學之一科，只未能盡孔門之全部敎育，卻不能說博習在孔門敎育之外。荀子之學也長於博文，正應與由、夏同科，惟荀子主性惡，不信任受敎者有選擇之自由，故不主以博習爲師術了。

荀子修身篇又曰：

以善先人者，謂之敎，以善和人者，謂之順。以不善先人者，謂之諂，以不善和人者，謂之諛。是是非非謂之智，非是是非謂之愚。

荀子所講的善也成爲一種外在的知識，而又以「諂」「諛」與「敎」與「順」並說，仍不免夾雜有一種權勢觀，此與孔孟講善注重在人的自然情感不同。因此在敎育思想上，荀子與孔孟雖同主敎人爲善，但基本觀念上有不同，則在敎育的設施與影響上自然也不同。所謂失之毫釐，差之千里。孟荀同宗孔子，而後世的學者終不承襲荀子而專承孟子，這也是有道理的。

荀子在當時思想界上的主要貢獻，則在其對其他各派反儒家思想的，能一一施以有力之抨擊。荀子有非十二子篇，又有正論篇，皆對宏揚儒家有貢獻。但這不在我們敎育史討論範圍之內，在此不多論。

# 第八章　大學中庸與學記

大學與中庸同是兩篇短文，收集在西漢時彙集的小戴禮記中。舊說大學是曾子所作，中庸是子思所作，其實此兩篇同爲戰國末年或秦漢之際無主名的作品。

戰國末期思想已極紛歧駁雜，但當時國家政治已將走上統一局面，界想界亦要求調和融通，滙歸一致，大學與中庸可算是在這一種思想的要求下，所產生出的新作品。直至宋儒起來特加表章。

南宋朱子作大學中庸章句，取與論語孟子集注相配合稱四書。朱子集注章句自元代起，定爲國家科舉取士的標準，明清兩代仍相沿襲。淸儒雖號稱反宋學，然而朱子四書仍是家弦戶誦，因此我們研究中國教育史，也不得不重視這兩篇文章，以期對戰國末期的學術思想有所瞭解。

禮記也是彙集在小戴禮記中之一篇，所述有關古代敎與學之方法，亦爲歷來學者所重視。

玆將大學中庸禮記三篇分別簡敍於后：

## 一、大學

中國思想自始就偏重在人生界，因此對政治與教育問題，普遍非常重視，大學一書可稱爲儒家教育與政治理想的代表。大學一書專論人事，分三綱領八條目。

大學之道，在明明德，在親民，在止於至善。

此是三綱領。

古之欲明明德於天下者，必先治其國，欲治其國者，必先齊其家。欲齊其家者，必先修其身。欲修其身者，必先正其心。欲正其心者，必先誠其意。欲誠其意者，必先致其知。致知在格物。物格而后知至，知至而后意誠，意誠而后心正，心正而后身修，身修而后家齊，家齊而后國治，國治而后天下平。

此處格物、致知、誠意、正心、修身、齊家、治國、平天下，是大學的八條目，八條目中最基本最重要的一條則爲修身。

大學說：

自天子以至於庶人，壹是皆以修身爲本。其本亂而末治者否矣。其所厚者薄，而其所薄者厚，未之有也。此謂知本，此謂知之至也。

大學的八條目，仍必以個人修身爲基礎。在修身之前，可達成明明德，如致知、誠意、正心皆是。在修身之後，可達成親民，如齊家治國平天下皆是。能完成明明德與親民，也就是至善了。故大學中說：「自天子以至於庶人，壹是皆以修身爲本。」

個人在社會上，雖人人地位不同，事業不同，然而每個人當完成其自己個人的修身一事，則是相同的，其期求達到止於至善的地步，也是相同的。大學的貢獻，在把社會複雜的人生界，簡單而系統地聯繫起來了。將人內心的情知，與外表的行爲，德性與事業，內心與外物，人與我，個人與家、國、天下、整個社會都調和融通了。在這一觀念之中，人與人是平等的，每一個人都在此大的羣體中自我成爲一中心，自佔一主要地位，由個人而發揮出去，以至於全人類大羣。

因其以個人的德性爲出發點，所以雖每一個人可各成一中心，但並不相衝突，而最後可滙爲一體，到一極融洽極調和的境界。這是儒家孔孟傳統思想中的最高人生理想，在大學一文中，方將此一理想，用最簡單最明確的系統傳述了出來。

朱子大學章句引子程子曰：

大學，孔氏之遺書，而初學入德之門也。於今可見古人爲學次第者，獨賴此篇之序，而論孟次之。學者必由是而學焉，則庶乎其不差矣。

此雖短短幾句話，實是很有意思的。論語孟子中種種理論，實不出此三綱領八條目之外，而又指出了一番內外先後之序，可以教人由是而學。

朱子大學章句序說：

俗儒記誦詞章之習，其功倍於小學而無用。異端虛無寂滅之敎，其高過於大學而無實。其他權謀術數，一切以就功名之說，與夫百家衆技之流，所以惑世誣民，充塞仁義者，又紛然雜出乎其間。使其君子不幸，而不得聞大道之要。其小人不幸，而不得蒙至治之澤。

此是說失去了大學三綱領八條目之簡要標準，於是使後人認爲只重詞章記誦便夠了。或則轉入了佛道虛無寂滅之敎，而多數人又以權謀術數成就功名，乃及百家衆技之流，都成爲惑世誣民、充塞仁義，而與儒家的大綱領有背。

朱子提出大學一書，乃奉以爲他敎育理想的張本，他說：「大學之書，古之大學所以敎人之法。」朱子在其大學章句序中，對於宋以前學術敎育的一切批評，無疑是他舉出了宋代理學新儒學對敎育的最高目標來加以衡評的。

朱子自說：

我平生精力，盡在此書。先須通此，方可讀他書。

朱子的門人陳淳說：

朱子一生精力在是，至屬纊而後絕筆，爲義極精。

據此可知朱子對大學一書的重視了。

## 二、中　庸

大學一書專論人事，中庸則站在儒家立場而融會了當時的百家，尤其是道家，而將人生界與宇宙界合一，人文與自然合一，也即是後來宋儒所看重的天人合一的觀念。中庸篇首第一句就說：

天命之謂性，率性之謂道，修道之謂教。

這是把自然與人性相通，把宇宙與人文相配合，而成立了一種教。孔子講仁，孟子道性善，雖是偏重在人生界方面立論，但都本於人性中固有的「善」而出發。這一固有的人性之善，究其根源，也就是出於天地之自然，只在孔孟書中對此尚有隱而未發處，而到中庸則特別提出來發揮，使後來將人生與宇宙合一的儒家思想更趨於明顯。

中庸說：

君子之道，造端乎夫婦。及其至也，察乎天地。

人道始於夫婦的結合，夫婦結合，人便有了羣，而不以個人爲單位。這又是出於自然的。儒家思想極重視倫理觀念，論語孟子қ講倫理，似乎更重孝弟，而中庸則以夫婦一倫爲五倫之首。照理言之，由夫婦的結合乃始產生了父子、兄弟兩倫。先有了家庭，然後才能有社會國家，使人類正式成了羣。而於是君臣與朋友兩倫又次之。

中庸始首舉夫婦一倫，顯是把自然占放在人文之上。夫婦之道，固在其好合之一面，而又看重夫婦之有別，別乃生有敬。夫婦好合則生愛，愛屬自然，敬屬人文。只講愛，不講敬，則仍無所謂人文教化。

中庸又說：

至誠無息，不息則久，久則徵，徵則悠遠，遠則博厚，博厚則高明。博厚所以載物也，高明所以覆物也，悠久所以成物也。博厚配地，高明配天，悠久無疆。

博厚高明屬自然，久則屬人文，人文最高理想在於能久長。敬亦是此心所有之一誠，敬本已包含愛，而愛亦必包含有敬，愛敬同出一心，溶成一體，乃爲此心之誠。敬而無愛，則只爲一種畏懼心，愛而無敬，則只爲一種佔有心，皆非儒家所提倡此心愛敬之誠。只有至誠的人性，至誠的情感，兼包於愛與敬之兩方的，才可以不息、可以悠久、可以人文配合自然，而成其博厚與高明。不僅夫婦一倫如此，父子、兄弟、君臣、朋友諸倫也都如此，苟非出於人性的至誠，則都將息滅，也就談不上悠久博厚高明了。

人性要能達成悠久不息，博厚高明，也就自然地能與天地相配合，達到了天人合一之境了。人道天道本沒有一截然的劃分，人生於天地間，究其始，也只能說始於天地自然。宇宙間一切萬物都如此，只是到了人類，更產生出人文教化，有了思想知識。人文教化、思想知識，究其源，也還是源於天地自然。因此，我們實在不能將人生與宇宙對立看，只能說人生被包含在宇宙之內。

中庸又說：

自誠明謂之性，自明誠謂之教。誠則明矣，明則誠矣。惟天下至誠，爲能盡其性。能盡其性，則能盡人之性。能盡人之性，則能盡物之性。能盡物之性，則可以贊天地之化育。可以贊天地之化育，則可以與天地參矣。

至誠雖出於人性，但經過了後天的人文教化，人性發展，可以由一人而及於其他的人，更由人而及於物，由人與物而返歸自然，於是盡己性盡人性盡物性而贊天地之化育，遂成為儒家教育思想一最高之標準，而此一義乃特為後來宋明新儒家所看重。此已由道德藝術人生而包容進宗教科學的人生，可謂已竭盡了理想人生的全部路程。

## 三、學記

學記也是小戴禮記中之一篇，當出於戰國末或秦漢時一不知名人之手。此篇泛論古代教與學的方法，或出於作者的理想，未必都有眞實根據。但此文自來為學者所重視，我們雖不能僅依此篇來證明古代教學情形，但自秦至今已兩千年，我們至少可以憑於此文，瞭解兩千年前，儒家對於教學的看法。並其中有許多意見，正是我們今日提倡改革教學方法，所值得加以重視的。

學記曰：

玉不琢，不成器。人不學，不知道。是故古之王者建國君民，教學為先。

古代政教相關連，政治與教育關係密切，不可分立，此一觀念永遠相傳，成為我國文化傳統中一重要特色。因此凡屬知識份子，莫不有他們進入仕途的一個機會，而他們只要在政治上獲得一出路，也無有不提倡教育的。

「玉不琢，不成器」六字，已成兩千年來人人皆知的傳誦語。而「人不學，不知道」六字，則更說明了中國人的教學理想是以「道」爲重的，知識技能尙在其次，而人生的一切行爲，乃是最先注重的。學記曰：

凡學，官先事，士先志。

陳澔禮記集說云：

竊意官是已仕者，士是未仕者。謂已仕而爲學，則先其職事之所急，未仕而爲學，則未得見諸行事，故先其志之所尙也。子夏曰：「仕而優則學。」是已居官而爲學也。王子墊問：「士何事。」孟子曰：「尙志。」是未仕而學，則先尙志也。然大學之道，明德新民而已。先志者，所以明德，先事者，所以新民。

此意極値得推演，已居官也應學，未居官則應砥勵志向。因學的目標，不以知識技能或個人自謀生活爲主，而以居官從政，或爲師施敎，謀大羣傳統之公衆福利爲先，故必應以先能立志爲要。不論已居官未居官，都應爲學，而所學以道爲重，此是中國傳統文化中一最重要之點。

敎育乃包括了全人生的整個過程。孔子說：「士志於道，而恥惡衣惡食者，未足與議也。」孟子說：「士尙志。」這其中意思，乃言爲學重在德性修養，也卽是大學之道中所謂的「明明德。」倘使我們認爲居官是敎育的最終目的，居了官，則不必再講爲學。換言之，敎育目的只在謀一職業，職業謀得了，目的已達到，不再要講求個人的進德修養，則職業上永遠有不平等，終將給社會帶來不安定。

古代學者因重道而尊師。學記曰：

凡學之道，嚴師爲難。師嚴然後道尊，道尊然後民知敬學。

無論尊師或重道，其目標皆爲公，不爲私。私人的德性修養，乃爲羣衆的福利源泉，果使人人能知敬學，不僅有益於羣衆，更亦有益於學者之自身。因學所以求道，乃所以完成學者之最高人格。所以古代的教育思想雖提倡尊師，但並不是特別提高教者之地位，尊師只在重道。也可以說因重道，故使教者也需不斷地求進步，以便更能使道尊。必期於個人與羣衆合一，道德與事業合一，乃爲尊師重道之眞意。

學記曰：

雖有嘉肴，弗食不知其旨也。雖有至道，弗學不知其善也。是故學然後知不足，教然後知困。知不足，然後能自反也。知困，然後能自強也。故曰：教學相長也。

「教學相長」一觀念，也是中國文化傳統中，在教育上一極重要的觀念。可見「教」與「學」根本是一事，只是人生的道義修養，或說品德修養，此一事教者學者人人平等。卽人人皆需有學有教。惟道則有高下，乃使人永遠向上，而無有止境。

學記中對教者尙有許多很寶貴的意見。有曰：

記問之學，不足以爲人師。

因教育的重要性在「道」，須使教者能以自己的修養來啓發學者的自志，完成自我修養，其意義重在人生之內部。至於記誦之學，只是外在的，將無以開導學者志道之心，自然是不足爲教了。

學記又曰：

君子之教，喻也。道而弗牽，強而弗抑，開而弗達。道而弗牽則和，強而弗抑則易，開而弗達則思。和易以思，可謂善喻矣。

喻是明白義，要使學者能明白得師之所教。其實所學與所教，同在爲人之道上，應該可以相喻。教者只須引導學者上路，但不必牽他走。應加強使學者自己前進，卻不必抑止他。開示學者一方向，讓他自己到達。如此則教者和學者自能以和相處，不使學者認爲教者乃在牽他抑他。則其施教易，而使學者能自用其思想了。

又曰：

君子知至學之難易，而知其美惡，然後能博喩。能博喩，然後能爲師。能爲師，然後能爲長。能爲長，然後能爲君。故師也者，所以學爲君也。是故擇師不可不愼也。

善喩、博喩，都是指敎者的方法言，敎者能善喩、博喩，就是一種啓發敎育。用敎者自己的德性修養來引導學者自己完成其德性修養。孔子曰：「舉一反三。」此雖指在學者方面言，但在敎者如不能善喩博喩，而只注重在記問之學，則學者雖努力爲學，也將只走上記問之路，而無法達到孔子所謂「舉一反三」的境界。所以敎與學，所重要的是在人的活的行爲上，而不在書本上寫下的死的知識上。在使學者能自運思想、自上路、自求道，不要只拘泥於知識之記憶。

敎育的功效本在敎者與學者雙方間之互相配合、互相關切、互相照顧、互相合作。如果敎者只顧自己之爲敎，而學者曾不動心，自向自己方面去求，則雖經過長時期敎育，也將無功效可言。惟本條言「師者所以學爲君」此語需善加體會學記之意，蓋謂敎人之道也卽所以治人之道，故理想的政治必建基於敎育，而理想的君道必兼通於師道，換言之，有了師道才能有君道。所以學記說，故師也者所以學爲君也，倘其人不得爲人師，又焉能得爲人之君。此仍是儒家主張人羣相處敎化重於統治之義，非謂爲師者乃必以獲得政治領袖之權位爲期也。

學記又曰：

學者有四失，敎者必知之。人之學也，或失則多，或失則寡，或失則易，或失則止。此四者心之莫同也，知其心，然後能救其失也。教也者，長善而救其失者也。

學的太多，或學的太少，或學了想轉變，或學了想停止，皆是學者之失，教者應知學者的心理，在學者之長處扶助他，他的失處也自易救止了。

又曰：

大學之法，禁於未發之謂豫，當其可之謂時，不陵節而施之謂孫，相觀而善之謂摩。此四者，教之所由興也。

發然後禁，則扞格而不勝。時過然後學，則勤苦而難成。雜施而不孫，則壞亂而不修。獨學而無友，則孤陋而寡聞。燕朋逆其師，燕辟廢其學。此六者，教之所由廢也。

君子既知教之所由興，又知教之所由廢，然後可以爲人師也。

這都是說明教育的重要在其能關切照顧學者，學者之失，應在其未發時即禁了，便不覺有禁。學者之得，當在恰好時讓他有得，便不覺有困難。學者之得，應有次序，不該雜亂施教。學者之得，應讓他有朋友、有觀摩、有刺激，不讓他獨自困在孤陋之境，教者都該設身處地，爲學者著想。

學記又說：

善學者，師逸而功倍，又從而庸之。不善學，師勤而功半，又從而怨之。

此是說學者亦應自身自知用力，不該把一切只寄望於教者。

又說：

善問者如攻堅木，先其易者，後其節目，及其久也，相說以解。不善問者反此。善待問者，如撞鐘，叩之以小者，則小鳴，叩之以大者，則大鳴，待其從容，然後盡其聲。不善答問者反此。此皆進學之道也。

此從教與學之雙方言。總之，學問有一路程，逐步向前，雙方都當注意。

學記又說：

> 大學之教也，時教必有正業。退息必有居學。
>
> 故君子之於學也，藏焉，息焉，遊焉。夫然，安其學而親其師，樂其友而信其道，是以雖離師輔，而不反也。

陳澔集說曰：

> 四時之教，各有正業，如春秋教以禮樂，冬夏教以詩書，春誦夏弦之類是也。退而燕息，必有燕居之學，如退而省其私，亦足以發是也。故君子之於學也，藏焉修焉之時必有正業，則所習者專而志不分。息焉遊焉之際，必有居學，則所養者純，而藝愈熟，故其學易成也。

這是說學者進學，須是全生命的，應有轉變、有輔助，如天地自然有四時、早晚、陰晴，人的情趣也往往隨此自然的變化而遷移。我們要懂得學習須多方面的，有主有輔，有緊有鬆，如此則能提高學習的興趣，也使教育的功效發揮到更大的功用，並使學者脫離了教者之監督指導而能自己向前。這因教者本一切從學者之自身而爲教，故使學者亦能從其自身而受教而獲益。藏修息遊即是學者之全生命，須隨時隨地無所不用其學始是。

學記中所述有關教育的進程有說：

> 比年入學，中年考校，一年視離經辨志，三年視敬業樂羣，五年視博習親師，七年視論學取友，謂之小成。九年知類通達，強立而不反，謂之大成。

學有階梯，不能躐等，所以分小成大成。學記所言，只是一般學者之進程，所謂小成大成也指一般而言。能分離經句，能自辨志向，此是第一步。能敬其學業，能樂有同學，此是第二步。再進始能博習親師，更進始能論學取友，由此始能逐步達到強立不反之境地，這是一般之大成。至如孔子說：「吾十有五而志於學，三十而立，四十而不惑。」此可謂聖人之小成。「五十知天命，六十耳順，七十而從心所欲不逾距。」則是聖人之大成了。成學卽是成德，小德大德以至小人大人，皆由學之漸進而成而別，這是學記上所提出的教育宗旨與教育理想。

# 參考書目


詩經

墨子

孟子

老子

荀子

戰國策

小戴禮記

韓詩外傳

史記

列女傳　漢劉向著

四書集註　宋朱熹

文獻通考

日知錄　清顧炎武著

五禮通考　清秦蕙田著

先秦諸子繫年　錢穆著

國史大綱　錢穆著

論語新解　錢穆著

中國思想史　錢穆著

四書釋義　錢穆著

孔子傳　錢穆著

墨子　錢穆著

莊老通辨　錢穆著

莊子纂箋　錢穆著

國史新論　錢穆著

中國傳統教育制度與教育思想　政治大學教育研究所講稿　錢穆著

# 第三篇　國家教育時期——秦及兩漢

## 第一章　秦代博士官及焚書坑儒

經過戰國二百多年的鬭爭，到秦始皇二十六年統一天下，中國第一次走上全國大統一的路。然而自秦并天下到二世而亡，先後僅十五年，在這短短十五年中，秦廷對於國內統治曾作多方努力，如廢封建、行郡縣、寢兵息武、建設新首都、巡行郡邑、建築馳道，以及統一文字、整頓社會風俗等。秦人初創中國統一的新局面，其所作各項努力，亦都是當時統一政治的時勢下所需。但秦廷過度役使民力，終於導致覆亡。從歷史演進的大趨勢來看，這也只算是從貴族封建政體轉移到平民統一政體間，必然需要的一過渡時期。

秦廷政治特招後世嚴厲批評者，則爲焚書坑儒兩事。尤其焚書一事，在歷史文化演進上關係甚大。其事之引起，又與秦代博士官制相牽連。換言之，秦代焚書本非僅是一政治措施，在此事之背後實有一學術思想問題，玆試略加討論於后。

### 第一節　秦代博士官制

秦廷焚書，由於博士官之議政。而秦博士官制可從下列數點分別說明之：

## 一、秦代之博士官制源於戰國齊之稷下先生

博士官一名早起於戰國，史記循吏傳，公儀休爲魯博士。漢書賈山傳，賈山祖父祛爲魏博士，說苑尊賢篇淳于髡爲齊博士。漢書百官公卿表云：

　博士，秦官，掌通古今。

此稱掌通古今，卽猶齊制稷下先生之不治而議論。本屬一學術性的官職，不掌實際行政職務，但遇政治上有重大事件，彼輩亦得參加意見。大抵秦代博士官，卽本於齊之稷下先生，故淳于髡以稷下先生亦得稱博士。

　後漢書百官志云：

　博士掌教弟子，國家疑事，掌承問對。

教弟子，亦承稷下先生。如荀卿年十五游學於齊，卽是來爲稷下弟子。承問對者，如史記始皇本紀二十六年，有「秦羣臣上尊號，稱謹與博士議。」又二十八年「始皇渡湘江，逢大風，幾不得渡，問博士湘君何神。」漢書叔孫通傳有「陳勝起，二世召博士諸儒生問」皆是也。

　史記叔孫通傳「漢王拜叔孫通爲博士號稷嗣君。」史記集解引

　徐廣曰：「蓋言其德業足以繼蹤齊稷下之風流也。」

　又鄭玄書贊稱「我先師棘下生子安國。」棘下生卽是稷下先生也。以孔安國爲博士，故稱之爲稷下先生。此都是漢人尚知秦博士官制源於齊稷下先生之制的明證。

二、爲博士者不專限於治六藝（指詩、書、禮、樂、易、春秋六經。）

古代學術的分別，最重要者有王官之學與百家之言。官指公言，家指私言。百官屬於一王，故稱王官。百家言乃指自春秋以下，平民社會間，新興的私人自由講學。其學不受王官統制，各自分異，故稱百家。王官之學掌於各衙門，主要在史官，百家之言則各自名師，稱爲諸子。其後諸子百家氣勢遞興遞盛，足以搖撼上層之政府，乃與王官之學之屬於政府者，同樣受到政府之尊重，亦爲設專職，於是有所謂博士官。故戰國時代之博士官，實是民間百家言上升於官學，而同等受到尊崇後之一職。詩書六藝卽古代經籍，本來都由王官所掌，卽百家學之興起亦本於此。百家中最先是儒墨兩家。儒墨兩家之著書立說最先都本於詩書，詩書本是王官之學流於民間，而漸漸引生出百家言。例如孔子作春秋，卽是一私家著作，與魯國官吏所掌之春秋不同，孔門講詩書，多經孔門一番修訂，亦必與舊王官所掌詩書有不同。又詩書六藝雖爲最先百家言所本，但後起的百家言，亦不完全依據詩書，如道家名家等皆是。所以戰國時之博士官並不專掌六藝。

齊國之稷下先生制，乃是上承魏文侯魯繆公養賢禮士而來，演變到戰國末期，更有四公子養賢，門賓食客益見複雜。總之，自魯魏博士，以及齊稷下先生以來，學術思想益形分散，史籍所載當時之學術界知識分子，則未聞有專掌六藝者。故史稱「秦博士掌通古今。」如果古學中有六藝，今學中則多非六藝，博士官專掌六藝，則成爲通古而不知今矣。史記秦始皇本紀三十六年有：

使博士爲仙眞人詩。

三十七年有：

始皇夢與海神戰，如人狀，問占夢博士。

此等博士乃有占夢與為仙眞人詩的。至漢文帝時，亦尚有諸子博士。趙岐孟子題辭云：

孝文欲廣游學之路，論語、孝經、孟子、爾雅皆置博士。

此等皆屬儒家言，亦不專掌六藝，但並不是說博士皆不掌六藝。在秦博士中亦有掌六藝的，如伏生以治尚書而為博士，是其例。

## 三、博士名額七十人

史記秦始皇本紀三十四年有

始皇置酒咸陽宮，博士七十人前為壽。

劉向說苑至公篇有

始皇召羣臣而議，博士七十人未對。

兩書皆稱博士七十人，其官數亦襲齊稷下先生七十人制。因百家言最早起者是孔子，儒家又於百家中為最盛，故七十之數，卽承孔門七十弟子來也。

## 四、秦代焚書前博士所掌與焚書後決不一致

史記儒林傳有

伏生者，故為秦博士。秦時焚書，伏生壁藏之。其後，兵大起，流亡。漢定，伏生求其書，亡數十篇，獨得二十九篇，卽以敎于齊魯之間。

可知伏生初以治尙書得爲秦博士，此事當在秦始皇三十四年未焚書之前。焚書議起，偶語詩書，罪至棄市，則尙書決不得再立爲博士。否則，伏生以博士掌尙書，亦不必亡去，而壁藏其書。又引起焚書一案的主要人乃博士湻于越，此人似亦以習詩書而得爲博士者。焚書議起，伏生尙亡去則湻于越亦必不得仍爲博士可知。據此知秦代焚書前博士所掌，與焚書後決不相同。

史記秦始皇本紀三十五年有，侯生盧生相與謀曰：

博士雖七十人，特備員弗用。

此可說秦廷焚書令後博士官員數未減，仍爲七十之數，但不能說焚書前後博士所掌亦不變。

## 第二節　焚書與坑儒

秦人僻居西方，就文化言，較東方諸國遠爲落後。秦國之一切政治措施，大都依襲東方，自秦襄公始與東方諸侯通聘享之禮，及秦穆公與晉通婚姻，與東方諸國之交涉益增多，又重用百里傒、蹇叔，稱霸西戎，但爲晉國扼守其東侵之路，所以直到春秋時期之終了，秦之勢力未能伸入東方。直到秦孝公重用客卿商鞅變法，此下張儀、范睢等皆以東方人在秦用事，遂使西方人在政治及文化上亦逐漸趕上東方，最後終於統一天下。然其時之學術思想，則尙屬分散，未獲統一。博士議政，與秦廷意旨大背，終於發生了焚書的不幸事件，此爲中國史上一重大事件，我們應對此事發生的背景，作一深入之探討。

### 一、焚書事件的背景

當時東方學術，大體言之，齊魯已與三晉學風不同，齊魯學者講學多重歷史文化的傳統精神，求爲改造整個社會建理想。三晉學者則多重功利，以現實形勢爲主。秦國所重用的客卿多爲三晉重功利之士。如商鞅是衞人，秦孝公變法全出其主張。爲商鞅作參謀者有尸佼，亦晉人。商鞅之後，秦用張儀、范睢，都是魏人，又有甘茂、公孫衍亦是三晉人。秦廷重用三晉之士，一因地理上接壤相近，二因三晉重現實功利，爲秦國人所易於接受。秦國人自身本無春秋以下東方之文化傳統，當時之文化西漸，秦人一切興革，都由東方文化移殖，而實則是受近東三晉之影響爲大。至於遠東如齊魯諸邦，被認爲是當時中國歷史文化正統的代表者，他們的思想似乎尙未與秦人發生多少關係。

秦昭王時，范睢主政，荀卿由齊到秦國，范睢問荀卿以其到秦國後的觀感，荀卿說：

佚而治，約而詳，不煩而功，治之至也。秦類之矣。然而縣之以王者之功名，則倜倜然其不及遠矣。則其殆無儒耶？（荀子彊國篇）

荀卿趙人，亦屬三晉，但幼年卽游學齊之稷下，通儒術，深明當時東方文化深義，所以他雖然贊許秦國法治之美，而譏秦無儒，無以致王者之功名。此可證秦至昭王時，尙未曾受齊魯東方文化的感染。當列國爭強之際，諸家論學，異說競鳴，初只覺其凌亂駁雜，並不感到相互間有實際之衝突，待到秦人統一天下，各家各派學人集中於當時之中央政府，於是相互間之衝突形勢遂大顯。有稱說上古三代，以鄙薄當時朝廷的政治措施者，這類人大多出於齊魯。

李斯受學於荀子，但乃楚人，於當時東方學統體究不深，仍不免一切看重法制，趨於功利，換言之，只多政治觀點，甚少文化觀點。及其爲秦相，得君行道，卽以其師法後王之見爲主，此正合於秦國向來不重視遠東齊魯諸國偏重歷史文化的傳統遺風，於是終於發生了中國歷史上一重大的焚書案。

## 二、焚書事件起因與經過

焚書之起，在秦始皇三十四年，置酒咸陽宮，博士七十人，前爲壽，僕射周靑臣與博士齊人淳于越，辨封建之得失。淳于越稱說殷周謂：「事不師古而能長者，非所聞也。」始皇下其議，於是引起焚書案的軒然大波，丞相李斯曰：

> 五帝不相復，三代不相襲，各以治。非其相反，時變異也。今陛下創大業，建萬世之功，固非愚儒所知。且越言乃三代之事，何足法也。異時諸侯竝爭，厚招游學。今天下已定，法令出一，百姓當家則力農工，士則學習法令辟禁。今諸生不師今而學古，以非當世，惑亂黔首，丞相臣斯昧死言，古者天下散亂莫之能一，是以諸侯竝作，語皆道古以害今，飾虛言以亂實，人善其所私學，以非上之所建立。今皇帝幷有天下，別黑白而定一尊，私學而相與非法敎，人聞令下，則各以其學議之，入則心非，出則巷議，夸主以爲名，異取以爲高，率羣下以造謗，如此弗禁，則主勢降乎上，黨與成乎下，禁之便。

此是當時李斯建議焚書的理論。

秦人統一天下，時代早已變了，李斯深斥當時愚儒不知時變，不明朝廷政治措施改革的精意，而根據古代來任意批評當代的政治，圖亂人心。所以李斯主張老百姓只該努力農工，知識分子士的一階層，則只當學習法律辟禁，來推行政治之一統，此外更不許根據歷史文化傳統思想來批評當前的政治。以前春秋末到戰國，社會中的知識分子，各求根據歷史文化傳統來批評政治以求改進，現在李斯則主張根據現實政治來統一下層之學術界。秦始皇採其議，獨排衆說，毅然推行其郡縣新制，不再恢復古代之封建。此在政治上，自是有遠見，但李斯與博士淳于越等，思想上的衝突背景，實卽是戰國以來，齊魯學與三晉學的衝突，卽是傳統文化與現實功利的衝突，其中是非得失，在更深更大的問題上李斯似乎根本沒有觸及。

李斯尙擬定焚書辦法兩項曰：臣請

一、史官非秦記，皆燒之。

二、非博士官所職，天下敢有藏詩書百家語者，悉詣守尉雜燒之。

可知當時秦廷焚書實際分了三類：

一、史官書，除秦記外全燒。

二、詩書百家語，非博士官所職全燒。

三、秦史及秦廷博士官書猶存。

除焚書外，同時尙有辦法數項：

一、敢偶語詩書者，棄市。

二、以古非今者族，吏見知不舉者，與同罪。

三、令下三十日不燒，黥爲城旦。

四、所不去者，醫藥卜筮種樹之書。

五、若有欲學法令，以吏爲師。

此是李斯當時所提出的執行辦法，可知焚書尙不是最重要的，所以令下三十日不燒，僅得黥罪。最重要的在「以古非今」，卽根據歷史文化傳統直接批評現實政治者，其罪至於滅族。其次則爲偶語詩書，罪亦棄市，因詩書古經籍，卽爲以古非今者所根據也。是則這次的焚書事件，本由儒生以古非今所引起，偶語詩書，既然情篤古經籍，卽不免有批評現實政治之嫌。至於談論涉及百家言，則並不在禁令之內。因百家言更後起，如道家名家以下，都不以古經籍爲根據也。又秦廷此次焚書最主要的爲六國史記，以及史官所職掌的三代舊史，因爲這些多涉及政治，並對秦國多有譏刺。詩書只是古代官書之流傳民間者，較史籍已爲間接，百家語則更不重要。

根據上面所說，可知秦代焚書事件最重要的，在禁止人們議論政治，其次是禁止研討古代文籍，再次才禁私家藏書。但辦法中只規定私家藏詩書百家語者，自己交到當地地方官燒燬，在法令中，並未提到官府要去私家嚴切搜檢，因此可以推想當時民間私藏書的仍不可免。自秦焚書到陳涉起兵，先後不過五年，如說秦焚書後社會民間書籍卽蕩然無存，此不可能，並自西漢以來，都說秦焚書不及諸子。（王充論衡、趙歧孟子題辭、王肅家語、後漢天文志、劉勰文心雕龍等。）又說秦焚書而詩書古文遂絕（史記、揚雄、王充論衡。）此因詩書古文本來流傳就狹，而秦廷禁令又特別注重。但謂古文遂絕，則是故甚之辭。

## 三、坑　儒

坑儒事起於焚書後一年，爲秦始皇三十五年。有侯、盧兩生爲秦始皇求僊藥，謂始皇貪於權勢，未可爲求，亡去。

史記曰：

始皇大怒曰：吾前收天下書，不中用者盡去之，悉召文學方術士甚衆，欲以興太平。方士欲以練求奇藥。今聞韓衆去不報，徐市等費以巨萬計，終不得藥，徒姦利相告日聞。盧生等吾尊賜之甚厚。今乃誹謗我，以重吾不德也。諸生在咸陽者，吾使人廉問，或爲訞言以亂黔首。於是使御史悉案問諸生。諸生傳相告引乃自除。犯禁者四百六十餘人。皆坑之咸陽，使天下知之以懲後。益發謫徙邊。

根據上引，則知諸生遭坑之罪有兩點：

一、誹謗上。

二、訞言以亂黔首。

所謂自除犯禁者，卽是犯了誹謗上，及訞言亂黔首的禁令。這與上一年引起焚書事的所謂以古非今，及偶語詩書之罪同類，所以說「使天下知之以懲。」史記載：

始皇長子扶蘇諫曰：「諸子皆誦法孔子，今上皆重法繩之，恐天下不安。」

所坑者，旣皆誦法孔子，可證還以偶語詩書，及以古非今兩罪爲多。當時所坑諸生，雖僅咸陽四百六十餘人，但後來發謫徙邊者，應更不知其數。

總之，我們所應注意者，秦廷焚書與坑儒兩件事，都不是單純的政治措施，其背後都同樣有一學術思想的問題。而這一思想衝突的引起，主要則在中國史上時代的大變遷。換言之，由封建宗法，演變到郡縣一統，政權之由分而合，自不免有衝突。

但時代變了，前時代的一切，並非可以全擯棄。如童年變爲中年，其人之生命，則仍一貫相承。荀子主性惡，又主法後王，其思想上多問題，李斯承之，造成此以政治統制學術思想之大變局，而秦廷終亦不久。若只爲封建不可復，亦儘可有其他辦法，不煩如此般的以嚴酷手段來統治思想。嗣後漢武帝表章六經，造改博士官制，則又爲秦廷焚書坑儒後一大變動。

# 第二章　漢初皇子教育

我國在古代宗法封建時期，貴族子弟教育即極爲重視。雖其教育目標，多偏重於政治措施方面，但專重政治，可能就不及牽涉到其他學術思想及文化之全面。惟因古代社會組織簡單，政治合理，則一切均受其利，故不見有複雜之體系。其時任教育者，有太師太傅等官職。

自孔子以後，教育更受重視，並自上面政治階層下降到平民社會，自天子以至於平民都應受教育。此一傳統觀念，兩千數百年來，一直在我國文化傳統中被重視。在秦代以前，各諸侯國君太子從師受學之事，雖無從詳考，但顯然不乏其例。至秦代，太子扶蘇，其師爲何人，亦無可考，但必有師。趙高曾教胡亥獄律法令，則爲史籍所明白記載。至漢代，歷朝太子皇子均皆有師。高祖時拜叔孫通爲博士，號稷嗣君。高祖幷天下，悉去秦儀法，爲簡易，羣臣爭功飲酒，醉呼，或拔劍擊柱，朝廷全無法度。叔孫通徵魯諸生與其弟子，共爲漢起朝儀，采古禮與秦儀雜就之，使羣臣易知能行，成爲漢儀法。高祖以通爲太子太傅，弟子百餘人悉爲郎。觀史籍所載，叔孫通治禮樂，應爲一儒士。

至文帝時，有賈誼，以河南守吳公薦，召以爲博士。賈誼時年二十餘，歲中超遷爲太中大夫。文帝更欲以賈誼任公卿之位，遭諸老臣反對作罷，以誼爲長沙王太傅。數年後，文帝思念賈誼，徵其回朝入見。詳談無所不及。文帝問以鬼神事，語至夜半，文帝數移其坐席前近賈誼，聽其言論不倦。言罷，文帝曰：「吾久不見賈生，自以爲過之，今不及也。」乃拜賈誼爲梁懷王太傅。梁懷王乃文帝愛子，年少而好書，故令賈誼傅之。文帝並曾數問國家政事得失。後梁王墜馬死，賈誼自傷爲傅無狀，常哭泣，後歲餘亦死，死時年三十三歲。

賈誼有陳政事疏，爲漢代開國以來一篇極重要的大議論，雖亦多偏重在政事上，對外如匈奴侵邊，對內如諸侯王僭越等。但在賈誼疏中，乃有自古以來第一個正式提出皇太子應受敎育的理論和主張。只在小戴禮記中，已早提到太子敎育的理論，但小戴禮中，各篇文字年代並不早，或成於戰國末，或成於秦漢時，賈誼疏中議論當卽緊承而起。

賈疏之言曰：

夫三代之所以長久者，以其輔翼太子有此具也，及秦而不然。……使趙高傅胡亥而敎之獄，所習者非斬劓人則夷人之三族也。故胡亥今日卽位，而明日射人，忠諫者謂之誹謗，深計者謂之妖言，其視殺人若艾草菅然。豈惟胡亥之性惡哉，彼其所以道之者非其理故也。……天下之命，縣於太子，太子之善，在於早諭敎與選左右。夫心未濫而先諭敎，則化易成也。開於道術智誼之指，則敎之力也。若其服習積貫，則左右而已。夫胡粵之人，生而同聲，耆欲不異，及其長而成俗，累數譯而不能相通，行有雖死而不相爲者，則敎習然也。臣故曰：「選左右早諭敎最急。」夫敎得，而左右正，則太子正矣。太子正，而天下定矣。

賈誼此番議論，針對漢初政風承秦崇尚法律刑賞的弊病，而欲挽之轉向歷史文化，重視禮樂敎育。在先秦諸子中，重視禮樂敎育者，莫過於儒家。故主張幼小必施敎育，則儒業卽隨之必興。先秦儒士本自友敎貴族子弟起家，至漢文帝用賈誼，先以爲長沙王太傅，又以爲梁懷王太傅，卽亦是以儒爲敎也。及武帝之用董仲舒亦然，命其爲江都相，事易王。則儒業在漢初之起，以友敎皇室青年爲其第一任務。若偏重現實政治，易於接近功利。此在先秦其他各家皆然。惟有偏重青年敎育，乃易走上歷史文化傳統的道路上去。這是秦漢以下一絕大變遷值得我們之注意。此則惟儒家注意及此。只有大家注意到青年教育之重要，則自會注意到儒家。墨家講兼愛，只能對中年以上人說，那能教幼童青年卽事人之父若其父呢？莊子老子道家理論，幼童青年均不相及，其他名家法家更然，皆爲中年以後人說。惟有儒家教孝敎弟，敎忠敎恕，敎敬敎愛，幼童青年，卽宜受敎。古代封建社會，貴族家庭，自有一套敎法。秦漢以下，以平民爲天子，卿相大夫，都非出於貴族，但在幼童青年期卽該有敎，於是儒家遂因此特出，易受時代之看重。

# 第三章　武帝一朝崇尚儒術及士人政府的形成

漢武帝一朝對中國歷史文化傳統上有兩大貢獻，一是表章六經，排斥百家，獨尊儒術。一是正式成立國立太學，使全國優秀青年得受國家大學教育，再憑其學業成績，補郎補吏，加入政府。從此全國社會下層知識分子，能在政治上正式佔一重要地位。此兩事實相關連，尊儒術必看重教育，重教育亦必會走上尊儒之路。我們亦可說，戰國後起百家言，如道、法、名、陰陽、農家等，立論都不免偏向於政治方面去，只有最先起的儒家，卻始終注意在教育上。

近人批評漢武帝表章六經，排斥百家，獨尊儒術，乃為便於帝皇專制。這實是一極欠公平妥切的批評，尤其影響青年，使他們對中國過去歷史文化傳統滋誤解，因此不得不對此有所辨釋。

自孔子提倡儒術以來，下至戰國，諸子百家雜出，直到秦漢天下一統，儒家僅為百家之一，與各家思想並存。但儒家思想，有其獨到處，至少能兼顧政學兩途。孔子勉弟子「為君子儒，勿為小人儒。」君子儒能求學術勿屈於政治之下，小人儒則僅憑學術來躋身政治。孔子又說「君君、臣臣、父父、子子。」此求君臣亦依學術原則來幹政治。孟子提倡仕禮，不主學術界輕於出仕，流為「妾婦之順。」此皆證明儒家思想雖重政治上之有表現，而更重在政治人物的個人道德修養，連皇帝亦在其內，所以儒家重教育更過於政治。故儒家思想實於政治專制有礙。諸子中，最提倡帝王專制者，莫過於法家，秦代政治即沿此一路。漢武帝卻要從申韓刑法轉向尊儒。既尊儒，即不得反對以古非今，即不會一依時王意見。秦代往事，近在眼前，武帝寧有不知。

當漢初，久經戰亂，社會貧困，不得不與民休息，因此崇尚黃老無爲，卻反一切仍襲秦舊。到了文景時代，天下日臻安定，經濟復蘇，社會漸漸欲變動，政事百端待理，黃老淸淨無爲的思想已不適用。政府一切法度紀綱未立，暫時應付則不得不裁之以法，於是由黃老仍走上申、韓、刑、法的路上去。然而漢政府又要革除秦代以吏爲師，以法爲敎的舊弊，則必需另開文敎。這在文帝時，實已有此意思。賈誼陳政事疏，顯已開其先聲。惟文帝以庶子從外入主中央，其政治地位並不穩固，而朝廷中高祖功臣多在，外面又有高祖分封諸王聲勢強大。故文帝雖極欣賞賈誼，終因在朝大臣之反對，而不敢驟然重用。這是漢初復古更化的時機未成熟，但終必走上復古更化之路，則是必然的。

景帝時，外平七國之亂，內則高祖時功臣亦盡。下到武帝時，中央政府威權一統，社會經濟上經漢初六十年來，亦已漸達太平盛世之境況。在此種情形下，政府措施，自不得不由黃老陰柔，以及申、韓、刑、名酷烈之路，而積極轉向儒家禮樂敎化之路上去。史稱文景「務在養民，至於稽古禮文之事，猶多闕焉。」武帝「雄才大略」，亦可謂適逢其會，而創出此兩千數百年來，由儒家思想來建樹國家敎育的一番大業。而且漢武帝未接帝位以前，當其年靑時，也是受儒家敎育的，則其卽位後之表章儒學，自然更是順理成章之事。

自武帝設立五經博士，爲博士立弟子員，成立國立太學後，使一般活潑有爲的靑年知識分子，參加進政府，從此在中國政治組織上，與起了大變化。我們可說漢武以後的政府，爲士人政府。而從此兩千數百年來，中國社會下層知識份子，都能在政治上擔當重任。而且政治重任，也惟有此輩受國家敎育的知識分子來擔任。以前的封建貴族階層則已泯滅，再不復起。這實是武帝一朝的大貢獻。特將武帝朝崇尙儒術，形成士人政府的有關措施，分敍如后。

## 第一節　武帝以前的博士官

漢初學術未盛，其時博士之詳已不可考。漢書叔孫通傳，高祖拜叔孫通爲博士，號稷嗣君，可知博士官在漢初卽有。

孔子世家，孔鮒弟子襄，嘗爲孝惠皇帝博士，遷爲長沙太守，此乃惠帝時博士之僅見者。

孝文帝時博士有

申公——文帝時聞申公爲詩最精，以爲博士。（漢書楚元王傳）

韓嬰——燕人，孝文時爲博士。（儒林傳）

鼂錯——學申、商、刑、名於軹張恢生所，孝文時遷博士。（鼂錯本傳）

公孫臣——魯人，以言五德終始，文帝召拜博士。（史記封禪書）

賈誼——頗通諸家之書，文帝召以爲博士。（賈誼本傳）

孝景時博士有

轅固生——齊人，以治詩，孝景時爲博士。（儒林傳）

胡毋生——齊人，治公羊春秋爲景帝博士。（儒林傳）

董仲舒——廣川人，少治春秋，孝景時爲博士。（董仲舒本傳）

黃生——轅固生與黃生爭論於景帝前。黃生無所考見，疑亦博士。

申公弟子——爲博士十餘人。當在文帝及景帝時。（儒林傳）

張生——儒林傳云：「伏生教濟南張生，張生爲博士。」不知其在文帝或景帝時。

自秦下焚書令，至漢惠帝四年，初除挾書律，前後共二十三年。此二十三年中，初則兵戈擾攘，學士逃亡。自此以後，民間重得流傳書籍的自由，書漸多，學者亦漸出。劉歆移太常博士書有云：

漢興，至漢文皇帝，天下衆書往往頗出，皆諸子傳說，猶廣立學官，爲置博士。

又趙歧孟子題辭云：

孝文欲廣游學之路，論語孝經孟子爾雅皆置博士。

據兩人所言，可證孝文時博士並不限五經。

史記儒林傳云：

孝文帝本好刑、名之言，及至孝景不任儒者，而竇太后又好黃老之術，故諸博士具官待問，未有進者。

此處所指，乃治五經之博士。其實其他博士亦有進者，如孝文帝時張叔以治刑、名得侍太子，晁錯學申、商、刑、名於軹張恢生所，文帝時亦爲博士。晁錯上書言皇太子應深知術數，文帝善之，拜太子家令，術數卽刑、名之學也。此皆武帝前博士不限於儒生之證。

漢官儀載：

文帝時博士七十餘人，朝服玄端章甫冠，爲待詔博士。

可知文帝時，博士員數仍襲秦制，亦爲七十餘人。文景兩朝共四十餘年，先後在朝爲博士者，應過百數，惟史記漢書未能詳舉其姓名。

## 第二節　武帝立太學及五經博士

至漢武帝起，博士始限於儒生經師。首創此意者爲董仲舒。武帝建元元年，董仲舒舉賢良對策中說：

不素養士，而欲求賢，譬猶不琢玉，而求文采也。養士之大者，莫大乎太學。太學者，賢士之所關也，敎化之本原也。今以一郡一國之衆，對亡應書者，是王道往往而絕也。臣願陛下，與太學，置明師，以養天下之士。數考問以盡其材，則英俊宜可得矣。

又說：

臣愚以爲諸不在六藝之科，孔子之術者，皆絕其道，勿使並進。

漢書董仲舒本傳班氏云：

仲舒對冊推明孔氏，抑黜百家，立學校之官，州郡舉茂材孝廉，皆自仲舒發之。

今論西漢一代之政敎規模，實由文帝時賈誼陳政事疏及武帝時董仲舒賢良對策中的議論所奠定。武帝從董仲舒請，創立國立太學，並把博士官淨化了。自秦以來的博士，本不專屬儒家，更不專掌六藝，只對古今諸學有一專長，都可立爲博士。到了武帝，則定制，只有講五經的，可以爲博士。換言之，武帝前的博士，是「掌通古今」，武帝後的博士，則專掌通五經。從此博士制度爲之一變，博士一職，一切方技神怪旁門雜流都排斥了，博士純爲專門研究歷史和政治的儒士。而博士官的職責，同時也有了變化。以前博士官屬於「不治而議論」的清閒官職，雖亦自招學徒，但純屬私人性質的。武帝以後的博士官，則成為國立太學的教授，正式為國家負養賢之責。但遇政府有事，博士官仍備諮詢。

自武帝後，中國才有了正式的國立太學。

考武帝以十七歲即位，其登基第一件大事，即是舉賢良方正直言極諫之士。此項措施，武帝前已有之。但在武帝所下詔册中，已有了推隆儒術，復古更化之意。董仲舒的對策，只是正合了武帝之心，並非武帝完全接受了董仲舒意見。

武帝的詔册有云：

子大夫明先聖之業，習俗化之變，終始之序，講聞高誼之日久矣，其明以諭朕。（漢書董仲舒傳）

亦可謂先聖之業，即指六經言。習俗之變，即指後起百家言。終始之序，則自周公孔子而至秦始皇帝與李斯也。則在武帝心中，豈不先存有推隆儒術復古更化之意乎！

史記儒林傳云：

蘭陵王臧既受詩（申公），以事孝景帝，為太子太傅，免去。今上初即位，臧迺上書宿衛，上累遷，一歲中為郎中令，及代趙綰亦嘗受詩申公，綰為御史大夫。

郎中令是職掌宮殿門戶宿衛的官，最親近皇帝的。王臧曾於武帝為太子時，為其師傅，其所以免去，則以景帝本不好儒術故。但武帝在為太子時，已受其影響，故即位後，親任之。趙綰與臧為同學，趙綰被徵拔，亦應是出於王臧的推薦。

儒林傳又說：

武帝即位，趙綰王臧之屬明儒學，而上亦嚮之，於是招方正賢良文學之士。

可知武帝以十七歲青年，初即皇位，其制詔賢良，已有崇高儒術復古更化之意，實出王、趙二人之影響。其制詔文字，亦可卽出於王、趙之手。

史載王、趙二人議立明堂，並向武帝推薦他們的老師申公。於是武帝派人安車蒲輪迎接申公，想要有一番大作爲。但武帝祖母竇太后好老子言，不喜儒術，趙綰、王臧皆下獄自殺，立明堂事作罷，申公亦因病免歸。武帝重用儒術之意，終於受到一番頓挫。三年後，（建元五年）竇太后尚未死，而武帝立五經博士，推隆儒術，其時武帝只不過一年僅二十的青年。可見武帝當年此一番大變動，主要亦在其幼年所受教育上。從教育理論言，此本一極純潔事，而近人乃輕謂其爲要便利專制，而有此主張，則在青年心理與教育理論上皆有不合。

## 第三節　博士弟子員的新制度

武帝立五經博士後十二年，（元朔五年）又爲博士置弟子員。其議始於公孫弘。公孫弘菑川薛人，少時家貧，牧豕海上，年四十餘乃學春秋雜說。武帝初卽位，招賢良文學士，時弘年六十，以賢良徵爲博士。奉使匈奴還，免歸。元光五年，復徵賢良文學對策，稱旨。公孫弘起自徒步，數年位至宰相封侯。漢制封侯始得拜相，武帝始特封公孫弘爲侯，其後遂成故事。位至丞相則必封侯，其事自公孫弘始。

公孫弘爲丞相，於是議爲博士置弟子員。漢書儒林傳云：

爲博士官置弟子五十人，復其身。太常擇民年十八以上，儀狀端正者，補博士弟子。（此選士）郡國縣官，有好文學，敬長上，肅政教，順鄉里，出入不悖所聞，令相長丞上屬所二千石，二

千石謹察可者，當與計偕詣太常，得受業如弟子。（此選吏）

以上是講選補博士弟子員的方法，分選士與選吏兩途，或從民間選，或從地方政府的吏中選。博士弟子員額最初定爲五十人，被選的可以免去一切役稅，專心從學。

儒林傳又云：

一歲皆輒課，能通一藝以上，補文學掌故缺。其高第，可以爲郎中。

此是講博士弟子的出身。補進國立太學的學生，受了一年教育，卽得考試畢業。考試成績分兩等，在六藝中，能通一藝以上，卽不止一藝，至少須通兩藝三藝或更多。普通的回地方政府補文學掌故缺，高第上選的，可以留皇宮爲郎中。

儒林傳又云：

自此以來，公卿大夫士吏，彬彬多文學之士矣。

可見自有了特定的國家教育，自有了博士弟子員的出身，此下的漢政府，遂成爲一受教育的知識分子的政府。今爲名之曰士人政府，或稱文學政府。這是只在中國有，而爲舉世其他民族歷史上所沒有。今天我們乃援用外國名稱，稱之曰專制政府，又謂漢武帝此項制度乃爲便利專制，這至少是寃枉了古人，寃枉了歷史。

武帝初立博士弟子員只五十人，昭帝時增滿百人，宣帝末增倍之。元帝好儒，設員千人，郡國置五經百石卒史。成帝末，或言孔子布衣養徒三千人，乃增博士弟子員亦爲三千人，歲餘復如故。至東漢晚年，太學生增至三萬人。

博士有弟子，本不始於漢。戰國時，齊稷下先生都養弟子。至叔孫通爲秦博士，亦有弟子。但政府只出資奉養先生，而先生自以其所得來收養弟子。自漢武帝立博士弟子，從此政府由公費來養博士弟子員，有一定的名額，考試畢業後，成績優的，政府保障一定有出身。中國的教育自此一大變，政府正式培養知識分子爲國家所用。

可見中國歷史上之國家教育，遞後遞盛。推溯其歷史淵源，實始於戰國時代之養賢。稷下先生，博士官，都是養賢。漢代只在養賢制度下，又滲進了教育意義。教育必該有一宗旨，建一目標，而在歷史傳統中，遂由儒家當其選。此事不過如此，實不値近代國人之盡情排斥。

## 第四節　郎吏制度的更新

漢代政府自高祖得天下，大封同姓及功臣，並明約非劉姓不得王，非有功不得侯。功大體指軍功言。隨高帝而起，同在軍旅中與高祖共爭天下者，均在政府的最上層。其次的官僚，大半由郎吏出身。

郎官是皇帝近旁的一個侍衞集團，漢書百官公卿表云：

郎掌守門戶，出充車騎，無員，多至千人。

漢書補注云：

凡郎官皆主更直，執戟宿衞諸殿門，出充車騎。惟議郎不在直中。

大體說來，此一制度亦復略近於戰國時代國君乃至於貴族卿相門下的食客與養士。

漢初郎官來歷不出下列數途：

### 一、廕任

文獻通考引漢儀注：

吏二千石以上視事滿三歲，得任同產若子一人爲郎。

如蘇武、韋玄成皆由此出身。

二、貲選

漢制家貲滿五百萬，得爲常侍郎。如張釋之、司馬相如皆以貲爲郎。漢初制度，高貲者得上書自請宿衞，祿不豐而費用大。漢書張釋之傳載釋之爲郎，十年不得調，謂其兄曰：久宦減仲產，欲自請免歸。

三、特殊技能

衞綰以戲車爲郎事文帝，荀彘以御，即能駕車爲侍中。武帝時東方朔上書自稱譽，得爲常侍郎。據漢書東方朔傳，東方朔待遇初與侏儒等，同樣是出於皇帝一時好奇心所愛好。

此外尚有以孝廉爲郎，射策爲郎者，皆後起。

蔭任有如變相的貴族世襲，貲選乃是封建貴族消滅後，工商業新興，富人中的新勢力新貴族，其他則是皇帝的私好。當時郎官集團的性質，不過如此，然而當時政治上的出身，卻正在此。

郎以外有吏，吏是各官署的幫辦人員。漢制吏途約可分爲三項，一是郡縣吏，不限資格，平民自願給役者，皆得爲之。史載韓信以家貧無行，不得推擇爲吏，可證吏亦有貲選。二是中都官掾屬，中央政府自丞相以下，各官府皆可自辟署，或先爲郡吏，或本爲布衣，亦不限資格，其優者得由各官府推薦於朝廷。三是獄吏，是司刑法管牢獄的。吏的來歷，亦無客觀標準，大體仍多爲富人所得。景帝後二年詔，謂今貲算十以上乃得宦，減爲貲算四得宦。董仲舒曾說：

長吏多出於郎中、中郎。吏二千石子弟選郎吏，又以富貲，未必賢。

鹽鐵論除狹篇，也曾針對當時吏道批評說：

富者以財賈官，勇者以死射功。戲車鼎躍，咸出補吏，累功積日，或至卿相。

漢代自文景以下，政治雖漸上軌道，但郡縣長吏大體皆由郎出補，而郎選以朝臣子弟及富貲二者爲主，自難得賢才。尤以入財粟得補郎吏，使郎吏之選太雜，敗壞吏道最甚。武帝時，吏道雜，吏治壞亦應有之事。

儒林傳又曰：

武帝立五經博士，開弟子員，設科射策，勸以官祿，自是而傳業者寖盛。

其時始有國立太學。博士弟子卽太學生，由太常官選士，及地方官選吏充之。一年考試，甲等可得爲郎，乙等回到本鄉地方政府充吏，有成績，仍得按年有被察舉的希望，送到中央再入郎署。政府用人則從郎署選拔，從此郎官來歷中，加進了許多受過正式國家教育的智識分子。政府用人漸有文學入仕一途，代替了以前的任廕與貲選。中國歷史上傳統的士人政府卽由此形成。

漢代的選舉制度，歷史上稱之謂鄉舉里選，約可分三種。

一、賢良方正——不定期選舉

每逢新天子卽位，或遇天災，或逢國家有大慶典，漢廷每下詔舉賢良方正能直言極諫之士。經政府各部內外長官各就所知，不論已仕未仕，列名推薦。就當時政治上大問題發問，向他們請敎，此稱策問。被舉的賢良，各就所問，直抒己見，稱爲對策。政府就其對策，加以甄拔錄用。漢廷頗看重此項選舉，一時號稱得人，如晁錯、董仲舒、嚴助、公孫弘等皆以賢良入仕。

二、特殊人才——特殊選舉

漢詔又有「舉茂材異等可爲將相及使絕域者，明陰陽災異者，勇猛知兵法者或通水利者。」政府下詔徵求，各衙門長官知道有這種人才，可以推舉，自問有此才幹者，亦可自己報選。這一類是朝廷特意延訪的，在漢代舉行次數並不多。

三、孝子廉吏——定期的選舉

孝子廉吏本分兩項，後來合稱爲孝廉，乃由朝廷設意獎進社會風氣，故特此兩項與賢良方正重視才幹者有別。初亦爲不定期選舉。文帝十二年詔曰：

孝悌力田廉吏朕甚嘉此，今萬家之縣，云無應令，豈實人情。

宣帝黃龍元年詔：

舉廉吏，誠欲得其眞，吏六百石，位大夫，毋得舉。

可見朝廷本意原在獎進小吏，故郡縣多不樂舉。

文獻通考馬端臨曰：

漢時郡國薦舉人材，賢良方正舉孝廉二科並行。然賢良一科，文帝與武帝時，每對輒百餘人，又徵詣公車上書，自衒鬻者以千數。而孝廉之選，文帝之詔，以爲萬家之縣，無應令者。武帝之詔，以爲闔郡不薦一人。蓋賢良則稍有文墨材學者，可以充選。而孝廉則非有實行可見者，容謬舉故也。

武帝元光元年，從董仲舒言，令郡國舉孝廉各一人。元朔元年又下詔定二千石不舉孝廉罪法。漢書武帝本紀載：

「朕深詔執事，興廉舉孝，庶幾成風，紹休聖緒。夫十室之邑，必有忠信，三人並行，厥有我師。今或至闔郡而不薦一人，是化不下究，而積行之君子，壅於上聞也。且進賢受上賞，蔽賢蒙顯戮，古之道也。其議二千石不舉者罪。」有司奏：「不舉孝，不奉詔，當以不敬論。不察廉，不勝任也，當免。」奏可。

自此以後，察舉制由最初的不定期制，無形中形成了一種有定期的選舉。到東漢初，茂材孝廉定爲歲舉，漸漸孝廉成爲察舉制中惟一的項目。又由地方分區察舉，演進到按照戶口數比例分配，制爲定額。

和帝時，大郡口五六十萬，舉孝廉二人，小郡口二十萬，並有蠻夷者亦舉二人。帝以爲不均。丁鴻、劉方上言，郡國率二十萬口，歲舉孝廉一人，四十萬二人，上至百二十萬六人，不滿二十萬二歲一人，不滿十萬三歲一人。到了順帝時，尚書左雄上書曰：

「請自今孝廉年不滿四十，不得察舉，皆先詣公府，諸生試家法，文吏課牋奏。」帝從之。

自此孝廉之選又加以限年及考試，這已逐漸近於後世之科舉了。

這一項察舉孝廉制度的演進，一面使布衣下吏都有政治上的出路，可以獎拔人才，鼓舞風氣，一面使全國各郡縣，常得平均參加中央政府，此對我國大一統政府的維繫，尤爲有效。而更重要的，則在朝廷用人，漸漸走上一個客觀標準，較之漢初只重王室宗親及軍功封侯的兩種關係可謂大不同。而此一制度又與博士弟子員制相輔，遂成了中國此下士人政府的局面。

武帝雖提倡儒術，公孫弘以布衣拜相，而武帝一朝繼公孫弘爲相者都非儒生。武帝一面多用文學浮誇之士，一面又用言財利刑法者。儒術之眞見效，則須自昭宣以下，不僅朝廷公卿多爲名儒，卽庶僚下位亦然，而其出身則往往從郎吏開始。其時大臣禮賢之風亦盛，相率延致名流以爲掾屬。於是社會重視敎育之風亦益盛，可見歷史上一切之變，以漸不以驟。一項制度之建立，一項風氣之提倡，往往積年累月，經過長時期後始有成效可見。尤其是敎育事業，更屬如此。所以中國古人說百年樹人，這眞不錯。培植人才，是非經百年不爲功的。

# 第四章　郡國學及民間學的情況

西漢自武帝明令立太學，爲我國正式有國立大學之始，此有史文明載。至於當時大學以前的一段教育，則無從詳考，今僅就史料中零星材料來推想國立大學以外的郡國地方學以及農村民間自學的一般情況，簡單分述之。

## 第一節　郡國學

漢代郡國地方提倡教化最早者，爲蜀郡文翁。柳詒徵中國文化史論兩漢學術曾云：

武帝以前，郡國未有學校，而閭里自有書師。（見漢書藝文志）自文翁在蜀立學堂，武帝乃令天下郡國皆立學校官。王莽柄國，特尚學術，郡國鄉聚，皆有學校。

漢書藝文志云：

昔仲尼沒，而微言絕，七十子喪，而大義乖。戰國從衡，眞僞分爭，諸子之言，紛然殽亂。至秦患之，乃燔滅文章，以愚黔首。漢興，改秦之敗，大收篇籍，廣開獻書之路。迄孝武世，書缺簡脫，禮壞樂崩，聖上喟然而稱曰：朕閔焉。於是建藏書之策，置寫書之官，下及諸子傳說，皆充秘室。

據此知武帝前，郡國地方尚未有學校。然自春秋末孔子以後，私家教育傳受不絕。西漢初，如伏生、如申公，乃大儒之僅存者，而書籍亦殘闕，惟閭里間有書師，則文字僅存而已。

漢書循吏傳文翁本傳載：

文翁，廬江舒人也。通春秋，以郡縣吏察舉，景帝末爲蜀郡守，仁愛好教化。見蜀地僻陋，有蠻夷風，文翁欲誘進之。乃選郡縣小吏，開敏有材者，張叔等十餘人，親自飭厲，遣詣京師，受業博士或學律令。數歲，蜀生皆成就還歸，文翁以爲右職，用次察舉，官有至郡守刺史者。

所謂右職乃是高等職位。先由小吏送進中央國立太學受教育，後遷任，又與國家察舉制度配合，再順序察舉到中央，而可官至郡守刺史。

本傳又云：

又修起學官於成都市中，招下縣子弟以爲學官弟子，爲除更繇。高者以補郡縣吏，次爲孝弟力田，常選學官僮子使在便坐受事。每出行縣，益從學官諸生明經飭行者與俱。使傳教令，出入閨閤。縣邑吏民見而榮之。數年，爭欲爲學官弟子，富人至出錢以求之。繇是大化。蜀地學於京師者，比齊魯焉。……至武帝時，乃令天下郡國皆立學校官，自文翁爲之始云。

然當時雖有地方教育，亦常因人而異。所謂「人存政舉」，非朝廷一紙明令，即可全國推行有效。

漢書儒林傳：

元帝時，郡國置五經百石卒史。

平帝本紀：

元始三年立學官，郡國曰學，縣道邑侯國曰校。校學置經師一人。鄉曰庠，聚曰序，庠序置孝經師一人。

呂思勉秦漢史論秦漢學術有云：

古代學校，本講教化，非重學業，漢人猶有此見解。故武帝興學之詔，以崇鄉里之化爲言。而公孫弘等之議，亦云建首善自京師始也。夫旣講教化，自宜普及全國。

要之漢代郡國地方教育亦漸後漸盛，至東漢之世，更爲普遍。

後漢書寇恂傳：

建武三年爲汝南太守。修鄉校，教生徒，聘能爲左氏春秋者，親受學焉。

循吏傳：

衞颯爲桂陽太守。下車修庠序之教。

任延爲武威太守。造立校官，自掾吏子孫皆令詣學受業，復其繇役。章句旣通，悉顯拔榮進之。郡遂有儒雅之士。

李忠傳：

建武六年遷丹陽太守。忠以丹陽越俗不好學，乃爲起學校，習禮容。春秋鄉飲，選用明經。郡中向慕之。

鮑永傳：

鮑德爲南陽太守時，郡學久廢，德乃修起黌舍，備俎豆黻冕，行禮奏樂。又尊饗國老，宴會諸儒。百姓觀者，莫不勸服。

呂思勉秦漢史有言：

漢世良吏多能興學於僻陋之地，如文翁李忠即是。欒巴守桂陽，宋均長辰陽，應奉守武陵，衞颯守桂陽（見後漢書循吏傳），錫光守交阯，任延守九眞，王追守益州（見南蠻西南夷傳），徐邈刺涼州，亦咸有興學之效。牽招守雁門，簡選有才識者，詣大學受業，還相敎授。數年中，庠序大興，則所就彌廣矣。

又云：

是時郡縣長官，於吏民之好學者，多能加以資助。

此可證東漢郡國地方興學之廣，僻壤蠻荒都事興學，以倡導地方之敎化。良吏蔚起，已成一時之風氣。

班固東都賦曰：

四海之內，學校如林，庠序盈門，獻酬交錯，俎豆莘莘，下舞上歌，蹈德詠仁。

此可見東漢時代之敎育風氣，實已遠超於先漢。

## 第二節　農村民間學

武帝初卽位，徵天下方正賢良文學材力之士。東方朔上書言：

年十三學書，三冬，文史足用。（漢書東方朔本傳）

漢書補注云：

文者，各書之體。史者，史籀所作世之通俗文字，諷誦在口者也。足用者，言足用以應試。藝文志太史試學童，能諷書九千字以上，乃得爲史，又以六體試之。說文序諷書作諷籀書。據此則各體之文與所諷之史並試，皆學童習以待用者也。

漢書藝文志云：

古者八歲入小學，故周官保氏掌養國子，教之六書，謂象形、象事、象意、象聲、轉注、假借，造字之本也。漢興，蕭何草律，亦著其法。曰太史試學童，能諷書九千字以上，乃得爲史，又以六體試之。課最者，以爲尙書、御史、史書、令史。吏民上書，字或不正，輒舉劾。六體者，古文、奇字、篆書、隸書、繆篆、蟲書，皆所以通古今文字，摹印章書幡信也。

漢書補注曰：說文敍云，學僮十七以上，始試諷籀書九千字乃得爲吏，又以八體試之。此可稱爲漢初最先之政府考試，亦爲最初之農村民間學。

藝文志又云：

古之學者耕且養，三年而通一藝，存其大體，玩經文而已。是故用日少而蓄德多，三十而五經立也。

據上引可知，漢代學童自十二三歲開始識字，三冬足用，乃小說識字階段。至年十五以後，三年通一經，年三十，而五經畢，此爲成學階段。因當時學者需自耕自養，平日無暇，故只能利用冬日農休用功。至在識字與通經之間，尙有孝經與論語爲必讀書。

今舉三人爲例以明當時民間求學之情況。

朱買臣（漢書本傳）：

家貧好讀書，不治產業，常艾薪，樵賣以給食。擔束薪，行且誦書。其妻亦負戴相隨，數止買臣毋歌嘔道中，買臣愈益疾歌，妻羞之求去。買臣笑曰：「我年五十當富貴，今已四十餘矣。女苦日久，待我富貴報女功。」妻恚怒曰：「如公等，終餓死溝中耳，何能富貴。」買臣不能留，即聽去。其後買臣獨行歌道中，負薪墓間。故妻與夫家俱上冢，見買臣饑寒呼飯，飯之。後數歲，買臣隨上計吏爲卒，將重車至長安，詣闕上書。會邑之嚴助貴幸，薦買臣。召見，說春秋言楚詞，帝甚說之。拜買臣爲中大夫，與嚴助俱侍中。

公孫宏（漢書本傳）

少時爲獄吏，有罪免。家貧牧豕海上，年四十餘，乃學春秋雜說。武帝初卽位，招賢良文學士，是時弘年六十，以賢良徵爲博士。使匈奴，還報不合意，上怒，以爲不能，弘乃移病免歸。元光五年，復徵賢良文學，菑川國復推上弘。弘謝曰：「前已嘗西，用不能罷，願更選。」國人固推弘，弘至太常對策，對者百餘人，天子擢弘對爲第一。

匡衡（漢書本傳）

父世農夫，至衡好學，家貧庸作，以供資用。

漢書補注引錢大昭西京雜記，匡衡勤學而無燭，鄰舍有燭而不逮，衡乃穿壁引其光，以書映光而讀之。邑人大姓文不識，家富多書，衡乃與其傭作而不求償。主人怪問衡，衡曰：「願得主人書遍讀之。」主人感嘆資給以書，遂成大學。

舉此三例，可見在西漢時，農村民間學尙多極辛苦，非尋常所能想像者。若非經中央政府及地方良吏之多方提倡，學風蔚起，事實非易。

# 第五章　東漢初年之宮廷教育

中國歷史上政治的演進，先由古代封建貴族的政治中，醞釀出平民社會的游士階層。秦始皇雖仍由貴族階層來統一全國，但他靠游士階層的力量實甚大。漢高祖開始以平民集團得天下，此是中國政治歷史上一大演變。西漢末，漢光武以書生集團得到最後勝利，此又是中國政治歷史上一大演變。從古代的封建貴族，到社會平民，再到士人集團，可謂是平民中產生的新力量。亦可說是歷史演變一大進步。自漢以後，歷代朝廷轉變都由社會中的知識階層佔重要的地位，明太祖也以平民起而爲天子，但明太祖也有一士人集團作扶助，這可說都是教育在中國歷史上所表顯的力量。

茲將東漢初，歷代帝王對學術的重視分述如后。

## 光武帝

後漢書本紀云：

王莽天鳳中，之長安受尙書，略通大義。

東觀記曰：

受尙書於中大夫廬江許子威。資用乏，與同舍生韓子合錢買驢，令從者僦以給公費。

據此知光武雖非太學生，但曾至長安受學。史載光武以二十八歲起兵，猶常於戰事倥偬中論學。

後漢書儒林傳曰：

昔王莽更始之際，天下散亂，禮樂分崩，典文殘落。及光武中興，愛好經術，未及下車，而先訪儒雅，採求闕文，補綴漏逸。

儒林傳又論曰：

自光武中年以後，干戈稍戢，專事經學，自是其風世篤焉。其服儒衣，稱先王，遊庠序，聚橫塾者，蓋布之於邦域矣。

可證政事本後漢不如前漢，而學風則後漢尤盛，蓋與開國天子之重學術有甚深之關係。

後漢書本紀云：

帝在兵間久，厭武事，且知天下疲耗，思樂息肩，自隴蜀平後，非儆急，未嘗復言軍旅。每旦視朝，日側迺罷，數引公卿郎將講論經理，夜分迺寐。

東觀記云：

上常自細書，一札十行，報郡縣。且聽朝至日晏，夜講經聽誦。坐則功臣特進在側，論時政畢，道古今事。次說在家所識鄉里能吏，次第比類。又道忠臣孝子義夫節士，坐者莫不激揚悽愴，欣然和悅。

是光武以一開國天子，而勤劬一如書生之素，實爲此下歷代所未有。漢高祖以一泗水亭長起兵，他對儒術並不重視，見人冠儒冠則取而溺之，但他垂得天下時，過魯即親祭孔子廟。惠帝爲太子時，即師事叔孫通受業。此後西漢歷代太子皆有特設的教育，而東漢宮廷的太子教育則尤爲後世所豔稱。

明帝

後漢書本紀云：

十歲能通春秋。師事博士桓榮，學通尙書。

後漢書桓榮本傳云：

少學長安，習歐陽尙書，事博士九江朱普。貧窶無資，常客傭以自給，精力不倦，十五年不窺家園。朱普卒，榮奔喪九江，負土成墳。因留敎授，徒衆數百人。

又

明帝始立爲皇太子，光武拜桓榮爲議郞，入使授太子，常令止宿太子宮。積五年，榮薦門下生九江胡憲侍講，迺聽得出。

是光武以書生家庭爲太子延師設敎。明帝爲太子時，亦一如書生家庭之子弟從師受敎。其師桓榮，乃至留宿太子宮五年不得出，其嚴如此。

榮傳又曰：

拜榮爲太常。明帝卽位，尊以師禮，甚見親重。帝幸太常府，令榮坐東南，設几杖，會百官，驃騎將軍東平王蒼以下，及榮門生數百人，天子親自執業，每言輒曰「太師在是。」

又

永平二年，三雍（三雍宮謂明堂靈臺辟雍）初成，拜榮爲五更，每大射養老禮畢，帝輒引榮及弟子升堂執經，自爲下說。

又

榮每疾病，帝輒遣使者存問，太官太醫相望於道。及篤，帝幸其家問起居，入街下車，擁經而前。（集解引沈欽韓曰：宋書禮志國子太學生執一卷以代手版，蓋明帝以弟子自處。）撫榮垂涕，良久迺去。自是諸侯將軍大夫問疾者，不敢復乘車到門，皆拜牀下。榮卒，帝親自變服，臨喪送葬。

儒林傳包咸傳曰：

每進見錫以几杖，入屏不趨，贊事不名。經傳有疑，輒遣小黃門就舍即問。顯宗以咸有師傅恩，而素清苦，常特賞賜珍玩束帛，奉祿增於諸卿。病篤，帝親輦駕臨視。

是明帝之爲一天子，亦一守書生本色，不忘故常。此固幼年所受教育之功，而東漢王室之門第書香，遂亦爲歷代之特色。

## 章帝

後漢書桓郁傳云：

桓郁敦厚篤學，傳父業，以尙書教授門徒。明帝以郁先師子，有禮讓，甚見親厚。常居中論經書，問以政事。帝自制五家要說章句，令郁校定於宣明殿。永平十五年，入授皇太子（章帝爲太子時）經。

後漢書張酺傳：

酺少從祖父充受尙書，能傳其業，又事太常桓榮，勤力不怠。永平九年，明帝令入授皇太子。（章帝爲太子）酺爲人質直，守經義。每侍講閒隙，數有匡正之辭，以嚴見憚。章帝卽位後，張酺出爲東郡太守。自酺出後，帝每見諸王師傅，嘗言張酺前入侍講，屢有諫正，誾誾惻惻出於誠心，可謂有史魚之風矣。

又

永和二年，章帝東巡守。幸東郡，引酺及門生並郡縣掾史，並會庭中，帝先備弟子之儀，使酺講尙書一篇，然後修君臣之禮。

光武明章祖孫三代，儒素家風，迄未有變。雖以帝皇之尊，而敬師崇學，雖平民家庭亦未有過之。此下如三國時代曹操父子，如南朝梁代蕭衍父子，雖亦以一國政治領袖寄情學問，然得國皆不如東漢之光明磊落。政治風範已遜，而尊師之風，則更不聞有所傳述。以皇室而論，其家庭教育之歷世不衰，師道尊嚴之遠駕於政府權威之上，則惟東漢，可謂於中國歷史文化傳統中爲無可媲美矣。後世率譽東漢風俗之美，則王室提倡之功，要爲不可忽視。

**和帝**

後漢書桓郁傳云：

和帝卽位，富於春秋。侍中竇憲，以外戚之重，欲令少主頗涉經學，上疏皇太后。由是郁復入侍講。郁教授二帝，恩寵甚篤。

是東漢王室尊師崇學之家風，至和帝時尙未全消。

**安帝**

後漢書桓焉傳：

桓郁中子焉，能世傳其家學，明經篤行，有名稱。永初元年，入授安帝。

是東漢王室之宮庭教育，至是猶延續。其時政治已漸敗壞，然亦有其他種種因緣，固不得抹殺其此一傳統之可資爲美談也。

## 順帝

後漢書桓焉傳：

永寧中，順帝立爲皇太子，以焉爲太子少傅，月餘遷太傅。

順帝卽位，焉復入授經禁中，因譏見建言，宜引三公尚書入省事。

據上所引，東漢皇室世傳書香，不啻是一書生家庭，直至順帝時尚餘風未泯。皇室如此，則政府與社會其他家庭自可知。東漢風俗之美，此特其一例。所以政治雖壞，而此後門第崛起，政府崩潰於上，而門第蔚興於下，中國傳統文化猶能在亂世延其一脈，歷數百年而不衰，以待隋唐之復盛，光武重視家庭教育，要爲有功。論史者固不當專據其他錯誤，而並其可稱述者，亦不加重視。則世運既衰，復何有復興之望乎？

# 第六章　兩漢時之私家教育

私家教育自古已有。孔子弟子七十人。墨子弟子服役者百八十人，皆可使赴火蹈刃死不旋踵。孟子後車數十乘，從者數百人。齊之稷下先生七十餘人，皆各養弟子。下至秦漢，私家教育未曾中斷，秦漢之際如伏生、如申公、如叔孫通，莫不以私家教授生徒。至漢武帝成立國立太學，設弟子員，以利祿爲獎勸學子，自此社會私家讀書求仕進者日衆。

初，博士弟子員五十人，昭帝增爲百人，宣帝末增至兩百人，元帝設員千人，成帝末年增爲三千人，歲餘仍爲千人。平帝時王莽秉政，增元士之子，得受業如弟子，勿以爲員。在政府規定常員之外，更開此路。下至東漢，太學生人數更增，至質帝時，已至三萬餘人。太學如此，私家教育之愈後愈盛也可推想得知。

兩漢私家教育，其事始盛於西漢之末，至東漢大盛，玆略舉數人爲例：

張玄　建武初，舉明經，補弘農文學，遷陳倉縣丞。清淨無欲，專心經書，諸儒皆伏其多通，著錄千餘人。（後漢書儒林傳）

丁恭　學義精明，敎授常數百人。建武初，爲諫議大夫博士，封關內侯。十一年遷少府，諸生自遠方至者，著錄數千人，當世稱大儒。（後漢書儒林傳）

牟長　習歐陽尚書，不仕王莽。建武二年，大司空弘特辟，拜博士，稍遷河南太守。自爲博士及在河南，諸生講學者常有千餘人。著錄前後萬人。（後漢書儒林傳）

歐陽歙　世傳尚書，八世博士，以罪下獄，諸生守闕，爲歙求哀者千餘人。（後漢書儒林傳）

魏應　建武初，詣博士受業習魯詩。後舉明經，除濟陰王文學，以疾免官，教授山澤中。徒衆常數百人，弟子自遠方至，著錄數千人。（後漢書儒林傳）

杜撫　歸鄉里教授，沈靜樂道，舉動必以禮，弟子千餘人。（後漢書儒林傳）

弁紆　弁長子，隱居教授，門生千人。肅宗聞而徵之，欲以爲博士，道物故。（後漢書儒林弁長傳）

曹曾　從歐陽歙受尚書，門徒三千人，位至諫議大夫。（後漢書儒林歐陽歙傳）

張興　永平十年，拜太子少傅，顯宗數訪問經術。既而聲稱著聞，弟子自遠方至者，著錄且萬人。（後漢書儒林傳）

樓望　世稱儒宗，諸生著錄九千餘人。年八十，永元十三年卒於官，門生會葬者數千人。儒家以爲榮。（後漢書儒林傳）

蔡玄　學通五經，門徒常千人，其著錄者萬六千人。（後漢書儒林傳）

楊倫　講授於大澤中，弟子至千餘人。（後漢書儒林傳）

張楷　字公超，張霸子，家貧常乘驢車至縣賣藥。司隸舉茂才，除長陵令，不至官，隱居弘農山中，學者隨之，所居成市。後華陰山南遂有公超市。（後漢書張霸傳）

李膺　以公事免官，還居綸氏，教授常千人。（後漢書李膺傳）

馬融　才高博洽，爲世通儒，施養諸生，常有千數。涿郡盧植，北海鄭玄，皆其徒也。（後漢書馬融傳）

鄭玄　曾造太學受業，遊學十餘年，乃歸鄉里。家貧，客耕東萊，學徒相隨已數百人。靈帝末，黨禁解，大將軍何進辟之。既至，一宿逃去，時年六十。弟子河內趙商等，自遠至者數千。（後漢書鄭玄傳）

孫期　少爲諸生，習京氏易、古文尚書。家貧，事母至孝，牧豕於大澤中，以奉養焉。遠人從其學者，皆執經壟畔以追之。里落化其仁讓。黃巾賊起，過期里陌，相約不犯孫先生舍。（後漢書儒林傳）

後漢書儒林傳論曰：

若乃經生所處，不遠萬里之路，精廬暫建，贏糧動有千百。

柳詒徵中國文化史論兩漢學術有言：

私家傳授之盛，古所未有。漢人講學，必從師者，以家無書籍，傳寫不易，非師授以章句，無由得而成學也。以此之故，從師受業者，往往不遠千里，或傭作執苦，以助讀書之資。

梁書儒林傳序言：

漢時，學於山澤者，至或就爲列肆。（南史儒林傳序同）

上引張楷傳可爲證，疑尚不止此。漢代私家教授多有一面爲官，一面授徒，如張玄、丁恭、弁長、歐陽歙、魏應、張興、樓望、李膺皆是。亦多隱居教學，或居偏遠，或小縣，學徒來從，自帶糧食，自建草房，則漸成列肆也。

後漢書儒林傳論又言：

其耆名高義，開門受徒者，編牒不下萬人。

所謂編牒猶如今日學校學生之註册登記，不下萬人乃指統計其前後編牒之總數言。後漢書李膺傳云：

膺詣詔獄考死，妻子徙邊，門生故吏及其父兄，並被禁錮。時侍御史蜀郡景毅子顧爲膺門徒，而未有錄牒，故不及於譴。毅乃慨然曰：「本謂膺賢，遣子師之，豈可以漏奪名籍苟安而已。」遂自表免歸，時人義之。

漢代諸儒授徒，徒多者，不能徧教，乃使高業弟子以次相傳。玆舉數條如次：

董仲舒下帷講誦，弟子傳以久次相受業，或莫見其面蓋三年。（史記董仲舒傳）

孔光居公輔位，前後十七年，自爲尙書，止不教授。後爲卿時，會門下大生，講問疑難，舉大義。（漢書孔光傳）

此謂大生，卽指門人中高第子弟。是門徒遞相傳受，自西漢時已然。

馬融才高博洽，爲世通儒。教養諸生，常有千數，弟子以次相傳，鮮有入其室者。（後漢書馬融傳）

融門徒四百餘人，升堂進者五十餘生。融素驕貴，玄在門下，三年不得見，乃使高業弟子傳受於玄，間或大會諸生，不過講正大義。（後漢書鄭玄傳）

是大會僅講大義，弟子相授乃及細節也。

# 第七章　博士制度的演變

秦始皇統一中國，古代封建貴族政治之體制已破壞無餘。但秦僅二十餘年而亡，一切新制度未遑建立。漢因秦舊，一切新的統一郡縣政治，須待漢武帝後始逐步創建。武帝立五經博士，其目的本在由學術領導政治即所謂「通經致用」，故其時學者治經也偏重「微言大意」。故曰孔子爲漢制法，以後西漢一代新制度都由博士官諸儒生憑經術本孔子意而興建。故當時博士官不僅在文字上求專通一經而止，其意乃欲博通羣經，求得古代在政治上的大理論，以供世用爲其大目的。此事細讀西漢書自見。然博士官的教育制度，則不免逐漸起了變化。至宣帝時，博士講經愈趨於詳密，於是經學漸流於章句。所謂章句，乃逐章逐句講解，務使一字不遺。於是微言大義通經致用之初意漸失，而經學轉成爲字面學問，由此產生出種種流弊。下到東漢安帝時，儒風寖衰，博士倚席不講，太學生相視怠玩，競在現政上發淸議，終於引起了東漢黨錮之禍，而東漢也因此而亡。

茲將兩漢博士制度的演變分敍如后。

## 一、家法興起

初秦代立博士官，掌通古今，博士人數多至七十人，經學古籍諸子百家詩藝雜伎皆可立博士，博士並不以專經爲業。漢初一切因襲秦舊，博士官亦未以專經稱。下至武帝罷黜百家傳記，立五經博士，自此博士之選，始專以通五經爲限。

然武帝時，博士雖以經稱，但並非一經只限於一博士。史記儒林傳申公弟子爲博士十餘人，申公以治詩稱，則知一經同時必不止一博士。又如宣帝時，石渠閣議奏，據儒林傳載，參加會議之博士有歐陽地餘、林尊、張山拊皆治尚書，則以尚書爲博士者，同時卽有三人。又如張長安、薛廣德皆治魯詩，則以魯詩爲博士者，同時卽有二人。

而同時每一博士亦不限於專治一經。如董仲舒以治春秋，孝景時爲博士，然仲舒以通五經見稱（漢書仲舒本傳）。又梁相褚大通五經，爲博士時，兒寬爲弟子（兒寬本傳）。如韋賢並通禮尙書，以詩教授，徵爲博士（漢書韋賢本傳）。瑕丘江公受穀梁春秋及詩於魯申公（漢書儒林傳）。韓嬰爲博士，傳詩，然亦以易授人（儒林傳）。后蒼事夏侯始昌，始昌通五經，蒼亦通詩禮，爲博士（儒林傳）。此皆足證爲博士者所治不限於一經，可知以專經稱博士是以後事。

又在后蒼以前，治禮者僅有大夫，無博士。后蒼爲博士，已在宣帝時。漢書儒林傳詳載后蒼事於齊詩項內，此明言后蒼雖通禮，而以齊詩爲博士，知在后蒼以前，無以禮經爲博士者。則知武帝時雖稱立五經博士，其實無禮經博士。則武帝時之所謂五經博士，乃一總名稱，以別於武帝以前秦代相傳的舊博士官制。根據以上所引，可知武帝時雖云立五經博士，其實博士官人數不限於五人，有一經數博士者，有一博士而兼通數經者，有雖列五經而並無博士者。

武帝時之博士弟子，亦不限一人只通一經。武帝元朔五年，公孫弘請爲博士官置弟子五十人，謂：

一歲皆輒課，能通一藝以上，補文學掌故。

卽可證博士弟子初亦不限於通一經。故知漢初五經博士及博士弟子，都不限於專經。然自武帝後，說經成爲利祿之途，於是說經者日衆，而經說亦益詳密，復有異說，亦益分歧，於是博士教授乃亦漸趨於分經分家之途。政府規定太學生滿一年後之畢業考試，亦必依照其所聽受之先生的講法回答，如此乃有所謂家法，或稱師傳。此事實在昭宣以後。劉歆答太平博士書有云：

> 至孝武皇帝，然後鄒魯梁趙頗有詩禮春秋先師，皆起於建元之間。當此之時，一人不能獨盡其經，或爲雅，或爲頌，相合而成。泰誓後得，博士集而讀之。

由此言之，最先時，一人亦尚不能專通一經，更何論分派分家。故知講經有家法，實爲後起之事。

## 二、石渠閣議奏

漢書儒林傳贊云：

> 自武帝立五經博士……初書惟有歐陽、禮后、易楊（楊或爲田之訛），春秋公羊而已。至孝宣世，復立大小夏侯尚書、大小戴禮、施孟梁丘易、穀梁春秋。至元帝世，復立京氏易。平帝時，又立左氏春秋、毛詩、逸禮、古文尚書，所以網羅遺佚，兼而存之，是在其中矣。

此說孝宣帝時增立博士，其事在甘露三年。宣紀甘露三年有云：

> 詔諸儒講五經同異，太子太傅蕭望之等平奏其議，上親稱制臨決焉。乃立梁邱易、大小夏侯尚書、穀梁春秋博士。

此爲石渠閣會議。因諸儒講五經有同異，使大臣平奏，漢宣帝稱制臨決。其意乃在求經說之整齊歸一，其有不能歸一者，乃於一經下分數家，各立博士，欲依此爲定制，使此後說經者永不再有異說。初武帝時，尚書只有歐陽一家，只需稱尚書已明，無須別稱歐陽尚書。易只有田何一家，不必別稱田易。春秋只有公羊，故只需稱春秋，無須別稱公羊春秋。自宣帝時，石渠閣議奏後，歐陽尚書外，另立大小夏侯尙書。公羊春秋外，另立穀梁春秋。田易外，又另立施孟梁邱易。於是各經均需別稱，此見漢博士說經分家，實起於石渠閣議奏之後。

漢書儒林傳載，石渠閣議奏事原委甚詳。宣帝雖詔諸儒講五經異同，其實主要爲春秋公羊、穀梁兩說爭異同。在武帝時，有瑕丘江公講穀梁春秋，其人訥於口。董仲舒通五經，能持論，善屬文，講公羊春秋。武帝命兩人議論，江公議不如仲舒，是時丞相公孫弘亦講公羊學，於是武帝立公羊春秋，詔太子（衞太子）受之，由是公羊春秋大興。太子旣通公羊，又私下問穀梁，心喜之。其後太子因罪被殺。宣帝（衞太子之子）登基，心知父喜穀梁，爲此召開大會討論，於是遂加添立了穀梁博士。

故自石渠閣議奏後，五經博士始正式分家法，此是一大事。

## 三、今古文之別

漢代經學又有所謂今古文之別，此說法實更起於後世。

東漢初年已有今學古學之分辨，又有所謂古文之稱，然不言有今文，玆分別簡述其意義於后。

東漢經學有今學古學之分，此乃東漢經學界一大分野。後漢書儒林孔僖傳曰：

孔僖魯國人。自安國以下世傳古文尙書、毛詩。二子，長彥、季彥。長彥好章句，季彥守其家業。

連叢子曰：

長彥頗隨時爲今學，季彥壹其家業。孔大夫昱謂季彥曰：「今朝廷以下，四海之內，皆爲章句內學，而君獨治古義。治古義則不能不非章句，非章句內學則危身之道也。」

據此言之，治章句者爲今學，不治章句則爲古義，卽古學也。東漢初，光武好圖讖之學，故太學博士於不得不講圖讖，圖讖之學亦稱內學，與章句同爲當時利祿所需，故章句內學合稱。非章句內學則危身也。

今學特徵，在其有章句。有章句卽有師法。凡當時所謂遵師法者，其實卽是守某家章句。而章句之煩，則自西漢末王莽時已然，下至東漢，頹波不能止。因有章句家法，爲師者易教，爲弟子者亦易學，又便於取利祿，故雖爲通儒所鄙，而其趨向不能易。

其不樂守章句師法者，當時稱之曰古學。古學必尙兼通。後漢書桓譚傳稱譚曰：

> 博學多通，徧習多經，皆詁訓大義，不爲章句，能文章，尤好古學。喜非毀俗儒。

好古學，卽兼通羣經，治訓詁大義，而不爲章句也。治經只通大義，遇難講字加以解釋，此爲訓詁。逐章逐句逐字解之，則爲章句。章句費時力，則不易兼通矣。其實東漢時所謂古學，卽是守西漢初期經師的遺風，其時兼通羣經，只講微言大義，宣帝後乃漸有所謂今學古學之分，亦僅在於治經之爲章句與訓詁大義之分而已。兼通諸經，不專守一家師法章句者爲古學，專守一家師法章句者則爲今學。

東漢今學古學之分，已如上述。今再述當時所謂之古文。史記司馬遷言古文，指詩書六藝言。

段玉裁曰：

> 古者五經皆謂之古文，漢謂尙書爲古文。太史公十歲則誦古文，亦謂尙書也。非必孔壁出者乃爲古文。

此說古文在漢初時，乃五經之通稱，凡云古文，猶言古書，以示別於後起之諸子百家。以後惟尙書一經獨得有古文之稱。因在博士官所掌尙書外，又續得逸書十餘篇，漢儒鄭重標異，稱之曰古文尙書。而其他諸經則都不特以古文稱。

故凡司馬遷所言之古文，乃統指詩書六藝言，此乃古代王官之學，以別於戰國晚起新興之百家言者。惟若依段玉裁說，司馬遷十歲誦古文乃專指尙書言則非。

後世誤解強說漢代有今文經學與古文經學之分。以宣帝石渠閣議奏以後所立諸博士爲今文經學，乃孔子所傳，哀帝元年劉歆請增立左氏春秋、毛詩、逸禮、古文尙書四博士，則爲古文經學，乃劉歆所僞造。王莽爲大司馬大將軍時，也贊同劉歆之意添立此四經爲博士，至東漢光武帝時又廢。於是石渠閣議奏以下至東漢，只立十四博士。其實劉歆奏請設立博士官的諸經亦皆古文，可見劉歆意中並未以博士官所立爲今文，他所請立的諸經爲古文。凡屬經書皆爲古文，與司馬遷所說之古文並無不同。

易經——四家（施讎、孟喜、梁邱賀、京房。）

書經——三家（歐陽高、大夏侯勝、小夏侯建。）

詩經——三家（齊「轅固生」、魯「申公」、韓「韓嬰」。）

禮記——兩家（大戴德、小戴勝。）

春秋——兩家（公羊分兩家嚴彭祖、顏安樂。穀梁廢。）

於是才把立博士與不立博士之爭分成爲今學古學。而其間爭論最盛者，則爲春秋之公羊與左氏兩家。此猶如西漢宣帝時公羊穀梁春秋之爭，後代所謂經學上之今古之爭，亦以公羊與左氏爲主。此屬中國經學史上爭辯一大問題，在此不詳論。若專就教育意義言，則漢武帝初立五經博士時，諸儒乃求旁通諸經之微言大意以求致用，此實合於儒家傳統之教育大義的。至於此後之務爲各經作章句立家法嚴師傳，則僅成爲書本文字學以謀利祿之途，實無當於教育的大義了。

## 四、章句

漢儒傳經有章句，有師法。

和帝永元十四年徐防上疏曰：

伏見太學試博士弟子，皆以意說，不修家法，私相容隱，開生姦路。不依章句，妄生穿鑿，以遵師爲非義，意說爲得理。臣以博士及甲乙策試，宜從其家章句，開五十難以試之，解釋多者爲上第，引文明者爲高說。各不依先師，義有相伐，皆正以爲非。

可見重章句師法，主要是爲考試。遵師法，卽是守某家的章句。其所答容易定考試上的高下，如是而已。然而章句之繁，遂有出乎意外者。桓譚新論云：

秦延君（王莽時博士）說「曰若稽古」至二萬字。

文心雕龍云：

秦延君注堯典十萬字。

王充論衡効力篇云：

王莽之時，省五經章句，皆爲二十萬。博士弟子郭路，夜定舊說，死於燭下。

班氏感慨論之曰：

古之學者耕且養，三年而通一藝，存其大體，玩經文而已。是故用日少，而蓄德多，三十而五經立也。後世經傳既已乖離，博學者又不思多聞闕疑之義，而務碎義逃難，便辭巧說，破壞形體。說五字之文至於二三萬言，後進彌以馳逐。故幼童而守一藝，白首而後能言。安其所習，

毁所不見，終以自蔽。此學者之大患也。（藝文志）

家法章句只在經文的繁說飾辭上用心，而忽略了經籍本體，不僅經義不明，也影響了教育精神，無以開發學者之神智，而僅成爲入仕之途徑。

班氏又言曰：

自武帝立五經博士，開弟子員設科射策，勸以官祿，訖於元始（平帝），百有餘年。傳業者寖盛，支葉蕃滋，一經說至百餘萬言，大師衆至千餘人，蓋祿利之路然也。（儒林傳）

武帝立太學，本求儒生通經致用，以推動政治改良社會。不意太學教育專注在書本字面上，太學生入太學受教也僅求一己之入仕，國家社會全不在學者心懷中，學風大變。至於東漢，此風並不能稍止。恒榮師朱普，尙書章句四十萬字，恒榮刪減爲二十三萬字，桓榮子桓郁又刪減爲十二萬字。博士定爲十四家，而太學生人數則至桓帝時增至三萬人。太學講義只是繁碎過甚的章句，只可憑以出仕，但不足以饜一輩賢俊之士之望。於是民間私家自由講學不必守家法章句，而可會通羣經，自作比較研究。所以東漢私家教育特盛，而未立博士官之古文經亦流傳不絕。亦因此終導致了東漢太學生的議政。

# 第八章　東漢太學生議政之風

東漢自明帝宏獎儒教，至安帝而儒風寖衰。後漢書儒林傳有言：

安帝覽政，薄於藝文。博士倚席不講，朋友相視怠散，學舍頹敝，鞠爲園蔬，牧兒蕘豎，至於薪刈其下。順帝感翟酺之言，迺更修黌宇，凡所造構二百四十房千八百五十室……自是遊學增盛至三萬餘生，然章句漸疏，而多以浮華相尙，儒者之風蓋衰矣。

博士旣倚席不講，多數太學生聚居京師，目擊世事之黑暗汚濁，遂玆放言高論，成爲當時的清議。

後漢書黨錮列傳曾言：

太學諸生三萬餘人，郭林宗、賈偉節爲其冠，並與李膺、陳蕃、王暢更相褒重。學中語曰：「天下模楷李元禮（膺），不畏強禦陳仲舉（蕃），天下後秀王叔茂（暢）。」

史稱李膺夙性簡亢，無所交接，唯以同郡荀淑、陳寔爲師友。士有被其容接者，名爲「登龍門。」荀爽嘗就謁膺，因爲其御，旣還喜曰：「今日乃得御李君矣。」其見慕如此。其後李膺遭黨錮獄考死，妻子徙邊，門生故吏及其父兄並被禁錮。時侍御史蜀郡景毅子顧，爲李膺門徒，而未有錄牒，故不及於譴。毅乃慨然曰：「本謂膺賢，遣子師之，豈可以漏奪名籍，苟安而已。」遂自表免歸，時人義之。此見當時風氣，一面是政治汚濁，另一面是人物清高。而羣情所向，則只在人物上，不在政事上。此種風氣與心情，尤其在太學生集團中表出。

符融傳云：

符融遊太學，師事少府李膺。膺夙性高簡，每見融，輒絕它賓客，聽其言論。融幅巾奮褎，談辭如雲，膺每捧手歎息。郭林宗始入京師時，人莫識，融一見嗟服，因以介於李膺，由是知名。時漢中晉文經、梁國王子艾並恃其才智炫曜，上京臥託養疾，無所通接。洛中士大夫好事者，承其聲名，坐門問疾，猶不得見。三公所辟召者，輒以詢訪之，隨所臧否，以爲與奪。融察其非眞，乃到太學並見李膺曰：「二子行業無聞，以豪傑自置，遂使公卿問疾，王臣坐門。融恐其小道破義，空譽違實，特宜察焉。」膺然之。二人自是名論漸衰，賓徒稍省，旬日之間，慙歎逃去。後果爲輕薄子，並以罪廢棄。

以符融、郭泰、晉文經、王子艾而言，雖智愚賢不肖有別，但同樣以名士傾動天下。只以一太學生而上足以與朝廷之祿位抗衡。

郭林宗傳云：

林宗游於洛陽，始見河南尹李膺，膺大奇之，遂相友善，於是名震京師。後歸鄉里，衣冠諸儒送至河上，車數千兩，林宗唯與李膺同舟而濟，衆賓望之，以爲神仙焉。

郭林宗亦以一太學生身份，而如此傾動京師，朝廷祿位已遠不如。桓帝時有上書言宜改鑄大錢者，事下四府羣僚，及太學能言之士，桓帝卒以太學生劉陶之議，竟不鑄錢。是其時太學生並得正式參議朝政，與西漢博士官獲有同等位置了。此可見東漢末期太學生聲勢之囂張。

後漢書黨錮傳云：

太學諸生三萬餘人，更相褒重，危言深論，不隱豪強。自公卿以下，莫不畏其貶議，屣履到門。

可見東漢太學生議政，在當時政治上有其不可忽視的勢力，而恰逢東漢外戚宦官更相握政，政治黑暗腐敗達於極端，終於促成了黨錮之獄，依附於王室的外戚與宦官雖同歸於盡，而漢王室亦終於傾覆。

漢武帝設國立太學，本期以敎育來領導政治，而政治終躋於光明，但最後不免以政治來摧殘敎育，而政治亦同歸覆滅。其中轉變實甚複雜，今試再申而論之。東漢太學生與戰國游士有不同，戰國是百家爭鳴，在思想上各有貢獻，而其力量則成分散。東漢太學生則聚集京師至有三萬人之多，容易形成一種風氣，而實則並無其內在的實力，易於有憾動而並不能有所建立，一虛一實，其形勢大不同。又武帝立五經博士，通經致用，本意重在政治。故五經中有孔子春秋，而論語則爲小學書。孟子在文帝時曾立博士，但立五經博士時，孟子以諸子見廢，可見西漢儒生與儒家傳統中個人心性道德修養，實未能兼顧深究。後來獎廉獎孝，漸成爲一種名敎，故東漢社會風氣雖稱醇美，但重名不重德，已多流弊。太學博士依席不講已失敎育意義，而太學生羣居聚處，僅成一集團，對政治人物有褒貶，未對心性道德皆修養，此種風氣絕難對政治有良好影響。卽如李膺，豈不負一時重望，但也未能對政治有實際之斡旋。此後黨錮成禍，風氣轉變，遂轉入老莊的路上去。晚清道咸同光，自龔自珍以至康有爲號稱今文學者，也僅言春秋變法，不重學者之道德修養，其禍延及民初，直至於今。此正因敎育的大方針失其重點之故，是誠不可不細爲剖辨也。

# 第九章　東漢兩大教育家

中國文化傳統看重人物，我們要講中國教育史亦應特別看重在每一時代的特出人物。人能宏道，無人物則亦無道可言，更無以傳繼文化於不墜。今特舉東漢末兩位教育人物，一位可稱爲人師的代表——郭林宗先生。一位可稱爲經師的代表——鄭康成先生。

## 一、郭　泰

郭泰字林宗，太原界休人，家世貧賤，早孤。年二十，欲遊學。無資，就姊夫貸五千錢。乃遠至成皋，就屈伯彥學。三年業畢，博通經籍。併日而食，衣不蔽形，常以葢幅自障出入，入則蔽前，出則掩後。後遊於洛陽，太學生三萬餘人，林宗與賈偉節爲之冠。見河南尹李膺，膺大奇之，遂相友善，於是名震京師。後歸鄉里，衣冠諸儒送至河上，車數千輛，林宗唯與李膺同舟共濟，衆賓望之，以爲神仙。司徒黃瓊辟太常，趙典舉有道，或勸林宗仕進者，對曰：「吾夜觀乾象，晝察人事，天之所廢，不可支也。」遂並不應。史稱「林宗性明知人，好獎訓士，雖善人倫而不爲危言覈論。」故黨錮獄起，林宗得免於難，閉門教授，弟子以千數。

史又稱林宗「獎拔士人皆如所鑒。」謝承書曰：

泰之所名，人品乃定。先言後驗，衆皆服之。

後之好事者，爲林宗別傳，多附益增張，故多華辭不經，有類卜相書。今特舉林宗賞識人才故事數則，以明林宗之知人。

1.林宗至陳國，時魏昭德公爲童子，謂林宗曰：「經師易遇，人師難遭，願在左右，供給灑掃。」林宗許之。林宗令夜中作粥，德公爲進焉。林宗一啜，怒而呵之，曰：「高明爲長者，作粥不可食。」以杯擲地。德公更爲粥。三進三呵，德公姿無變容，顏色殊悅。林宗曰：「始見子之面，今乃知卿心。」遂友善之，卒爲妙士。

2.林宗至南州過袁奉高，不宿而去。從黃叔度，累日不去。或以問林宗，林宗曰：「奉高之器，譬之泛濫，雖淸而易挹。叔度之器，汪汪若千頃之波，澄之不淸，擾之不濁，不可量也。」已而果然。林宗以是名聞天下。

3.茅容字季偉，陳留人，年四十餘，耕於野。時與等輩避雨樹下，衆皆夷踞相對，容獨危坐愈恭。林宗行見之，而奇其異，遂與共言。因請寓宿。且日，容殺雞爲饌，林宗謂爲已設，旣而以供其母，自以草蔬與客同飯。林宗起拜之曰：「卿賢乎哉。」因勸令學，卒以成德。

4.孟敏字叔達，鉅鹿楊氏人，客居太原。荷甑墮地，不顧而去。林宗見而問其意，對曰：「甑已破矣，視之何益。」林宗以此異之，因勸令遊學。十年知名，三公俱辟不就。

5.黃允字子艾，濟陰人，以雋才知名。林宗見而謂曰：「卿有絕人之才，足成偉器，然恐守道不篤，將失之矣」。後司徒袁隗欲爲從女求姻，見允而歎曰：「得壻如是足矣。」允聞而黜遣其妻夏侯氏，婦謂姑曰：「今當見棄，方與黃氏長辭，乞一會親屬以展離決之情。」於是大集賓客三百餘人，婦中坐，攘袂數允隱匿穢惡十五事。言畢，登車而去，允以此廢於時。

6.謝甄字子微，汝南召陵人，與陳留邊讓並善談論，俱有盛名。每共候林宗，未嘗不連日達夜。林宗謂門人曰：二子英才有餘，而並不入道，惜乎。甄後不拘細行，爲時所毀，讓以輕侮，曹操殺之。

7.王柔字叔優，弟澤字季道，林宗同郡晉陽縣人。兄弟總角共候林宗，以訪才行所宜。林宗曰：「叔優當以仕進顯，季道當以經術通，然違方改務亦不能至。」後果如所言。柔爲護匈奴中郎將，澤爲代郡太守。

8.又識張孝仲芻牧之中，知范特祖郵置之役，召公子許偉康並出屠沽，司馬子威拔自卒伍，及同郡郭長信、王長文、韓文布、李子政、曹子元、定襄周康子、西河王季然、雲中丘季智、郝禮眞等六十人並以成名。

史載林宗身長八尺，容貌魁偉，褒衣博帶，周遊郡國。嘗於陳、梁間行，遇雨，巾一角墊，時人乃故折巾一角，以爲林宗巾。又郭泰別傳載，泰名顯，士爭歸之，載刺常盈車。林宗當時受人見慕如此。

有人問汝南范滂曰郭林宗何如人，滂曰：

隱不違親，（介之推類）貞不絕俗，（柳下惠類）天子不得臣，諸侯不得友，吾不知其他。

林宗後遭母憂有至孝稱。年四十二卒于家，四方之士千餘人，皆來會葬。後漢書注引謝承書曰：

自弘農函谷關以西，河內湯陰以北，二千里負笈荷擔彌路柴車葦裝塞塗，葢有萬數來赴。

惠棟集解引水經注云：

陳留蔡伯喈、范陽盧子幹、扶風馬日磾等遠來奔喪。朋友服心喪期年者，如韓子助、宋子浚等二十四人。其餘門人著錫衰者千數。

同志者乃共刻石立碑。蔡邕爲文，既而謂涿郡盧植曰：「吾爲碑銘多矣，皆有慙德，唯郭有道無愧色耳。」

後漢書范蔚宗論曰：

莊周有言：人情險於山川，以其動靜可識，而沈阻難徵，故深厚之性，詭於情貌。則哲之鑒，惟帝所難。而林宗雅俗無所失，將其名姓特有主乎？然而遜言危行，終亨時晦，恂恂善導，使士慕成名，雖墨孟之徒不能絕也。

綜上所述林宗也當時一名士，其經術成就何時不可知，但其一本德性，誘掖人才，此乃教育最所當重，林宗於此，誠不媿人師之選了。

## 二、鄭 玄

鄭玄字康成，北海高密人，與郭林宗同時。玄少爲鄉嗇夫（漢書曰鄉有嗇夫掌聽訟收賦稅），得休歸，常詣學官，不樂爲吏，父數怒之，不能禁，遂造太學受業。師事京兆第五元，又從東郡張恭祖受業。以山東無足問者，乃西入關，因涿郡盧植事扶風馬融。融門徒四百餘人，升堂進者五十餘生。融素驕貴，玄在門下三年不得見，乃使高業弟子傳受於玄，時盧植爲門人冠首。

鄭玄日夜尋誦，未嘗怠倦，會融集諸生算渾天未合，聞玄善算，乃召見於樓上，一算便決，衆咸駭伏。玄因從質諸疑義，問畢辭歸。融喟然謂門人曰：鄭生今去，吾道東矣。

玄自遊學十餘年，乃歸鄉里。家貧，客耕東萊，學徒相隨已數百千人。黨錮事起，被禁錮，遂隱修經業，杜門不出。

黃巾寇青部，乃避地徐州。後自徐州歸，道遇黃巾賊數萬人，見玄皆拜，相約不敢入縣境。

大將軍袁紹總兵冀州，遣使要玄，大會賓客。玄最後至，乃延升上坐，身長八尺，飲酒一斛，秀眉明日，容儀溫偉。紹客多豪俊，竝有才說，見玄儒者，未以通人許之，競設異端，百家互起，玄依方辯對，咸出問表，皆得所未聞，莫不嗟服。時汝南應劭，亦歸於紹，因自贊曰：「故太山太守應中遠，北面稱弟子何如。」玄笑曰：「仲尼之門考以四科，（四科謂德行、言語、政事、文學。見論語。）回賜之徒不稱官閥。」劭有慙色。

紹擧玄茂才，表爲左中郎將，皆不就。公車徵爲大司農，給安車一乘，所過長吏送迎，玄乃以病自乞還家。

年七十四卒。自郡守以下，嘗受業者縗絰赴會千餘人。門生相與撰玄答諸弟子問五經，依論語作鄭志八篇。

鄭玄曾註周易、尙書、毛詩、儀禮、禮記、論語、孝經、尙書大傳、中候、乾象厤，又著天文七政論、魯禮、禘祫義、六藝論、毛詩譜，駁許愼五經異議，答臨孝存周禮難，凡百餘萬言。此後，兩漢十四博士章句皆不傳，而只傳鄭康成一家之注。鄭玄注書之傳至今日者，尙有毛詩、禮記、儀禮三部。五經正義或十三經注疏中以此三部爲最好。范蔚宗後漢書論曰：

> 自秦焚六經，聖文埃滅。漢興，諸儒頗修藝文。及東京學者，亦各名家，而守文之徒，滯固所禀，異端紛紜，互相詭激，遂令經有數家，家有數說，章句多者，或乃百餘萬言。學徒勞而少功，後生疑而莫正。鄭玄括囊大典，網羅衆家，刪裁繁誣，刊改漏失，自是學者略知所歸。

鄭玄先爲太學生治今學，後改從古學，綜合當時今古之學，滙合各家，刪繁補失，集兩漢經學之大成，而其德性修養也卓然可師，故兩漢以後稱經師者，莫不推之。王肅繼起，依阿權勢，僅求以經義樹異，論其人品，斯遠不相侔矣。教育雖重在培植青年，其實更重要的在培植師資。漢武帝提倡儒家教育，下逮東漢之末，能同時有此林宗、康成兩人，蔚然成一代宗師，這也算是莫大成績了。

# 參考書目

史記
漢書
後漢書
文獻通考
五禮通考　清秦蕙田著
中國文化史　柳貽徵著
秦漢史　呂思勉著
國史大綱　錢穆著
先秦諸子繫年　錢穆著
秦漢史　錢穆著
兩漢經學今古文評議　錢穆著
中國歷代政治得失　錢穆著
國史新論　錢穆著
中國傳統教育制度與教育思想　政治大學教育研究所講稿　錢穆著

# 第四篇 門第與寺院教育上期——魏晉南北朝

## 第一章 概論

繼秦漢一統的是魏晉南北朝時期。東漢末，統一政府解體，從此中國走上分崩離析的衰運。此一時期可稱為門第社會的時代。

西漢時代之士人政府，演變而形成了士族大家庭，由士族大家庭又演變而形成了門第。可見門第起源與儒家傳統有深密不可分之關係。如果儒家精神一旦消失，則門第亦將不復存在。

東漢中央政府失掉威信，而終於垮臺，三國魏晉局勢混亂，曹氏司馬氏篡亂相乘，人們從心底深處看不起他們，政府王室的尊嚴，反較同時代幾個士族大家庭有遜色。那些門第中人，都是讀書受過高等教育，又有家門中禮教相傳，在黑暗動盪的時代中，門第成為人人所想望而推尊。

東漢末季雖已早有門第，但要等到魏晉南北朝時代，由於上層政治的不穩定，士族門第遂成為一新的特殊階級，而大門第的地位才得以確立。他們掌握了朝廷政權，上層王室雖不斷更迭，但士族門第反因此更形穩固。南北朝分裂，但南方北方的士族門第卻同樣能傳襲不斷，政局雖動亂，門第卻安定無恙。此一時期可說國政亂於上，家教治於下。

就教育情況來說，魏晉南北朝的教育主要是門第教育，其主要的場所在家庭，而不在國家的學校。除了門第家庭外，尚有佛教寺院，亦成為教育的場所。政府分崩離析，而中國歷史文化傳統中之某幾部份，則有賴此門第得以維持不墮。

此一時代的學術思想，旣尙黃老，又崇信釋氏，但另一方面，則重儒家禮法。我們可以說這是儒釋道三家思想鼎立的時期，忽視了任何一角，都難以瞭解此一時代的眞精神。

魏晉南北朝共三百六十九年，在此長時期內，只有西晉武帝平吳後的三十餘年是統一的，其餘三百三十年都在分裂中渡過，直到隋文帝滅陳，中國始再統一。但西晉政府統一僅歷十一年，晉室卽亂，前後達十六年之久，晉代元氣大喪，北方胡人紛紛乘機崛起，由此中國北方長期陷在異族統治之下。而正統的東晉，南遷偏安江右，只求苟安，並無振奮圖強之志。下至南朝、宋、齊、梁、陳相繼篡弒，王室旣乏禮教薰習，又不務實際政事，在此不斷的政局變動中，使我們易於明瞭，此一時期的教育重心，爲何由國立學校轉入了家庭與寺院。國家推行教育，必在政治穩定的大前提下，才能談到。政治衰亂，國家教育自無法進行。

下面將簡單分敍魏晉南北朝時期門第的影響，及學校教育頹廢的情形。

## 第一節　門第勢力的影響

魏晉南北朝門第之盛，無論南方北方，在社會經濟政治各方面，都有其莫大的影響。此亦可說是當時歷史的特性。禍亂迭起，朝代屢易，而門第則遞嬗相承，不受波動。中國文化命脈之延續不斷，而下開隋唐之盛運者，實有賴於當時之門第。

西晉立國本靠門閥勢力，司馬氏亦可算是故家士族。及其東遷追隨政府南渡者，都是當時之勝流名族，在政治上早有較高的地位，而門望較次者，則留滯北方不能南遷。東晉南渡後，最依仗的一部分是三國時吳國的舊家，而更重要的則是隨晉室南來的北方舊家，尤要如王敦、王導兄弟，所以當時人說：「王與馬共天下。」北方大族一批批的南渡，憑藉他們在政治上的地位，各自占田，封山錮澤，據有廣大的莊園，並蓄養了大量的私屬部曲為其武裝的保護。

當時門第地位既高，門第中子弟得所憑藉，不需建樹功業。自可獲取政治地位。又當時有九品中正制，為之作護符，他們可以毫無建樹，而若干年後，位至公卿。梁書王筠傳謂：「王氏過江以來，未有居郎署者。」蓋因尚書郎職任繁劇，為王、謝子弟所不屑為。

當時門第為要保守他們的特殊地位，最重要的是婚姻制度。齊代王源嫁女富陽滿氏，沈約至特上彈章曰：「王、滿聯婚，實駭物聽。」梁武帝時，侯景初降，武帝極為籠絡，所求皆應，惟侯景請娶於王、謝，武帝曰：「王、謝門高非偶，可於朱、張以下訪之。」

當時門第除謹嚴婚姻外，即日常生活私人交接，亦有一種不可踰越的界線。宋路太后姪路瓊之詣王僧達，僧達不以禮見。征西將軍荆州刺史蔡興宗都督八州，被徵還都，往見王道隆，攝履到前，不敢就席。王宏為宋文帝所愛遇，求為士人，文帝曰：「卿欲作士人，得就王球坐。若往詣球，可稱旨就席。」及至，球舉扇曰：「若不得爾。」宏還啓聞，帝曰：「我便無如此何。」又紀僧眞幸於宋孝武帝曰：「臣小人，出身本州武吏，願就陛下乞作士大夫。」帝曰：「此事由江斅、謝瀹，我不得措意。」承旨詣斅，登榻坐定，斅命左右移吾牀讓客，紀喪氣而還。帝曰：「士大夫固非天子所命。」此均可見門第在當時政治上之勢力。

北方在異族統治下，門第士族不得不隱忍與諸胡合作。五胡居中國內地由來已久，已受相當漢化。

至魏孝文帝，因忻慕漢化，更重視漢士族之門第，下詔以門第選舉。門第在政治上的地位亦自然穩固。趙翼陔餘叢談考云：

當時風尙，右豪宗而賤寒畯，南北皆然，牢不可破。高允請各郡立學，取郡中淸望，人行修謹者爲學生，先儘高門，次及中等。魏孝文帝以貢舉猥濫，乃詔州郡愼所舉，亦曰門盡州郡之高，才極鄉閭之選。

可見北方在當時，亦同樣是一門第社會。所不同者，南方政治爲漢統，北方政治乃胡統。而就社會論，則同由中國文化所演成之大門第作主宰，則無不同也。

## 第二節　學校教育的頹廢

兩漢時期，政府用人有察舉制，學校與考試與察舉制相輔並行。至東漢，累世經學爲逐漸形成門閥一主要原因。但到門閥勢力一旦形成，政府取士用人之權便被門閥勢力取而代之，學校與考試制度皆不見重要而難於存在。

「久經喪亂，天下分崩，學校與察舉皆難存立。太學雖有博士，而無所教授，兵戎未戢，人並在公，而學者少。」（魏侍中鮑衡奏）可見當時官學已名存實亡。魏黃初（文帝）、太和青龍（明帝）中，政府屢次想振興學校，但並無成效。史載：

自初平之元至建安之末，天下分崩，人懷苟且，紀綱既衰，儒道尤甚。至黃初元年之後，新主乃復始掃除太學之灰炭，補舊石碑之缺壞，備博士之員錄，依漢甲乙以考課。申告州郡，有欲學者，皆遣詣太學。太學始開，有弟子數百人。至太和青龍中，中外多事，人懷避就，雖性非解學，多求詣太學。太學諸生有千數，而諸博士率皆麤疎，無以教弟子，弟子本亦避役，竟無能習學，多來春去，歲歲如是。(魚豢魏略)

又

黃初以來，崇立太學二十餘年，而寡有成者，蓋由博士選輕，諸生避役，高門子弟，恥非其倫。故夫學者，雖有其名，而無其人，雖設其教，而無其功。(魏志劉馥傳)

中央政府的尊嚴已倒，門第代興，政府的學校教育自爲門第中家教取而代之，高門子弟自不願進國立太學。

國立太學的傳統教育爲六經，而當時名門士族的家庭風尚則是老莊與清談。兩漢學風本在通經致用，而老莊清談則只在逃避政治以自保。直到東晉成帝時，仍有人以爲江左浸安，請興學校。史稱：

成帝咸康三年，國子祭酒袁瓌，太常馮懷，以江左浸安，請興學校，帝從之。乃立太學，徵生徒，而士大夫習尚老莊，儒術終不振。(文獻通考)

下至南朝宋文帝立玄、史、文、儒四學，而以玄學爲首，自是國立太學改講老莊玄談。但老莊根本理論便不承認國家有教育人民的必要。司馬光嘗批評說：

君子多識前言往行，以畜其德。孔子曰：「辭達而已矣。」然則史者儒之一端，文者儒之餘事。至於老莊虛無，固非所以爲教也。夫學者所以求道，天下無二道，安有四學哉。

南朝立學皆旋立旋廢，僅爲具文。因當時中央政府既無徵用人才之權，名門世族又以高談老莊虛無爲風尚，如何再能鼓舞人心，來接受國家的教育。

此一時期，講經學傳統則北方勝過南方。北方雖自晉室南遷淪於胡族統治，但五胡久已雜居中國之內地，已經相當漢化，其統治北方，又須與未及南遷留在北方之門第世族求合作。而北方門第猶保守較舊的經學傳統，並不染有南渡世族淸談玄理之習。因此北方在五胡十六國異族統治下，雖陷入長期紛亂，而儒統未絕，在學術文化之傳續上，亦有幾許值得稱道之事。

後漢劉淵父子皆粗知學問。劉淵師事上黨崔游，習毛詩、京氏易、馬氏尙書，仍是東漢舊傳統。

後趙石勒徙士族三百戶於襄國，置公族大夫領之。郡置博士祭酒二人，弟子百五十人，又定秀孝試經之制。

燕慕容廆大興文敎，以劉讚爲東庠祭酒，世子皝率國胄束脩受業。廆覽政之暇，親臨講肄。慕容氏於五胡中受漢化最深。

符秦文敎尤盛。諸經皆置博士，惟闕周禮，乃就太常韋逞母宋氏，傳其音讀，即其家立講堂。置生員百二十人，隔降紗幔受業。號宋氏曰宣文君。

王猛死，特詔崇儒，禁老莊圖讖之學。詔曰：「權可偃武修文，以稱武侯雅旨。」可證王猛生前有此意向。

後秦姚興時，耆儒姜龕、淳于歧等敎學長安，諸生自遠而至。與每與龕等講論道藝。胡辨講授洛陽，關中諸生赴者，與勅關尉勿稽其出入。

姚泓親拜淳于歧於牀下，自是公侯見師傅皆拜。

逮至北魏世運漸升，勝於五胡，而北方亦終於統一。以北朝與南朝相比，可謂是北進而南退。元魏先受慕容氏影響，漢化已深，自拓跋珪時已立太學，置五經博士，初有生員千餘人，後增至三千。至魏文帝醉心漢化，北方文采經術之盛，邈遠在正統中國的南朝之上。不幸魏文帝未竟志而歿，北魏中衰以至覆滅，而北方文治勢力的進展，則依然未曾中斷。史稱魏世宗時：

> 天下承平，學業大盛。故燕、齊、趙、魏之間，橫經著錄，不可勝數，大者千餘人，小者猶數百，州舉茂異，郡舉孝廉，對揚王庭，每年逾衆。（文獻通考）

此指魏孝文遷都後北方學術界的氣象。

下至北齊，有楊愔爲當時經學名儒事高洋，時稱「王昏於上，政清於下。」李鉉、刑峙、馮敬德、馮元熙，皆以經學爲帝室師。北周有蘇綽、盧辯諸人，爲北周創建了一個新的政治規模。綽依周禮定官制，未成而卒，辯續成之，爲後來隋唐所取法。周禮是當時北方所重，君臣皆悉心討究。史稱：

> 北周文帝於行臺省置學，取丞郎及府佐德行明敏者充。悉令旦理公務，晚就講習。先六經，而後子史。又於諸生中簡德行淳懿者侍讀書，河東薛愼等十二人應其選。

從此由學術來影響政治，北方在漫漫長夜中開始露出一線曙光，終於達到隋唐中國全盛時期之再來臨。

趙翼二十二史劄記有六朝清談之習一條，慨述當時南朝學術風氣適可與北朝相對比，其言曰：

> 當時父兄師友之所講求，專推究老莊以爲口舌之助，五經中惟崇易理，其他盡閣束也。至梁武帝始崇尚經學，儒術由之稍振，然談義之習已成。所謂經學者，亦皆以爲談辨之資。武帝召岑之敬升講座，敕朱异執孝經唱士孝章，帝親與論難之。敬剖釋縱橫，應對如響。簡文帝爲太子時，出士林館，發孝經題，張譏議論往復，甚見嗟賞。其後周宏正在國子監發周易題，譏與之論辨，宏正謂人曰：「吾每登座，見張譏在席，使人凛然。」袁憲與岑文豪同候周宏正，宏正將登講座，

適憲至，卽令憲樹義，時謝歧、何妥並在座，遞起義端，憲辨論有餘。到溉曰：「袁君正有後矣。」鮑皦在太學有疾，請紀少瑜代講，少瑜善談吐，辨捷如流。……是當時雖從事於經義亦皆口耳之學。開堂升堂以才辨相爭勝，與晉人清談無異，特所談者不同耳。況梁時所談亦不專講五經。武帝嘗於重雲殿自講老子，徐勉擧顧越論義，越音響若鐘，咸嘆美之。簡文帝在東宮置宴，元儒之士，邵陵王綸講大品經，使馬樞講維摩老子，同日發題，道俗聽者二千人。王謂衆曰：「馬學士論義，必使屈伏，不得空具。」主客於是各起辨端，樞轉變無窮，論者咸服。則梁時五經之外，仍不廢老莊，且又增佛義。晉人虛僞之習，依然未改，且又甚焉。風氣所趨，積重難直，至隋平陳之後，始掃除之。蓋關，陝樸厚，本無此風。

可見當時南朝人亦講經學，而主要精神顯與北朝不同。講孝經，因與門第家教有關。講易經，則與莊老玄學有關。門第在內部講儒家孝道，可使家世緜延。在外部則講易經與莊老，可以逃避現實政治之攪擾，使政府屢易於上，而門第安然於下。又進而講佛經，則求人生之最後歸宿。因此在南方門第之背後，逐步遠離大羣社會，而帶有個人主義之趨嚮。北方門第則因處境艱難，不得不與胡族政權相合作。在內部亦看重孝道，但在外部則看重周禮，俾可使政治漸上軌道，而門第之地位亦得保全。至於其看重佛學，奉以爲人生之最後歸宿，則南北所同。惟南方以莊老道家義上接佛學，其佛學亦是玄虛的。而北方以孔孟儒家義上接佛學，其佛學亦是樸厚的。其著者，如蘇綽以政治家治佛學，而對實際政治有大貢獻。王通以教育家亦通佛學，而成爲當時唯一的一位大教育家，此則皆爲南方所無。卽據此一層，可見當時南北學之大異。若論文學與著作，則南勝於北，若論對政治與社會之實際貢獻，則不得不謂是北勝於南也。

# 第二章　門第的形成

東漢時門第已漸形成，然在上仍有一統一的中央政府，故門第勢力的影響尚不顯著。魏晉南北朝爲一長時期的紛爭時代，上層政治不穩固，影響下層社會也起變化，而門第勢力的影響則顯見。細究門第形成在東漢時代主要有兩原因。魏晉以下又增其一。

## 一、學術環境之不普遍

漢代讀書人入仕，大體是先進學校讀書，纔獲補吏，補吏後，成績優良，纔獲察舉。這是由國家教育而再經行政實習，由行政實習而選舉任用，似爲一極合情理的制度，然仍不免發生弊病。因古代社會書籍不易得，學術環境不普遍，古書都用竹帛書寫，既少紙張，更無印刷。書本必待傳抄，一片竹簡只能寫二十幾字，帛價又甚貴，抄一本書，費用很大。且須不遠千里尋師訪求，因此讀書求學便有着絕大限制。但若生在一讀書家庭中，一切困難易於解決。儒家講敬宗恤族，一個家族中只要有一人讀書入仕，在政治上獲得地位，則此一家族之子弟亦因此比他人易於獲得讀書的機會。知識的傳授遂往往限於少數的私家，於是有所謂世代經學，便可世代跑進政治圈子，成爲世代公卿，而形成一變相的世襲貴族了。

世代經學最著者，如孔子一家之後，自伯魚、子思以下傳五世。孔順爲魏相，順子鮒，爲陳涉博士。鮒弟子襄，漢惠時博士，爲長沙王太傅。襄孫武及安國，武子延年，安國延年皆武帝時博士。安國又曾爲臨淮太守。延年子霸，昭帝時博士，宣帝時爲大中大夫。霸子光，歷成、哀、平三帝，官至御史大夫丞相。自霸至七世孫昱，曾爲卿相牧守者有五十三人，列侯七人。安國後亦世傳古文尚書、毛詩有名。又西漢初大儒濟南伏生，世傳經學，歷兩漢四百年（東漢書伏諶傳），又如東漢桓氏，自桓榮以下，一家三代爲五帝師。桓榮授明帝，桓郁授章帝、和帝，桓焉授安帝、順帝。

兩漢時經學既爲入仕唯一條件，故累世經學即成累世公卿，其事亦始於西漢。韋賢、韋元成父子爲宣帝、元帝時宰相。平當、平晏父子爲哀帝時宰相。于定國宣帝時爲丞相，子永元帝時爲御史大夫，此皆兩世三公，尚爲西漢僅有之事。至東漢則氏族之盛遠較西漢爲尤，舉其著者有楊氏，楊震爲司徒、太尉，子秉爲太尉，秉子賜爲司徒，賜子彪爲司空，四世位列三公。又有袁氏，袁安爲司空，又爲司徒，安子敞及京最知名，敞爲司空，京出爲蜀郡太守，京子湯爲司空，湯子逢爲司空，逢弟隗爲太傅，四世位列三公者有五人，比楊氏尚多一人。

以累世經學而累世公卿，在當時政府法令上說，雖無此特許，讓某幾個家庭在政治上有世襲的特殊權益，然而當時政府的一套法定的參政制度，可使某些家庭只要把學業世襲了，在政治上的特殊權益也就變相的世襲了，積久遂成門第。自東漢以下的世家大族，所謂門第的形成，經學傳襲是主要原因。因此當時人有句話說：「黃金滿籯，不如遺子一經。」黃金有用盡之時，傳子一經則可享用不盡。此語亦足以道出當時的社會心理。

## 二、察舉制度之弊

門第造成的另一原因，則由於兩漢察舉制度的舞弊。

兩漢地方察舉權在太守，並無一客觀的嚴格標準，因此地方賢長官固可採訪民間輿論選拔眞才，但營私舞弊的，也可推選私人，最主要的一是權門請託，一是故舊報恩。一家中只一人做到二千石的官，當一郡太守，他便有權察舉。若連做了幾郡太守，足跡遍天下，各郡經他察舉的便都是他的門生故吏，將來在政治上得意，會對他原來的舉主報私恩。若有人來到他郡裏做太守，必然會察舉他的後人。因此察舉過人的子孫，便有易於被人察舉的可能。

再者是官官之間相互請託。漢制郡縣長官不許本郡本縣人擔任。選舉是分郡定額的，每郡每年只有幾個額。但每一郡也必有幾家早已在中央政府任官的，逢到察舉，不免要請託太守，察舉他子孫。地方太守不敢得罪當地權門，於是權門請託與故舊報恩，兩者互爲因果，使天下仕途漸漸走入社會中一特殊階層的家庭中去。

後漢書明帝中元二年詔云：

今選舉不實，邪佞未去，權門請託，殘吏放手，百姓愁怨，情無告訴，有司明奏罪名，並正舉者。

後漢書樊儵傳云：

儵上言郡國舉孝廉，率取年少能報恩者，耆宿大賢多見廢棄，宜勑郡國，簡用良俊。

种暠傳云：

順帝時河南尹田歆謂，今當舉六孝廉，多得貴戚書命，不宜相違，欲自用一名士，以報國家，遂舉种暠。

風俗通云：

南陽五世公爲廣漢太守，與司徒長史段遼叔同歲。遼叔大子名舊，小子髡。到謂郡吏曰：「太守遼叔同歲，幸來臨郡，當舉其子，如得至後歲，貫魚之次，敬不有違。」主簿柳對曰：「舊不如與羌。」世公厲聲曰：「丈夫相臨，兒女尙欲舉之，何謂高下之間。」竟舉舊。世公轉南陽，與東萊太守蔡伯起同歲，欲舉其子，伯起自乞子瓚尙弱，弟琰幸已成人。是歲舉琰，明年復舉瓚。瓚十四未可見衆，常稱病，到十八始出。治劇平春長，上書，臣甫弱冠，未任宰御，乞留宿衞。尙書劾奏，增年受選，減年避劇，請免瓚官。」

據此可見當時之察舉情況。

## 三、九品中正制與門第的關係

九品中正制不是門第形成的原因，但在魏晉南北朝一段時期，卻形成了保障門第的護符。

文獻通考云：

魏文帝時，三方鼎立，士流播遷，四方錯雜，詳覆無所。

延康元年，尙書陳羣以爲天朝選用不盡人才，乃立九品官人之法。州郡皆置中正，以定其選。

擇州郡之賢有識鑒者，爲之區別人物，第其高下。

兩漢政府提倡文治精神，政府用人重在州郡察舉，乃使知識份子大量來參加政府。東漢末，天下喪亂，士人流徙，察舉制難以繼續推行，政府用人又回轉到秦漢初年情況，以軍功得官的老路上去。李重有云：「用兵旣久，人材自行伍雜進，郎吏蓄於軍府，豪右聚於都邑。」此種政府選用人才不合理的情況要加以改善，於是有魏尙書陳羣九品官人法之產生。州郡皆置中正，以選舉賢才。

文獻通考又云：

> 州、郡、縣俱置大小中正，各取本處人在諸府公卿及臺省郎吏有德充才盛者爲之。區別所管人物定爲九等，其有言行修者則升進之，或以五升四，以六升五。倘或道義虧缺，則降下之，或自五退六，自六退七矣。是以吏部不能審定，覈天下人才士庶，故委中正銓第等級，憑之授受，謂免乖失。

州置大中正，郡縣置小中正，大中正以本處人任，諸府公卿及臺省郎吏有德充才盛者爲之，故中正乃中央現任官之兼職。中正必需各本處人任之，因非此無以熟知各本處之人才。中正必需中央官兼職，因亂離之際，人才集中中央，就近訪察爲便。

各郡縣地方小中正可以各就所知，滙報給各本州大中正，大中正得以根據鄉評，定其品級與升降。當時朝廷用人本委之尚書，而天下亂離，尚書不能審定天下人才士庶。劉毅云：「一吏部兩郎中，而欲究鑑人物，何異以管窺天。」不得已，於是委中正詮第等級，分上上、上中、上下、中上、中中、中下、下上、下中、下下九等，政府憑以授官，以及分別黜陟。此爲軍政狀態下一時權宜之辦法。惟此制初創，評品之權雖操之在中正，仍重鄉邑清議（衞瓘語），依然是依據各地方社會輿論，仍保留着漢代鄉舉里選的遺意，所以初行此制，一時尚稱吏治澄清。但九品中正制與兩漢察舉制究有相異。

兩漢察舉制權在地方官，而大中正則爲中央官兼職。故察舉制度下士庶求出身者，必須回到各本地方，而九品中正制下之士庶求出身者，則必紛紛集中到中央。九品中正制本因各地人才流徙本地而設，但既立此制，更使人才集中中央，永不反歸鄉里。

又兩漢察舉制只是士人入仕的初步，至於入仕以後職位的升降與轉移，則與察舉無關。九品中正制之中正評語無論已仕未仕通體評品，而吏部憑此以爲士人任用及官吏升降之標準，於是官位升降不憑居官服務成績，但憑中正之評語。於是做官的各務奔競，襲取社會名譽，而忽視了其本官之職務。此是把考課詮敍與選舉權混淆了，自然要出毛病。中正可以定品，但士人入仕之後，應另有考課之法。文獻通考云：

蓋鄉舉里選者，採毀譽於衆多之論，而九品中正者，寄雌黃於一人之口。且兩漢如公府辟掾屬，州郡選曹僚，皆自薦舉，而自試用之。若非其人，則特累衡鑑之明，抑且失侍毗之助，故終不敢十分徇其私心。至中正之法行，則評論者自是一人，擢用者自是一人，評論所不許，則司擢用者，不敢違其言。擢用或非其人，則司評論者，本不任其咎。體統脈絡各不相關，故徇私之弊無由懲革。又必限以九品，專以一人，其法太拘，其意太狹，其跡太露。

九品中正制，在創設之初，猶有鄉論餘風，本為整理澄清當時濁亂之官場，用意甚善，但到後終成中正官一徇私之制。文獻通考又論其弊云：

趨勢者不暇舉賢，如劉毅所謂「上品無寒門，下品無世族是也。」畏禍者不敢疾惡，如孫秀為琅琊郡吏，求品於清議，王戎從弟衍，衍將不許，戎勸品之，及秀得志，朝士有怨者皆被害，戎、衍獨免是也。快恩讎者得以自恣，如何劭初亡，袁粲弔邵子岐，岐辭以疾，粲曰：「今年決下婢子品」是也。又如陳壽遭父喪有疾，使婢丸藥，客見之，鄉里以為貶，坐是沈滯累年。謝惠連愛幸會稽郡吏杜德靈，及居父憂，贈以五言詩十餘首，坐廢不豫榮伍。尚書僕射殷景仁愛其才，乃白文帝言：「臣小兒時便見此文，而論者云是惠連，其實非也。」帝曰：「若此便應通之。」元嘉七年，乃始為彭城王義康參軍。閻纘父卒，繼母不慈，纘恭事彌謹，而母疾之愈甚，乃誣纘盜父時金寶，訟於有司，遂被清議。十餘年，纘孝謹不怠，母後意解。更移中正，乃得復品。以此三事觀之，其法甚嚴，然亦大拘。蓋人之履行稍虧者，一入品目，遂永不可以拔拭湔滌，則天下無全人矣。況中正所品者，未必皆當。

可見中正制本係軍政時代之權宜辦法，至西晉天下復歸一統，此制即不適用。而自兩晉終南北朝，歷四百年之久，此制不能廢棄，文獻通考云：

以吏部不能審定覈天下人才士庶，故委中正詮第等級，憑之授受，謂免乖失。及法弊也，唯能知其閥閱，非復辨其賢愚，所以劉毅云：「下品無高門，上品無寒士。」南朝至於梁、陳，北朝至於周、隋，選舉之法雖互相損益，而九品及中正至開皇中方罷。

且兩漢州郡察舉，每郡每年不過數人，易於識別。中正評品，同時網羅合境人才，不論已仕未仕，人數過多，勢難全知，於是只憑門第，兼採虛譽，雖欲中正，亦不能得。又因當時世族門第的勢力已經形成，九品中正制正好為他們安立一個制度上的護符。中正計資定品，惟以居位為貴（衞瓘語）。據上品者，非公侯之子孫，即當途之昆弟（段灼語）。上品無寒門，下品無世族（劉毅語）。高門華閥，有世及之榮，庶姓寒人，無寸進之路，此為當時盡人皆知的事實。在此形勢下，故家大族雖無世襲之名，而有世襲之實，因此這一個制度雖不是促成門第的興起，但卻保障了門第的存在。

# 第三章　門第教育的內容

魏晉南北朝門第之長期存在，在門第內部，亦有其能長期存在之理由。門第教育乃其一因。門第教育的內容可以分兩方面看。

一、處世哲學——采莊、老、道家思想。

二、治家禮法——守儒家傳統。

當時人所采於道家之言者，主要在求處世。若依經學講忠、講仁義、講治國的大道理，處亂世易召殺身之禍。改談莊老，乃爲一種逃避。但全家保門第則仍須循守儒術。政府亂於上，朝代更迭，非力所及，遂置之不問，然而爲各自之門第退求自保，則終不得不期望有好子弟。門第之所賴以維繫長久而不墮者，必其在上有賢父兄，在下有賢子弟，若此二者俱無，又豈可支持此門第幾百年而不敗。故當時的門第生命，儘在世局禍亂中而傳襲下三四百年，更有的直傳至隋唐，綿延七八百年以上而不衰不敗，此一歷史事實不容忽視。若如只看重門第中人在政治上之特種優勢，在經濟上之特種憑藉，以爲門第之得保存者僅在此，則實所見淳淺，無以抉發此一時代門第生命之共同精神所在。當知魏晉南北朝人，生當亂世，要爲其人生求一出路，自可與兩漢時儒士在建功立業上謀出路不同。但他們內心深處，也自有一番精神嚮往與人生理想。

世說德行篇載：

陳太丘詣荀朗陵，貧賤無僕役，乃使元方駕車，秀方持杖後從，長文尚小，載著車中。既至，荀使叔慈應門，慈明行酒，餘六龍下食，文若亦小，坐著膝前。於是太史奏眞人東行。

此事亦見劉孝標世說注引檀道鸞續晉陽秋云：

陳仲弓從諸子侄造荀父子，於是德星聚，太史奏五百里賢人聚。

劉義慶作世說已在此事後兩百年，而對此事重加以記載，可知此故事甚爲當時及後世所樂道與重視。試問此一故事，究含有何等意義值得當時如此傳述，後世又如此樂道？陳寔在當時，僅官太丘長，在政治上無所表現，荀淑亦非顯達人物，兩人一時相會，兩家子弟隨侍喫一頓家常飯，如此簡單的一件平常事，而記載流傳，傳誦不輟，逾四百年，此中必有一內在意義可尋。當時人所重視於此，後代人所懷念於此者，豈不在陳荀兩家之各有賢子弟，值得人欽羡。

世說德行篇又載：

客有問陳季方：「足下家君太丘，有何功德，而荷天下重名？」季方曰：「吾家君譬如桂樹生泰山之阿，上有萬仞之高，下有不測之深，上爲甘露所霑，下爲淵泉所潤，當斯之時，桂樹焉知泰山之高，淵泉之深，不知有功德與無也。」

陳寔在當時實際並無功德可言，而獲享大名。其子季方謂其正如桂樹生於泰山之阿，超然世外，上霑甘露，下潤淵泉，得天地自然之護養，而桂樹本身又豈自知其能淸芳之遠播。以此譬之人生，縱無實際功德表現，而處境高超，自有其本身內在的價値。季方此番答辭，正可代表當時門第中人所共同抱有的觀念，世亂相乘，縱不在政治上有表現，但不能謂一切人生價値因此全不存在。他們對人生實另有一番新看法，與一番新評價，他們抱有另一種人生標準，與人生的理想與價値。這已逐漸離開儒家的積極路向，而走進了道家的消極園地。

世說載：

李元禮（膺）嘗歎荀淑、鐘皓曰：「荀君清識難尚，鐘君至德可師。」

李膺、陳寔同爲當時負衆望之大賢，李贊荀淑「清識難高」，又贊鐘皓「至德可師」，此所謂「清識」與「至德」都不是指其在政治社會上之實際功業言，而另有其人生內在獨立之價値。東漢末期人爭崇顏淵，正因顏淵簞食瓢飲，在陋巷，人不堪其憂，回也不改其樂，也並無實際功業之表現，而卽此便是至德，猶如桂樹之生泰山之阿也。

據此可知當時人並非不重視人之品德，只是對品德之衡量另有標準。認爲品德在功業外自有存在，此層極重要，卽孔子所謂「用之則行，舍之則藏」，顏淵則專在藏之一邊，故更爲當時人所稱道。當時人喜把外面一切人事全擺開，專從其所表現在自身者言。因此對事功業績反不及對其人之儀容舉止、言辭音吐等更爲看重，而此種表現卻逐漸形成爲風氣，爲他人所慕效。至於人生之出處進退、從政大節，則當時門第中人已久不措意。

史稱：

王儉少好禮，學及春秋，言論造次，必於儒者，由是衣冠翕然，更尚儒術。儉作解散髻，斜插簪，朝野多慕效。儉嘗謂人曰：「江右風流宰相，惟有謝安。」意以自比。

王儉母乃宋公主，儉失節事齊而貴顯，則王儉所崇尚之儒術亦可想見。蓋當時門第中所循守之儒術，重在全家保門第而已。儉之所謂風流，則如彼之解散髻，斜插簪，爲人慕效是也。此等既非儒家所有，亦非道家所有，乃其時門第中人自有之一套風流，以表示其門第人物之特有光彩者。然亦惟南朝有之，北朝門第則無此等風流。厥後隋唐統一大業，肇始於北方之儒術，但南方門第終亦保存了中國文化傳統中之不少部份，此當分別而觀。

欲保門第，必得門第中有好子弟。

世說載：

謝太傅問諸子侄，子弟亦何預人事，而正欲使其佳。諸人莫有言者。車騎答曰：「譬如芝蘭玉樹，欲使其生於庭階耳。」

謝安此問，正可見欲有佳子弟，乃是當時門第中人之一般心情。苟無佳子弟，門第如何得傳襲永昌？又如何裝點出一種氣派而表示出其特出與可貴？正如高階廣庭，需要芝蘭玉樹來點綴。而欲求家庭有好子弟，則儒家所傳一套禮法敎養，便放棄不得。因此魏晉以下人，雖因時尚所趨，又爲外境所逼，競講莊老，效其放達，心胸力求豁達，行徑力求超脫，以求外於世紛而自保。而在另一方面，顧及門第家世的心情之下，欲求家有賢子弟，而儒家一套終於不能全放下。當時每一門第都有他們自家的家法、家範、家風、家敎，卽是限在家庭內的一套儒家敎育思想則仍須保留。

世說載：

華歆遇子弟甚整，雖閒室之內，嚴若朝典。陳元方兄弟恣柔愛之道。而二門之裏，兩不失雍熙之軌焉。

此條述華、陳兩家門風家規不同，一主嚴肅，一尙柔愛，而各有雍熙和樂之情致。治家之道，從來亦不外此兩軌。

當時門第因重家風、家範、家敎，遂重敎育子女、重母敎、重選擇婚姻等，均相引而起。此時代人流傳下來敎誨子弟的篇章數量之多，殆已超前。下一章當將當時門第中人生各方面之表現分別歷舉事實而說明之。

# 第四章　門第中人生之各方面表現

## 一、孝

首先應說及魏晉南北朝重視教子，重孝道之一層。自晉書有孝友傳，此下各史均有。晉書孝友傳序云：

晉代始自中朝，逮於江左，雖百六之災遄及，而君子之道未消，孝悌名流，猶爲繼踵。

又云：

孝用之於國，動天地而降休徵。行之於家，感鬼神而昭景福。

欲門第鼎盛，福祿永昌，必得有孝悌的賢子弟。晉司馬氏號稱以孝治天下，朝廷大臣王祥、山濤等，都以事母至孝稱。武帝拜王祥爲太保，晉爵爲公。因司馬氏以篡位得天下，取之不以道，故不能以敎忠倡。而司馬氏之治天下，又需依賴門第之護持，於是不得不倡孝，蓋孝乃是當時門第中的時尚。

世說載：

王戎、和嶠同時遭大喪，俱以孝稱。王鷄骨支牀，和哭泣備禮。武帝謂劉仲雄曰：「卿數省和不？聞和哀苦過禮，使人憂之。」仲雄曰：「和嶠雖備禮，神氣不損，王戎雖不備禮，而哀毀骨立。臣以和嶠生孝，王戎死孝，陛下不應憂嶠，而應憂戎。」

晉陽秋載同一事云：

戎爲豫州刺史，遭母憂，性至孝，不拘禮制，飮酒食肉，或觀棊奕，而容貌毀悴，杖而後起。時汝南和嶠，亦名士也，以禮法自持，處大憂，量米而食，然憔悴哀毀，不逮戎也。

王戎、和嶠皆列名於竹林七賢，在當時，七賢以崇尙莊老思想聞名。莊老思想中從不講孝，更不重禮，但當時門第已成，教孝之風，終於不息。孝是人之天性，王戎、和嶠同遭大喪，一欲在外面行爲上力效莊老之放誕不羈，而內心情感上放達不了，在平時雖崇尙莊老，而遇大喪則仍守儒家禮法。儒道雜糅，可見乃當時之時代風尙、時代精神所在，不容忽略。若我們只簡單說魏晉人重莊老，實無以瞭解此一時代人的眞精神。

阮籍亦竹林七賢之一，晉書阮籍傳載：

籍性至孝，母終，正與人圍碁，對者求止，籍留與決賭。旣而，飮酒二斗，舉聲一號，吐血數升。及將葬，食一蒸肫，飮二斗酒，然後臨訣。直言窮矣，舉聲一號，因又吐數升。毀瘠骨立，殆至滅性。

裴楷往弔之，籍散髮箕踞，醉而直視。楷弔唁畢便去，或問楷：「凡弔者，主哭，客乃爲禮。籍旣不哭，君何爲哭。」楷曰：「阮籍旣方外之士，故不崇禮典，我俗中之士，故以軌儀自居。」時人歎爲兩得。

據此更可知崇尙莊老乃當時之時代風尙，而孝道亦仍爲當時所重。人之至性最顯見者惟孝，縱尙老莊，崇尙自然，則人性仍當尊。在戰國時，道家思想初起，若對儒家禮教不能相洽，然而儒家在禮後乃有性，此層爲道家所無法反對。故魏晉以下道家思想復起，對儒家孝之一字不只不復反對，而反可相容而並存。當時人稱裴楷與阮籍爲兩得，其中實有深義。每一家之思想，亦必隨時與變，固不得以戰國初起時之道家思想，限魏晉以下之道家思想，謂其必出於一致也。今再舉帝王重孝故事說之。

顏氏家訓載：

齊孝昭帝侍婁太后疾，容色顦顇，服膳減損。徐之才為灸兩穴，帝握拳代痛，爪入掌心，血流滿手。后既痊癒，帝尋疾崩。遺詔恨不見太后山陵之事。

顏氏謂：

其天性至孝如彼，不識忌諱如此，良由無學所為。若見古人之譏，欲母早死而悲哭之，則不發此言也。孝為百行之首，猶須學以脩飾之，況餘事乎。

學卽指學禮也。

又金樓子載：

梁武帝遭太后憂，哭踊大至，居喪之哀，高柴不能過。每讀孝子傳，未嘗終軸，輒輟書悲慟。

梁武帝又親為淨業賦謂：

朕布衣之時，惟知禮義，不知信向。烹宰衆生以接賓客，隨物肉食，不知菜味。及至南面，富有天下。遠方珍羞，貢獻相繼，海內異食，莫不畢至。方丈滿前，百味盈俎，乃方食輟筯，對案流泣，恨不得以及溫凊，朝夕供養，何心獨甘此膳。因爾蔬食，不噉魚肉，雖自內行，不使外知。

可見梁武帝雖信佛教而戒殺生，改取蔬食，但在其內心中，實秉有一番孝思存在。因不及供奉養，故無心獨甘此膳，此是一種儒佛心情之配合。至如顏之推之譏齊孝昭帝，乃謂其「天性至孝如彼，不識忌諱如此。」忌諱屬於禮一邊，須學而知。大抵魏晉以下人，卽如阮籍，亦是知有性，而不知有禮。惟阮籍尙是以名士慕莊老，乃學莊老之放達，孝昭則以帝王之尊，雖不知學，而尙能不失其至性孝行，若非自幼受門第薰陶，以及世風名敎之鼓盪，何能如此。故此時雖尙道佛，而獨多至性之人，此當爲我們應加注意之事。我們若不問其處政治及社會之各種事跡，而專以其私人生活及其家風門規來作討論，則阮籍、王戎、孝昭、梁武豈不都可稱爲名賢至德，可爲世風之楷模乎。

因其崇尙孝行，故當時於孝經一書亦特別受重視。據隋書經籍志載有關孝經之著述，共十八部六十三卷，若連亡佚通計在內，則有五十九部一百一十四卷。張鵬一隋書經籍志補佚，又得十一部，可見孝經一書受當時人之重視。

皇侃性至孝，嘗日限誦孝經二十編，以擬觀世音經。張融遺令，則欲左手執孝經，右手執小品法華經以殮。則魏晉時代儒道齊重，齊梁以後，儒釋雙行。不論道釋之盛，要之，此一時代門第中不能缺少儒家禮敎，而孝道之更受重視，亦自可想見。

## 二、悌

尙孝則必及悌。史載：

王徽之與弟獻之俱病篤，時有術人云：「人命應終，而有生人樂代者，則死者可生。」徽之謂曰：「吾才位不如弟，請以餘年代之。」術者曰：「代死者以己年有餘，得以足亡者耳。今君與弟俱盡，何代也？」未幾，獻之卒。徽之奔喪不哭，直上靈牀坐，取獻之琴彈之，久而不調，歎曰：「嗚呼子敬，人琴俱亡。」因頓絕。先有背疾，遂潰裂，月餘而卒。

此故事與前舉阮籍之臨母喪，同樣都是在不守禮法中而發露至性，故更顯其眞摯之情。史稱謝安性好音樂，自弟萬喪，十年不復聽。王、謝乃當時門第之冠，好音樂亦是當時門第風尚，而家門內之孝友敦篤，此則斷然與莊生之鼓盆相異。故謂當時人尚老莊，亦未能道盡一時之實況也。

又梁書載：

到溉與弟洽嘗共居一齋，洽卒後，便捨爲寺，因斷腥羶，終身蔬食，別營小室，朝夕從僧徒禮頌。時以溉、洽兄弟比之二陸。故世祖贈詩曰：「魏世重雙丁，晉朝稱二陸，何如今兩到，復似凌寒竹。」

又顏氏家訓有一則云：

江陵王玄紹，弟孝英、子敏兄弟三人，特相愛友。所得甘旨新異，非共聚食，必不先嘗。孜孜色貌，相見如不足。及西臺陷沒，玄紹以形體魁梧，爲兵所圍，二弟爭共抱持，各求代死，遂以并命。

又一則云：

沛國劉璡與兄瓛連棟隔壁。瓛呼之數聲，不應，良久方答。瓛怪問之，乃云：「向來未著衣帽故也。」

以上所舉可見當時門第中人友悌情態之一斑。儒家重孝悌，孝悌本爲一體之兩面，而就道釋兩家論，則此兩者皆非所重。故特詳爲舉例，以見當時門第中人爲學制行之實況。

三、頌祖德

重教子、尚孝悌，又有連帶而來的一風氣，則爲稱頌祖德。蓋在當時人意念中，門第之可貴，正在此一家門第中有可貴的人物。門第可貴，決不當從權位財富上來衡量，此與現代人想法大不同，故既望有好子弟，又貴有賢祖先。這可從當時人的文學作品中隨處得到證明。如曹植有懷親賦，王粲有思親詩，嵇康有思親詩，陸機有祖德賦、述先賦、思親賦，陸雲有祖考頌，機、雲又有兄弟酬贈詩。此下有王羲之稱病去會稽郡自誓父母墓文，有賢姊帖、亡嫂帖，有陶潛祭從弟敬遠文、悲從弟仲德詩、祭程氏妹文。有謝靈運述祖德詩，有顏延之祭弟文，有鮑照與妹書，有梁武帝孝思賦等不勝枚舉。凡此之類，皆是敍述祖德親恩，家人父子，死生存歿，悲苦歡愉，情見乎辭，同樣有其極深厚的儒家孝悌思想爲背景。

## 四、女子教育

門第教育主要在家門之內，故女子教育亦同樣見重。又因當時社會重門第，故慎重婚姻，這都連帶及於女子教育之被重視。這因要維持大門第家風門規，不能只靠父兄子弟，更要有婦德母儀，故一時才女賢母史不絕書。

世說新語有賢媛篇載：

王汝南少無婚，自求郝普女。既婚，果有令姿淑德，遂爲王氏母儀。或問汝南：「何以知之？」曰：「嘗見井上取水，舉動容止不失常，未嘗忤觀，以此知之。」

當時王家是大門第，郝門孤陋，非王氏偶，此一婚事遂成佳話。可見當時論婚，亦非全論門第地位，更重要的在賢婦淑德。

世說又一則載：

王司徒婦鍾氏女，太傅曾孫，亦有俊才女德。鍾、郝爲娣姒，雅相親重。鍾不以貴陵郝，郝亦不以賤下鍾。東海家內則郝夫人之法，京陵家內範鍾夫人之禮。

門第禮法與女子教育之關係密切於此更可見。

顏氏家訓教子篇載：

王大司馬母魏太夫人，性甚嚴正。王在湓城時，爲三千人將。年踰四十，少不如意，猶捶撻之，故能成其勳業。

梁書王僧辯傳云：

母魏氏，性安和，善綏接，家門內外莫不懷之。及僧辯剋復舊京，功蓋天下，夫人恆自謙損，不以富貴驕物，朝野咸共稱之，謂爲明哲婦人。

合此兩條觀之，魏母一則教子嚴正，一則待人接物謙和有禮，此不僅見魏母之賢，實則當時門第治家大綱領亦不外此兩途。其時門第中女子不僅母德婦範可稱，並多嫻經史文學。史稱：

韋逞母宋氏，其父授以周官，敎子成名，仕符堅。時天下無通周官者，堅就宋氏家立講堂，置生員百二十人，隔絳幔受業，號宋氏爲宣文君，賜侍婢十人，時宋氏年八十。

又

何承天五歲失父，母徐氏，廣之妹，博學。承天幼，漸浸訓義，儒史百家，莫不該覽。（宋）

又隱逸傳：

宗炳母有學義，敎授諸子。

此皆不僅治家，並亦兼長敎學。其時並多才女。

王凝之妻謝道韞。凝之弟獻之與賓客談議，詞理將屈，道韞遣婢白獻之曰：「欲爲小郎解圍。」乃施青綾步幛自蔽，申獻之前議，客不能屈。

又

竇滔妻蘇氏名蕙，字若蘭，滔徙流沙，蘇氏爲廻文詩八百四十字。

鮑照妹字令暉，著香茗賦集行世，鮑照有登大雷岸與妹書，爲照名作之一，照謂己才不及左思，妹才遠勝左芬。鍾嶸詩品推之謂曠代而一見。

劉孝綽妹適徐，夫卒爲祭文，其翁徐勉欲爲哀文，覩之閣筆。（梁）

此皆以清談文學見才華。亦有以武德見稱者。如晉荀崧女灌，年十三，解救父襄城圍。可見女子成才之盛，亦爲當時一特色。

## 五、其他諸德

王羲之與謝萬書謂：

頃東遊還，修植桑果，今盛敷榮，率諸子，抱弱孫，遊觀其間，有一味之甘，剖而分之，以娛目前。雖植德無殊邈，猶欲敎養子孫以敦厚退讓，戒以輕薄，庶令舉策數馬，彷彿萬石之風。

此雖是右軍一人之言，然敦厚退讓，萬石家風，實是當時門第中人所共同想望。又如昭明太子答晉安王書謂：

況觀六籍，褋玩文史，見孝友忠貞之迹，覩治亂驕奢之事，足以自慰，足以自警。

昭明位爲皇儲，忠貞治亂理應注意，並又言孝友當勉，驕奢當戒，此亦濡染當時門第傳統之風敎。

可見此一時代之門第家風，戒輕薄，戒驕奢，重謙退，重敦厚，賢父兄之教誡，與賢子弟之順守，惟此乃爲保家持祿之要道。不僅此一時代人如此，下及唐代門第，乃至宋明淸諸代，凡有家訓家敎，亦無不采此一路。此亦中國傳統文化中一特色，固不得以其爲門第而加輕忽。

惟當特別提出者，當時門第中所奉行遵守之禮法，純是儒家傳統。有禮法始有門第，若禮法破敗，則門第亦終難保。

顏氏家訓風操篇有云：

吾觀禮經，聖人之敎，箕帚七箸，咳唾唯諾，執燭沃盥，皆有節度，亦爲至矣。但旣殘缺，非復全書，其有所不載，及世事變改者，學達君子，自爲節度，相承行之，故世號士大夫風操。而家門頗有不同，所見互稱長短，然其阡陌亦自可知。昔在江南，目能視而見之，耳能聽而聞之，蓬生麻中，不勞翰墨。汝曹生於戎馬之間，視聽之所不曉，故聊記錄，以傳示子孫。

據上引可知當時門第中禮法，乃承古代儒家傳統來。又知當時門第之間家規禮法，雖各有出入，而相違不遠。又知此種禮法旣成一時風習，亦遂視若固然，故少有記錄也。又顏氏以家門禮法與士大夫風操並稱，亦可知當時之士大夫，乃拘縛於門第圈子之內，少有能超越出門第範圍而成爲一士大夫，所以此一時代，在中國歷史上乃獨見遜色也。

## 六、門第中之學業

當時門第中人全家保門第之共同理想，在上有賢父兄，在下有佳子弟。而所期望於此賢父兄佳子弟者，不外兩要項：一則希望其能具孝友之內行，一則希望其能有經籍文史學業之修養。此兩項合成爲當時共同之家教。孝友內行的表現則成爲門第的家風，經籍文史學業修養的表現，則成爲門第的家學。前所述孝悌、述祖德，及女子教育等，都屬孝友內行。現再說當時門第的家學。

自東漢以來，因有累世經學，而有累世公卿，於是而有門第的產生。自有門第，於是又有累世學業。琅琊王氏，一門累世文采風流，最爲當時之冠冕。王僧虔有條疏古來能書人名啓，王氏一家居其大半，王羲之、獻之父子書法尤令世人愛慕。評者謂：「獻之骨勢不若父，而媚趣過之。」又或謂：「父之靈和，子之神俊，皆古今之獨絕。」顏氏家訓雜藝篇謂江南諺云：「尺牘書疏，千里面目。」正因書法之美可以代表其人，即可以代表其門第家世。

新唐書王綝傳載：

后嘗就求羲之書，方慶奏十世從祖羲之書四十餘番，太宗求之先臣，悉上送。今所存惟一軸，并上十一世祖導，十世祖洽，九世祖珣，八世祖曇首，七世祖僧綽，六世祖仲寶，五世祖騫，高祖規，曾祖褒，并九世從祖獻之等凡二十八人書，共十篇。

是王家書法，自東晉至唐初，自王導以下，累世善書，已越十代。其門第之可貴正在此。豈如近人想像獨以權位財富論門第乎。

又僧虔孫筠，有與諸兒論家世集謂：

史傳稱安平崔氏，及汝南應氏，並累世有文才。所以范蔚宗世擅雕龍。然不過父子兩三世耳，非有七葉之中，名德重光，爵位相繼，人人有集，如吾門世者也。沈少傅約語人云：吾少好百家之言，身爲四代之史，自開闢以來，未有爵位蟬聯，文才相繼，如王氏之盛者。汝等仰觀堂構，思各努力。

此則又自書法藝術推及於文才著述，王氏一門，七代相傳，人人有集，其文采風流，自足照映數百年間，而高出其他門第之上矣。想見其爲父兄者，自必以此常鼓勵鞭策其後人，務使克紹箕裘，所謂仰觀堂構，思各努力也。

梁劉孝綽兄弟及羣從諸子姪，當時有七十人，並能屬文，近古未有。其三妹並有才學。此亦門第中文學鼎盛之更尤特出者。

卽在北方，崔、盧亦以書法傳代。有劉殷仕五胡劉聰朝，有七子，五子各授一經，一子授太史公，一子授漢書，一門之內七業俱興。又有北齊楊愔一門四世同居，昆季就學者三十餘人。又如北周盧辯，累世儒學，兄景裕爲當世碩儒。辯少好學，博通經籍，與蘇綽同治周官，對北周之創制立法有大影響。

故魏晉南北朝一段時間，就政治論，雖屬亂世，然其時之帝王亦多受門第影響，亦可崇尚，自成家學。史稱魏武帝御事三十餘年，手不捨書，晝則講軍策，夜則思經傳。又稱魏文帝好學，以著述爲務。曹氏本非門第，故心存忌嫉，對當時門第，如孔家、楊家，均加摧抑。然在其父子心中，亦爲當時門第流風所被，實有仰慕追希之意可知。

南朝梁武帝蕭衍一家更可稱道。南史梁書載：

武帝少而篤學，洞達儒玄，雖萬機多務，猶卷不輟手，燃燭側光，常至戊夜。造制旨孝經義、周易講疏、及六十四卦二繫文言序卦等義，樂社義、毛詩答問、春秋答問、尙書大義、中庸講疏、孔子正言、老子講疏凡二百餘卷，並正先儒之迷，開古聖之旨，王侯朝臣皆奉表質疑，高祖皆爲解釋。

又造通史，躬製贊序，凡六百卷。詔、銘、贊、誄、箴、頌、牋、奏，爰初在田，洎登寶歷，凡諸文集又百二十卷。六藝備閑，棊登逸品，陰陽緯候，卜筮占決，並悉稱善。又撰金策三十卷，草隸尺牘，騎射弓馬，莫不奇妙。

在中國歷史上，歷代帝王中，如此勤於著述者，論其數量之多，梁武帝恐當爲第一人。武帝有淨業賦謂：「少愛山水，有懷丘壑，身羈俗羅，不獲遂志。」又謂：「自念有天下，本非宿志，惟當行人所不能行者，令天下有以知我心。」是武帝爲人，感染於當時之門第風尚者至深。及其爲帝王，心仍不忘往日所志，其在政治事業上固若失敗，然在當時門第中，則仍不失爲一代表人物。

昭明太子，爲梁武帝長子，梁書載：

> 太子三歲受孝經、論語，五歲遍讀五經，悉能諷誦。母丁貴嬪薨，步從喪還宮，至殯，水漿不入口，每哭輒慟絕。高祖遣中書舍人顧協宣旨曰：「毀不滅性，聖人之制。禮不勝喪，比於不孝。有我在，那得自毀如此，可卽彊進飮食。」太子奉勅乃進數合。自是至葬，日進麥粥一升。體素壯，腰帶十圍，至是減削過半。

是昭明之孝行，在平民社會中亦爲特出，不論其在皇室矣。梁書又載：

> 太子孝謹天至，每入朝，未五鼓，便守城門。開東宮，雖燕居內殿，一坐一起，恒向西南，面臺宿。被召當入，危坐達旦。

此種內行敦篤，顯由當時門第風敎所養成。昭明不僅孝友內行可嘉，其經籍文史學業上的修養，亦至可稱，蓋亦自成其家學也。梁書又載：

> 引納才學之士，賞愛無倦，恒自討論篇籍，或與學士商榷古今，閒則繼以文章著述，率以爲常。于時東宮有書幾三萬卷，名才並集，文學之盛，晉宋以來未之有也。

昭明有與何胤書謂：

方今泰階端平，天下無事，修日養夕，差得從容，每鑽研六經，汎濫百氏。

其進學之勤有如此，而尤好陶淵明，謂：「余素愛其文，不能釋手。尚想其德，恨不同時。」又謂：

有能觀淵明之文者。馳競之情遣，鄙吝之意祛。貪夫可以廉，懦夫可以立，豈止仁義可蹈，抑乃爵祿可辭。不必旁遊泰、華，遠求柱史，此亦有助於風敎也。

陶淵明乃隱逸之士，昭明身爲皇儲，地位大不同，而其欽慕之情有如此，據此亦可想見其學養與爲人。當時之時代風氣，輕視政治，此乃門第風氣中一壞影響。當時門第中人本求自外於政治以自保，今蕭家已自登皇位，而其心中仍存一門第想法，故昭明身爲皇儲，而獨欽慕於淵明之隱逸，是昭明實尚未能越出於時代之牢籠也。昭明所著有四種八十卷，其中文選三十卷尤爲卓然不朽。

梁簡文帝，乃武帝第三子，其所著述有七種，近三百卷。

梁元帝，武帝第七子，史稱其有高名。顏氏家訓勉學篇載：

梁元帝嘗爲吾說，昔在會稽，年始十二，便以好學。時又患疥，手不得拳，膝不得屈。閉齋，張葛幃，避蠅獨坐。銀甌貯山陰甜酒，時復進之以自寬痛。率意自讀史書，一日二十卷。既未師受，或不識一字，或不解一語，要自重之，不知厭倦。

又云：

元帝召置學生，親爲敎授，廢寢忘食，以夜繼朝。至乃倦劇愁憤，輒以講自釋。

元帝所著述有十七種，近四百卷。著有金樓子，自序謂：「年在志學，躬自搜纂，以爲一家之言。」又云：

吾小時，夏夕中，下降紗蚊幮中，有銀甌一枚，貯山陰甜酒。臥讀有時至曉，率以爲常。又經病瘡，肘膝盡爛。比來三十餘載，泛玩衆書。」

可見蕭氏一家雖爲帝王而不忘門第之素，其勤於學業有如此，此乃當時門第風尚，雖是帝王之家，亦浸染在門第愛好文采之風習中而不自覺。

士族門第同時必有書籍聚藏。梁元帝金樓子有敎子篇，繼爲聚書篇，敎子與聚書，同爲當時門第所重視。金樓子云：

吾今年四十六歲，自聚書來四十年，得書八萬卷，河間之侔漢室，頗謂過之。」

又梁宗室吳平侯景之子勵聚書至三萬卷。史稱「王僧孺好墳籍，聚書至萬餘卷，率多異本，與沈約、任昉家書埒。」

當時得書不易，必待鈔寫。金樓子記竟陵蕭子良，居鷄籠山西邸，集學士鈔五經百家，依皇覽，列爲四部要略千卷。招致名僧，講論佛法道俗之盛，江右未有。此尤其著例。王筠自序謂：

余少好鈔書，老而彌篤，習與性成，不覺筆倦。自年十三四，齊建武二年乙亥，至梁大同六年，四十載矣。幼年讀五經，皆七八十徧。愛左氏春秋，吟諷常爲口實，廣略去取，凡三過五鈔。餘經及周官、儀禮、國語、爾雅、山海經、本草，並再鈔。子史諸集皆一遍。未嘗借人假手，並躬自鈔錄。大小百餘卷，不足傳之好事，蓋以備遺忘而已。」

當時所鈔書，又有所謂巾箱本。南史載齊衡陽嗣王鈞，高帝第十一子，常手自細書，寫五經，部爲一卷，置於巾箱中。侍讀賀玠問之，答曰：「巾箱中有五經，於檢閱既易，且一更手寫，則永不能忘。」諸王聞而爭效，爲巾箱五經。金樓子聚書篇云：

使孔昂寫得前漢、後漢、史記、三國志、晉陽秋、莊子、老子、肘後方、離騷等，合六百三十四卷，悉在一巾箱中，書極精細。所謂巾箱本，卽是細字精鈔本。當時旣成風氣，雖帝王之尊，卿相之貴，亦慕爲之。若撇開政治問題，則此等豈不亦成爲歷史嘉話。今特稱此一時代爲門第時代，其重門第而忽政治固是一大病，然門第中亦有可稱道處。若目此一時代之門第爲一種變相之封建，則如讀左傳，在當時之封建貴族中，亦極多可稱道之處也。

## 七、文學淸談及雜藝

當時門第中，尤以文學爲時尙。我國正式有純文學觀念之覺醒，始於建安。建安前，尙少以表現作者自身的日常生活及其內心情感作爲文學題材。例如詩經三百首，乃使用於政治場合。屈原離騷，則激於忠君愛國之情。漢代司馬相如、揚子雲、班固、張衡所作賦，大體均與作者私人無關。建安以後，始以文學作品爲表現作者私人人生之用，故以文學爲作者私人不朽所寄。魏文帝所謂：「惟立德揚名，可以不朽。」又曰：「文章經國之大業，不朽之盛事。」知當時人乃求以文章期不朽，融和作者私生活於作品中，使作家與作品融會合一。作品傳，則其作者亦傳，此與古代所謂立言有不同。

曹氏父子以帝王之尊，垂情文章，更易形成後世之風氣。六朝皇室、帝王、名卿、碩彥莫不延攬文學，抄撰衆書，而以齊、梁爲最盛。下至唐宋古文，其實亦傳襲此一意境。文學亦藝術之一種，文學藝術可以不朽，而其作者也因此可以不朽，此實深涵有老莊道家思想在內，故其風起於後漢之末，乃與門第俱盛也。

然而此種文學風尚，既與經史實學異趣，又與當時門第所重安親保榮之傳家風敎有違背。蓋純文學觀念必近個人主義，純爲私人的，非功利的，而亦非道義的。古之所謂立言，主在道義上立言，故與後起之純文學觀念有不同。當時以文章見重的祖瑩，常語人云：

> 文章須自出機杼，成一家風骨，何能共人同生活也。

梁簡文帝誡當陽公大心書謂：

> 立身之道與文章異，立身先須謹重，文章且須放蕩。

又姚察引阮孝緒言：

> 有行者多尙質樸，有文者少蹈規矩。

此所謂放蕩，少蹈規矩，不與人同生活的情態意境，顯然與當時戒輕薄驕奢，重敦厚謙退的門第家風相違背。又且文學風尚將做人與爲學分而爲二，又與兩漢以來之儒家傳統相異，劉勰文心雕龍曾對此時代風氣批評說：

> 勵德樹聲莫不師聖，而建言修辭鮮克宗經。

鍾嶸詩品序亦云：

> 今之仕俗，斯風熾矣。裁能勝衣，甫就小學，必甘心而馳騖焉，於是庸音雜體各爲家法。至於膏腴子弟，恥文不逮，終朝點綴，分夜呻吟。次有輕蕩之徒，笑曹、劉爲古拙，謂鮑昭羲皇上人，謝眺今古獨步。

此種文學風氣既開，人競追逐，漫流不止。顏之推家訓，對此種時代風氣亦有痛切縷述。謂：

> 吾家風敎，素爲整密。昔在齠齔，便蒙誘誨。每從兩兄，曉夕溫凊，規行矩步，安辭定色。鏘

鏘翼翼，若朝嚴君焉。年始九歲，便丁荼毒，慈兄鞠養，有仁無威，導示不切。雖讀禮傳，微愛屬文，頗為凡人之所陶染。肆欲輕言，不修邊幅。年十八九，少知砥礪，習若自然，卒難洗盪。三十以後，大過稀焉，每常心共口敵，性與情競，夜覺曉非，今悔昨失，自憐無教，以至於此。

據此可知當時人愛好文辭之習尚，實有背於門第之教養與禮法傳修。門第必崇重儒術，謹守禮法。尚文辭，則易導致於競虛華，開輕薄。門第禮法本之兩漢儒家傳統，而文辭習尚則出於曹魏以下之新風氣，曹氏本非門第出身。魏武帝建安十五年，曾下求賢令云：

　　今天下得無有被褐懷玉而釣於渭濱者乎？又得無盜嫂受金而未遇無知者乎？二三子其佐我明揚仄陋，唯才是舉，吾得而用之。

又下舉士令云：

　　夫有行之士，未必能進取，進取之士，未必能有行也。……士有偏短，庸可廢乎！有司明思此意，則士無遺滯，官無廢業矣。

其後更下求逸才令云：

　　或不仁不孝，而有治國用兵之術。……其各舉所知，勿有所遺。

是曹氏父子對當時門第傳統，明抱有一種輕蔑意態。但其不仁不孝，而有治國用兵之術的獎勵，固為當時門第中人所絕對不願接受，而其純文學純藝術之亦可傳世不朽的觀念，則門第中人皆所歡迎。門第傳統固望不朽，但門第中人亦盼不朽，如是始可使門第亦垂不朽。今文學可以脫離政治與社會道義而自有其不朽，此一種文學新風氣，乃為當時門第所競慕。但不知傳播之久，終亦為門第家法門風之害。

當時除文學外，又崇尚莊老清談，莊老思想教導門第對外逃避現實，亦有其用處。然而清談與文學，二者則同爲魏晉以下門第家風之大病害。趙翼二十二史劄記有清談之習一條，曾云：

> 清談起於魏正始中，何晏、王弼祖述老莊，謂天地萬物皆以無爲本。無也者，開物成務，無往而不存者也。是時，阮籍亦素有高名，口談浮虛，不遵禮法。籍嘗作大人先生傳，謂世之禮法君子，如蝨之處褌。其後王衍、樂廣慕之，俱宅心事外，名重於時。天下風流者，以王、樂爲稱首，後進莫不競爲浮誕，遂成風俗。學者以老莊爲宗，而黜六經。談者以虛蕩爲辨，而賤名檢。行身者以放濁爲通，而狹節信。仕進者以苟得爲貴，而鄙居正。當官者以望空爲高，而笑勤恪。

此所論，乃指對整個政治與社會言。當時門第乃如一象牙塔，只希望在政局世變之外求自存。然莊老思想與門第清談乃屬兩回事。南渡以後，門第中人乃漸以清談爲社交應酬之用。此因門第中人既不願在實際功業上求表現，乃退而在文辭言談上求表現。惟談莊老可以出言玄遠，不及時事，又可顯見其人之思理才情，正亦如詩文辭采般，清談乃成爲一種藝術，表現當時門第中人之身分與修養，而決不致惹禍。世說新語載有一條云：

> 諸名士共至洛水戲還，樂令問王夷甫曰：今日戲樂乎？王曰：裴僕射善談名理，混混有雅致。張茂先論史漢，靡靡可聽。我與王安豐說延陵子房，亦超超玄著。

是當時人以談作戲，無論所談是名理，是歷史，或是古今人物，總之皆求出言玄遠，逃避現實，而仍使我有所表現。各標風致，互騁才鋒，並不是一種思想眞理上之探討，而僅成爲日常人生中之一種消遣與娛樂。

晉書陶侃傳云：

諸參佐或以談戲廢事，乃命取其酒器蒲博之具，悉投於江。曰：「樗蒲者，牧豕奴戲耳，老莊浮華，非先王之法言。」

此則以老莊清談直與樗蒲牧豕奴戲並言，則清談自不關思想與學理方面，而僅成爲當時日常人生中一種消遣游戲可知。

齊書柳世隆傳云：

世隆少立功名，晚專以談義自業。常自云，馬矟第一，清談第二，彈琴第三。在朝不干世務，垂簾鼓琴，風韻清遠，甚獲世譽。

此又以清談與馬矟、彈琴相提並論。總之，當時人之清談，乃是一種生活中的調劑與消遣，並不是在研求老莊哲理，此則不得不分辨清楚，否則無以瞭解當時人之生活實情。

世說新語有一則云：

裴散騎娶王太尉女，婚後三日，諸壻大會。當時名士王、裴子弟悉集。郭子玄在坐，挑與裴談，子玄才甚豐贍，始數交未快。郭陳張甚盛，裴徐理前語，理致甚微，四座咨嗟稱快。王亦以爲高，謂諸人曰：「君輩勿爲爾，將受困寡人女壻。」

又一則云：

羊孚弟娶王永言女，及王家見壻，孚送弟俱往。時永言父東陽尚在，殷仲堪是東陽女壻，亦在座。孚雅善理義，乃與仲堪道齊物，殷難之。羊云：「君四番後，當得見同。」殷笑曰：「乃可得盡，何必相同。」乃至四番後一通。殷咨嗟曰：「僕更無以相異。」嘆爲新拔者久之。

上引兩故事極相似，皆是新女壻上門，於宴會中作清談。所談盡是老莊玄虛。當時人避談政治，以免惹禍，不談經濟，以免俗氣。莊老玄虛可以出言玄遠，超乎於現實生活之上，豈不顯得風流雅致！當時人郊遊飲宴，婚姻喜慶，賓朋羣聚，都可成爲清談的場合。觴酌流連，於是有人提出一論題，有人在正面加以發揮，另有人從反面加以辨駁，此如今人開辯論會，雙方輪流發言，正如羊孚所云：「四番後當得見同。」王僧虔誡子書亦云：「談，故如射，前人得破，後人應解。不解，卽輸賭矣。」則清談乃成一種比賽，故以賭博爲譬，豈誠硏尋眞理乎！此處正可顯出論者的才情，又可表現其家庭門第的高下與雅俗。因此清談乃是當時門第中人，社交應酬中必不可缺的一項才藝。亦卽是一種風流也。

王僧虔誡子書云：

「談」何容易。見諸元，志爲之逸，腸爲之抽。專一書，轉誦數十家注，自少至老，手不釋卷，尙未敢輕言。汝開老子卷頭五尺許，未知輔嗣何所道，平叔何所說，馬、鄭何所異，指例何所明，而便盛於麈尾，自呼談士，此最險事。設令袁令命汝言易，謝中書挑汝言莊，張吳興叩汝言老，端可復言未嘗看邪？談故如射，前人得破，後人應解。不解，卽輸賭矣。且論注荆州八袠，又才性四本，聲無哀樂，皆言家口實，如客至之有設也。汝皆未經拂耳瞥目。豈有庖廚不修，而欲延大賓者哉？

可見當時清談，正成爲門第中人一種品格標記。當時門第中人自成一流品，以別於社會之平俗，因此在交際場中如不擅清談，便失了自家體面，如客來沒有一餐美饌招待。又如不能打麻雀玩撲克，不能跳舞歌唱，終是交際場中一缺憾。於是清談遂爲當時門第裝點門面，周旋酬酢中一項重要項目。故當時門第中賢家長必敎戒子弟注意這項才藝，亦多憑清談話題，來考驗子弟們的天姿共學養。換言之，當時人實以清談爲門第中人考驗夠格與否的一種標準。我們當把文學與清談視爲當時門第中人在人生藝術上的兩種表現，庶近實情。然而此兩項，若無一更高標準，流於浮華，終是有害無益。

除文學清談外，當時門第中人尙多看重其他藝術。顏氏家訓雜藝篇所載共分九類。一、書法。二、繪畫。三、弓矢射藝。四、卜筮。五、算術。六、醫方。七、音樂琴瑟。八、博戲圍棋。九、投壺與彈棋。

書法與繪畫兩項，在中國文化傳統中占極重要地位。當時門第中人重視書法繪畫，正如其重視詩文一般，皆爲高貴身分之一種應有修養與應有表現。弓矢射藝本爲濟身之務，古代六藝中已有射，亦高貴身分之一種表現。

梁元帝金樓子以卜筮爲神明。南朝尙易，易爲卜筮之書。因門第中人對禍福觀念特爲敏感，故多信此。算術亦本是六藝之一，古代學者論天道定律曆，皆必通算術。醫方亦爲門第所重，求免疾病長得健康亦避禍求福一要端。彈琴與圍棋，亦是貴族清閒生活中一種高貴娛樂，既可陶冶性情亦可習練心智。投壺彈棋更是一種消愁解悶的遊戲。觀於顏氏家訓雜藝篇所舉，更可見當時門第中人生活之情趣，以及其日常所愛好。要之，是一種高級生活，但若外面政治無辦法，內部門風家法有問題，則此等皆成要不得。非到隋唐統一盛運再來，魏晉南北朝此一時期中之門第，終必成悲局。而南朝門第，尤清閒，尤安適，斯其終成悲局亦越顯。

# 第五章　南北朝之寺院教育與山林講學

## 一、佛教之興盛

佛教入中國，遠在東漢初年。漢明帝永平中，曾遣使往西域求佛法。但當時社會儒學興盛，政治穩定，故佛教在中國社會未有影響。直到東漢末年，魏晉時代，上層政治不穩定，儒學亦已喪失精神，因此佛教漸盛，然此時所盛行的佛法，多屬小乘佛法，以輪廻果報福德罪孽觀念爲主，與中國民俗符籙祭祀陰陽巫道等，專務個人私求者相依附。高僧亦多來自西域，以翻譯經典爲務。如安世高、支樓迦讖、康僧會之類。魏文帝時，始准人民受戒爲僧。慧皎高僧傳載：中國僧人以朱士行爲最早，已在三國時。可知在東晉南渡前，佛法尚少與中國上流學術界相接觸。

東晉南渡，佛學開始影響及於中國的上層學術界，其時僧侶如竺法深、支道林等，皆兼通周易、莊、老之學，每與名士互以淸談辯論玄理。殷浩北伐失敗，大讀佛經，要與支道林辯論佛理。孫綽著道賢論，以名僧七人媲美竹林七賢。當時北方五胡君主尤崇佛法，最著名者爲後趙石虎、石勒、崇信西藏僧人佛圖澄。

高僧傳謂：

竺佛圖澄憫念蒼生，常以報應之說，戒二石之兇殺，蒙益者十有八九。

又謂：

佛圖澄道化既行，民多奉佛，營造寺廟，相競出家。中書令著作郎王度奏禁之。石虎下書曰：「度議佛是外國之神，非天子諸華所宜奉。朕生自邊壤，君臨諸夏，饗祀應兼從本俗。佛是戎神，正所應奉。」

稍後到後秦姚興，崇信鳩摩羅什，迎至長安待以國師之禮。於是公卿以下莫不欽附，自遠而至者五千餘人，北方佛法如日中天。

下至南北朝時代，佛學在中國始成爲上下信奉的一個大宗敎。自道安、鳩摩羅什以下，宏闡大乘佛法，以世界虛實名相有無爲思辨之主題，重在宇宙論方面，哲學的意味已勝過了宗敎，正可與中國老莊玄學相扶會。最初傳譯至中國的佛經，多屬小乘，鳩摩羅什來長安，大乘經典的傳譯宏揚多出其手。

當時君主不少爲佛門弟子。南朝如宋明帝、齊明帝、梁武帝、陳武帝，尤以梁武帝信佛之深，使佛法更盛極一時。當時京師內寺剎多至七百，宮內華林園爲君臣講經之所，宮外同泰寺，爲帝王捨身之區。梁武帝曾三度捨身入寺，與衆爲奴，羣臣以一億萬錢奉贖。陳武帝幸大莊嚴寺捨身，陳後主卽位年亦在弘法寺捨身，爲無遮大會，道俗會者五萬人。郭祖深與櫬上疏謂：

> 僧尼十餘萬，資產豐沃。道人又有白徒，尼則皆畜養女，天下戶口，幾亡其半。恐方來處處成寺，家家剃落，尺土一人，非復國有。

於此可見南方佛敎之盛。北朝繼五胡影響，開始卽奉佛，至太武帝時，因信道敎，并懷疑沙門謀反，遂有「諸佛圖形像及胡經盡皆擊破焚燒，沙門無少長悉坑」之詔，至太武帝卒，文成帝立，佛法又興起。其被廢棄者達七年。自此朝廷上下信佛，建功德，求福田饒益，造石窟佛像立寺，窮土木之力，使北方佛敎藝術超卓，氣魄偉大，僧人亦代有增加。據釋老志表，北朝至北魏孝明帝末年，寺院竟多至三萬餘所，僧尼二百餘萬人。

又據開元釋教錄，以唐開元時尚存者言，自三國下至隋，譯經一千六百二十一部，四千一百八十六卷，譯人一百一十八人。若據隋志，包括遺失在內，乃有二千三百二十九部，七千四百一十四卷，數量鉅大驚人。當時繙譯佛經工作艱巨，一則因交通不便，佛經傳入不易，再則梵文語言隔閡，必須有外來高僧合作，口譯筆潤分工，方可完成。此一時期單就佛書繙譯工作言，已可永爲後人仰嘆。

此後北方的政治情態慢慢恢復到秦漢大一統的傳統局面，隋唐統一盛運復興，佛學亦起新蛻變，教義精神逐漸中國化，而佛法重心亦逐步南移。此後佛教遂成爲中國文化中之一支，並傳播及於高麗、日本，其盛興雖主要有賴於中國之譯經，但更重要的則由於此時代高僧們之努力。佛法雖來自外國，但高僧們則多產自中國，此一層萬不可忽視，佛教之中國化，中國傳統文化精神之羼入佛教中，此皆中國高僧之功。

## 二、魏晉南北朝時幾名高僧

佛教中常說佛、法、僧三寶。佛創始說法，但要靠僧傳播。中國人說：「人能宏道，非道宏人。」此一時代中國高僧的宏法，實屬當時歷史上一大事。

### 釋道安

晉懷帝永嘉六年生，孝武帝太元十年卒。

道安是佛教史上第一位中國高僧，由他開始使外來佛教與中國文化傳統發生了影響。

金樓子載習鑿齒與道安在襄陽相見，謂：

鑿齒詣道安，值持缽趨堂，鑿齒乃翔往衆僧之齋。衆僧皆捨缽斂衽，惟道安食不輟，不之禮，習甚恚之。厲聲曰：「四海習鑿齒，故故來看爾。」道安應曰：「彌天釋道安，無暇得相看。」習愈忿云云，道安復云云，習無以對。

史稱習鑿齒「鋒辯天逸，籠罩當時。」道安能折服習鑿齒，可見其人格與學養之更不尋常。

習鑿齒有致謝安書云：

來此見釋道安，故是遠勝非常道士。師徒數百，齋講不倦。無變化技術可以惑常人之耳目，無重大威勢可以整羣小之參差，而師徒肅肅，自相尊敬，洋洋濟濟，乃是我由來所未見。其人理懷簡衷，多所博涉，內外羣書，略皆遍覩，陰陽算數之學，亦皆能通，佛經妙義，故所游刃。

此其所稱，無異似中國儒家傳統中之師生教學，而習鑿齒又謂其內外羣書，略皆遍覩。內書指佛經言，外書則指經籍諸子百家之書。是道安雖爲一僧人，而其學問所通，與中國社會傳統中重視之大儒並無二致。除其宏揚佛法外，從傳統教育事業看來，他也是一宏道之師。

湯用彤漢魏兩晉南北朝佛教史中論道安，他引梁慧皎高僧傳序錄曰：

自前代所撰多曰名僧。然名者本實之賓。若實行潛光，則高而不名，寡德適時，則名而不高。

湯氏繼此論曰：

蓋名僧者和同風氣，依傍時代以步趨，往往只使佛法燦爛於當時。高僧者特立獨行，釋迦精神之所寄，每每能使教澤繼被於來世。至若高僧之特出者，則其德行、其學識，獨步一世，而又能爲釋教開闢一新世紀，然佛教全史上不數見也。東晉之初，能使佛教有獨立之建設，堅苦卓絕，眞能發揮佛陀之精神，而不全藉淸談之浮華者，實在彌天釋道安法師。道安之在僧史，蓋幾可與於特出高僧之數矣。

蓋當時中國知識份子依賴門第爲避難藏身之所，但門第絕非人生之最高境界，旣不努力政治，則惟有移情出世，庶可尋得一最後之歸宿。此則儒不如道，道不如釋，故當時第一等高情遠抱之士惟有皈依佛教。此乃時代影響學術所宜有，因此門第盛而寺院興，事若相反，理則相成也。

**慧遠**

東晉成帝咸和九年生，安帝義熙十四年卒。

按蓮社高賢傳云：慧遠幼而好學，年十三，隨舅令狐氏遊學許洛，博綜六經，尤善莊老，宿儒先進莫不服其深致。年二十一，欲渡江從學范甯，南路梗塞，有志不遂。時道安建刹於大行常山，一面盡敬，以爲眞吾師也。初聞道安講般若經，豁然開悟，歎曰：「九流異議皆糠粃耳。」遂與母弟慧持投簪受業，精思諷誦，以夜續晝，因求直道場。至二十四，大善講貫。有客聞說實相義，往復問難，彌增疑昧，慧遠爲引莊子之說以相比類，惑者釋然，道安因許令不廢外典。常臨衆歎曰：「使道流東國者，其在遠乎。」

慧遠從道安十餘年後，南渡至廬山東林寺，三十餘年，時謂其「影不出山，迹不入俗。」唯以淨土克勤於念。慧遠迸客常以虎溪爲界，然四方景仰其人者紛至沓來。殷仲堪任荆州，入山展敬，與慧遠俱臨北澗松下，共談易道，終日忘倦。仲堪讚歎慧遠智識深明，實難庶幾，慧遠亦稱美仲堪之才辯如此流泉。其時司徒王謐護軍王默，並欽慕慧遠風德，遙致敬禮。慧遠嘗講喪服經，雷次宗宗炳等並執卷承旨，後次宗著義疏，首稱雷氏學，宗炳寄書責之曰：「昔與足下面受於釋和尚，今便稱雷氏邪。」

慧遠於佛法創淨土宗，當時有名儒劉程之、張野、周續之、張詮、宗炳，雷次宗等結社念佛，世號十八賢復率衆至百二十三人同修淨土之業。造西方三聖像，建齋立誓，令劉遺民著發願文，而王喬之等復爲念，佛三昧詩以見志。

尤其慧遠以喪服禮教授，其事頗值注意。當時大門第制度盛行，門第重禮法，而喪服禮尤爲其中極重要者，但於佛教無關。慧遠固兼通儒學，乃不厭講授喪禮，亦情存濟世。雷次宗師事之，後人以次宗與鄭康成並稱。可證慧遠雖爲佛教中一高僧，但同時亦可稱爲一大儒。漢儒通經致用，其用在政治，慧遠亦通經致用，其用在當時之門第社會也。可見當時高僧實與門第中人同爲不脫此一時代之共同面相。

## 竺道生

道生本姓魏，鉅鹿人，幼從竺法汰出家。

竺道生在佛學上有兩大貢獻，一是他提出頓悟義，一是他提出佛性人人本有義。實則此兩點相互通連，若人人本無佛性，如何能悟？悟是發乎人之內心的知見。宗教重在信仰，只要人人信佛卽可。而道生提頓悟之說，則把宗教精神沖淡了。據高僧傳載生公故事云：

> 六卷泥洹先至京都，生剖析經理，洞入幽微，乃說一闡提人皆得成佛。於是大本未傳，孤明先發，獨見忤衆。於是舊學以爲邪說，譏憤滋甚。遂顯大衆，擯而遣之。生於大衆正容誓曰：「若我所說反於經義，請於現身卽表癘疾。若於實相不相違背，願捨壽時據獅子座。」言竟拂衣而逝。後涅槃大本至於南京，果稱闡提悉有佛性，與前所說合若符契。

此一故事在中國佛教史上具有極大極深影響。佛教雖非產自中土，但魏晉南北朝以後，一直影響中國社會，而究其實，則佛教在中國影響之深，乃在佛教中國化以後。換言之，即是在佛教與中國傳統文化思想相結合後，始發生眞正大影響。而生公則爲促成此轉變之一主要人物。

生公說佛性人人具有，亦人人可悟，其義正與儒家孟子所謂人性皆善，人皆可以爲堯舜之義相通。中國儒家傳統思想本極看重自學，看重個人自身內心修養。依照生公所說，人人本有佛性，人人盡得成佛，端賴自己內心開悟，所重在己不在人，在內不在外，正與孟子義相通。自生公後，中國佛學遂逐步脫離迷信而轉向個人內心修養上，使外來宗教逐步與中國文化傳統中之教育精神相配合，始能在中國文化中生根。

下至唐代禪宗崛起。禪宗可稱爲道地中國化的佛教。尤以禪宗中產生了六祖慧能，更將宗教精神沖淡，而特重自我教育與人生修養。遂使生公爲佛學中國化栽根，到慧能而開花結果。這已是在初唐武則天時代了，我們將留到唐代時再講。

## 三、山林講學

兩漢私家教育始於西漢而盛於東漢，前已言及，後漢書儒林傳云：

王莽更始之際，天下散亂……四方學士，多懷協圖書，遁逃林藪。

又梁書儒林傳序稱漢時：

學於山澤者，至或就爲列肆。(南史儒林傳序同)

又據上篇所引兩漢私家教授之史料，可推知兩漢時期之私家教學，多有一面爲官，一面授徒。然多在平原鄉邑，惟王莽更始之亂，乃有隱居山林教學者。魏晉南北朝長時期政局動盪，朝代更迭，中央政府雖仍設有太學，然形同虛設，州郡地方教育更不待言。社會由世族門第所把持，又恰逢佛教興盛，當時第一流學者多入山門為僧徒，且兼通經史，為王室貴族名士所景仰。然在此長時期動盪中，山林之私家講學亦必有相當之興盛。

齊書高逸傳云：

明僧紹有儒術，隱長廣郡勞山，聚徒立學。（本傳）

顧歡八歲誦孝經、詩經，及長篤志好學。年二十餘，更從豫章雷次宗咨玄儒諸義……於剡天臺山開館。聚徒受業者常百人。（本傳）

臧榮緒，隱居京口教授。

初榮緒與關康之俱隱在京口，世號二隱。康之以墳籍為務，……弟子以業傳受，尤善春秋。

沈驎士，隱餘干吳差山，講經教授，從學者數十百人。各營屋宇，依止其側。

又梁書處士何點傳云：

在吳中石佛寺建講。

又云：

弟胤居若邪山雲門寺。……高祖踐阼，……乃敕胤曰：比歲學者殊為寡少，良由無復聚徒，故明經斯廢。……當敕後進有意向者，就卿受業。……。於是遣何子朗、孔壽等六人，於東山受學。……胤以若邪處勢迫隘，不容生徒，乃遷秦望山。山有飛泉，西起學舍，即林成援，因岩為堵，別為小閣室，寢處其中。……山側營田二頃，講隙，從生徒遊之。……胤年登祖（尚之）壽（七十二），乃移還吳，居虎丘西寺，講經論學，徒復隨之。

是在門第教育與寺院教育外，另有此一套山寺私人之講學，雖不能與前二者鼎足稱盛，然此乃戰國兩漢以來，私家講學之傳統之猶可稱述者，故特為誌其崕略於此。

# 第六章　魏晉南北朝時期的幾位教育家

中國全部歷史，若用另一眼光看，亦可說是一全部教育史。中國古人說，天地君親師，天地是屬宇宙自然界，君親是屬社會人文界，師之一職，教導人主宰天地，協和君親。師道昌則天下治，師道失則天下亂。上自政治，下至家庭，一切規劃措施，莫不有教育意義存在其間。此乃中國文化傳統之特見精神處，苟非深識其義，即無以讀中國史，亦無以曉中國文化。

魏晉南北朝是一天地閉、賢人隱的時代。亦可說，是師道不昌的時代，但師道總還是不絕。玆就此一時期之開始處與結束處，各舉一人，以爲之例。

## 管寧

管寧在三國之始，其人在政治上絕無表現，但後人尊之爲三國時代之第一人物。正爲他是師道所寄之一人物，亦可謂是其時一教育家。

字幼安，北海朱虛人。十六歲喪父，中表愍其孤貧，咸共贈賵，悉辭不受。與平原華歆、同縣邴原相友，俱游學於異縣。

東漢末，天下大亂，公孫度令行於海外之遼東，管寧遂與邴原及平原王烈等，避禍至遼東。公孫度虛館以俟。寧往見度，語唯經典，不及世事。因山爲廬，鑿坏爲室。時避難來者多居郡南，而寧居郡北，以示無遷志。一時越海來者，皆就之而居，旬月而成邑。遂講詩書，陳俎豆，飾威儀，明禮讓，非學者不見。由是公孫度安其賢，民化其德。邴原性剛直，清議以格物，度以下心不安之。管寧謂邴原曰：「潛龍以不見成德。」以言非其時，皆招禍之道也。（三國志補注引傅子）

皇甫謐高士傳曰：「寧所居屯落，會井汲者，或男女雜錯，或爭井鬬鬩，寧患之。乃各買器分置井傍，汲以待之。又不使知，來者得而怪之，問知寧所爲，乃各相責不復鬬訟。鄰有牛，暴寧田者，寧爲牽牛著涼處，自爲飲食過於牛主。牛主得牛大慙，若犯嚴刑。是以左右無鬬訟之聲，禮讓移於海表。」在遼東三十七年乃歸，凡公孫度等前後所資遺者，盡封還之。歸來，屢徵不仕。

管寧自越海及歸，常坐一木榻，積五十餘年，未嘗箕股，其榻上當膝處皆穿。卒時年八十四。

漢書補注引傅子曰：

寧每所居，姻親知舊鄰里有困窮者，縱儲雖不盈，檐石必分以贍救之。與人子言，教以孝。與人弟言，教以悌。言及人臣，誨以忠。貌甚恭，言甚順，觀其行邈然若不可及，卽之熙熙然甚柔而溫。因其事而導之於善，是以漸之者無不化焉。寧之亡，天下知與不知，聞之無不嗟嘆，醇德之所感若此，不亦至乎。

王船山讀通鑑論云：

史稱管寧高潔，而熙熙和易，因事而導人以善，善於傳君子之心矣。世之亂也，權詐興於上，偷薄染於下，君不可事，民不能使。而君子仁天下之道幾窮，窮於時因窮於心，則將視天下無一可爲善之人，而拒絕惟恐不夙。此焦先、孫登、朱桃椎之類，所以道窮而仁亦窮也。夫君子之視天下，人猶是人也，性猶是性也，知其惡之所自禀，知其善之所自隱。其禀也，非其固然，其隱也，則如宿草霜凋而根荄自潤也。無事不可因，無因不可導，無導不可善，喻其習氣之橫流，卽乘其天良之未喪，何不可與以同善哉。此則盎然之仁，充滿於中，時雨灌注，而宿草榮矣。惜乎時無可事之君，而寗僅以此終。非然，將與伊傅而比隆矣。嗚呼，不得之於君，可得之於友，而又不可得矣。不得之薦紳，可得之於鄉黨，而又不可得矣。不得之父老，可得之童蒙，而又不可得矣。此則君子之抱志以沒身，而深其悲憫者也。友之不得，君錮之。鄉黨之不得，薦紳熒之。童蒙之不得，父老蔽之。故寗之仁，終不能善魏之俗。君也，薦紳也，父老也，君子之無可如何者也。吾盡吾仁焉，而道窮於時，不窮於己，亦奚忍爲焦先、孫登、朱桃椎之孤傲哉。

## 附邴原

北海朱虛人，少與管寗俱以操尚稱。以黃巾方盛，遂至遼東。邴原在遼東，一年中往歸原居者數百家，游學之士，教授之聲不絕。後得歸，太祖辟爲司空掾。

原別傳曰：原十一歲喪父，家貧早孤，鄰有書舍，原過其傍而泣，師問曰：「童子何悲？」原曰：「孤者易傷，貧者易感。來書舍者必皆其有父兄，一則羨其不孤，二則羨其得學。心中惻然而爲涕零也。」師亦哀原之言，而爲之泣曰：「童子苟有志，我徒相教，不求資也。」於是遂就書舍，一冬之間誦孝經、論語。自在童齓中，已嶷然有異。

原舊能飲酒，自遠行游學後，八九年間酒不向口。單步負笈，苦身持力，至陳留師韓子助，潁川宗陳仲弓，汝南交范孟博，涿郡親盧子幹。臨別，師友以原不飲酒，會米肉送原，原曰：「本能飲酒，但以荒思廢業，故斷之耳。今當遠別，因見貺餞，可一飲燕。」於是共坐飲酒，終日不醉。

邴原到遼東，積十餘年後，乃遁還。南行已數日，而公孫度甫覺，度知原之不可復追也，曰：「邴君所謂雲中白鶴，非鶉鷃之網所能羅矣。」邴原自反國土，於是講述禮樂，吟詠詩書，門徒數百，服道數十。時鄭玄以博學洽聞注解典籍，故儒雅之士集焉。原亦以高遠清白，頤志澹泊，口無擇言，身無擇行，故英偉之士向焉。是時海內清議云青州有邴鄭之學。

## 王　通

管寧、邴原皆為三國魏世人物，王通在隋初為魏晉南北朝最後一位大教育家。有關王通事蹟，因附會太過，離眞太遠，遂使後人生疑。王通事之見於正史者，為舊唐書王質傳及新舊唐書之王勃王績傳。

舊唐書王質傳曰：

五代祖通，字仲淹。隋末大儒，號文中子。

王勃傳曰：

祖通，隋蜀郡司戶書佐。大業末，棄官歸，以著書講學為業。依春秋體例，自獲麟後，歷秦漢，至於後魏，著紀年之書，謂之元經。又依孔子家語、揚雄法言例，為客主對答之說，號曰中說，皆為儒士所稱，義寧元年卒。門人薛收等相與議諡曰：文中子。二子福時、福郊。

王績傳曰：

兄通，字仲淹。大業中名儒。號文中子。

新唐書王績傳曰：

兄通，隋末大儒也，聚徒河、汾間，放古作六經，又爲中說，以擬論語。

王勃傳曰：

初祖通，隋末居白牛溪教授，門人甚衆。嘗起漢魏盡晉，作書百二十篇，以續古尙書。

上舉各條述王通事蹟，知爲隋末大儒，著有中說，決應無疑義。今中說一書尙傳，讀其書，卓然粹然，確爲儒家言。故後人尊王通，乃前與董仲舒、揚雄，後與韓愈並尊。先秦以下，兩宋以前，舉儒家言，必及此四人。凡人與事皆可僞，書中有思想義理，必有具此思想，陳此義理之人，作爲此書，必然無疑。如老子爲孔子師，騎牛西渡函谷關，此人與事可僞，但老子書五千言，必有一作者，則不得謂之僞。

今據中說，知王通在北方亦一門第世家。故中說中屢引及其祖先之言，知王家在其時，雖非一大門第，在北朝政治上無大表現，然當是一書香之家。王通之學，即其家世所傳。

王通之年壽亦無可考，然中說書中，多爲北朝人語，知王通生年當在北朝。雖下及隋室一統，然其著書，或尙在隋室未統一之前，故不爲隋室統一後語。其弟其子其孫，在唐代皆知名。或是其子與孫，因通在生前於政治上無表現，遂僞說唐初名臣如房玄齡、杜如晦、魏徵等皆爲通之門人，將其姓名妄羼入中說書中，遂滋後人之疑。然此乃僞羼者之無識，亦同時可知中說之書，決不能出此輩無識僞羼者之手。則知當北朝之時，必確有王通其人，確有白牛溪講學其事，確著有中說其書。

今中說中既確然有粹然卓然之儒家言，則王通實乃其時一教育家。雖其所教育未有傑出有名於世者，然讀中說其書，而謂王通乃當時一教育家，亦可確然無疑。

故今特以管寧爲此一時期開始一教育家，以王通爲此一時期結束一教育家。雖管寧僅能知其行事，而無著書，王通僅有著書，而不能考其行事，然此無害，皆可舉其一偏而論定其爲人矣。亦可說管寧乃前一時期之遺傳人物，王通乃後一時期之開先人物。邴原與管寧人物相等，只爲做了魏朝一官，故後人稱重之遠不如管寧。而王通著書，其子孫乃必以唐初名臣僞稱爲通之門人，此亦證時代變則所望於人物者，亦必隨而變也。

# 參考書目


三國志

南史

北史

顏氏家訓

金樓子

齊書

梁書

舊唐書

新唐書

世說新語

文獻通考

五禮通考　清秦蕙田著

圖書集成

二十二史劄記　清趙翼著

讀通鑑論　清王船山著

中國文化史　柳詒徵著

漢魏兩晉南北朝佛教史　湯用彤著

國史大綱　錢穆著

中國思想史　錢穆著

中國學術思想史論叢第三册　錢穆著

國史新論　錢穆著

中國傳統教育制度與教育思想　政治大學教育研究所講稿　錢穆

唐史研究叢稿　嚴耕望著

三國兩晉南北朝紀要　李季文著

# 第五篇　門第與寺院教育下期——隋唐五代

中國經過了四百年的分崩動亂，終於盛運再臨，而有隋唐政府的大一統。這是指上層政治而言。至於隋唐的社會，卻仍是延襲着魏晉南北朝，其主要重心，仍在門第與寺院。此正如魏晉南北朝繼東漢以後，政治雖變，而社會重心在士族大門第，仍是延襲東漢而來。門第在動亂的政局中確立了不可動搖的地位，影響此下幾百年歷史。下至隋唐，門第漸衰，而佛教則更興盛起來，因此我們稱隋唐五代期的教育，仍為門第與寺院教育期，與前一期不同的，是佛教影響更勝過了門第。其情況可用下圖表示出。

| 東漢 | 魏晉南北朝 | 隋唐五代 | 北宋 |
| --- | --- | --- | --- |
| ……→ | 門第教育的影響 | ……→ | |
| | | 寺院教育的影響 | → |

唐代初期，門第依然有相當的勢力，此可從新唐書宰相世系表看出。而其時的門第則以北方為盛。到安史亂後，北方一切情形不如南方。又因唐代考試制度，平民寒士可以懷牒自由報考，門第中人亦得

與平民同等競試，因此唐中葉以後，門第漸衰落了。此時佛教勢力則繼漲增高。

唐初政府有意恢復漢代國家教育之制度，大興學校，然爲時短暫，武后臨朝以後，學校卽趨墮廢。唐代的科舉考試制度與學校平行，爲唐初入仕之一途，但中葉以後考試制度獨占上風，又漸漸偏重於進士科之詩賦，政府偏用文吏，而吏治亦因之日壞。本篇當略述其梗概。

# 第一章　唐初的國家教育

隋唐政府大部分接着北方胡人系統。北方在北魏孝文帝時，即盡力提倡漢化，北周有蘇綽講周禮，根據儒家經義來創建種種國家的法制。隋唐制度大部分根據蘇綽所創演變而來，因此隋唐得天下後，即想復興漢代的國家教育。隋文帝初年，頗與學校。隋書儒林傳序云：

於是四海九州，強學待問之士，靡不畢集。天子乃整萬乘，率百寮，遵問道之儀，觀釋奠之禮。博士罄懸河之辯，侍中竭重席之奧，考正亡逸，研覈異同，積滯羣疑，渙然冰釋。於是超擢奇儁，厚賞諸儒，京邑達乎四方，皆啓黌校。齊魯趙魏學者尤多，負笈追師，不遠千里，講誦之聲，道路不絕。中州儒雅之盛，自漢魏以來，一時而已。及高祖暮年，精華稍竭，不悅儒術，專尚刑名，執政之徒，咸非篤好。

文獻通考云：

唐制凡學六，皆隸於國子監。

柳詒徵中國文化史論隋唐制度云：

唐代京師學校皆隸於國子監，沿隋制也。其學校有六。一曰國子，二曰太學，三曰四門，四曰律學，五曰書學，六曰算學，其學生以階級分之。

唐六典云：

國子博士掌教文武官三品以上，及國公子孫，從二品以上曾孫之爲生者。太學博士掌教文武官五品以上，及郡縣公子孫，三品曾孫之爲生者。四門博士掌敎文武品七品以上，及侯伯子男子之爲生者，若庶人子爲俊士生者。律學博士書學博士算學博士掌敎文武官八品以下，及庶人子之爲生者。

舊唐書儒學傳序云：

唐高祖頗好儒臣，義寧三年，令國子學置生七十二員，取三品以上子孫。太學置生一百四十員，取五品以上子孫。四門學生一百三十員，取七品以上子孫，上郡學置生六十員，中郡五十員，下郡五十員，上縣學並四十員，中縣三十員，下縣二十員。

據上所引，知唐初立學，主要爲皇族子孫及功臣子弟，庶人子弟則附屬而已。

學風之盛，以唐太宗時爲最。舊唐書儒學傳序云：

貞觀初，太宗數幸國學，令祭酒博士講論畢，賜以束帛，學士能通一大經已上，咸得署吏。又於國學增築學舍一千二百間，國學四門博士亦增置生員，其書算合置博士學生以備藝文，凡三千二百六十員。其玄武門屯營飛騎，亦給博士，授以經業，有能通經者，聽之貢舉。是時四方儒士多抱負典籍，雲會京師，俄而高麗及百濟新羅高昌吐蕃等諸國酋長亦遣子弟請入。於國學之內，鼓篋而升講筵者，八千餘人，濟濟洋洋焉。儒學之盛，古昔未之有也。

惟此種興盛的學風爲時不久，到高宗時，便漸衰，及武后稱制，學風大壞。舊唐書儒學傳序云：

高宗嗣位，政敎漸衰，薄於儒術，尤重文吏，於是醇醲日去，華競日彰，猶火銷膏而莫之覺也。及則天稱制，以權道臨下，不𢖍官爵，取悅當時。其國子祭酒多擾諸王及駙馬都尉，至於博士助敎，唯有學官之名，多非儒雅之實。將取弘文國子生充齊郎行事，皆令出身放選，前後不可勝數，因是生徒不復以經學爲意，唯苟希僥倖，二十年間，學校頓時隳廢矣。

弘文館屬門下省，唐武德四年設，乃文吏萃萃之所，與學校教育無關，至於武則天時，諸王駙馬皆得領國子學祭酒，其教育腐敗可想而知。

劉祥道上疏謂：

永徽（高宗初）以來，庠序諸生未聞甄異，獎勵之道未周。

又中宗時韋嗣立上疏謂：

國家自永淳（高宗末）以來，三十餘載，國學廢散，胄子衰缺。時輕儒學之官，莫存章句之選。貴門後進，競以僥倖昇班。寒族常流，復因陵替弛業。

此因武后「重用刑，輕用官」（楊嗣復語）。經此攪亂，唐初以來，士風激變，儒業亦驟衰，學校教育終於不振。

玄宗時，重欲提倡儒學，學校教育雖曾一時復興，然而天寶安史亂後終於一蹶不振，舊唐書儒學傳序云：

玄宗在東宮，親幸太學，大開講論，學官生徒各賜束帛。及即位，數詔州縣及百官薦舉經通之士，又置集賢院招集學者，校選募儒士及博涉著實之流，以爲儒學篇。

是玄宗爲太子時，已提倡儒學，即位後更積極。

舊唐書禮儀志云：

舊例兩京國子監生二千餘人，弘文館、崇文館、崇元館皆廩飼之。十五載，上都失守，此事廢絕。

據此知開元十五年前，雖不能與貞觀時相比，而兩京生員尙有二千餘人。自天寶安史亂後，國家遭受長期內亂，地方藩鎮割據，有唐一代雖稱盛世，嚴格說來，中央政府統一，自高宗至玄宗天寶十四年，前後不過一百多年。安史亂後，中央統一已僅具一虛名，內則宦官弒立，外則藩鎮擅權，中央經濟凋零，財政困難，學校教育更是一蹶不振。代宗時有詔勅云：

頃以多難，急於經略，大學空設，設生蓋寡，絃誦之地，寂寥無聲。函丈之間，殆將不掃。

代宗雖欲振興，而久經戰亂，經濟不景氣，所作爲實有限。廣德二年詔曰：

古者設太學教胄子，雖年穀不登，兵革或動，而俎豆之事不廢。頃年戎車屢駕，諸生輟講，宜追學生在館習業，度支給厨米。

蕭昕爲國子祭酒，建議崇太學以樹教本。代宗悟其言，又詔羣臣有籍於朝及神策六軍子弟肄業者，聽補生員（文獻通考）。直至憲宗時，生員始有定數。

文獻通考云：

憲宗元和二年，置東都監生一百員。自天寶後，學校益廢，生徒流散。元和二年，定生員，西京國子館生八十人，太學七十人，四門三百人，廣文六十人，律館二十人，書算館各十人。東都國子館十人，太學十五人，四門五十人，廣文十人，律館十人，書館三人，算館二人而已。

至是生員雖有定數，實際情況恐不足額。韓愈請復國子監生徒疏曰：

國家典章崇重庠序，近日趨競，未復本原，至使公卿子弟恥遊太學，工商凡冗或取上庠。……其厨糧度支，先給二百七十四人，今請準新補人數量加支給。

則其時國家教育之衰微大可想見。天寶後，不僅學校教育更形頹廢，而學風之壞，亦頗爲時人所譏。柳宗元與太學諸生書云：

僕少時，嘗有意遊太學，受師說，以植志持身。當時說者咸曰：「太學生聚爲朋曹，侮老慢賢，有墮窳敗業而利口食者，有崇飾惡言而肆鬭訟者，有淩傲長上而誶罵有司者。其退然自克，特殊於衆人者無幾耳。」僕聞之，遂退託鄉閭家塾，考厲志業，過太學之門，而不敢蹋顧。

是其學風之窳敗可想，故終唐一代，學校教育實遠不能與漢代相比。下迨五代，前後只有五十三年，同時割據者尙有十國，政治黑暗，社會紛擾，雖亦歷代照例有國學頒置學令，自更談不到國家教育。其時官學旣衰，好學之士大多隱居敎授者。玉海云：

相共擇勝地精舍爲羣居講習之所。

自此遂下開宋代書院講學之先聲。

# 第二章　唐代的考試制度

唐初依仿漢制興辦國家教育，但並無成效，已如上章所述。又仿漢代之察舉制度，改爲考試制度。其實察舉制到東漢已漸生流弊。文獻通考載：

冲帝永嘉元年，尚書令左雄議，改察舉之法。限年四十以上，儒者試經學，文吏試章奏。胡廣駮之，詔從雄議。

據此知東漢時之察舉，一則已加年限，再則又加考試。到唐代則正式改察舉爲考試，後世稱之爲科舉。自唐迄於清末，成爲國家正式取士制度，逾千年之久未嘗有變。

## 第一節　唐代士人的出身

文獻通考云：

隋陽帝始建進士科。

新唐書選舉志云：

唐制取士之科多因隋舊。其大要有三，由學館者曰生徒，由州縣者曰鄉貢，皆外于有司而進退之。其天子自詔者曰制舉，所以待非常之才。

以上三途：

一、生徒，由學館——此沿漢代之博士弟子員制。

二、鄉貢，由州縣——此沿漢代之郡國察舉孝廉制。

三、制舉，由天子自詔——此沿漢代賢良方正制，其目標在求才，由天子親臨試。

五禮通考秦蕙田案：

唐世制科之目，見於登科記者，有賢良方正，能直言極諫科。博通墳典，達於教化科。識洞韜略，堪任將帥科。清廉守節，政術可稱，堪任縣令科。孝弟力田，聞於鄉閭科。詳明政術，可以理人科。……而王伯厚因學紀聞云：「唐制舉之名多有八十有六」，則登科記所載尚有未盡者矣。

五禮通考又引洪氏容齋隨筆云：

唐世制科，舉目猥多，徒異其名耳，其實與諸科等也。

可知唐制科目雖多，實無甚大相異，且制舉並無定期。蓋唐初士人出身實際重要的只是由學館出身的生徒，及由州縣所舉的鄉貢兩途，此皆明沿漢制。惟唐代學校教育自武后稱制後，即已有名無實，因此生徒由學館之一途，漸不受社會重視。而貢舉則每年例必舉行一次。唐代士人出身，主要遂只集中在鄉貢一途。科舉考試代替了學校教育，唐以後遂成爲一大趨勢。於是教育歸之社會自由，而科舉考試則定爲政府法令。教育與考試，漢唐之輕重倒轉。大體說之，也可謂漢代重在國家造士，而唐代則只重取士，不再以造士爲務。此因漢初社會士少，唐代則士風已盛，故漢唐所務有不同。此爲治中國教育史者所不可不知。

唐書選舉志云：

其舉選不由館學者，謂之鄉貢，皆懷牒自列于州縣。

所謂懷牒自列，即是公開自由報考，此與漢代之察舉制又大不同，漢代察舉而兼有考試，此乃後起之事。唐代則逕以考試代替了察舉。亦可謂唐代教育都由社會自由，而考試制實亦較漢代察舉爲自由。以此言之，唐代政府在教育方面其責任實較漢代爲輕。

今以漢唐兩代士人的出身相比，其不同之點有二：

一、漢代太學生考試分兩等。甲等爲郎，可直接加進中央郎署。乙等爲吏，則需回本郡，按年再俟察舉，然後再有入中央郎署之機會。唐代已無像漢代之郎署，生徒自學校畢業便可直接爲官，地方貢舉經過考試也可直接爲官。

二、漢代地方察舉之權在太守，每年每地有一定名額限止。唐代則由民間自由報名投考，各地方報考人雖在本地亦經一番考試，但不重要，逕可送到中央，再經考試，以定取錄。

據此兩項比較，可知漢代中央法制之權，遠勝過地方之自由。而唐代則地方自由之權遠勝過中央之法制。此乃中國歷史演變一大趨勢，惟只是漸變，不是劇變，非詳悉史實，則不易驟知。

## 第二節　唐代考試制度及其利弊

唐書選舉志云：

其科之目有秀才，有明經，有俊士，有進士，有明法，有明字，有明算，有一史，有三史，有開元禮，有道舉，有童子。而明經之別有五經，有三經，有二經，有學究一經，有三禮，有三傳，有史科，此歲之常選也。

此所言貢舉之分目，似甚衆多，然其中最主要者，實只有秀才、明經、進士三科。而秀才一科須高才博學傑出者，始可應舉，本爲政府重視，後因地方官所舉秀才多不合格，政府規定舉不合格者，地方官連帶受處罰，於是地方官不鼓勵人民報考，此科遂絕。

文獻通考云：

有司選士之法，因時增損不同。初秀才科等最高，有上上，上中、上下、中上凡四等。貞觀中，有舉而不第者，坐其州長，由是廢絕。……天寶初，禮部侍郎韋陟始奏請有堪此舉者，令官長特薦，其常年舉送者並停，自是士族所趣向唯明經進士二科而已。

又

高宗永徽二年始停秀才科。

據此知唐代國家考試，主要雖有秀才、明經、進士三科，而秀才一科存在時期實甚短，自高宗永徽二年停科後，卽不再行，則唐代考試主要實只有明經進士兩科。

文獻通考云：

凡明經先帖文，然後口試，經問大義十條，答時務策三道，亦爲四等。

又

凡舉司課試之法，帖經者以所習經掩其兩端，中間開唯一行，裁紙爲帖。凡帖三字，隨時增損，可否不一，或得四，或得五，或得六爲通。後舉人積多，故其法益難，務欲落之，至有帖孤章絕句，疑似參互者以惑之。……其於平文大義或多牆面焉。

又

開元十七年，國子祭酒楊瑒上言，主司帖試明經，不務求述作大旨，專取難知，問以孤經絕句，或年月日，請自今並帖平文。

是明經考試重在帖經，帖經專務記誦，因此爲士人所不貴，而專以出身進士爲貴。

文獻通考云：

凡進士試時務策五道，帖一大經，經策全通爲甲第。策通四，帖過四，以上爲乙第。

是進士初試有時務策，乃其所重，卽猶漢代之賢良對策。但非自初卽然。

文獻通考又云：

（高宗）永隆二年考功員外郎劉思立言，明經多鈔義條，進士唯誦舊策，皆亡實才，而有司以人數充第。乃詔自今明經試帖十得六以上，進士試雜文二篇，通文律者，然後試策。

是此時顯是進士試策，明經帖經各自分別。

五禮通考秦蕙田案：

隋大業中置進士科，試以策問，唐初亦因之。高宗永隆二年，詔進士試雜文兩篇，通文律，然後試策。所謂雜文，卽詩賦之類也。天寶十一載，詔進士帖經既通，而後試文、試賦各一篇，文通而後試策。是則進士一科，永隆以前止有對策，天寶以前有策有詩賦，天寶以後，有帖經、有策、有詩賦，無專試策與帖經之事。志（唐書選舉志）所云進士試時務策帖一大經，經策皆通爲甲第者非也。又進士試有雜文始於高宗之世，而說者謂隋以詩賦取士亦誤矣。

據此則知唐代進士科考試屢經改變，遞有增加，遂有帖經、考詩賦及試時務三項。然帖經重在記誦，對策所出策問自有限制，國家大事只此數項，又可記誦他人舊策鈔襲應對，因此都不易分別出考生的資才高下。只有詩賦範圍既廣，可以自由創作，表現個人的聰明智慧，於是社會風氣漸漸趨重進士一科。而進士科又漸漸趨重詩賦一目，此是後來之事。即在開元以前亦尚未專重進士科，故天下名士多雜出他途者。待開元以後始獨重進士，專尚文學，成為風氣。

文獻通考引洋州刺史趙匡舉選議曰：

> 進士者時共貴之，主司褒貶實在詩賦，務求巧麗，以此為賢，溺於所習，悉昧本原。欲以啓導性靈，獎成後進，斯亦難矣。故士林鮮體國之論。

文獻通考又云：

> 開元二十五年敕曰：「進士以聲韻為學，多昧古今，明經以帖誦為功，罕窮旨趣。」

可知進士科偏重詩賦之流弊，在唐中葉開元時已顯露，然世風所趨，無以改變，而流弊越演越烈。

文獻通考云：

> 憲宗元和中，中書舍人李肇撰國史補其略曰：「進士為時所尚久矣，是故俊義實在其中。由此而出者，終身為文人，故爭名常為時所弊。」

是謂科舉所重在此，一時人才勢必集中於此，故雖知其流弊而終亦無法矯挽也。

以上言唐進士科之流弊，以下再繼言明經科。終唐之世明經一科未聞廢除。且據史料所載，歷屆明經取士之數尚高於進士。

文獻通考載：

> 德宗貞元十八年敕明經進士，自今以後，每年考試所收人，明經不得過一百人，進士不得過二十人，如無其人，不必要滿此數。

又

（文宗）太和九年，中書門下奏，面奉進止，令條流進士數及減下諸色入仕人等。進士准太和四年格及第，每年不過二十五人，今請加至四十人。明經准太和八年敕減下人數外，及第不得過一百一十人，今請再減下十人。

又

進士大抵千人得第者百一二，明經倍之，得第者十一二。

又

武宗會昌五年舉格節文，公卿百家子弟及京畿內士人寄客外州府舉士人等，修明經進士業者，並隸名所在監及官學，仍精加考試。所送人數其國子監明經舊格，每年送三百五十人，今請送二百人，進士依舊格送三十人……。

文宗、武宗已在晚唐時期，可證明經一科終唐世都舉行，因進士爲世所重，故限額嚴而錄取少，明經一科爲世所輕，故限額寬而所取多。惟在政治上騰達者都出進士科，而明經科出身者，則在政治上不佔重要之地位，兩科之不同如此。也見唐代政治其流風所趨，重文學輕經術，此又爲唐代與兩漢政風之不同。

唐代科舉取士，士子可各在本州縣自由報名，地方政府雖也有一道考試，而並不重要，重要在中央政府每年舉行的考試。中央政府此項考試初由考功員外郞主持。

文獻通考云：

舉選不繇館學者，謂之鄉貢，皆懷牒自列於州縣。試已，長吏以鄉飲酒禮會屬僚，設賓主，陳俎豆，備管絃，牲用少牢，歌鹿鳴之詩，因與耆艾敍長少焉。旣至省，皆疏名列到，結欵通保及所居，始由戶部集閱，而關於考功員外郎試之。

開元以後改由禮部侍郎主之。

文獻通考載：

開元二十四年，考功員外郎李昂，爲舉人詆訶，帝以員外郎望輕，遂移貢舉於禮部，以侍郎主之，禮部選士自此始。

至此，科舉先經禮部應試及第後，尙須再經吏部試。禮部考試及格，卽爲進士及第，便取得了做官資格，至於實際的分發與任用，則須通過吏部的再考試。

唐書選舉志云：

凡選有文武，文選吏部主之。擇人之法有四，一曰身，體貌豐偉。二曰言，言辭辯正。三曰書，楷法遒美。四曰判，文理優長。四事皆可取，則先德行。德均以才，才均以勞。得者爲留，不得者爲放。

是吏部試重在其人之儀表口才，以及行政公文等。大抵禮部所考重在學，而吏部所考重在才。禮部已及第，而吏部有屢試不被錄用者，最著者如韓愈之上宰相書，自言「四舉於禮部乃一得，三選於吏部卒無成。九品之位其可望，一畝之宮其可懷，遑遑乎四海無可歸，洫洫乎飢不得食，寒不得衣。」乃不得已而三上宰相書求仕。如韓愈之一代大儒，而其考試蹭蹬如此，則其他人更可想。此因唐代是公開考試制，可以自由報名應考。政府廣泛的開放政權，漸漸形成士人充斥，官少員多之患，其勢至於官倍於古，士十於官，求官者又十於士。於是士無官，官乏祿，而吏攬人（玄宗時劉秩語）。文獻通考曾云「且有出身二十年不獲祿者。」這一種現象，其初並非科舉制度之弊病，科舉制亦只在唐代之政權公開的趨勢下存在。惟到中葉以後，唐代入仕之途逐漸集中到科舉一項，於是政權公開之弊病，遂全由科舉制保留而呈顯。

唐初入仕之途，科舉考試只不過是其中的一項。高宗時，劉祥道疏云：

歲入流千五百，經學時務比雜色人三分不及一。

文獻通考載：

開元十七年，國子祭酒楊瑒上言，伏聞承前之例，每年應舉常有千數，及第兩監不過一二十人，……臣竊見入仕諸色出身，每歲尚二千餘人，方於明經進士多十餘倍，則是服勤道業之士不及胥吏之得仕也。陛下設學校，務以勸進之，有司爲限約，務以黜退之。臣之微誠，實所未曉。今監司課試十已退其八九，考功及第又不收一二，若長以爲限，恐儒風漸墜，小道將興。若以出身人多，應須諸色都減，豈在獨抑明經進士也。

宋馬永卿言：

唐開元以前未嘗尙進士科，故天下名士雜出他塗。開元以後，始尊崇之，故當時名士中此科者十常七八。

蓋在唐中葉以前，南北朝以來，門第勢力依然存在，故門第仕進亦比進士明經等科第容易，政府高官要職仍多用世家子。唐初之竭意政權公開，亦卽爲矯此積弊也。

高宗時魏玄同疏云：

今貴戚子弟，例早求官，髫齔之年，已腰銀艾。或童丱之歲，已襲朱紫。弘文崇賢之生，千牛輦脚之類，課試旣淺，藝能亦薄。而門閥有素，資望自高。

玄宗時源乾曜上疏云：

形要之家，併求京職，俊艾之士，多仕外官，王道平分，不克如是。

此證高宗、玄宗時，門第入仕，尙遠在進士等科考試之上。而科擧儀式亦不嚴，更有些近於輕視。

憲宗元和中舒元輿上論貢士書謂：

臣得備下士貢士之數，到闕下月餘，待命有司，始見貢院懸版樣，立束縛檢約之目，勘磨狀書，劇責與吏胥等倫。臣幸狀書備，不被駁放，得引到尙書試。試之日，見八百人，盡手攜脂燭水炭，洎朝晡餐器。或荷於肩，或提於席。爲吏胥縱慢聲大呼其名氏。試者突入，棘圍重重，乃分坐廡下。寒餘雪飛，單席在地。唐、虞闢門，三代貢士，未有此慢易。

則其考試儀式之不免對應考者多所慢易，直至唐中葉以下皆然。而唐代之考試規格亦並不甚嚴，當時有所謂公卷與通榜。所謂公卷者，應進士試者，得將自己平時所爲詩文先投於京師達者，如蒙政府先進王公大人之欣賞，可以爲之延譽。這是在考試前便於主考者，先求采名譽觀素學，此尙近情理。而待到正式考試後，竟可不問當場考試成績，而徑自錄取一輩知名之士，甚至榜帖亦可請人代擬，稱爲通榜。例如鄭灝都尉第一榜，託崔雍員外爲榜帖。又如

天中記載：

貞元七年杜黃裳知擧，聞尹樞時名籍甚，乃微服訪之。問場中名士，樞唯唯。黃裳乃告曰：「某即今年主司也。受命久矣，唯得一人，其他不能盡知，敢以爲請。」樞聳然謝云：「旣辱下問，敢有所隱」，即言子弟有崔光略孤寒有材藻，令狐楚數人。黃裳大喜。其年樞狀頭及第。

又容齋四筆載：

唐世科舉之柄，顓付之主司，仍不糊名，又有交朋之厚者爲之薦達，謂之通榜。故其取人也，畏於譏議，多公而審，亦或脅於權勢或撓於親故，或累於子弟，皆常情所不能免者。若賢者臨之則不然。未引試之前，其去取高下固已定於胸中矣。韓文公與祠部陸員外書曰：「執事之與司貢士者相知誠深矣，彼之所望於執事，執事之所以待乎彼者，可謂至而無間矣。彼之職在乎得人，執事之志在乎進賢，如得其人而授之，所謂兩得。愈之知者，有侯喜、侯雲長、劉述古、韋羣玉此四子皆可以當首薦，而極論者期於有成，而後止可也。沈杞、張弘、尉遲汾、李紳、張後餘、李翊皆出羣之才，與之足以收人望而得才，實主司廣求焉，則以告之可也。往者陸相公司貢士，愈時幸在得中，所與及第者，皆赫然有聲。原其所以，亦繇梁補闕肅、王郎中礎佐之，梁舉八人無有失者，其餘則王皆與謀焉。陸相待王與梁如此不疑也，至今以爲美談。」此書在集中，不注歲月。

因此在當時進士考試可稱覓舉，而如此任情定奪，在當時並不認爲是舞弊，而且傳誦爲嘉話。但此等嘉話之後面，終不免走門路通關節種種情況既成風氣，而士人卑躬屈節之醜態，乃亦不爲一般人所措意。文獻通考載：

左補闕薛謙光上疏言，今之舉人，有乖事實。或明詔試令搜揚，則驅馳府寺，請謁權貴，陳詩奏記，希咳唾之澤，摩頂至足，冀提攜之恩，故俗號舉人爲覓舉。夫覓者，自求之稱，非人知我之謂也。故選曹授職諠囂於禮闈，州郡貢士諍訟於階闥，謗議紛紜，寖成風俗。

文獻通考又引江陵項氏曰：

> 風俗之弊至唐極矣，王公大人巍然於上，以先達自居，不復求士。天下之士，什什伍伍，戴破帽，騎蹇驢，未到門百步輒下馬，奉幣刺再拜以謁於典客者，投其所爲之文，名之曰求知己。如是而不問，則再如前所爲者，名之曰溫卷。如是而又不問，則有執贄於馬前，自贊曰：「某人上謁者。」嗟乎風俗之弊，至此極矣。此不獨爲士者可鄙，其時之治亂蓋可知矣。

如韓愈三上丞相書曾言：「書三上而志不得通，足三及門而閽人辭焉。」則韓愈亦是當時受屈之一人也。惟韓愈乃一代大儒，後世遞相尊重，故其所爲三上宰相書，猶得爲後人傳誦，其他受屈可鄙之狀，則已爲後世所難考矣。抑且韓愈之三上宰相書亦留供後人詬病，而韓門弟子編韓集者，固保留此三書，不加諱掩，此卽足以證當時之風氣矣。

惟唐代之科舉考試中葉以後雖流弊越甚，然社會平民終得因此政府之公開考試而進入仕途，在當時並被視爲入仕之正途，故其在政治上亦有其地位。而後代對此制度，亦相沿不輟，在中國歷史上佔一極爲重要的地位，此亦不得忽視。

就事實論之，科舉制度顯然是政府開放政權給人民。政府用一客觀的考試標準，求在此標準下，公平的挑選社會中優秀分子，來參預國家的政治。又規定應試者可以懷牒自舉，自由報名，公開競選，可免去漢代之察舉制度必須經過地方官選擇之種種流弊，又可根本消除社會新階級的形成。此對我國傳統的大一統政權而言，實是有助於國家的團結與政府的鞏固。而唐代中葉以後門第勢力逐漸衰退，亦可說政府實行考試制度乃是一主要原因。門第形成雖不由政府力量，而其衰退則不能謂不由政府之用心。

更進一層言之，我們必須瞭解唐代科舉考試制度實與漢代之察舉制度同一精神。漢代察舉是從封建貴族中將政權開放給社會人民，而唐代的科舉，則是從門第特殊階級中將政權開放給社會人民。而唐代開放政權的範圍則比漢代更廣大、更自由、更能深廣的透進到社會的內層去。因此我們到底不得不承認唐代科舉考試是一合理制度。

一種合理制度不免演變到含有不合理的成分。如唐代考試制度中葉以後演變到只看重進士一科，而進士科又只注重考文學，這都影響了整個社會風氣，不能不說是唐代考試制度下的一項大弊病。唐代的看重文學，亦是沿接魏晉南北朝而來。文學重創作，固可顯示人的聰明，但人生不能只講文學，尚有其他更高的意義與價值，並不能單由文學一項來負荷而勝任愉快。於是在當時人追求人生意義與價值的嚮往下，卻促成了佛教的興盛。

## 第三節　晚唐進士之墮風

有唐一代，政府取士，從門第特權而開放於社會人民，採用科舉考試，乃當時歷史上一大演進。然而科舉制專重進士科，進士科又專重於詩賦文學，學術風氣趨向於浮華輕薄，政治事業也因之敗壞無可挽救，亦可謂唐末以至五代之所以成爲中國歷史上一段最黑暗時代者，此一情形實大有影響。宋代崛起，社會無人才，須待范仲淹、胡安定等人出，而此勢始得挽回，然已是宋統一後五六十年之事。回溯中唐以下，此一段時期學術風氣之墮落，在歷史上實足供今日的警惕。

唐摭言云：

進士科始於隋大業中，盛於貞觀。縉紳雖位極人臣，不由進士者終不美。

當時人又云：

三十老明經，五十少進士。

可見進士出身之困難及被重視。

然而中國傳統學風，自兩漢以來，以經術治世爲尚。文學乃是建安以後之新風氣，本不注重在治國平天下的實際政務上。唐中葉以後，科舉的弊病，則顯與兩漢隔絕。而較之建安，亦不能比。蓋建安尚是政事與文學兩途分開，而唐中葉以後，則僅知有文學，更不知有政事。而文學之內容，亦遂不可問。

唐書選舉志云：

衆科之目，進士尤爲貴，其得人亦最爲盛。文宗好學嗜古，鄭覃以經術位宰相，深嫉進士浮薄，屢請罷之。武宗卽位，宰相李德裕尤惡進士，謂朝廷選官須公卿子弟爲之。何者，少習其業，自熟朝廷臺閣之儀，不教而自成。寒士縱有出人之才，固不能閑習也。德裕之論，偏異蓋如此。然進士科，當唐之晚節，尤爲浮薄，世所共患也。

文學本可表現個人聰明，既可脫離現實，亦不必講傳統。政府考試取士，則求爲國用。專尚文學，雖見聰明，而聰明誤用，終不適於政事之所求。此無怪鄭覃看重傳統文化中，治世重經術之一邊，一爲宰相而屢請廢進士科。他說：

南北朝所以不治，文采勝質厚也。士惟用才，何必文辭。

又言：

文人多佻薄。

蓋僅務文辭，而脫離經世實用，則必有此弊。文宗亦非不知進士科之弊，然此制度已行二百年，豈能一旦廢止。他說：「純薄似賦性之異，奚特進士耶！且設是科二百年，渠可易。」此謂純薄僅關賦性，而忽略了學術修養，顯非正論。

李德裕對武宗說，他祖父一舉登第，自後家不置文選。「蓋惡其不根藝實。」文選究不脫建安以下之新風氣，而展演於門第時代。所謂不根藝實，此藝乃指經藝六藝之藝，可供實際人事之用，與僅尙虛文之藝不同。唐代進士科重文學，乃指如文選，不尙實用之文，如近代所謂之純文學，乃與經史子三部分離隔絕。而科舉士人只要讀一部文選。當時人說：「文選熟，秀才足。文選爛，秀才半。」此見當時應考者，只在一部文選上用功，其他經籍都可不必措意，此豈國家求才之意。史稱唐太宗私幸端門，見新進士綴行而出，喜曰：「天下英雄入吾彀中矣。」後人以此批評唐代之科舉考試，爲便利帝皇專制。此話實欠公允。唐初天下一統，魏晉南北朝門第地位積累已久，然亦可以轉變。唐太宗乃求人才集中，易於統一，而門第勢力可以削弱，故許百姓懷牒自舉，自由競選，乃謀政權從門第勢力中求開放，豈爲易於專制？

但唐中葉以後，門第特殊地位，固已因考試制的公開爭競而無存，而平民寒士由進士出身，數年間便可位致卿相，惟門第子弟尙有舊家風，一則看重禮法，又自小熟習朝廷掌故禮儀，較之平民寒士只讀一部文選，一旦列位卿相，則無以措手足者，實尙遠勝。因此晚唐士風之頹弊，反更遠過於魏晉南北朝時期之門第時代。此層當尤爲治史者深慨。

舒元輿上論貢士書云：

今之甲賦律詩，皆是偸折經誥，侮聖人之言者，乃知非聖人之徒也。臣伏見國朝開進士一門，苟有登升者，皆資之爲宰相、公侯、卿大夫，則此門固不輕矣。凡將爲公侯卿相者，非賢人君子不可。有司坐舉子於寒廡冷地，是比僕隸已下，非所以見徵賢之意也。施棘圍以截遮，是疑之以賊姦徒黨，非所以示忠直之節也。試甲賦律詩，是待之以雕蟲微藝，非所以觀人文化成之道也。有司之不知，其爲弊若此。臣恐賢人君子遠去，不肖汚辱爲陛下用。

册府元龜載：

高郢貞元末爲禮部侍郎時，應士舉者，多務朋游馳聲名，罕理其業。郢疾其風，旣領職，拒絕請托，雖同列通熟，無敢言者。浮濫之風，翕然一變。

此亦可見中唐以後進士浮薄之一斑矣。

摭言載：

崔沆爲主罰錄事，同年盧象俯近宴闕，請假往洛，及同年宴於曲江亭子。象以彤幰載妓，微服羿輊縱觀，爲團司所發。沆判曰：「深攙席帽，密映氈車，紫陌尋春，便隔同年之面，青雲得路，可知異日之心。」

又

曹汾尚書鎭許下，其子希幹及第，用錢二十萬。榜至鎭，開賀宴，宴日張之於側。進士胡錡賀啓曰：「桂枝折處，著萊子之彩衣，楊葉穿時，用魯連之舊箭。」又曰：「一千里外觀上國之風光，十萬軍前展長安之春色。」

又

楊汝士尙書鎭東川，其子知溫及第開宴，汝士命營妓人與紅綾一疋。詩曰：「郎君得意及青春，蜀國將軍又不貧，一曲高歌紅一疋，兩頭娘子拜夫人。」

此見進士及第後之放誕行徑，而當時乃誤以此等爲文學表現。則當時人意想中之文學，其意義與價值亦居可知。

又玉泉子載（圖書集成引）：

牛庶錫性靜退寡合，累舉不第。貞元元年因問日者，君明年狀頭及第。庶錫但望偶中，第一殊不信也。時已八月，未命主司。偶經少保蕭昕宅前，値昕策杖獨遊南園。庶錫遇之，遽投刺并贄所業。昕獨居，方思賓客，甚喜，延之語。及省文卷，再三稱賞。因問外議以何人當知舉，庶錫對曰：「尙書至公，爲心必更屈領一歲。」昕曰：「必不見命。若爾，君卽狀頭也。」庶錫起，拜謝。坐未安，忽聞馳馬傳呼曰：「尙書知舉。」昕遂起，庶錫復再拜曰：「尙書適已賜許，皇天后土實聞斯言。」昕曰：「前言已定矣。」明年果狀頭及第。

又

崔蠡知制誥，丁太夫人憂時尙苦儉嗇。一日，宗門士人請謁，延入與語，直云：「知公居縉紳間，淸且儉，太夫人喪事不能無費。某忝姪孫行，願以錢三百萬，濟公大事。」蠡見其慷慨，深奇之，但嘉納其意，終卻不受。此人調舉不第，頗有屈聲。蠡服闋，知舉禮部，此人就試，蠡第之爲狀元。衆頗驚異，謂蠡之主文以公道取士，崔之獻藝，由善價成名。一第可矣，首冠未可以是。人有詰於蠡者，答曰：「崔某固是及第人，但狀頭是其私恩所致耳。」於是中外始服。

更有通門路關節，肆意狂放，更甚於所謂輕薄者。唐摭言載：

高鍇爲禮部侍郎，知貢舉，閱三歲。第一榜裴思謙以仇士良（文宗、武宗時宦官）關節取狀頭。鍇庭譴之，思謙回顧厲聲曰：「明年打脊取狀頭。」第二年，鍇知舉，誡門下不得受書題。

思謙自攜士良一緘入貢院，既而易紫衣趨至堦下，白曰：「軍容有狀，薦裴思謙秀才。」鍇接之，書中與求巍峩。鍇曰：「狀元已有人，此外可副軍容意旨。」思謙曰：「卑吏奉軍容處分，裴秀才非狀元請侍郎不放。」鍇俛首良久。曰：「然則略要見裴學士。」思謙曰：「卑吏便是也。」鍇不得已，遂從之。思謙及第後，宿平康里，賦詩云：「銀釭斜背解明璫，小語低聲賀玉郎，從此不知蘭麝貴，夜來新惹桂枝香。」

試問此詩來歷，又豈輕薄兩字所能盡。

又有一首頗爲出名的朱慶餘上張水部詩云：

洞房昨夜停紅燭，待曉堂前拜舅姑，妝罷低聲問夫婿，畫眉深淺入時無。

此詩極爲出名，乃當時謁舉送公卷乞人延譽所附上。所言極爲婉轉嫵媚。試問政府取進士本爲國家求才，而一時士人之聰明才智，都用到俏皮豔麗的詩上去，此等人如何成才，又何堪重用？

新唐書鄭綮傳云：

鄭綮爲廬州刺史，黃巢掠淮南，綮移檄請無犯州境，巢笑爲斂兵。

綮每以詩謠託諷，中人有誦之天子前者，昭宗意其有所蘊未盡。因有司上班簿，遂署其側曰：「可禮部侍郎，同中書門下平章事。」綮本善詩，其語多俳諧，故使落調，世共號鄭五歇後體。至是省史走其家上謁，綮笑曰：「諸君誤矣，人皆不識字，宰相並不及我。」史言不妄。俄聞制詔下，歎曰：「萬一然，笑殺天下人。」既視事，宗戚詣慶，搔首曰：「歇後鄭五爲宰相，事可知矣。」固讓，不聽。立朝侃然，無復故態。自以不爲人所瞻望，纔三月，以疾乞骸。

是鄭綮亦自知爲學本末，然已爲唐末文人中之卓立者。其不足擔當國家大任，則綮固自知不如一般人，只知文選詩賦，不知有治平大業也。

至如黃巢、李振造反，都是屢次進士不第的人物，朱全忠入汴，李振勸盡誅縉紳，曰：「朝廷所以不理，良由衣冠浮薄之徒，紊亂綱紀。」全忠然之。於是門冑高華，或科第自進，居三省臺閣，以名檢自處，聲迹稍著者，皆指爲浮薄，貶辱無虛日，搢紳爲之一空。又曰：「此輩自謂清流，宜投之黃河，使爲濁流。」全忠笑而從之，聚裴樞、獨孤損等朝士貶官者三十餘人，一夕盡殺之，投尸於河。

此下五代爲中國歷史上一段最黑暗的時代，上層政治四分五裂，社會處於水深火熱中，至此更談不上培育人才。所以此一時期，也是中國史上最無人才的時期。鑑於此時期人才的零落，也可反省中唐以後政府取士過於看重文學之偏激。

# 第三章　山林寺院教育

隋唐一統，盛運復興。在政治上回復到兩漢舊規，但在社會學術思想上，一面是崇尚文學的風氣繼續加盛，一面在佛學上亦沿襲南北朝，遞有進展，而又發生新變化。最重要的是佛學中國化，至唐代而始成熟，產生了天臺、華嚴、禪宗三宗派，都是中國化了的佛教。

佛教自西方傳至中國，可分三時期，第一時期爲小乘佛法時期，是爲純宗教出世信仰的時期。第二時期爲大乘佛法時期，以哲學玄理爲主，而與中國老莊道家言相會通，爲哲學的理論思辨時期。第三時期則爲中國化的天臺、華嚴、禪諸宗的創興，看重自我教育，漸漸轉向日常人生的修養時期。雖在形式上，還是出家離俗，但在精神上卻與社會人生緊相親近，偏重在人的日常修行與證悟上，其實已自出世轉向入世，此爲天臺、華嚴、禪三宗的共同傾向。至是而印度佛法才與中國傳統文化精神融洽相和，而儒家精神亦滲進了佛學中去。

此三家中尤以禪宗的興起，爲佛教中國化的明白結果，使佛教精神大變。主要是在沖淡了佛教的出世精神，而加深了人生情味。換言之，乃是從盲目的出世信仰中，轉變到現實人生的自我修養上來，這不僅有道家味，更兼有了儒家味。而初唐末期以後，佛教在中國乃全成爲禪宗的天下。

禪宗自達摩初祖東來，傳到慧能六祖，始得眞正的發揚光大，完成了佛教的中國化。故慧能雖是禪宗第六代祖師，其實也可說他是禪宗的眞正開山，亦可說佛教中有了禪宗，有了慧能，實在是中國的宗教革命。

## 第一節　禪宗六祖與佛風之盛

六祖慧能以前，佛教傳入中國，已四百多年，在此四百多年中最重要的事是佛經翻譯，而亦隨帶來了派別紛歧。佛教自身本有派別，傳到中國後，自不免中國僧人會自增派別，如慧遠之創爲淨土，卽是一例。天臺、華嚴則各以他們自己的主張，選擇一部經典來加以發揮，至於禪宗六祖他主張不立文字，但憑一心。他說：「但用此心，直了成佛。」過去學佛重要在對於書本經典的研究，而且成佛則決非當身可期的事。現在六祖把經典研究都放下，而且又可卽身成佛，立地成佛，這不能不說是佛教中一番大革命。六祖提出一套簡易方法，使此下的佛教徒幾乎全歸向禪宗一門，而整個社會亦深受禪宗影響把日常人生與佛教信仰融和爲一了。我們要瞭解六祖這一簡易方法，不得不留意到他出家修行的一段實際經過。六祖壇經第一篇「行由品」，記六祖在寶林寺親講他得法經過云：

慧能嚴父本貫范陽，左降流於嶺南，作新州百姓。此身不幸，父又早亡，老母孤遺，移來南海。艱辛貧乏，於市賣柴。時有一客買柴，使令送至客店，客收去，慧能得錢，卻出門外，見一客誦經，慧能一聞經語，心卽開悟。遂問客誦何經。客曰：「金剛經。」復問：「從何所來，持此經典。」客云：「我從蘄州，黃梅縣東禪寺來。其寺是五祖忍大師在彼主化，門人一千有餘。我到彼中禮拜，聽受此經。大師常勸僧俗，但持金剛經，卽自見性，直了成佛。」慧能聞說，宿昔有緣。

這是慧能第一步的開悟，此悟正是由他自心領會，不藉外力。

乃蒙一客，取銀十兩與慧能，令充老母衣糧，敎便往黃梅參禮五祖。慧能安置母畢，卽便辭達。不經三十餘日，便至黃梅，禮拜五祖。祖問曰：「汝何方人，欲求何物。」慧能對曰：「弟子是嶺南新州百姓，遠來禮師，惟求作佛，不求餘物。」祖言：「汝是嶺南人，又是獦獠，若爲堪作佛。」慧能曰：「人雖有南北，佛性本無南北，獦獠身與和尚不同，佛性有何差別。」五祖更欲與語，且見徒衆總在左右，乃令隨衆作務。

此時慧能又進了一步，又有所悟。他從廣東長途跋涉經三十餘日，來到黃梅，一路上自有他的一番心修，所以他一見五祖卽說出「惟求作佛，不求餘事。」此句明淨堅決的話來。這是他三十餘天磨練出的眞心話，實對他此下進一步悟道有大關係。

慧能破柴踏碓，經八月餘。祖一日，喚諸門人總來。吾向汝說：「世人生死事大，汝等終日只求福田，不求出離生死苦海，自性若迷，福何可救。汝等各去自看智慧，取自本心般若之性，各作一偈，來呈吾看。若悟大意，付汝衣法，爲第六代祖。火急速去，不得遲滯。思量卽不中用。見性之人，言下須見。」

衆得處分，退而遞相謂曰：「神秀上座現爲敎授師，必是他得，我輩謾作偈頌，枉用心力。」神秀思惟，諸人不呈偈者，爲我與他爲敎授師。我須作偈將呈和尚，若不呈偈，和尚如何知我心中見解深淺。神秀作偈成，已數度欲呈。行至堂前，心中恍惚，遍身汗流，擬呈不得。前後經四日，一十三度呈偈不得。秀乃思惟，不如向廊下書著，從他和尚看見，忽若道好，卽出禮拜，云是秀作。是夜三更，不使人知，自執燈，書偈於南廊壁間，呈心所見。偈曰：

「身是菩提樹，心如明鏡臺，時時勤拂拭，勿使惹塵埃。」

祖已知神秀入門未得，不見自性。復兩日，有一童子於碓坊過，唱誦其偈。慧能一聞，便知此偈未見本性。曰：「我此踏碓，八個餘月，未曾行到堂前。望上人引至偈前禮拜。」童子引至偈前禮拜。慧能曰：「慧能不識字，請上人爲讀。」時有江州別駕，姓張，名日用，便高聲讀。慧能聞已，遂言：「亦有一偈，望別駕爲書。」別駕言：「汝亦作偈，其事希有。」慧能向別駕言：「欲學無上菩提，不可輕於初學。下下人有上上智，上上人有沒意智。若輕人，即有無量無邊罪。」別駕言：「汝但誦偈，吾爲汝書。」慧能偈言：

「菩提本無樹，明鏡亦非臺，本來無一物，何處惹塵埃。」

書此偈已，徒衆總驚。祖見衆人驚怪，恐人損害，遂將鞋擦了偈曰：「亦未見性。」衆以爲然。

此是慧能第三度的悟。他從廣東千里迢迢來到黃梅，一心爲求作佛。但一來，卽被命去厨下破柴踏碓，八個月，連佛堂都未上過。此八個月中，若是慧能自己心上不曾用功，何以能安得下心。又何能一聞神秀偈語，而知其未悟。而要自作偈。這不能不歸功他厨下八月來之自我心修。至此更是慧能悟性又一大進步。

次日，祖潛至碓坊，見能腰石舂米，語曰：「求道之人，爲法忘軀，當如是乎。」乃問曰：「米熟也未。」慧能曰：「米熟久矣，猶欠篩在。」祖以杖擊碓三下而去。慧能卽會祖意，三鼓入室，祖以袈裟遮圍，不令人見，爲說金剛經。至「應無所住，而生其心」，慧能言下大悟，一切萬法，不離自性。

至此則是慧能的大徹大悟。自在廣東賣柴，第一次聞人誦金剛經，而心有所悟。經過幾番潛修，再聞五祖爲他說金剛經，而大徹大悟。這在慧能實是經過了一番長久的心路歷練。所悟卽是「一切萬法，不離自性。」此八個字，成爲禪宗此下說法的最大本源。

三更受法，人盡不知，便傳頓敎，及衣鉢。云：「汝爲第六代祖。善自護念。」慧能三更，領得衣鉢。云：「能本是南中人，素不知此山路，如何出得江口。」五祖言：「汝不須憂，吾自送汝。」祖相送，直至九江驛。祖令上船，五祖把艣自搖。慧能言：「請和尚坐，弟子搖艣。」祖云：「合是吾渡汝。」慧能曰：「迷時師度，悟了自度。」

慧能辭違祖已，發足南行。兩月中間，至大庾嶺。逐後數百人來。欲奪衣鉢。……慧能後至曹溪，又被惡人尋逐。乃於四會，避難獵人隊中。凡經一十五載，時與獵人隨宜說法。獵人常令守網。每見生命，盡放之。每至飯時，以菜寄煮肉鍋，或問，則對曰：「但喫肉邊菜。」一日思惟，時當弘法，不可終遯。遂出至廣州法性寺。値印宗法師講涅槃經，時有風吹旛動。一僧曰：「風動。」一僧曰：「旛動。」議論不已。慧能進曰：「不是風動，不是旛動，仁者心動。」一衆駭然。印宗延至上席，徵詰奧義。見慧能言簡理當，不由文字。宗云：「行者定非常人，久聞黃梅衣法南來，莫是行者否?」慧能曰：「不敢。」宗於是作禮。告請傳來衣鉢，出示大衆。於是爲慧能薙髮，願事爲師。慧能遂於菩提樹下，開東山法門。

是慧能在承受衣鉢之後，又經歷了千辛萬苦，他自說：「那時命如懸絲」。五祖雖將衣鉢傳他，而並未爲他正式剃髮爲僧。慧能自知不能行化太早，所以他隱跡在獵人隊中十五年。這十五年漫長的歲月，對慧能說來，比在黃梅東禪寺八月踏碓，更是一番自我磨練。於是他聽到兩僧人爭論風動旛動，而上前說「仁者心動」。這「仁者心動」四字，卻眞是慧能歷經長期苦練，而親切體驗出來的話。

此下禪宗都是只就人本心本性來指點人頓悟成佛。其實此種敎義，已遠從生公而來。這是將中國思想中，人文本位心性本位的精神，滲透進佛敎裏去以後所表現出的一種特色。而這種特色，卻要到慧能六祖纔始能十足表現出來。因慧能是一個不識字人，是嶺南新州一樵柴漢。在唐初，嶺南新州還是一文化未開闢的地方，因此慧能並不曾接受任何文字書本教育，他之自心開悟，更爲禪宗此下自性成佛的教法，提示出一個最親切無比的實例。因此慧能到黄梅五祖弘忍大師處，深夜三更聽五祖一語指點，即言下大悟，一切萬法不離自性。遂對五祖言：

何期自性，本自清淨。何期自性，本不生滅。何期自性，本自具足。何期自性，本無動搖。何期自性，能生萬法。

他曾說：

一切般若智，皆從自性生，不從外入。

又說：

自性能含萬法，萬法在諸人性中。

宗教中必然帶有崇拜性，但到了六祖慧能，卻將人與佛說成了絕對平等的。所謂佛性那有差別。所以他說：

但用此心，直了成佛。

如此一來，人人但憑己性，都可成佛，又何需對佛崇拜。這一說法卻與儒家孟子性善意相通。孟子道性善的最高標準，卽是「人皆可以爲堯舜」。慧能認爲萬法在人性中，所以只要認得自性便可「直了成佛。」人人可成。孟子說「成聖」，慧能說「成佛」，都只在認得自性。兩者都是對人性的一種平等觀，就教育意義言，這是對受教者的一種最大鼓勵。慧能又說：

一切修多羅及諸文字，大小二乘十二部經，皆因人置。因智慧性，方能建立。若無世人，一切萬法，本身不有。故知萬法，本自人興。一切經書，因人說有。

這眞是在宗教思想裏一種最開明最透闢的見解。一切宗教都因人而有，如果世間沒有人類，又何來有宗教。這眞是一針見血的透闢之言。明白得此，則知一切宗教都應本於「人性」「人心」與「人情」。所以慧能又說：

三世諸佛，十二部經，在人性中，本自具有。若識自性，一悟卽至佛地。

佛向性中作，莫向身外求。自性迷卽是衆生，自性覺卽是佛。

至是而宗教的神秘性完全打破，而轉向到教徒自我向內的心理修養上來。所以六祖平日教人，並不看重念佛誦經。他說：

世人終日口念般若，不識自性般若，猶如說食不飽。

佛言：隨其心淨，卽佛土淨。東方人但心淨卽無罪，西方人心不淨亦有愆。東方人造罪，念佛求生西方。西方人造罪，念佛求生何國。

六祖又不喜習禪打坐。他說：

道須通流，何以卻滯。心不住法，道卽通流。心若縛法，名爲自縛。若言坐不動，是只如舍利弗宴坐林中，卻被維摩詰訶。

他又不教人出家修行。他說：

若欲修行，在家亦得，不由在寺。在家能行，如東方人心善。在寺不修，如西方人心惡。

宗教必然帶有出世性，誦經、念佛、習禪、打坐、出家、修行，都是佛教中重要的功課，現在六祖把來一起推翻了。六祖將佛教的出世性，轉向入世，所以他要主張若欲修行在家亦得，不由在寺。他又說：

恩則孝養父母。義則上下相憐。讓則尊卑和睦。忍則衆惡無喧。

又說：

覺卽是佛。慈慧卽是觀音。喜捨名爲勢至。能淨卽釋迦。平直卽彌陀。人我是須彌。邪心是海水。煩惱是波浪。毒害是惡龍。虛妄是鬼神。塵勞是魚鼈。貪瞋是地獄。愚癡是畜生。

這都更轉到日常人事上來。恩、義、讓、忍、孝養父母、上下相憐、尊卑和睦，這些都近儒家所講孝、弟、仁、義、齊家、治國的道理。六祖敎人自覺、慈慧、喜捨、能淨、平直，要人除去人我、邪心、煩惱、虛妄、毒害、塵勞、貪瞋、愚癡，這都近於儒家敎人的修身養性功夫。六祖的這些說法，已把佛敎大大轉變了，轉向了中國傳統文化中看重心性本位的人文精神上來。也卽是從宗敎的信仰與崇拜，轉向了儒家的修齊的自我敎育精神上來。也就因六祖的這一轉變，使佛敎更能在中國深入民心，普及社會。

唐自中葉以後，學校敎育已衰。政府空懸一考試制度，而考試又走向只重進士一途。進士惟重文學，而文學所尙又只在辭藻音韻上，卻與儒家傳統精神所重人生修養相距甚遠。士風日衰。那時則社會人心幸賴有佛敎，而佛敎也只是禪宗天下，此不能不說由於六祖的這一大轉變有以致之。

唐代上自帝皇，下至民間，信佛風氣極盛，與慧能同在五祖東山門下的神秀，卽爲三朝國師。（自武則天始）神秀死，其弟子繼爲國師。

韓愈以諫憲宗迎佛骨而被貶，韓愈文集論佛骨表文注云：

先是鳳翔法門寺，有護國眞身塔，塔內有釋迦文佛指骨一節。其法三十年一開，開則歲稔人泰。至是憲宗遣中使杜英奇，押宮人三十，持香花近入大內，留禁中三日，乃送佛祠。王公士庶，奔走贊歎。公爲刑部侍郎，上表極諫。帝大怒，欲抵死，崔羣、裴度戚里諸貴，皆爲公言，乃貶潮州刺史。

又

懿宗咸通十四年，又迎其骨入禁中，諫者以憲宗爲戒。懿宗曰：「生得見之，死亦無恨。」不數月崩，送佛骨還法門寺。愈之諫云：「奉佛以求，享年不永者，其知言哉。」

即就上舉法門寺引佛骨一事，可證唐代帝王崇信佛法之一斑。但韓愈諫語雖極梗直，卻並不見有之意。倘使唐代之帝，能信及禪宗六祖，一讀其壇經，如此篇所引之語，豈不自會覺得迎佛骨一事便成爲一件毫無意義價值的行爲了嗎？故說慧能所創禪宗，實是當時佛教中一大革命。自有六祖，禪宗即盛行天下，也可見當時中國人實自具無上聰明，故能對禪宗發生如此信仰。而遠自魏晉南北朝以來，長時期的佛法東渡，漸漸在中國社會失其無上之地位，此下宋代儒學復興，便不可不說爲慧能六祖禪宗莫大深貢獻了。

茲再引指月錄載德山禪師的故事一則，以見當時佛法在社會民間一斑情況。

德山禪師丱歲出家，依年受具。精究律藏，於性相諸經，貫通旨趣，常講金剛、般若。後聞南方禪席頗盛，氣不平，乃曰：「出家兒千劫學佛威儀，萬刼學佛細行，不得成佛。南方魔子敢言直指人心，見性成佛。我當搗其窟穴，滅其種類，以報佛恩。」遂擔青龍疏鈔出蜀，至澧陽，路上見一婆子賣餅，因息肩買餅點心。婆指擔曰：「這個是甚麼文字。」師曰：「青龍疏鈔。」婆曰：「講何經。」師曰：「金剛經。」婆曰：「我有一問，你若答得，施與點心。若答不得，且別處去。金剛經道：過去心不可得，現在心不可得，未來心不可得，未審上座點那個心？」師無語。

據此故事，可見佛法在當時已普及社會民間。德山和尚本意要維護佛法經典來攻擊慧能以下禪宗祖師們的新義，但經此老婆子一悉詰問，卻把他自已的信心搖動了。後來他也竟成爲禪門中一著名祖師。

唐時僧尼以納稅得度。玄宗時安祿山造反，洛陽、長安淪陷，政府打仗需錢，准開壇度僧，當時神會便被公推來主持其事。宋僧傳載：

副元帥郭子儀率兵平殄，然於飛輓索然。用右僕射裴冕權計，大府各置戒壇度僧，僧稅（百）緡，謂之香水錢，聚是以助軍須。……羣議乃請會主其壇度。……代宗、郭子儀收復兩京，會之濟用，頗有力焉。」

神會亦禪宗大祖師。

舊唐書食貨志亦云：

乃使御史崔衆於河東納錢度僧尼道士。旬日間，得錢百萬。

又

度道士僧尼不可勝計，納錢百千，賜明經出身。

唐相李德裕論奏有云：

江淮之民，戶有三丁，必有一丁落髮。

上引數條亦足見唐代佛教在社會的影響力。但其破壞經濟，事不可久，也自可見。

## 第二節　士人山林讀書之風尚

士人讀書山林之風，自東漢以來已有。當時因國立太學過份看重師傳家法，不足以饜才俊之士之想望，遂使私家教育大盛。其時雖非偏重山林，然亦不乏講學山林之士。迨至魏晉南北朝，政治社會皆爲世家大族所把持，然此時佛教興盛，僧徒中亦多第一流學者，不僅通佛典，亦都兼通經史。當時政治上的官吏，社會上的名士，乃無不與僧侶交遊。僧侶居山林寺院，因此其時亦有不少士子就學於山林寺院者。惟士子讀書山林之蔚然成爲風氣，則爲唐代中葉以後的現象。據嚴耕望唐史研究叢稿一書，有唐人習業山林寺院之風尚一文。文中把名山分區舉出士人習業之例：

1. 終南、華山及長安南郊區——二十條。
2. 嵩山及其近區諸山——二十七條。
3. 中條山、太行山（今大行山脈南段）區——十七條。
4. 泰山及其近區諸山——八條。
5. 盧山——四十八條。
6. 衡山——八條。
7. 羅浮山——四條。
8. 蜀山諸山寺觀——十一條。
9. 九華山——六條。

10. 揚州寺院及淮南其他諸寺山——六條。
11. 慧（惠）山寺及浙西其他諸山——十三條。
12. 會稽、剡中及浙東其他諸山——十二條。
13. 福建諸山寺——五條。
14. 敦煌諸寺院——十一條。
15. 其他——二十二條。
16. 一般生活——九條。

嚴文所舉包括南北東西名山，交通樞紐，人文蔚盛之區，共引二百二十七條。足以證明唐代中葉後，士人讀書山林風氣之盛。究其原因主要有二：

一、唐代行科舉考試制度的影響

科舉考試可以懷牒自舉，平民寒士也可自由報考，因此促使唐初以來對政治社會仍有莫大影響力的門第世族逐漸沒落，而平民寒士要參加科舉考試，家無藏書，要選擇一讀書環境自易走入山林寺院。唐代中葉以後科舉考試，漸重進士一科，而進士又只看重考詩賦。詩賦重創作，尙靈性，故唐代士子習業山林，讀一部文選，得三五朋友相互切磋已足。

徐鍇陳氏書堂記云：（全唐文）

稽合同異，別是與非者，地不如人。陶鈞氣質，漸潤心靈者，人不若地。學者察此，可以有意於居矣。

稽同異別是非，乃是鑽研經學的途徑，陶氣質潤心靈，則是研習文學所當重，兩者性質顯然不同。

經學重傳統，故需覓師。文學重創新，故重自學，需擇勝地。因此進士科第愈盛，則習業山林寺院之風尚亦愈熾。

二、佛教鼎盛。

武則天以後，禪宗一派更盛。魏晉南北朝時全國寺院已很普遍，史載南朝梁武帝時，僅建康一地，卽有佛寺五百餘所，僧尼十餘萬。至北周武帝時，寺院被充公者四萬所，僧尼還俗者三百萬人。據此可知當時寺院之盛。至唐則更盛。張籍送朱慶餘及第歸越詩云：「有寺山皆遍」是也。唐代寺院設有義學院，有藏書，此亦爲當時士人讀書山林一主要成因。

舊唐書裴休傳：

> 家世奉佛，休尤深於佛典。太原鳳翔近名山，多僧寺，視事之隙，遊踐山林，與義學僧講求佛理。

此朝官入山寺講求佛理者。

圓覺經大疏鈔卷一之下云：

> 宗密家貫果州，因遂州有義學院，大闡儒風，遂投請進業。

是又義學院而大闡儒風，並不專講佛學者。

日人那波利貞考之敦煌文卷，亦足證明敦煌諸寺多有寺塾。作唐鈔本雜鈔考。曾下斷語云：

> 寺塾所教所學爲普通教育，非佛家教育。此種情形當非敦煌一地之特殊現象，而可視爲大唐天下各州之共同現象。

寺院有藏書，此與寺院有義學及士人山林讀書的風尚互爲因果。近代發現敦煌千佛洞藏書，亦不僅藏佛典，同藏經史子集書。

白居易白氏長慶集後序云：

白氏……長慶集有五本，一本在廬山東林寺經藏院，一本在蘇州南禪寺經藏內，一本在東都勝善寺鉢塔院律庫樓。

是白氏五本，有三本皆藏於寺院，據此可想當時大寺院藏書之風。

山林中除寺觀藏書外，各級官吏所建之別墅，與寒士所建之茅廬，均有藏書。僅就廬山一地言。

劉軻與馬植書云：

匡廬之下猶有田一成，耕牛兩具……雜書萬卷，亦足以養高頣神。

十國春秋

陳貺閩人，性澹漠，孤貧力學，積書至數千卷。隱廬山幾四十年。……學者多師事之。

馬氏南唐書，隱者鄭元素傳：

避亂南遊，隱於廬山青牛谷，高臥四十餘年。採薇食蕨，弦歌自若。構椽剪茅，於舍後會集古書，殆至千餘卷。

徐鍇陳氏書堂記云：

廬山之陽有陳氏書堂。……（陳）袞以爲族既庶矣，居既睦矣，……遂於居之左二十里……築爲書樓。堂廡數十間，聚書數千卷。田二十頃，以爲遊學之資，子弟之秀者，弱冠以上，皆就學焉。

南唐書云：

江州陳氏，宗族七百口……建書樓於別墅，以延四方之士，肄業者多依焉。

陸元浩仙居洞永安禪院記云：

匡盧……永安禪院者……甲戌歲（後梁乾化四年）……仙居禪宇，自是聿興，參學之流，遠邇輻湊……師……以詩禮接儒俗……羈旅書生，咸成事業。告行之日，復遺資糧，登祿仕者甚多。

又陳舜俞廬山記二：

白鹿洞，南唐昇元中因洞建學館，置田以給諸生，學者大集。

上所引皆以廬山一地為限，然可推想其他各地山林寺院私人藏書，以及經濟支持貧苦士子之讀書情況大致相同。

依據嚴文所舉二百餘條中，有二百餘人。其中位至宰相者二十人，除房琯為唯一世家子弟，餘皆貧寒之士。此外有一代文宗，如陳子昂、李白、白居易。有一代名臣如顏眞卿、孔巢父、李栖筠、崔從、盧羣等。有詩文名家，如徐彥伯、劉長卿、岑參、李華、孟郊、李賀、呂溫、符載、劉軻、杜牧、李商隱、溫庭筠、王建等，餘亦多為一時才子名士。玆僅舉此中數宰相幼年習業山林寺院之故事，可徵唐代舉進士業，士子習業山林之盛況。

摭言起自寒苦條

徐商相公常於中條山萬固寺泉入院讀書。家廟碑云：「隨僧洗鉢」。

韋令公昭度，少貧窶。常依左街僧錄淨光大師，隨僧齋粥。淨光有人倫之鑒，常器重之。

王播少孤貧，嘗客揚州惠昭寺木蘭院。隨僧齋飡，諸僧厭怠。播至，已飯矣。後二紀，播自重位出鎭是邦，因訪舊遊。向之題，已皆碧紗幕其上。播繼以二絕句曰……（其二）「上堂已了各西東，慙愧闍黎飯後鐘，二十年來塵撲面，如今始得碧紗籠。」

雲溪友議李相公紳條云：

李初貧，遊無錫惠山寺。累以佛經爲文藁，被主藏僧毆打，故終身憾焉。後之剡川天宮精舍……有老僧……知此客非常，延歸本院。經數年，而辭別赴舉。將行，贈以衣鉢之資，因諭之曰：「郎君必貴矣，然勿以僧之多尤，貽於禍難。」及領會稽，僧有犯者，事無巨細，皆至極刑。

舊唐書李藩傳：

年四十餘未仕，讀書揚州，困於自給。妻子怨尤之，晏如也。

又柳璨傳

璨少孤貧，好學。僻居林泉，晝則採樵，夜則燃木葉以照書。

上所舉六條皆爲唐代宰相入仕前苦讀山林之故事。

又顏眞卿汎愛寺重修記云：

予不信佛法，而好居佛寺，喜與學佛者語，人視之若酷信佛法者然。而實不然也。予未仕時，讀書講學恒在福山，邑之寺有類福山者，無有無予蹟也。始僦居，則凡海印、萬福、天寧諸寺，無有無予蹟者。旣仕於崑，時授徒於東寺，待客於西寺……目予實信其法……則非知予者矣。

此引最足以說明當時之風尙，顏眞卿不信佛，而好居佛寺，喜與僧侶往來，讀書講學，皆喜在寺院。此爲當時風尙。又可爲唐人讀書山林之風尙一更有力之說明。

# 第四章　唐代教育家——韓愈

唐代是一個佛道兩家盛行的社會，尤其是佛教，上自帝王、宰相以下競相信奉，幾乎成爲國教。政府設立的學校，早自武后時起，便已有名無實。國家科舉取士，又只進士一科得勢，專重詩賦，一部文選成爲惟一必讀之書。士人應考者，可以單獨誦習，不賴師友之助。因此唐代社會，教育風氣，幾乎中斷。只在門第世家的子弟，尙有家庭教育未盡廢棄外，其他孤寒子弟，皆以自修出身，師弟子之名，也漸沒有了。在中唐之際出了一個韓愈，他挺身起來闢佛，以孟子之拒楊墨自負。他開始提倡師道，使他在唐代教育史上，成爲一特出人物。但韓愈雖提倡師道，嚴格說來，他並不是一教育家。而且韓愈提倡道於舉世不爲之日，亦及身而止，在他死後繼起無人，所謂師道，在他那時，亦僅是一呼聲而已。但有此一呼聲，卻對此下宋代儒學復興，有甚大之影響。所以在唐代，韓愈終不得不推爲那時唯一的教育家。

韓愈亦是當時的門第世家中出身。他是鄧州南陽人。他早孤，隨其兄會遊宦嶺南，十三歲，其兄亦卒，由其嫂鞠養長大。但在他十三歲前，受其兄會之教育，奠定了他將來學術之基礎。韓愈以古文名，其古文之學，即導源於其兄會。他自稱「非三代兩漢之書不敢觀，非聖人之志不敢存。」他又說：「好古之文，乃好古之道也。」於是乃以古之立言者自期。因此他說：「其所讀皆聖人之書，楊墨釋老之學，無所入於其心」。於是他遂以一古文家而同時成爲一尊儒衞道之士。他十九歲始至京師，二十五歲始登進士第。三十一歲始出仕。他曾屢爲博士，有進學解，有曰：

國子先生晨入太學，招諸生立館下，誨之曰：「業精於勤，荒於嬉。行成於思，毀於隨。」云云。

是那時他已儼然以師道自居。在當時的太學中，可謂絕無僅有。尤要的，是在憲宗元和十四年，自鳳翔法門寺迎佛骨入禁中，韓愈上表諫，憲宗大怒，欲抵之死，以崔羣裴度等人言，貶爲潮州刺史。是韓愈畢生闢佛一件舉世驚動之事。

韓愈又有師說篇謂：

古之學者必有師。師者，所以傳道、受業、解惑也。

他說傳道，是傳孔子聖人之道。授業，是授孔門儒者之業。解惑，則是解當時人迷信釋老之惑。韓愈的一生便以宏揚孔孟儒業，排斥釋老異端爲己任。並著有原道篇暢其旨。其言曰：

斯道也，非向所謂老與佛之道也。堯以是傳之舜，舜以是傳之禹，禹以是傳之湯，湯以是傳之文武周公，文武周公傳之孔子，孔子傳之孟軻。軻之死，不得其傳焉。

其實韓愈此說，也已受了當時佛教禪宗列祖相傳說的影響。兩漢以來，只講六經，講周公孔子，卻無人如韓愈般講法。但到宋以後，韓愈說法大行，把孔子孟子來代替了周公孔子，不得不說由韓愈啓之。

但韓愈究竟是一個文學家，他終是以傳之其徒，垂諸文，而爲後世法爲務。他一意宣揚古文，說不上是一教育家。但若以先秦諸子百家爲例，他亦是著書立說，以提倡儒家教育思想爲宗旨。在唐代，有意傳道的，只在方外佛徒中。在儒家傳統內，能出一韓愈，以傳授中國本位文化儒道之道自負，昌言爲人師，則究亦不得不推之爲其時惟一的教育家了。

韓愈同時有柳宗元，亦提倡爲古文，後代以韓柳並稱。當時人亦欲尊之爲師，學爲古文，柳宗元卻拒絕了，不敢以師道自居。他答韋中立論師道書有云：

僕道不篤，雖嘗好言論為文章，甚不自是也。孟子稱，人之患在好為人師。由魏晉氏以下，人益不事師。今之世，不聞有師，有輒譁笑之，以為狂人。獨韓愈奮不顧流俗，犯笑侮，收召後學，作師說，因抗顏而為師。世果羣怪聚罵，指目牽引。屈子賦曰：「邑犬羣吠，吠所怪也。」僕往聞庸蜀之南，恒雨少日，日出則犬吠。余以為過言。前六七年來南，多大雪，犬皆蒼皇吠噬，狂走者累日，至無雪乃已。然後始信前所聞者。今韓愈既自以為蜀之日，而吾子又欲使吾為越之雪，不以病乎！

中國在兩漢時代，表章儒術，學校大興，那時則師道日隆。但魏晉以下，教育封閉在世族門第中，故那時則漸不聞事師。下及唐代，至韓柳時，社會上已不聞有師。但佛門中僧侶則皆稱師。韓愈最闢佛，但在其詩文集中，僧侶亦稱師，如浮屠文暢師等。可見當時已是一宗教社會，無教育可言，只在政治上尚是兩漢儒家傳統，言道則非佛莫屬。韓愈不顧他人之嗤怪，以師道自任。他與其友孟簡書說：

其亦不量其力，且見其身之危，莫之救以死也。雖然，使其道由愈而粗傳，雖滅死，萬萬無恨。

我們證以柳宗元之言，知韓愈亦非過甚其辭。論其精神，唐代雖是中國歷史上一盛世，但在學術思想方面，上繼傳統，下開風氣，實惟韓愈一人。他雖未實際從事學校教育事業，但究是畢生提倡儒家教育思想，以唐代教育家稱之，彼亦宜可無媿了。

# 第五章　五代時期印刷術的提倡

五代時期爲中國歷史上一段黑暗時期，政治上延續唐代安史之亂以後，藩鎭割據的分裂狀態，而終至於統一政府之徹底崩潰。社會民不聊生。學校教育、國家考試，雖仍然斷續的保持，但在此一時期中，都發生不了什麼作用。在對傳統文化中，唯一值得重視的創新，則在印刷術的提倡。在印刷術發明以前，一般人讀書端賴手鈔，得書不易，鈔寫多費時日，也易有誤。印刷術發明以後，有了書籍印版，流通便利，讀書再不是限於少數人，這對以後的教育普及有極大的貢獻。

雕版印刷術始於唐代之後期，根據錢穆所著李書華中國印刷術起源一書之序文言，其有明文可證之印刷術，開始最早應是馮宿之奏准禁印曆日版一文，此文收入全唐文，題爲馮宿禁版印時憲書奏，册府元龜引：

唐文宗太和九年（西元八三五年）十二月丁丑，東川節度使馮宿奏准勅禁斷印曆日版。劍南、兩川及淮南道，皆以版印曆日鬻於市，每歲司天臺未奏頒下新曆，其印曆已滿天下，有乖敬授之道，故命禁之。

劍南、兩川都屬今四川地，淮南道約爲今江蘇安徽一帶。據此文可證西元九世紀上半期時，四川及長江下游一帶版印曆日已很普遍。

又唐語林云：

僖宗入蜀，太史曆本不及江東。而市有印貨者，每差互朔晦，貨者各徵節候，因爭執，里人拘而送公。執政曰：「爾非爭月之大小盡乎？同行經紀，一日半日，殊是小道。」遂化去。而不知陰陽之曆，吉凶是擇，所誤於衆者多矣。

此見僖宗於中和元年（西元八八一年）入蜀時，四川亦有印行曆本，此事在馮宿後五六十年。而江東亦有，江東、淮南大抵同在長江下游。

唐代版印書，至今尙存於世之最早者，爲敦煌千佛洞石室所藏卷本，爲英人斯坦因取得，運至倫敦，現藏於倫敦大英博物館，乃唐咸通九年（西元八六八年）刋印的金剛經，此爲現今我國最古的雕版印書。距馮宿上奏只三十餘年。

據此足證唐代末葉雕版印刷術已很發達，雕印書籍及其他印刷品已在市面上買賣。惟所印只是佛教經典及日曆等，而尙未有儒家經典的印本，直要到五代始有。

儒家經典的雕印，倡始於五代的馮道，其人歷事五朝八姓十一君，爲後代笑罵，然此事則功不可沒。

册府元龜載：

先是後唐宰相馮道、李愚重經學，因言：「漢時崇儒，有三字石經，唐朝亦於國學刋刻。今朝廷日不暇給，無能別有刋立。嘗見吳蜀之人，鬻印版文字，色類絕多，終不及經典。如經典校定，雕摹流行，深益於文教矣。」乃奏聞，敕下儒官田敏等考校經注。敏於經注，長於詩傳，孜孜校正，援引證據，聯爲篇卷。先經奏定，而後刋刻。乃分政事堂厨錢，及諸司公用錢，又納及第舉人禮錢，以給工人。

五代會要載：

（後唐）長興三年（西元九三二年）二月，中書門下奏請依石經文字，刻九經印板。敕令國子監集博士儒徒，將西京石經本各以所業本經句度，抄寫注出，仔細看讀，然後顧召能雕字匠人，各部隨帙刻印板，廣頒天下。如諸色人等要寫經書，並須依所印敕本，不得更使雜本交錯。其年四月敕差太子賓客馬縞、太常丞陳觀、太常博士段顒、路航，尙書屯田員外郞田敏，充詳勘官。兼委國子監於諸色選人中，召能書人，端楷寫出，旋付匠人雕刻。每日五紙，與減一選，如無選，可減等第，據與改轉官資。

册府元龜載：

（後唐）長興三年四月敕：近以編注石經雕刻印板，委國學每經差專知業博士儒徒五六人勘讀並注。今更於朝官內別差五人充詳勘官，太子賓客馬縞，太常丞陳觀，祠部員外郞兼太常博士段顒，太常博士路航，屯田員外郞田敏等。朕以正經事大，不同諸書，雖已委國學差官勘注，蓋以文字極多，尙恐偶有差誤。馬縞以下皆碩儒，各專精華，更令詳勘，貴必精研，兼宜委國子監於諸色選人中，召能書人，謹楷寫出，旋付匠人鏤刻。每五百紙與減一選，所選等第，優與遷轉官資。

此一雕印九經的歷史創舉，又特別加強校勘工作，乃在此政局紊亂的五代時期進行。由宰相馮道、李愚的倡議，判令國子監，卽國立太學田敏負責校正。這一校勘與雕印工作，自後唐長興三年（西元九三二年）二月起，直到後周廣順三年（西元九五二年）六月才告完竣，已歷唐、晉、漢、周四代二十一年之久，乃由田敏進呈。

册府元龜載：

周田敏爲尙書左丞兼判國子監事。廣順三年六月，敏獻印版書五經文字、九經字樣各二部，一百三十策，奏曰：「臣等自長興三年校勘印板九經書籍，經注繁多，年代殊藐，傳寫紕繆，漸失根源。臣守官膠庠，職司校定，旁求援據，上備雕鐫，幸遇聖明，克終盛事。播文德於有截，傳世教以無窮。謹具陳進。」

這一偉大文化事業，還是經營於當時的國立太學的。惟當時所刻諸經，今已無存，只有日本室町氏所刊印古本爾雅末有「將仕郎守國學四門博士臣李鶚書」一行。李鶚是五代刻經繕寫人之一，此本係宋南渡後重翻五代的監本。

五代時期，中國印刷業已很興盛，除上所述監本外，五代尚有其他印本書，茲不多贅。自有雕印書籍，買賣流通，收藏都較以前手鈔為便利，學問知識的播散亦日廣。下至宋仁宗慶曆時，又有畢昇發明活字版印刷，為印刷術又一大進步，更促進宋以後學術思想的廣為流布。故印刷術的發明實為中國教育史上一至關重要之貢獻。而其至要關鍵，開啓此下之最大光明者，卻正在五代，乃中國史上最黑暗之時代。單舉此一節言，亦可見中國傳統文化之具有一種無上潛力，隨時流露發皇，眞如混混源泉之不擇地而出也。

# 參考書目

國史大綱　錢穆著

中國思想史　錢穆著

中國歷代政治得失　錢穆著

中國學術思想論叢第四册　錢穆著

政學私言　錢穆著

國史新論　錢穆著

中國傳統教育制度與教育思想　政治大學教育研究所講稿　錢穆

中國印刷術起源　李書華著

唐史研究叢稿　嚴耕望著

中國教育史　陳東原著

中國教育史　陳青之著

隋史

舊唐書

新唐書

摭言

韓愈全集

柳宗元文集

六祖壇經

册府元龜

圖書集成

文獻通考

五禮通考　清秦蕙田著

中國文化史　柳貽徵

# 第六篇　書院講學上期——兩宋時期

## 第一章　宋初儒學復興

我們對過去的歷史從不同的角度來做不同的分析，在不同角度的多方面的觀察中，可有益於我們對過去歷史加深一層的認識與瞭解。一般說來，可照朝代劃分，三代、秦漢、魏晉南北朝、隋唐五代、兩宋、元明清，以至民國。也可說秦漢乃是從封建轉爲郡縣一統，魏晉南北朝是從一統而變爲分裂，隋唐再趨向一統，而元清則是外族統治，這是偏重從上層政治來作分析的。

如把眼光轉向於社會來看，可說秦漢是一大轉變，下至兩宋又是一大轉變，再下至近代清末民初的百年來，又是一大轉變。秦漢以前是封建政治下的封建社會，就社會形態言，有貴族平民兩階級之存在，貴族身份是世襲的，政治由貴族掌管，平民只是賴耕種來解決生活。秦漢以後的政治，是個大一統的郡縣政府，大體上說，除了王位世襲外，更無貴族世襲的特權，自中央到地方，各級官吏全由政府選拔賢才任用，社會再沒有貴族與平民之兩階層，平民可直接參加上層政治，社會由士農工商四民中慢慢變出一個士族門第來。這可稱爲一種變相的貴族。佛教東來，寺院興盛，於是在四民之外，又增多僧侶一民。

自宋以後，中國歷史又開始大變，上面仍是統一政府與郡縣政治，然而社會則不僅沒有古代的封建貴族，也沒有南北朝隋唐的士族門第，而佛教勢力亦逐漸衰退。宋以後的中國社會，正式成爲一平民社會，社會階級更消融了，社會上更無特殊勢力之存在。這種平民的社會，直到一百年前沒有變。

近一百年來的中國，因接觸到西方文化，社會開始又在變動，此一轉變有愈演愈烈之勢。政治由君主世襲演變爲民主政治，社會經濟本以農業爲基層，但近百年來工商業急速發展，漸成爲社會經濟中更重要的一項目，而學校教育其變更大了。現代學校完全採用了西方學制，隨而考試制度也變了，政府用人不再由舊的考試選拔。因此所謂士農工商的四民社會也變了，士的一民逐漸消失，農民不再占第二位，社會中心正在慢慢轉移，而至今尚未形成一新社會，可使此項轉變有一停止安定的迹象。以上一切留待下面詳論。

在此只特別說明宋代與其以前社會的顯著不同，門第消失後，全由知識份子經過考試參加政府的那種活潑自由的情況下，所產生的種種新形態。

## 第一節　宋以前之儒學概況

戰國是諸子羣與百家爭鳴的新時代，儒家思想在當時雖受到重視，但並非儒學獨行。孔子時，儒家初成立，稍後卽有墨家興起與儒家對立並稱，再後又有道家興起，以次及於各家。總之，戰國時期儒家思想也不過是百家中之一家而已。

下至西漢初，重黃老道家，直到武帝起來，創立太學設五經博士，國家教育方專以儒家思想爲主，社會也跟着專重儒家。戰國時的各家，也逐漸消融和會到儒家系統中來。東漢後期政治衰弱，莊老思想復興，繼之佛教東來，釋道思想逐漸淩駕儒家之上，魏晉南北朝一段時期，可謂是儒、釋、道三家的鼎立時期。下至隋唐，政府再歸統一，政治上一切文物制度規模體貌全襲漢代，後來歷史上以漢唐並稱，可謂在政治上是儒家思想獨尊的時代。但在社會上，儒家思想最多仍只佔三分之一的地位。佛教較前更盛，又因禪宗崛起，更是普遍到全社會。若論政府取士，在唐中葉前仍受門第勢力的影響，在中葉以後，政府考試又偏重文學，此與漢代之崇尚經術大不相同。而尤其特別的是教育方面，兩漢國立太學乃及地方學全講儒家經學，四百餘年未嘗中斷，魏晉南北朝時期國家教育是中斷了，但門第家族中仍保有儒家禮教，而莊老清談以及佛家出世，則全國上下政府社會全都感染，因此一應教育已不是儒家獨尊。下逮唐中葉以後，門第全崩潰了，保留在門第中的一套儒家精神沒有了，國立學校的教育自武則天以後衰頹不振，社會更無學校存在，不重師道，儒家重要的教育精神暗晦不彰，幾乎那時的社會教育，已全為佛教所占去了。道家則依附追隨於佛教而存在。所以我們可以說，政治尚是儒家的，而人生則轉為佛道的，較之漢代有大不同。

唐中葉以後，藩鎮割據的分裂形態又興起了，中央政府受此干擾，統一已僅存其名。而政府又是宦官擅權，為官的多是由文學出身的進士，政府的內容也變質了，因此終於演成了唐以下的五代十國，為中國歷史上最黑暗的一段時期，四分五裂垂百年之久。那時的政府不僅遠比不上漢唐規模，連魏晉南北期也不如。從晚唐以至五代，這一時期的人民，除在農村耕田與以前無大變動之外，社會上一般人不是當兵，就是做和尚，做官人全無理想，只求保生命，整個社會普遍地文化窒息了，歷史上的傳統精神，也幾乎連根拔除了。北宋起來，為求國家前途重現光明，不得不改變現狀，自然要走上復興儒學的路上去。

然而最早提倡儒學復興的，卻在和尚寺裏。如宋初的智圓和尚，他便在和尚寺裏明白教和尚讀韓昌黎集。韓愈是唐代最反佛敎的人，也是唐代最要提倡恢復儒家思想的人。但在唐代，韓愈思想並不受士人看重，到了五代以下卻由和尙來提倡韓愈，此豈不可怪？實則人類須能生於世、安於世，纔能來講出世思想。若使沒有了一個統一政府，沒有了一個安定的社會，人人不能安於世，甚至不能生於世，誰再來講出世。佛敎也終於沒有地方安放了。道家佛家都像是反儒家的，但沒有了儒家，道家、佛家失去了他們的依存，他們也會失其存在了。

## 第二節　宋初儒學復興的代表人物

宋代的統一，也不是由於武力戰鬭得來的，只是由於人心厭惡了長時期的政治分裂與社會紛亂，而嚮往有一個統一政府出來，所以宋太祖遂得黃袍加身，由於軍隊之擁立，而成爲大宋天子。這已是五代士兵第四次的擁立皇帝了。

宋太祖卽皇帝位第二年，就有杯酒釋兵權的事，自此軍人便把他們長期把持的地方政權，也交還給中央了。中央政府無需用兵力，而政權如此輕鬆的轉移了，這在中國歷史上也是一特殊事例。如不是普遍人心久亂思治，又那能如此般的國家再得統一。然而政治是統一了，社會卻不是倉促可以安定的。五代汚垢頹壞之局，社會已失去了中心，傳統的文敎思想已中斷了。統一後的政府，如何引導社會，向那條路走，這是宋初政府以及社會有志之士，所共同想謀解答的問題。在此問題下，於是有儒學的復興。

宋初最著名的人物是陳摶，他是一個道士，隱居華山。宋太祖卽天子位後，召陳摶，陳摶無意做官，拒絕了宋太祖的徵召。其他尙有爲社會所推重的一些隱士們，如陳摶外，另有种放、魏野、林逋等，他們都是讀書人，但都無意做官。宋太祖宰相趙普，亦算是一讀書人，他輔佐宋太祖，自稱以半部論語得天下，又要以半部論語來治天下，可見那時的讀書人已無能力讀五經，只還能讀一部論語。於是周公地位已消失，而孔子的地位仍能存在。這是宋代與漢代大不同之處。因此亦可說漢代重政治，重在要人如何做官，而宋代重政治，則先要人如何做人。

宋朝統一後，在比較太平的景況下，一天天的安定下來，大家更感覺到需要文化傳統來引導做人、引導社會、引導政治。此一種自覺的精神，終於在當時知識份子的內心萌芽滋長，這正是中國歷史儒家傳統一番治國平天下的精神終於復興了。但眞要講到宋代的儒學復興，尙待宋代開國後五六十年之久，首先應提到的是范仲淹。

仲淹字希文，蘇州吳縣人。他祖先在唐代也是個門第，有做到宰相的，但到他，則是道地的平民了。他生於太宗端拱二年，二歲而孤，隨母改嫁朱氏，更名朱說。他曾苦讀於蘇北長白山一僧寺中，日作粥一器，分爲四塊，早暮各取二塊，斷虀數莖，入少許鹽啗之，如此者三年。後轉至睢陽應天府書院，此書院爲五代時戚同文所創。戚同文自幼亦是一孤兒，由祖母携養於外家，以晉末喪亂，絕意祿仕，但思見混一，因以同文爲名。有一將軍，敬其爲人，爲他築室聚徒，請益之人不遠千里而來，這對此下宋學復興有絕大的貢獻。史稱同文純質尙信義，人有喪，力拯濟之。宗族同里貧乏者，周給之。多月解衣裘與寒者，不積財，不營居室，終身不仕，以敎育後進爲務。這是儒家精神，較之和尙要求出世，在當時是更感可貴了。

容齋三筆載：

大中祥符（眞宗）二年，應天府民曹誠卽楚丘戚同文舊居造舍百五十間，聚書數千卷，博延生徒，講習甚盛。府奏其事，詔賜額曰：應天府書院，命奉禮郎戚舜賓主之。仍令本府幕職官提舉以誠爲府助教，宋興天下州府有學自此始。

宋眞宗祥符三年，睢陽應天書院賜額成立，爲宋代地方學之始。范仲淹在長白山苦讀後，又曾到過睢陽書院去讀書，那時他是二十三歲，其時戚同文早死。仁宗天聖五年，時仲淹寓南京應天府，晏殊丞相爲留守，請仲淹掌府學，仲淹時年三十九歲。仲淹曾兩次在睢陽，其精神上所得於同文之感發者當甚多，後居官貴顯，始終注意教育與辦學校。他知蘇州時，胡瑗便受他禮聘爲蘇州學的教授。

范仲淹更從教育事業注意到社會事業，推捧以食四方之遊士，置負郭常稔田千畝號義田，以養濟族人，日有食，歲有衣，嫁娶婚葬皆有贍，擇族之長而賢者主其計。這一個義莊制度，也爲後代模倣，直到清代之末年。仲淹常感論國事，時至流涕，一時士大夫矯厲尙風節，自仲淹啓之。

仲淹爲睢陽書院掌敎時，自宿學中，督課諸生皆定時刻，常夜中潛至齋舍詗察，見先寢者便詰之。若遇妄對，則取書問之，罰其不能應者。出題課諸生，必先自爲之，欲知其難易。他最先是一敎育家，後又成爲一政治家。

在他爲秀才時，便以天下爲己任，他有兩句名言說：「士當先天下之憂而憂，後天下之樂而樂。」這可說是那時知識份子階層中，自覺精神之最好榜樣。然而這並不是范仲淹的個人精神，我們應該說這是一種時代的覺醒，在同時人的心中都早已隱藏着這同一種需要，只由范仲淹正式呼喚出來。與仲淹同時，尙有有名的學者胡瑗與孫復。講到宋學興起，我們最應注意者，實是當時幾位大師的人格修養及其敎育精神，這是自漢以來早已泯滅的一種儒家的敎育風氣，而至此重獲新生。但漢代還偏重在政治上，而宋代更注重在教育上，這是漢宋之相異。

宋元學案全祖望說：

宋世學術之盛，安定、泰山爲之先河，程朱二先生皆以爲然。

又說：

安定沈潛，泰山高明，安定篤實，泰山剛健。各得其性稟之所近，要其力肩斯道之傳則一也。

這是說胡瑗、孫復恰是兩種人格的典型，一則沈潛篤實，一則高明剛健，各因性近而成就。而他們在泰山的一段苦學經過，則更值得稱道。

胡瑗，字翼之，泰州如皐人，學者稱安定先生。家貧無以自給，往泰山棲眞觀與孫復、石介同學，攻苦食淡，終夜不寢，一坐十年不歸，得家書，見上有平安二字，卽投之澗中，不欲展，恐攪他苦學的決心。那時社會無學校，無師資，他們在道士觀的十年苦學，實在是有一種時代要求在逼迫他們求解答，而遂爲此後的宋學開一出路。

胡瑗可說是宋代第一位教育家，他從泰山棲眞觀學成歸來，卽以經術教授吳中，先爲蘇州教授，後又爲湖州教授，前後共二十年。他所定的蘇湖教法，後來爲宋朝的中央政府所採納，並聘他去管勾太學，他畢生先後門人達一千七百餘人，眞可當得起近代中國史上第一位偉大的教育家了。而孫復則可說是當時的一位大師，他代表著師道的尊嚴。

孫復，字明復，晉州平陽人，學者稱泰山先生。時石徂徠介已有盛名，因慕復，特屈節躬執弟子禮，師事之，拜起必扶持。孫復年五十，退居泰山之陽，一室獨居，枯槁憔悴，鬢眉皓白。當時有退位宰相李迪感嘆的說：「不幸風雨飲食生疾奈何。」特地要把自己的一位姪女嫁他，孫復先尙力辭，李迪說：「吾女不嫁先生，不過一官人妻，先生德高天下，爲李氏婿，李氏榮貴莫大於此。」於是孫復終於應承了。他說：「宰相女不以妻公侯貴戚，而嫁一山谷衰老藜藿不充之人，相國之賢，古所無有，我安敢不承。」我們只據此兩事，便可想見孫復在當時所受人之尊崇。

胡瑗在泰山棲眞觀投書澗畔的十年，和范仲淹在長白山僧寺裏斷齏畫粥苦讀生活的三年中，無疑的在他們的內心深處，有對國家前途文化復興同樣存着一番深厚關切。後來范仲淹終於成了北宋政治上一位模範宰相，胡瑗成了北宋一位偉大的教師，而他們的成就，則是從和尙寺道士觀中得之。而與范胡同時前後如孫復、石介、歐陽修等，共同激起了一種新思想新精神蓬勃四起，使北宋的學術和政治，終於從此興起了不斷絕大的波瀾。

「尊王」與「明道」，是當時宋儒學術思想的兩主幹，他們高唱華夷之防，這是自從五胡以來，南北朝乃至唐代人所忽略不看重的事。又盛唱擁戴中央政府，這更是唐代自安史亂後，地方藩鎭割據兩百年來所急需矯正的時弊。他們提出「尊王」一口號，來力矯上述的兩弊。他們重新提倡孔子儒學來矯正當時的學術風氣，闢佛老，倡古文，他們又提出了「明道」的新口號。他們在當時的政制上，幾乎全體有一種革新的要求。宋朝王室也久已渴望有一個文治勢力來助成他的統治，而終於有一輩以天下爲己任的秀才們出來，帶着宗教性的熱忱，求對現實世界有所改革。於是上下呼應，宋代的變法運動，遂如風起浪湧般，不可遏止。

# 第二章 學校教育

## 第一節 胡瑗蘇湖教學法

宋代學術的興起，可說本是偏重在教育與師道，故而連帶重要的則爲書院與學校。宋初這一學術風氣應遠溯自唐代之韓愈。韓愈一生闢佛衞道，作師說，提倡古文謂「文以載道」。其所謂文，本如先秦時代之諸子著述，只以集部形式來代替了子部。而其精神貫注，則實在教育與師道方面。在當時，並無大影響。但宋學興起，則承此影響而來，而在這方面發生最大作用的是胡瑗。

胡瑗從泰山棲眞觀學成歸來，卽以經術敎授吳中。范仲淹知蘇州，聘他爲蘇州敎授，後來滕宗諒知湖州，又聘他爲湖州敎授，凡二十餘年。慶曆中，天子詔下蘇湖取其法，並聘他專勾太學，四方之士歸之，至庠序不能容。

史稱胡瑗敎人之法，科條纖悉具備。他創立了相似於近代的分科敎學法，設立經義治事兩齋。經義則選擇其心性疏通、有器局、可任大事者，使之講明六經。治事則一人各治一事，又兼攝一事。如治民以安生，講武以禦寇，堰水以利田，曆算以明數。又使以類羣居講習，瑗亦時時召之，使論其所學，爲定其理。或自出一義，令人人以對，而加以可否。或卽當時政事，俾學者討論折衷。大抵經義重通才、重學理。治事重專家、重實習。他的敎育方法，重在各就性近以成就之，並重學者自己研修，而濟之以師友之輔助，及以相互討論爲指導。

若把胡瑗此一種教法上擬之漢代，漢人所謂通經致用，卽是胡瑗本經學以爲治事之本之意。惟漢代經學須分別研究，或治詩，或治易，各成專家。專家中又有分別，遂成十四博士之家法。到唐初有了五經正義，宋人治經，已不如漢人之必待專家分治。而歷史演變已久，則在治事致用方面，則遠較漢代複雜了。所以經義成爲通學，而治事則分屬專家，此是漢宋兩代之不同。

宋神宗曾問胡瑗的學生劉彝，胡瑗與王安石孰優？劉彝對曰：

臣師胡瑗，以道德仁義教東南諸生時，王安石方在場屋中，修進士業。臣聞聖人之道有體、有用、有文。君臣、父子、仁義、禮樂，歷世不可變者，其體也。詩、書、史、傳、子、集垂法後世者，其文也。舉而措之天下，能潤澤斯民，歸於皇極者，其用也。國家累朝取士，不以體用爲本，而尙聲律浮華之詞，是以風俗偸薄。臣師當寶元明道之間，尤病其失，遂以明體達用之學授諸生，夙夜勤瘁，二十餘年。專意學校，始於蘇湖，終於太學。出其門者，無慮數千餘人。故今學者，明夫聖人體用，以爲政教之本，皆臣師之功，非安石比也。

劉彝的話，很明白扼要地指出了宋初儒學興起的精神，也說明了胡瑗教育的精神。晚唐五代以來，進士輕薄，只知以聲律浮華之詞，在場屋中獵取富貴。其所學非可傳法後世，不得謂之文。富貴功名僅爲個人私利，也不得謂之用。而一輩不屑於功名者，則轉向道院佛寺，求長生出世，講虛無寂滅，此與歷世不可變之體，相距更遠。胡瑗在棲眞觀十年，正在當時這樣的政治制度、社會風氣、宗教信仰種種問題上，苦思苦學，而成就他一套明體達用之學，用來教授學生。胡瑗的經義齋便是要人明體，治事齋則是要人達用，體用兩者要相濟相成。

文獻通考云：

是時方尙辭賦，獨湖學以經義及時務爲學，故有經義齋、治事齋……故天下謂湖學多秀彥。其出而筮仕，往往取高第。及爲政，多適於用世，若老於吏事。

若進而與漢代學制相比，其間亦有異有同。漢武帝表章五經，罷黜百家，所罷黜者，是後起之百家，所表章者，乃先有之五經，乃以歷史觀點依據文化傳統來反對時代潮流。而宋初胡瑗興學之爲敵者，一是進士浮薄專尙聲律之詞，另一則是佛老虛無出世之學，亦同樣有尊傳統反潮流之用意。故劉彝說君臣、父子、仁義、禮樂爲體，一面固是針對晚唐進士輕薄之風，一面則是針對佛老虛無之教。所謂有體、有用、有文，當從此處着眼。兼說政教之本，不僅專注意上層的政治，更應注意下層社會上的教化。所以胡瑗講學，其正面明處是在儒家經義，其反面暗處，亦在反佛老，此層我們必當明白，乃可看出此下的演變。總之，宋代到胡瑗，學術才打開一新方向，教育也奠立一新基礎。

慶曆中，天子詔下蘇湖，取其法，著爲令于太學。召胡瑗爲諸王宮教授，辭疾不行。但瑗曾上書，請與武學，其略曰：

頃歲吳育已建議興武學，但官非其人，不久而廢。今國子監直講內梅堯臣曾注孫子，大明深意。孫復而下，皆明經旨。臣曾任丹州軍事推官，頗知武事。若使堯臣等兼莅武事，每日令講論語，使知仁義之道。講孫吳，使知制勝御敵之術。於武臣子孫中，選有智略者二三百人教之，則一二十年之間，必有成效。臣已撰成武學規矩一卷進呈（宋史紀事本末）。

宋代在內憂外患中立國，對內不僅要講明經術，整修政治，對外更要講武禦寇，此亦爲宋初學者針對當時立國情勢，所不得不特別重視者。此處更可明得胡瑗明體達用之教育精神。

先生墓表云：

先生弟子散在四方，隨其人賢愚，皆循循雅飭，其言語舉止遇之，不問可知爲先生弟子。

此處更當注意者，須知那時作育人才，已不僅專在經義治事供國家政府之用之一面，而更重在私人日常生活上所以異於方外之和尙道士釋老之徒，乃及進士浮薄專攻文詞之輩。所以說，言語舉止不問可知爲胡瑗之弟子，正當在此大處着眼，否則又何能不問可知爲胡瑗的弟子呢？

宋元學案云：

是時禮部所得士，先生弟子，十常居四五，隨材高下而修飾之。人遇之，雖不識，皆知爲先生弟子也。

又引伊川語云：

凡從安定先生學者，其醇厚和易之氣，一望可知。又嘗言安定先生之門人，往往知稽古愛民矣，於從政乎何有。

可知宋代要到胡瑗的學生出來，讀書人才始有中國傳統的學者氣象。旣不是士族門第子弟，又不是投考進士的浮薄者，更不是以逃世離俗追隨和尙道士出家人爲高的新式知識份子。從以上可知，宋代讀書人比較上與漢代爲近，而相互間又不同。此非深通中國歷史社會演變，不易深知，此處只指示一大綱領所在，由此細看以前和以後便可知曉。

文獻通考載：

皇祐末，以胡瑗爲國子監講書，專管勾太學。數年，進天章閣侍講，猶兼學正。其初，人未甚信服，乃使其徒之已仕者盛僑、顧臨輩，分治其事，又令孫覺說孟子，中都士人稍稍從之。一日，升堂講易，音韻高朗，指意明白，衆方大服。然在列者，皆不喜，謗議蜂起。瑗不顧，強力不倦，以卒有立。迨今三十餘年，猶用其規模不廢。

宋元學案載黃東發曰：

先生明體用之學，師道之立，自先生始。然其讀書泰山，十年不歸。及既教授，夙夜勤瘁，二十餘年，人始信服。立已立人之難如此。

上引兩條，亦可想見胡瑗在當時提倡聖學，自成一派，改革風氣，其事不易。在唐代的韓愈，只可說有此一番議論，到宋代胡瑗，乃可說眞表出爲一番行爲了。如其特令其弟子孫覺說孟子，亦可謂遠從韓愈來，更以前，孟子是不爲一講學對象的。

胡瑗的教學法雖距今幾近一千年，但有許多處正和今日學校之新教育相合。宋元學案載：

先生在太學時，每公私試罷，掌儀率諸生會於肯善堂，合雅樂歌詩，至夜乃散。諸齋亦自歌詩，奏樂琴瑟之聲徹于外。

邵氏聞見錄載：

胡先生瑗，判國子監，其教育諸生皆有法。……先生每語諸生，食飽未可據案，或久坐，皆於氣血有傷，當習射投壺游習焉。

學海類編本默記卷下王銍云：

胡先生翼之，嘗謂滕公曰：「學者只守一鄉，則滯於一曲，隘吝卑陋。必游四方，盡見人情物態，南北風俗，山川氣象，以廣其聞見，則爲有益於學者矣。」一日，嘗自吳興率門弟子數人遊關中，至潼關，路歧隘，捨車而步，既上至關門，與滕公諸人坐門塾。少憩，四顧黃河抱潼關，委蛇洶湧，而太華中條環擁其前，一覽數萬里，形勢雄張。慨然謂滕公曰：「此可以言山川矣，學者其不見之哉。」

此等教法正和近代理想正相脗合。民國以來的學人競好非古，尤好蔑薄宋儒，譏評宋代學者若僅為一輩默守書本枯坐書室之文人。其實宋代學者之氣象決非如此，卽看胡瑗以上諸條，可見他當時如何教學者陶冶性情，講習生理衞生，又增廣見聞、開擴胸襟之一般。

玆再舉胡瑗教育故事兩則於下。

宋元學案載：

徐積初見先生，頭容少偏，先生厲聲云：「頭容直。」積猛然自省，不特頭容要直，心亦要直。自是不敢有邪心。

五朝名臣言行錄載：

客有話胡翼之為國子先生時，番禺有大商，遣其子來就學。其子僨宕，所齎千金，仍病甚瘠，客于逆旅，若將斃焉。偶其父至京師，閔而不責，携其子謁胡先生，告其故。曰：「是宜先警其心，而後誘之以道者也。」乃取一帙書。曰：「汝讀是，可以先知養生之術，知養生，而後可以進學矣。」其子視其書，乃黃帝素問也。讀之未竟，惴惴然懼伐性命之過甚，悔痛自責，冀可自新。胡知其已悟，召而誨之曰：「知愛身則可以脩身，自今以始，其洗心向道，取聖賢之書，次第讀之。旣通其義，然後為文，則汝可以成名。聖人不貴無過，而貴改過，無懷昔悔，第勉事業。」其人亦穎銳善學，二三年，登上第而歸。

上兩則故事由現代人語說之，可謂都是注重在從心理上感化受教者，使受教者能自發心自學。這是在中國文化傳統注重心性之學之大原則下，胡瑗善爲應用之實例。在胡瑗，眞可說是那時一大教育家了。

宋元學案載黃百家案云：

先生在太學，嘗以顏子所好何學論試諸生。先生得伊川作，大奇之，即請相見，處以學職，知契獨深。伊川之敬禮先生亦至，于濂溪雖嘗從學，往往字之曰茂叔。于先生，非安定先生不稱也。

在孔門，孔子獨稱顏子爲好學，但顏子所好何學，那眞是一大問題，値得研尋。在兩漢只重五經，論語只是小學教本，在宋代，論語地位高過了五經，而胡瑗此問，正是從舊傳統中抉發出學術新風氣來之一個大問題。可見胡瑗不僅是一大教育家，更是一大思想家，不過胡瑗思想一從胡瑗之實際教育中透露出來，那更見其教育事業之偉大了。

先生墓表曰：

其學者相語稱先生，不問可知爲胡公也。

胡瑗在當時之受人尊敬，於此可見。遠在孔門，只稱先生，便知是孔子，胡瑗眞有此地位了。嘉祐四年，因疾以太常博士致仕。東歸之日，弟子祖帳，百里不絕，時以爲榮。卒年六十七歲，諡文昭。所著有易書、中庸義、景祐樂議等。

## 第二節　慶曆熙寧兩次興學

北宋興學，前後共有兩次，一在仁宗慶曆范仲淹參知政事時，一在神宗熙寧王安石參知政事時。北宋開國至慶曆仲淹主政，已八十三年，此八十三年間，宋代學校教育尚未確有規模。

秦蕙田五禮通考載：

初，國子監因舊制，頗增學舍，以應廕子孫隸學受業。開寶八年，國子監上言，生徒舊數七十人，奉詔分習五經，然繫籍者或久不至，而在京進士諸科，常赴講席肄業，請以補監生之闕。上從之。

又

慶曆四年，天章閣侍講王洙言，國子監每科場詔下，許品官子弟投狀試藝，給牒充廣文、太學、律學三館，學生多至千餘。就試，試已則生徒散歸，講官倚席，但爲游寓之所，殊無肄習之法。居常聽講者，一二十人爾。

據此，則在仲淹慶曆興學前，北宋國家教育僅爲具文可知。

## 一、慶曆興學

仲淹於仁宗天聖五年有上執政書，八年有上時相議制擧書，都曾提到他對教育改革的意見。主張勸學宗經，以及主張國家恢復制擧，但都沒有什麼效果。直到他自己爲相後，才再正式向皇帝提出。其時正值遼夏交侵，特起用范仲淹抗拒西夏。迨夏事稍緩，范仲淹、韓琦、富弼同時爲相，仁宗方銳意太平，數次問范仲淹等以當時世事。一日，又特開天章閣，召輔臣賜坐給筆札，使當面疏奏，在當時這也是特殊榮禮了。仲淹等不得已，始請退而列奏。於是范仲淹提出他的十項改革政見，這就是歷史上有名的十事疏。此為慶曆三年時事。

范仲淹十事疏針對當時政治上弊病，提出十項政見，大體說來，特重在澄清吏治上。大致仲淹意見，欲求對外應先整理內部，欲求強兵先需富民，而欲行富民之政，則先從澄清吏治下手。要澄清吏治，治標先務在明黜陟、抑僥倖、擇官長。讓賢者能升用，不肖者能除退。然最根本之事，則在整個國家的教育改革。十事疏中第三項精貢舉曾云：

> 今諸道學校如得明師，尚可教人六經，傳治國治人之道。而國家乃專以辭賦取進士，以墨義取諸科。士皆捨大方而趨小道，雖濟濟盈庭，求有才有識者，十無一二。況天下危困乏人如此，將何以救？在乎教以經濟之業，取以經濟之才，庶可救其不逮。或謂救弊之術，無乃後時。臣謂四海尚完，朝謀而夕行，庶乎可濟，安得晏然不救，坐俟其亂哉？臣請諸路州郡有學校處，奉舉通經有道之士，專於教授，務在興行。

此所謂得明師教人六經，傳治國治人之道，又謂救天下危困，在乎教以經濟之業，取以經濟之才，此即本於漢代太學通經致用之意。歷史演變愈後，人事愈複雜，而且宋代初興，內憂外患，國家長期處於貧困中，更急待范仲淹所謂經濟之業、經濟之才，此實與上面所述胡瑗經義治事分齋講學之意，同一用心。於是在范仲淹上十事疏之第二年，即慶曆四年三月，仁宗即下詔天下州縣立學校。宋史選舉志載：

> 舊時范仲淹參知政事，意欲復古勸學，數言興學校，本行實，詔近臣議。於是宋祁等奏：「教不本于學校，士不察于鄉里，則不能覈名實。有司束以聲病，學者專於記誦，則不足盡人材。參考衆說，擇其便于今者，莫若使士皆土著，而教之于學校，然後州縣察其履行，則學者修飭

矣。」乃詔州縣立學，士須在學三百日，乃聽預秋試。舊曾充賦者，百日而止。

其主要目標有二，一是全國州縣皆立學校，二是凡應科舉者，必需先在學校受教育三百日。此在使國家教育與考試制度相配合。政府如不負培養人才之責，只憑考試一格，不是取士之良策。

又下詔取胡瑗教學法，以爲國學式。文獻通考載：

瑗在湖學教法最備。始建太學，有司請下湖學，取瑗之法，以爲太學法。

但興學方始，便遭人反對，仲淹於慶曆四年六月出宰相府，爲東宣撫使，慶曆興學至此告一段落。

## 二、熙寧興學

第二次興學運動，在神宗熙寧，王安石主政時。

安石生於宋眞宗天禧五年。二十一歲，仁宗慶曆二年中進士。蓋生長於宋代之憂患中。遠在仁宗嘉祐三年，曾上皇帝言事書，其中提到他對教育人才的主張。他說：

以方今之世揆之，陛下雖欲改易更改天下之事，其勢必不能……以方今天下之人才不足故也。夫人才乏於上，則有沈廢伏匿在下，而不爲當時所知者。臣又求之於閭巷草野之間，而亦未見其多焉。豈非陶冶而成之者，非其道而然乎？……所謂陶冶而成之者，何也？亦教之、養之、取之、任之、有其道而已。

他認爲國家應負起陶冶人才之責任，而陶冶人才應從教育、養士、取士、任用四方面着手。這一書沒有發生什麼影響，直等到神宗卽位，才重用安石。熙寧二年，安石參知政事，就提出他的變法意見，得神宗大力支持。

安石上乞改科條制劄子云：

伏以古之取士，皆本於學校，故道德一於上，而習俗成於下，其人材皆足以有爲於世。自先王之澤竭，教養之法無所本，士雖有美材而無學校師友以成就之，議者之所患也。今欲追復古制以革其弊，宜先除去聲病對偶之文，使學者得以專意經義，以俟朝廷興建學校，然後講求三代所以教育選舉之法，施於天下。

宋史選舉志載：

（熙寧四年）始命諸州置學官，率給田十頃贍士，初置小學教授。

又創立太學三舍法。五禮通考載：

神宗熙寧元年增太學生員，慶曆中，嘗置內舍生二百人，至是又增置一百，尋詔以九百人爲額。

宋史選舉志載熙寧四年，太學分外舍、內舍、上舍、三等。外舍七百人，成績優升內舍。內舍二百人，成績優升上舍。其主要用意，則在以學校取士。因宋代科舉考試因襲唐代，重進士詩賦，爲有識之士所反對。故熙寧時，太學行三舍法，使經由國家教育的太學生，亦可入仕。

復立武學、律學、醫學。

但王安石新政，終因黨爭失敗，王安石去位，新法雖仍推行，難有績效。尤以教育爲甚。

神宗時有關教育的另一大事，則是熙寧八年頒行王安石的三經新義於學校。此事曾引起當時學者嚴厲批評。

文獻通考載：

八年頒王安石詩、書、周禮義於學官，謂之三經新義。

史稱新義旣頒，一時學者無敢不傳習，主司純用以取士，先儒傳註，一切廢而不用。又黜春秋之書，不列學官，詆之爲斷爛朝報。安石又以字學久不講，作字說二十四卷以進。安石之三經新義受人批評，非謂新義不好，只是安石身居相位，以一家言頒爲定令，從前無此傳統。

宋史選舉志載：

左僕射司馬光曰：「取士之道，當先德行，後文學。就文學言之，經術又當先於詞采。神宗專用經義論策取士，此乃復先王令典，百王不易之法。但王安石不當以一家私言，令天下學官講解。」

顧亭林日知錄經義論策條引陳後山叢言云：

荆公經義行，舉子專誦王氏章句，而不解義。荆公悔之曰：「本欲變學究爲秀才，不謂變秀才爲學究也。」

學究一經，乃唐代考舉科目，一向爲人所輕視，乃羣重詩賦詞采，以爲可考驗人之聰明與讀書基礎。故唐代考試，一向是進士重於明經。但文選熟，秀才足，讀書人只讀一部文選，便可應考試、取高第，遂造成晚唐進士輕薄之風，此層已在上面述過。宋儒想把通經致用之實學，來替代詩賦虛文，故荆公謂「欲變學究爲秀才」也。學究一經則僅爲應試之一舉子，非可謂之是秀才而能通經致用者。今人人盡誦王氏新經義，以圖應舉，豈不仍如學究一經。而豈王氏欲培植秀才以通經致用之初意哉？所以科舉考試，政府公開取士，誠是一好制度，但一成爲利祿之途，便不免有許多流弊，此事也不得專怪荆公一人。而且荆公也自知其病了。

## 第三節　元豐以後之學校教育

王安石於神宗熙寧二年參知政事後，改行新法。七年罷知江甯府，八年二月又復爲相，九年十月再去相，前後七年。雖然新法遭到朝中大臣的反對，王安石終於去位，但宋神宗仍依新法，繼用蔡確、章惇等，仍是維新一派。故神宗元豐時對於新法中有關教育改革的推進，不僅並未中止，且尤有推進。

文獻通考載：

神宗元豐元年，詔諸路州府學官共五十三員，……是時大興學校，天下之有教授者只五十三員，蓋重師儒之官，不肯輕授濫設故也。觀其所用，旣是有出身人，然又必試中而後授，則與入館閣翰苑者同科，其遴選至矣。

又增太學生舍頒學令。宋史選舉志載：

元豐二年，頒學令：太學置八十齋，齋各五楹，容三十人。外舍生二千人，內舍生三百人，上舍生百人，總二千四百人。月一私試，歲一公試，補內舍生。間歲一舍試，補上舍生。彌封謄錄，如貢舉法。而上舍試則學官不預考校。公試外舍生，入第一第二等升內舍，試入優平二等，升上舍，皆參考所書行藝迺升上舍，分三等。學正增爲五人，學錄增爲十人。學錄參以學生爲之。歲賜緡錢至二萬五千，又取州縣田租屋課息錢之類，增爲學費。

熙寧四年，初推行新法，太學立三舍制定額，外舍生七百，內舍生兩百，上舍生百人，共一千人。九年，安石罷相後，不僅新法未輟，太學生名額反增爲二千四百人，又詳定升等試，州府教育推行也較前更廣。元豐八年，神宗崩，在安石去相後九年，故終神宗之世，新法未嘗改革。神宗於元豐八年崩，至北宋末不過四十二年。此四十二年中，朝廷法制屢次反復。哲宗以年幼繼位，高太后垂簾聽政，卽罷三舍法，改用舊黨，禁用王氏經義、字說。至哲宗親政，又起用新黨。哲宗崩，向太后聽政，廢新黨用舊黨。徽宗卽位，又行新法。不久外患又起。因此北宋自神宗以後四十年，學校教育屢有變更，無何績效可言。

哲宗時有劉摯上疏曰：

學校爲育材首善之地，教化所從出，非行法之所。雖羣居衆聚，帥而齊之，不可無法，亦有禮義存焉。先帝體道制法，超漢軼唐，養士之盛，比隆三代。然而比以太學屢起獄訟，有司緣此，造爲法禁，煩苛愈於治獄，條目多於防盜，上下疑貳，以求苟免。甚可怪者，博士諸生，禁不相見。教諭無所施，質問無所從，月巡所隸之齋而已。齋舍旣不一，隨經分隸，則又易博士兼巡禮齋，詩博士兼巡書齋，所至備禮請問，相與揖諾，亦或不交一言而退，以防私請，以杜賄賂。學校如此，豈先帝所以造士之意哉。治天下者遇人以君子長者之道，則下必有君子長者之行而應乎上。若以小人犬彘遇之，彼將以小人犬彘自爲。而況以此行於學校之間。

此謂學校教育，當崇禮化，不貴法治，語涵深義，極值遵依。

又宋史選舉志云：

（徽宗）崇寧以來，士子各徇其黨。習經義，則詆元祐之非。尙詞賦，則誚新經之失。互相排斥，羣論紛紛。

此是以黨爭牽入學校也。據上所引，可知神宗朝，安石新法與學校教育，其意雖善，而自神宗崩後，四十年間，學校教育終無績效可言。

南宋偏安，高宗卽位，雖置國子監立博士置監生，州置教授，亦徒具名而已。宋史選舉志載，高宗紹興八年葉綝上書請建學，而廷臣皆以兵興餽運爲辭。據宋史高宗本紀，直到紹興十二年詔諸州修學官，增修臨安府學爲太學，復試教官法，命太學弟子員以三百人爲額。

南宋一代雖太學州縣學並未中輟，但學校教育未有何影響。

宋史選舉志云：

(光宗)紹熙三年，禮部侍郎倪思，請復混補法，命兩省臺諫雜議可否。於是吏部尚書趙汝愚等合奏曰：「中興以來，建太學于行都，行貢舉於諸郡，然奔競之風勝，而忠信之俗微。亦惟榮辱升沈不由學校，德行道藝取決糊名，工雕篆之文，無進修之志，視庠序如傳舍，目師儒如路人，季考月書盡成文具。」

又朱子學校貢舉私議云：

所謂太學者，但爲聲利之場。而掌其教事者，不過取其善爲科舉之文，而嘗得儁於場屋者耳。士之有志於義理者，既無求於學，其奔趨輻湊而來者，不過爲解額之濫、舍選之私而已。師生相視，漠然如行路之人。間相與言，亦未嘗開之以德行道藝之實。而月書季考者，又祇以促其嗜利，苟得冒昧無耻之心，殊非國家之所以立學教人之本意也。

此在南宗光宗時，已爲南宋中葉，而學校教育仍如此。

續文獻通考載：

(度宗)咸淳八年詔，加太學餐錢，寬科場恩例，從賈似道之請也。

丘濬大學衍義補有曰：

處士橫議，必在國家末造，當隆盛時，無此事也。方漢盛時，無有所謂浮議也，而黨錮之興，乃在桓靈之世。宋以忠厚立國，不殺士大夫，當時士大夫，毅然以氣節名義爲重。一遇國家有事，輒明目張膽別白言之，不少顧忌，往往以此得美名躋顯位。不幸觸諱遭遷謫以去，及其事久論定，直聲勁節亦從此益大以著。士大夫習見其然。其中不逞者，遂借此以爲取名之階，進身之徑。其流弊之極，遂至學校所養之士亦效尤之。至於景定淳祐之間，朝廷任一宰執、用一臺諫，稍不若衆心，三學之士相率攻之，必去其人而後已。賈似道入相，度其不可以力勝，遂以術籠絡之。於是加太學餐錢，寬科場恩例，三學之士啖其利而感其恩，目擊似道之誤國，噤不敢出一聲。甚至要君去國，亦上書贊美挽留之，無所不至。嗚呼！三學諸生平日所以叩閽上書經臺投卷者，無非仁義之言、聖賢之道，至是其心迹盡露矣。嗚呼！士大夫之在學校者，尙知所以自守，而毋蹈宋人之失哉。

觀邱氏此論，亦可知南宋國立學校教育之梗概。要之，北宋自神宗安石變法後，學校教育捲入政治旋渦，已無可言。南宋教育沿此不能改，於是教育重心轉入私家講學之書院中去，此事待下詳述。

又文獻通考載兵部侍郎虞儔言：

朝廷與太學，置明師，四方之士，于于然而來，可謂盛矣。竊怪夫近年州郡之學，往往多就廢壞，士子游學，非圖餔啜以給朝夕，則假衣冠以誑流俗。而鄉里之自好者，過其門而不入。爲教授者，則自以爲冷官而不事事。自一郡觀之，若未甚害也，舉天下皆然，則實關事體矣……。夫朝廷建一官，蓋欲使之治一職。苟以爲迂闊於事，無補於時，曷不一舉而廢之，吏祿學糧猶可省也。若以爲化民成俗，長育人材，自學校始，祖宗以來，莫之有改，奈何使之名存而實亡乎。

此論教育由國家主辦，有關治體，不可空存學校教育之名，而無舉職辦事之實，則不僅無補於教育，實有傷於政治。此雖由淺處言之，要見政教合一亦應有一政教合一之辦法，否則兩敗俱傷，尚不如放棄教育事於不問，猶爲少一弊害也。

# 第三章　考試制度

## 第一節　宋初科擧制及其對選士之優待

宋初自太祖、太宗、眞宗、仁宗一段時期，考試制無大變更。

宋初入仕之途很多。宋史選擧志言：

宋朝之制，凡入仕有貢擧、奏蔭、攝署、流外、從軍五等。

其中貢擧一項，自唐以來雖爲士子入仕之唯一正途，而宋初則僅爲入仕之一途。

宋史選擧志又曰：

宋初承唐制，貢擧雖廣，而莫重于進士制科。其次則三學選補，其他敎官、武擧、童子等試，以及遺逸、奏薦、貴戚公卿任子、親屬，與遠州流外諸選委曲瑣細，咸有品式。

又曰：

初禮部貢擧設進士、九經、五經、開元禮、三史、三禮、三傳、學究、明經、明法等科，皆秋取解，多集禮部，春考試，合格及第者列名放榜於尙書省。

凡進士試詩賦雜文各一首，策五道，帖論語十帖，對春秋或禮記墨義十條。

是宋初考試，雖名目甚多，仍以進士爲主。而進士考試，則仍以詩賦爲先。仍沿唐舊，無甚更新。惟在任用上，則較之唐代有大不同。

文獻通考載：

（太宗）太平興國八年，試進士始分三甲，第一甲並知縣。

五禮通考秦蕙田云：

進士分三甲，始於此。眞宗景德以後，分爲五甲，終宋之世皆承之。

又五禮通考載：

（眞宗）景德四年定親試進士條制，……其考第之制凡五等。學賦優長詞理精純爲第一，才思該通文理周率爲第二，文理俱通爲第三，文理中平爲第四，文理疎淺爲第五。然後臨軒唱第，上二等曰及第，三等曰出身，四等五等曰同出身。餘如貢院舊制。

秦蕙田云：

廷試進士條例至是始詳。

又宋初貢舉無定制，有歲舉、有間歲舉、或間二歲舉，至仁宗嘉祐二年定爲間歲一科舉。未十年，至英宗治平二年，詔三歲一科舉，後以爲常例。

宋代王室乃由五代不斷兵變中產生，因此宋太祖卽位首先就感到軍人操握政權的威脅。要解除此一威脅，自然會走上重文抑武的路。然而宋代立國，又是在內憂外患中，外有遼夏，內有南方諸國，因此宋初軍隊之數，不僅未減，反而增加。因此宋代之重文抑武的最重要的提倡，則只有在加意看重科舉，大開仕進之途的一項辦法上。宋太祖曾謂趙普曰：

五代方鎭殘虐，民受其禍，朕今用儒臣，分治大藩，縱皆貪濁，亦未及武臣十之一也。

此其重文抑武之意，灼然可見。太祖又有誓約藏之太廟，云：「不殺大臣及言事官。」此層爲以下歷朝子孫所遵守，影響有宋一代之政治體制與士人風氣者甚大。

宋初科舉制度雖大體沿襲唐制，以進士一科爲最重要。但名額是增加了，考試制度也嚴格了，而錄取後的榮利也加厚了。玆分述如下：

## 一、嚴考試

宋史選舉志載：

> 太祖皇帝建隆三年詔，及第人不得拜知舉官子弟、弟姪，及目爲師門、恩門，並自稱門生。故事，知舉官將赴貢院，臺閣近臣得薦所知進士之負藝者，號曰公薦。上慮其因緣挾私，詔禁之。

此是廢止了唐代之公薦制。宋進士又需覆試。文獻通考載：

> （太祖）乾德五年盧多遜知貢舉，上復詔參知政事薛居正於中書覆試，皆合格，乃賜及第。先是陶穀子邴擢上第，上曰：「聞穀不能訓子，邴安得登第。」乃詔食祿之家有登第者，禮部具析以聞，當令覆試。

五禮通考秦蕙田云：

> 宋代進士覆試始於此，與唐制試文送中書詳覆有別。

宋代又有殿試省試之分。五禮通考載：

> 太祖開寶六年，翰林學士李昉知貢舉，取宋準以下十一人。而進士武濟川、三傳劉睿，材質最

陋，對問失次，上黜之。濟川，昉鄉人也。會有訴昉用情取舍，帝乃籍終場下第人姓名，得三百六十人，皆召見，擇其一百九十五人，并準以下，乃御殿給紙筆別試詩賦，命殿中侍御史李瑩等考官，得進士二十六人，五經四人，開元禮七人，三禮三十八人，三傳二十六人，三史三人，學究十八人，明法五人，皆賜及第。又賜錢二十萬以張宴會。昉等尋皆坐責，殿試遂爲常制。帝嘗語近臣曰：「昔者科名，多爲勢家所取。朕親臨試，盡革其弊矣。」是年親試進士王式等，乃定王嗣宗第一，王式第四，自是御試與省試，名次始有升降之別。

據此知進士不僅有省試殿試之別，而且殿試與省試名第自此又有升降。

稍後又有糊名試士之法。五禮通考載：

> （太宗）淳化三年貢士凡萬七千餘人。先是有擊登聞鼓，訴校試不公者。蘇易簡知貢舉，受詔，即赴貢院，仍糊名考校，遂爲例。

文獻通考載太平興國諸道所發貢士得五千二百餘人，賜第者共五百餘人，爲十取一。太平興國至淳化三年，不過相距十五年，而全國參加進士試者，已增至一萬七千餘人。宋取士雖廣，而錄取名額比諸投考者仍相距太遠，故亦不得不嚴格考試。

又有彌封編號之例。五禮通考載：

> （眞宗）景德四年，定親試進士條制。凡策士卽殿兩廡張帟列幾席，標姓名其上。先一日，表其次序，揭示闕外。翌日，拜闕下，乃入就席。試卷內臣收之，付編排官去其卷首鄉貫狀，別以字號第之，付封彌官謄寫，校勘，用御書院印付考官定等畢，復封彌送覆考官再定等，編排官閱其同異，未同者再考之。如復不同，卽以相附近者爲定，始取鄉貫狀字號合之，卽第其姓

名差次，並試卷以聞。

又曾有挾書犯坐及同保，五禮通考載：

眞宗大中祥符五年，上聞貢院監門官以諸科舉人挾書爲私，悉解衣閱視，失取士之體，亟令止之。先是挾書赴試者，並同保人殿一舉，是歲試諸科，以挾書扶出者十八人，計同保九十三人，而十二人當奏名，有司以聞，上特令赴殿試。禮部請自今挾書犯者依條殿舉其同保，殿舉指揮更不施行。奏可。

挾書之犯，坐及同保，其罰太重。雖經禮部議罷，然考試制到宋代而方法嚴密則無疑義。

## 二、廣名額

宋代進士登科名額，遠較唐代爲多，查看文獻通考（卷二十九）所載唐登科記總目，唐代每年進士及第極盛時無過五十人，居常只二三十人，如連諸科計，及唐禮部每年所放進士及諸科，未有及五七十人者。查宋登科記總目（卷三十二），宋太祖開國時進士登科寥寥，每年無過十人。至太祖開寶始開特奏名恩例。

五禮通考載：

（太祖）開寶三年，詔禮部閱貢士及十五舉嘗終場者，得一百六人，賜本科出身。特奏名恩例，蓋自此始。

秦蕙田云：

宋制省試進士合格者謂之「正奏名」，其屢經鄉貢而絀於禮部或廷試所不錄者，積前後舉數，參其年而差等之，遇親策士則別籍其名以奏，徑許附試，謂之「特奏名」。

五禮通考又載：

開寶六年，翰林學士李昉知貢舉，取宋準以下十一人……帝乃籍終場下第人姓名得三百六十人，皆召見，擇其一百九十五人，并準以下，乃御講武殿別試，得進士二十六人，諸科九十六人，皆賜及第。

皇帝親御便殿，臨試貢士，而增額取錄，至太宗卽位則增廣名額，漸以爲例。文獻通考載：

太宗太平興國二年，上初卽位，恩振淹滯，顧謂侍臣曰：「朕欲博求俊彥於科場中，非敢望拔十得五，止得一二，亦可爲致治之具矣。」於是禮部上所試合格人姓名，上御講武殿覆試，內出詩賦題，賦韻平仄相間，依次用命，李昉、扈蒙定其優劣爲三等，得呂蒙正以下一百九人。越二日，覆試諸科得三百餘人，並賜及第。又詔禮部閱貢籍得十舉以上，至十五舉進士諸科，一百八十餘人，並賜出身。九經七人不中格，亦憐其老，特賜同三傳出身，凡五百餘人，皆賜綠袍鞾笏，賜宴開寶寺，上自爲詩二章賜之。第一第二等進士及九經授將作監丞大理評事，通判諸州。其餘皆優等注擬。寵章殊異，歷代未有也。薛居正等言，取人太多，用人太驟，不聽。

此等優待，爲自先所未有。自太宗太平興國以後，宋代取士每舉都在數百以上。文獻通考引容齋洪氏隨筆曰：

國朝科舉取士，及太平興國以來恩典始重。

又根據文獻通考載，宋登科記總目，太平興國五年舉進士及諸科六百五十餘人。太宗端拱元年禮部已取進士二十八人諸科一百一十人，榜既出而謗議蜂起，覆試得進士諸科七百人。六月，又於武成王廟重試得進士及諸科一百二十。端拱元年進士與諸科共放九百五十餘人並賜及第。太宗淳化三年，放進士與諸科共一千一百餘人。至眞宗咸平三年，上親試擧人，臨軒三日無倦色，得進士四百九人，諸科四百三十餘人。又試進士五擧，諸科八擧，及嘗經御試，或年踰五十者，得進士及諸科。凡九百餘人，共千八百餘人。推恩之廣，近代未有。

至仁宗嘉祐二年，詔凡進士與殿試者，始皆免黜落。以前殿試皆有黜落，有累經省試取中，而擯斥於殿試者。自此凡參與殿試，皆不黜落。

三、厚榮利

宋代進士一登第，卽釋褐，待遇遠較唐代爲優。唐代進士由禮部主試，及第後，不能立卽登仕牒，尙須再試於吏部，有屢試屢黜者。

文獻通考馬端臨曰：

今考唐每歲及第者，極盛之時，不能五十人，姑以五十人爲率，則三歲所放不過百五十人。而宋自中興以後，每科進士及第動以四五百人計，蓋倍於唐有餘矣。

又唐士之及第者，未能解褐入仕，尙有試吏部一關。韓文公三試於吏部無成，則十年猶布衣。且有出身二十年不獲祿者。而宋則一登第之後，卽爲入仕之期。

又唐代吏部中格者，也僅補畿赤丞尉，而宋進士及第則每獲優缺。然宋優禮科擧及第士人自太宗始。文獻通考載：

藝祖太宗皆留意於科目，然開寶八年王嗣宗爲狀元，止授秦州司理參軍，嘗以公事忤知州路沖。沖怒，械繫之於獄。然則當時狀元所授之官既卑且不爲長官所禮，未至如後世榮進素定要路在前之說也。

文獻通考又載：

太宗太平興國二年，上初即位，思振淹滯……進士諸科凡五百餘人皆賜綠袍韡笏賜宴開寶寺，上自爲詩二章賜之，第一第二等進士及九經授將作監丞大理評事通判諸州，其餘皆優等注擬，寵章殊異，歷代未有也。薛居正等言取人太多用人太驟，不聽。

容齋洪氏隨筆曰：

國朝科舉取士及太平興國以來恩典始重。

至仁宗末年乃有議其事者。

文獻通考載：

時以科舉既數，則高第之人倍衆，其擢任恩典宜損於故。乃詔自今制科入第三等與進士第一人大理評事簽事、兩使幕職官，代還陞通判，再任滿試館職（前此前三名皆爲通判），其餘以次減降，自是驟顯者鮮。

然文獻通考引容齋洪氏隨筆又曰：

本朝自太平興國以來，以科舉羅天下士。士之策名前列者或不十年而至公輔，呂文穆公蒙正、張文定公齊賢之徒是也。及嘉祐（仁宗末）以前亦指日在清顯。東坡送張子平序以謂仁宗一朝十有三榜，數其上之三人，凡三十有九，其不至於公卿者五人而已。

宋史選舉志云：

天聖初，宋興六十有二載。天下乂安，時取才唯進士諸科爲最廣，名卿鉅公皆繇此選，而仁宗亦嚮用之。登上第者，不數年輒赫然顯貴矣。其貢禮部而數詘者，得特奏名。

故中國社會之形成一純平等之社會者，實自宋代開始。而中國政府之進達於一純士人之政府者，亦自宋代開始。宋代之貧弱，乃肇端於晚唐及五代。而宋代之猶能於積貧積弱中，復與中國之傳統文化於不墜，則知宋代之優遇士人實亦有其貢獻。

## 第二節 慶曆熙寧兩次科舉考試的改革

### 一、慶曆改革

唐代的考試內容不外詩賦論策帖經墨義等諸種。起初是以經文論策爲要，中葉以後，進士試方獨重詩賦，在當時已屢爲人所詬病。宋承五代之弊，一切制度皆襲唐舊，故宋初科舉考試也以詩賦爲主，但朝廷急切要從科場中博求俊彥，以利國家之治平，因此考試內容之改革，爲當時之急務。

五禮通考載：

（仁宗）寶元中，李淑侍經筵，上訪以進士詩賦策論先後，俾以故事對。淑對曰：唐調露二年，劉思立爲考功員外郎，以進士試策滅裂，請帖經以觀其學，試雜文以觀其才，自此沿以爲常。至永隆二年，進士試雜文二篇，通文律者，始試策。天寶十一年進士試，一經能通者試文賦，又通而後試策五條，皆通中第。建中二年，趙贊請試以時務策五篇、箴論表贊各一篇，以代詩賦。太和三年，試帖經，略問大義，取精通者，次試論議，各一篇。八年，禮部試以帖經口義，次試策五篇，問經義者三，問時務者二。厥後變易，遂以詩賦爲第一場，論第二場，策第三場，帖經第四場。今陛下欲求理道，而不以雕琢爲貴，得取士之實矣。然考官以所試分考，不能通加評校，而每場輒退落，士之中否，殆繫于幸不幸。願約舊制，先策，次論，次賦及詩，次帖經墨義，而勅有司併試四場，通較工拙，毋以一場得失爲去留。詔有司議，稍施行焉。

仁宗慶曆時，又有上言改更貢舉進士所試詩賦策論先後，於是詔下兩制詳議。五禮通考載歐陽修上言：

請先試以策，擇其文辭鄙惡者，文意顚倒重雜者，不識題者，不知故實，略而不對所問者，誤引事跡者，雖能成文而理識乖誕者，雜犯舊格、不考式者先去之。計於二千人中可去五六百。以其留者次試以論。又如前法而考之，又可去其二三百。其留而試詩賦者，不過千人矣。於千人而選五百，少而易考，不至勞昏。其節抄剽盜之人，皆以先去，比及詩賦，皆是已經策論，粗有學問，理識不至乖誕之人，縱使詩賦不工，亦可以中選矣。如此，可使童年新學全不曉事之人，無由而進。臣所謂變法必須隨場去留，然後可革舊弊者也。

宋自立國以來，極端提倡文人，宋初歷朝取士，皆增廣名額，厚利祿。科舉考試，本爲士人入仕一主要途徑，再經政府加意提倡，無怪全國學子都趨此途。細究歐陽修之言，可知至仁宗時場屋之弊已見，改革考試已爲朝廷之急務。

慶曆三年范仲淹參知政事，仁宗特開天章閣，召對賜坐，給筆劄使疏于前，於是范仲淹有答手詔條陳十事疏，其中第三條精貢舉，講到科舉制度的改革有曰：

> 其取士之科，卽依賈昌朝等起請，進士先策論而後詩賦，諸科墨義之外，更通經旨，使人不專辭藻，必明理道，則天下講學必興，浮薄知勸，最爲至要。

這是范仲淹向仁宗提出他對科舉考試內容的改革意見，他也主張應以策論爲重，詩賦次之。他同時又提到關於取錄及任用的辦法，以收科舉制改革的澈底效果說：

> 其考校進士，以策論高詞賦次者爲優等，策論平詞賦優者爲次等。諸科，經旨通者爲優等，墨義通者爲次等。已上進士諸科，並以優等及第者放選注官，次等及第者守本科選限。

范仲淹又說：

> 國家專以辭賦取進士，以墨義取諸科，士皆捨大方而趨小道，雖濟濟盈庭，求有才有識者，十無一二，況天下危困，乏人如此，將何以救？在乎敎以經濟之業，取以經濟之才，庶可救其不逮。

這是范仲淹提倡考試應以策論爲主的最好說明。考策論兼重六經，爲文亦以經國濟世之說爲主。這也不僅是范仲淹一人之主張，實爲當時一般要求改革科舉考試者相同的意見。又一則宋初取士太寬，至仁宗時已顯然有選人壅塞的現象，所以范仲淹的改革意見中，又提到取錄後的任用。他說：

> 外郡解發進士諸科人，本鄉舉里選之式，必先考其履行，然後取以藝業。今乃不求履行，惟以詞藻墨義取之，加用封彌不見姓字，實非鄉里選擧之本意也。……臣請重定外郡發解條約，須是履行無惡、藝業及等者，方得解薦。更不封彌試卷。

又在再進前所陳十事疏一文中說：

精貢舉，爲天下舉人先取履行，次取藝業，將以正敎化之本，育卿士之材。

這是范仲淹對於當時封彌試卷制的反對。但如此說來，則唐人的公卷通榜是又未可厚非了。可見科舉考試雖是一好制度，但其間種種節目上之利弊得失，則歷來爭議不定，旣屬也接近祿利之途，而人人皆務奔競，而欲定出一套有利無弊、永可承接、不再改變之辦法，則誠難乎其難了。但若出以公心，則衆易見其是，出以私意，則衆易得其非，仲淹主張先履行後藝業，則是斷無可非的。

其實在慶曆前十幾年，范仲淹早已提到他的改革意見，他在天聖五年上執政書說：

呈試之日，先策論，以觀其大要，次詩賦，以觀其全才。以大要定其去留，以全才升其等級，有講貫者，別加考試。人必強學，副其精舉。

他這先策論次詩賦的主張，早在慶曆改革前已提出了。但至在慶曆實行改革時，不幸又引起了政治上很大的反對，不到一年，仲淹便乞身而去。

文獻通考載：

時言初令不便者甚衆，以便詩賦聲病易考，而策論汗漫難知。祖宗以來，莫之有改，得人嘗多，乃詔一依舊條。

慶曆改革不過一年，一切依然復舊。

## 二、熙寧改革

至神宗熙寧二年，王安石爲相，再來提倡改革。距仲淹慶曆改革，其間不過二十餘年，但亦同樣遭到當時人的反對。仁宗性溫和，因朝臣反對即不堅持，神宗性剛毅，儘遭反對，他依然任用安石。至熙寧末，安石亦不得已求去，但終神宗之在位，在元豐時，仍推行安石新政。

以范、王二人相比，仲淹行事較慎重，在當時進士重詩賦已爲衆人所詬病，但仲淹並未主遽去詩賦，僅主應以策論爲主。安石行事較重急效，熙寧改革遂主罷詩賦帖經墨義，而一以經義爲準。自此以後，宋代科舉考試全在詩賦的興廢中爭論。至於經義，又以遵用安石一家言爲人議論。自神宗以後，政府學校教育以及科舉取士之兩事其勢都漸微，學術重心遂轉移到理學家的書院講學方面去。

玆再詳述熙寧時的改革情形。

文獻通考載：

> 神宗熙寧二年，議更貢舉法。罷詩賦明經諸科，以經義論策試進士。
>
> 初王安石以爲古之取士俱本於學，請興建學校以復古，其明經諸科欲行廢罷。

神宗下詔要朝官議論，有人贊成安石廢明經諸科的意見。但直史館蘇軾上議，極端反對罷詩賦。他說：「自唐至今，以詩賦爲名臣者，不可勝數，何負於天下，而必欲廢之。」蘇軾之意，似乎根本看不見學校教育之意義，其對貢舉制度，則認爲策論、詩賦、經義、帖墨、公卷、彌封、都差不多，「以爲設法取士，不過如此」。他認爲政府獲得人才，主要在「君相有知人之知，朝廷有責實之政」就夠了。神宗得蘇軾上議，疑而不能決，再問安石意見。安石曰：「今人材乏少，且其學術不一，異論紛然，不能一道德故也。一道德，則修學校，欲修學校，則貢舉法不可不變。」又曰：「今以少壯時正當講求天下正理，乃閉門學作詩賦，及其入官，世事皆所不習，此乃科法敗壞人才，致不如古。」於是卒如安石議。

據文獻通考載：

> 罷明經及諸科。

宋史選舉志云：

初禮部貢舉設進士、九經、五經、開元禮、三史、三禮、三傳、學究明經、明法等科。

又云：

宋之科目有進士、有諸科、有武舉，常選之外又有制科、有童子舉，而進士得人爲盛。神宗始罷諸科，而分經義詩賦以取士，其後遵行未之有改。

據此知宋代貢舉常選分進士、諸科、武舉三種，所謂諸科卽指進士以外之九經、五經、開元禮、三史、三禮、三傳、學究、明經、明法等科而言，此爲宋初以來所考科目。至神宗熙寧二年，改革科舉考試方法，則諸科一體罷去，只剩進士一科。又進士科，宋襲唐舊，以詩賦考試爲主，至此則罷詩賦改考經義。後又復詩賦。終宋世，進士一科考試不外詩賦與經義。詩賦或興或廢，其與經義或分兩科或合爲一科，所以宋史選舉志云：「分經義詩賦取士，其後遵行未之有改」也。

文獻通考載：

進士罷詩賦，各占治詩、書、易、周禮、禮記一經，兼以論語、孟子。每試四場，初大經，次兼經大義凡十道。（後改論語、孟子、論各三道）次論一首，次策三道。禮部試卽增二道。中書撰大義式頒行試義，須通經有文采，乃爲中格。

至熙寧改法時，進士考試專以經義取士。經又分大經兼經兩種，考試分四場。

第一場——考大經。（詩、書、易、周禮、禮記各治一經）

第二場——考兼經。（論語、孟子、大義十道、後改論語、孟子各三道）

第三場——考論一首。

第四場——考策三道。

安石不喜春秋，故大經中不列。安石極喜周禮，又以禮記代儀禮。兼經中有孟子，宋代之提倡孟子自安石始。孟子遂爲此下理學家所極看重，此亦可覘學術思想的演變。漢唐重六經，講周公孔子，宋以後則五經外兼講孔孟，稱兼經，前者重在政治，後者則兼重個人人生修養。此一學術思想的演變，雖非安石有以導之，但提倡以孟子爲正式考試課程，無疑則奠定了此一轉變的基礎，並對宋代以後有其莫大的影響。

又所謂「中書撰大義式頒行試義」者，此又爲熙寧八年頒安石詩、書、周禮、三經新義於學官之原因。罷詩賦改考經義所引起的爭論小，而以三經新義定爲學校及貢舉之課本，則引起當時人極端反對。文獻通考載哲宗元祐時，尙書省言：

近歲承學之士，聞見淺陋，辭格卑弱，患在治經者專守一家，不識諸儒傳記之說。

又侍御史劉摯奏：

熙寧初，以章句破碎大道，乃罷詩賦而改試以經，可謂知本。然今之治經大與古異，專誦熙寧所頒新經字說，佐以莊、列、釋氏之書，試者累輩百千，槩用一律，其中雖有眞知聖人本指，該通先儒舊說，與時尙不合，一切捐棄。

又有司馬光言：

神宗罷詩賦及諸科，專用經義論策，此乃復先王令典，百世不易之法。但王安石不當以一家私學欲蓋掩先儒，令天下學官講解及科場程試，同己者取，異己者黜，使聖人坦明之言，轉陷於奇辟，先王中正之道流入於異端。若己論果是，先儒果非，何患學者不棄彼而從此，何必以利害誘脅如此其急也。

可見當時人對安石三經新義本書並非有所批評，只因安石爲相，不該以私說定爲國家敎育人材及取士的標準。這種反對的後面，實有一種傳統的文化精神在。亦可說中國學術傳統精神本尙自由。先秦時如此，自漢武帝表章五經，國立太學置經學博士，而終不禁私家經說之繼起，下至東漢私學終於掩蓋了官學。則王安石的三經新義宜遭反對，且必失敗又可知。

文獻通考又載：

> 既罷明經諸科，乃用其法立新科明法，以待諸科之不能改試進士者，試以律令、刑統大義、斷案中格，卽取。六年，詔選人任子，並令試斷案律令大義，或時議始出官。其後又詔進士第一人以下並試。初詔自第三人以下始令試法，中書習學練亨甫言：「高科任簽判及職官，預一州之事，其於習法豈所宜緩，前此試刑法者，世皆指爲俗吏。今朝廷推恩旣厚，而應者尙少，若高科不試，則人不以爲榮矣。」乃詔悉試。

於是熙寧貢舉遂又分進士與新科明法兩科，但新科明法於哲宗元祐司馬光秉政時又廢。南宋高宗初卽位又立，但高宗紹興十六年又廢。在南宋前後只立十八年，以後此科沒有再立，因此宋自神宗熙寧後，貢舉主要的只有進士一科，而進士科之考試主要則在詩賦與經義。

## 第三節　元祐以後的科舉制度

神宗崩，哲宗繼位，年甫十歲，由皇太后高氏臨朝聽政，起用司馬光、呂公著、劉摯、呂大防、范純仁等舊黨，於是盡罷新法，一反熙寧、元豐之政。宋史選舉志云：

（哲宗元祐初）時方改更先朝之政，禮部請置春秋博士專爲一經，尙書省請復詩賦與經義兼行，解經通用先儒傳注，及己說。又言新科明法中者，吏部卽注司法，敍名在及第進士之上，舊明法最爲下科，然必責之兼經，古者先德後刑之意也，欲加論語大義，詔近臣集議。左僕射司馬光曰：「王安石不當以一家私學令天下學官講解。至於律令，皆當官所須；使爲士者果能知道義，自與法律冥合，何必置明法一科習爲刻薄。非所以長育人材，敦厚風俗也。」四年，乃立經義詩賦兩科，罷試律義。

至此考試方法也變了。按宋史選舉志及五禮通考所載，簡述如后：

凡詩賦進士，於易、詩、書、周禮、禮記、春秋、左傳內聽習一經。

第一場——試本經義二道，語孟義各一道。

第二場——賦及律詩各一道。

第三場——論一首。

第四場——試子史時務策二道。

凡專經（經義）進士，須習兩經，以詩、禮記、周禮、春秋爲大經。書、易、公羊、穀梁、儀禮爲中經。願習二大經者聽，不得偏占兩中經。

第一場——本經義三道，論語義一道。

第二場——本經義三道，孟子義一道。

第三、四場——論策如詩賦科。

以四場通定高下，取錄經義詩賦各占一半。專經者用經義定取舍，兼詩賦者以詩賦為去留，其名次高下則於策論參之。

自復詩賦，士子大多趨之。史稱「自復詩賦，士多鄉習而專經者十無二三。」史載元祐八年中書言：「士子多已改習詩賦，太學生員總二千一百餘人，而不兼詩賦者纔八十二人。」此自元祐四年更法不過四年而已。

宋代的新舊黨爭，背後本有思想的衝突，而這其中又還涉到南北地域及經濟不同的種種因素。僅就當時科舉考試的改革來論，新舊兩方意見仍不同。

漢代立五經博士，乃詩、書、易、禮（儀禮）、春秋五經，自此直到宋初，尊經即指此五經言。直到神宗熙寧變法，安石定五經為詩、書、易、禮記、周禮，將儀禮及春秋兩經取消了。元祐舊黨秉政，又恢復春秋、儀禮兩經，這其中有一學術思想的不同。

魏晉南北朝時期，為中國歷史上文化經濟自北南移，因於門第的影響，而沖淡了南北方人物的相異性。宋代統一，門第消失，政治人物完全起自平民，而北方自唐中葉安史亂後，經濟衰退，南方則正開發向上，由於經濟背景的不同，影響到人物的發展。北方智識份子帶有一種保守與穩健的態度，而南方智識份子，則帶有一種開新與激進的氣味。他們新舊兩派意見的不同，反應在政治上最易顯見。

史載熙寧元年，王安石以翰林學士越次入對。神宗問：「為治所先，」曰：「先擇術。」神宗曰：「唐太宗何如？」曰：「陛下當法堯舜，何以太宗為哉。」此可說是新黨的意見。舊黨以司馬光為代表，他不為復古的高論。在政治上只主就漢唐相沿的法制，在實際利害上逐步改良。

由於新舊兩派對政治上看法的相異，反應到教育上，而有經籍的不同選擇。王安石新黨的政治見解，主張將理想來澈底改造現實，儀禮所重，較偏於社會，不足為改革政治的理想。春秋只是當時的歷史記載，王安石斥之為斷爛朝報。他認為周禮最為古代政治的理想所在，故特別看重。司馬光舊黨則謂春秋、儀禮兩經為漢以來所尊，故主恢復，又主重史學。新黨學者則以通鑑為元祐學術。徽宗政和時，又行新政，「詔士毋得習史學。」陳了翁云：「變故無常，惟稽考往事，則有以知其故而應變。王氏乃欲廢絕史學，而咀嚼虛無之言，其事與晉人無異。」又了翁彈劾蔡京云：「滅絕史學。」此皆以元祐為史學，新黨則奉王安石為經學。

顧炎武日知錄引趙鼎言：「安石設虛無之學，敗壞人才。」陳公輔亦謂：「安石使學者不治春秋，不讀史漢，而習其所為三經新義，皆穿鑿破碎，無用之空言也。」故宋代自神宗以下之新舊黨爭在教育及考試上有一重經術抑重史學之異見，不可不知。

紹聖初，哲宗親政，於是又起變動。元祐諸君子盡見黜逐，於是又恢復熙寧新政。哲宗崩，徽宗即位，又罷新黨復元祐舊臣，又改元建中靖國，欲立中道消除朋黨。只一年，又改元崇寧，即崇尚熙寧之意，於是蔡京用事，漸復新法。

宋史選舉志云：

徽宗設辟廱於國郊，以待士之升貢者，然州郡猶以科舉取士，不專學校。

崇寧三年，遂詔天下取士悉由學校升貢，其州郡發解及試禮部法並罷。自此，歲試上舍，悉差知舉，如禮部試。

又

宣和三年，詔罷天下三舍法，開封府及諸路並以科舉取士。惟大學仍存三舍，以甄序課試，遇科舉仍自發解。

自崇寧三年至宣和三年，爲時十七年，其間雖兩度下詔，舉行科舉，但此期當爲停止科舉而代以學校三舍升貢制之時期。

新舊黨爭的結果，終於爲投機的官僚政客們造機會，貧弱的宋代終於在新舊兩派的更互改作中斷送。

自南宋初至南宋末，一百五十餘年，進士一科未曾中斷，惟科舉考試，經義詩賦或分或合，屢有紛更。要之，終南宋之世，詩賦經義俱存。社會興起了理學家的書院講學，有識之士他們不再看重進士入仕的利祿之途，這又是學術風氣的另一轉向。

# 第四章　兩宋的理學家

## 第一節　宋代理學家的主要精神

宋代繼南北朝隋唐而起，爲中國歷史上社會文化一極大變遷的時代。在南北朝及隋唐時期，社會上受兩大力量的影響，一是貴族門第之存在，一是佛教興盛，上自政府中王公，下至社會上庶民，無不被此兩種力量所影響。至宋，門第已因唐代科舉制興盛而衰替，佛教亦因唐末五代社會經濟的崩潰而轉弱，又因印刷術發明，書籍流通方便，讀書機會再不爲少數人所獨享，因此宋代學術文化乃從少數門第家族中解放出來，廣泛的爲社會所公有。因此政權解放得更普遍，轉換得更快，白衣公卿成爲常事。農家子弟，多可一躍而爲士大夫，士大夫子弟，亦可失其先業而降爲庶民。這一種變動，漸漸地更活潑更自然。

然而在政府上層言，因沒有了貴族門第，單有一世代相襲的王室，政府中官吏，上自宰相下至羣僚，大都由平民特起，政治開放得愈普遍轉換得愈快速，則愈顯得君尊臣卑。因此，宋與以後的社會，特別需要一種新力量，能向上監督政府，向下領導民衆，而佛教的出世主義，亦愈見爲不適用。宋代理學家的學術思想，可說卽從上述之社會變動而興起。

中國傳統思想主流是儒家思想，但各時代所講儒家思想亦有偏有不同。固然唐代統一，一切求恢復漢制，宋初則一切承襲唐舊。在大體上說是如此。實則各時代各有不同，尤其是宋代的學術思想，可謂與漢唐儒絕不一樣。漢唐儒重古經典，功在傳經，而反應到學者自身，則志在建功業。宋儒所重，更要在儒家所講的聖賢人物上，較之古經典更受重視，反應到學者自身，則志在明義理，重人格修養。換言之，漢唐儒似乎更看重功業，重在求政治上有表現，宋代理學家則似乎更看重私人德行，重在處世的道義上。因此宋代理學家在其學術思想上，乃更近於教育事業。在漢唐，似乎學者都得是一政治家，在宋代，則學者都得是一教育家。

困擾人生的大問題，不外「己與羣」、「生與死」、「人與天」的對立，宋代理學家要找出一項原理，使人能應用此原理，而消融「己羣」、「生死」、「人天」等各方面的對立。而這一原理，又須爲當時社會普遍人人能接受。這因宋代社會已成爲中國歷史上絕對平民化的社會，而一面是君權高高在上，另一面是佛教出世思想尚彌漫全社會，要在此時來善用政治，來安定人生，來恢復中國歷史文化大傳統，此絕非一件簡單輕易之事。

宋儒所要找的這一個原理，他們稱之曰「道」，或稱爲「理」，亦稱「天理」。所以後人稱他們所講爲「道學」，又稱「理學」。理學家的主要論點，則認爲「天理」與「人欲」是相對立的。「天理」是好的，要保存。「人欲」是壞的，需去掉。所以理學家講存養工夫，主要在「存天理，去人欲。」而「天理」與「人欲」的分辨，主要則在公私之間。又可說，在義利之別。「公」的是「天理」，私的是「人欲」。一切有利於公的都是「義」，僅利於私的只是「利」。

這一「公」、「私」、「義」、「利」之辨，也就是「天理」、「人欲」之辨，又可分兩方面來講。從外面客觀情形講，人人可以依據一共同標準，來分辨其是否是「道」與「理」。從內在心性來講，則各個人又應先作一番自我檢討、自我審察的功夫，究竟一切言行是爲公抑爲私，這種功夫就在「心術」上。所以宋代理學家外面講一「理」字，內面要講一「心」字。

他們也以「公」、「私」、「義」、「利」之辨來批駁宗教，他們認爲佛老所講出世長生，都是爲私人利益打算。他們又以此來評論政治，認爲漢唐以來的君相事業，只算是霸道，算不得是王道。所謂「王道」與「霸道」之分，重要的仍只在人的心術上分公私。因此做君相官吏的，只要他的所作所爲，在爲社會、爲國家民衆盡責任，就是「公」是「義」。反之，是在爲保持自己權位利祿的，則是「私」是「利」。如此說來，要明「道義」，正「心術」，則不得不看重敎育，不得不看重師道，而師道則更在君道之上。此所以王安石、程伊川先後爲經筵講官，均主坐講。伊川曾說：

天下重位惟宰相與經筵，天下治亂係宰相，君德成就責經筵。

在他們觀念中，帝王也一樣要受教育、重道義。本來我國自古帝王亦都受敎育，但並未像宋儒般如此強調帝王受敎之意義。中國自古有帝王大臣坐而論道之禮，但到宋代，此禮也廢了。在宋朝而論，一面鑒於唐末五代之弊，要推尊王室，但一面又得對孤立在上的皇室之地位，有一裁制，此是宋儒苦心，非深曉當時中國社會情況亦不易明瞭的。

我們可以說宋代理學家之在當時，實在是想要拿出他們一套理論來改革現實的。我們通常講理學家，只稱濂、洛、關、閩，初期宋儒是不包括在內的，但論及理學家之學術淵源，則必當追溯及於宋初諸儒，如范仲淹、胡瑗輩，方能得其眞相。自范仲淹以來，一輩學者都以天下爲己任，他們抱有一種共同信仰，一種誠摯懇切的共同精神，要從事於政治，爲大羣全體謀改革。照理學家所講，初期宋儒也都是爲的「公」與「義」，只他們更先重在政治上的改革。

胡瑗終身從事教育，創立經義治事分齋教學法，其目的，亦未嘗不重在造就政治人才。大體說來，初期宋儒多着眼政治的，然而自范仲淹、王安石慶曆熙寧兩次變法失敗之後，使宋代學者覺悟到要改革現實政治，更重要的應先從教育着手。教育是改革政治的基礎，所以理學家與起後，便似乎偏走上私人講學之路。二程橫渠以來，教育的意味重過了政治。

理學家講「存天理，去人欲」，講「公私」、「義利」之辨，這都偏重在人的心性修養方面，所以後人又稱理學爲心性之學。換言之，心性之學即是一種個人的自我教育。孔子講仁、孝、忠、恕，也都是講的心性，但孔子只敎人從人生的實踐上去體驗。孟子也講心性，他說：「人皆可以爲堯舜」，從教育的立場來看，固然給與人以莫大的鼓舞，但人究如何能成堯舜，孟子並沒有加以詳細說明。雖然，孟子也講一套知言養氣的功夫，但也只從高的理論上講。宋儒起來，特推重孟子，理學家又補充了許多私人存養工夫。例如他們提出「敬」、「靜」、「主一」、「愼獨」等，至少使人對走向聖賢有了一下步處。

## 第二節　理學派別與理學家

但他們講教育，雖偏重在心性工夫上着手，而在此心性教育的背後，他們還是有一最終目的，即是在改進政治。至少初期的理學家並沒有只重教育而放棄政治改革的理想。但到理學末流，則不免逐漸放棄了他們最終目的，一味在心性上講求。於是越走越偏，又像走進了唐代佛學禪宗的路上去，不免發生種種流弊，貽後人以口實。

宋代理學爲後代所認爲是正宗的，有濂、洛、關、閩四派。

濂——周濂溪

洛——二程（程明道、程伊川居洛陽）

關——張橫渠（居關中）

閩——朱熹（居福建）

這一新傳統乃由朱熹所建立。二程講學，並不自承出於周敦頤，他們對並世學人推尊的是胡瑗及王安石。到朱熹纔把周張二程並尊，確認敦頤是二程所師承，特爲太極圖說、通書、西銘作解義，並編近思錄，專采此四家言。後人連熹稱爲濂、洛、關、閩，奉爲宋學的正統，又稱他們爲宋五子。與朱熹同時，有陸象山，他與朱熹意見相反，曾引起歷史上有名的鵝湖之會，後人遂有朱陸異同之說。

現將宋五子及陸象山六家，就其與人生敎育有關的思想事蹟，簡單分別敍述如下。

## 一、周敦頤

周敦頤是宋代理學開山。敦頤字茂叔，湖南道州人，家居附近有濂溪，學者稱濂溪先生。他自小是一孤兒，當過幾任小官，晚年隱居江西的廬山。他的學問淵源，師友講論已無法詳考。根據當時人傳述，他似乎亦喜與方外人交遊。

敦頤的著作極少，只有一部易通書與一篇太極圖說。易通書只有短短四十章，卷帙並不大，但論其思想系統，則博大精深。他那有名的太極圖說，本是附於通書的，根據易經，前半講宇宙，後半講人生。儒家思想在此以前，只偏重講人生界，宇宙論方面則缺。孔子曾說：「未知生，焉知死。」但宋儒繼起於佛道昌盛之後，他們要將學術主流重挽歸到儒家來，則不能不也補充宇宙論，來與道釋抗衡。周敦頤的太極圖說，可謂將宇宙人生兩者間建立一相通之橋樑。

他的通書，則又會通於中庸。他說：

誠者，聖人之本。聖，誠而已矣。

又說：

誠無爲，幾善惡。

動而未形有無之間者，幾也。

君子愼動。

又說：

聖人之道，仁義中正而已矣。守之貴，行之利，廓之配天地。

又說：

「聖可學乎?」曰：「可。」「有要乎?」曰：「有。」「請問。」曰：「一爲要。一者，無欲也。無欲，則靜虛動直。靜虛則明，明則通。動直則公，公則溥。明通公溥，庶矣乎。」

聖人也只是一個誠，一而無欲的人，要學做聖人並不難。「仁義中正」也是誠，動靜不離即可廓大配天地。這一切需從「無欲」做起，「無欲」則可達到「明通公溥」的境地，能達「明通公溥」就差不多了。可見一切功夫主要還是全在自己心上用，這全都是有關人的心性修養功夫的。

易經與中庸，理學家公認爲是兩部重要的經典。但最先把此兩書發揮出完整的系統，細密的條理者，是周敦頤。所以後來人要推他爲理學的開山。

宋元學案黃百家語：

孔孟而後，漢儒止有傳經之學，性道微言之絕久矣。元公堀起，二程嗣之，又復橫渠諸大儒輩出，聖學大昌。故安定徂徠卓乎有儒者之矩範，然僅可謂有開之必先。若論闡發心性義理之精微，端數元公之破暗也。

這一推崇，可謂允當。敦頤的大貢獻，正在他開始闡發了心性義理之精微。宋代理學家都是用心在心性方面的。儒家思想一切以修身爲本，心性則又是修身之本，所以要眞正把握住儒家思想的精微，而能做透闢的發揮，必得從心性上剖辨。然自兩漢以來，這一方面久已隱晦不彰，直到周敦頤，方能從此來發揚儒家思想的精微。但敦頤並不只重在理論思辨上，他更看重行爲的實踐。他說：

聖希天，賢希聖，士希賢。伊尹、顏淵，大賢也。志伊尹之所志，學顏子之所學。

顏子在事業上沒有什麼具體表現，此所謂顏子之學，似乎指他的個人心性修養上。伊尹則是商朝的賢相，爲社會大羣服務。敦頤之意，則在教人先求得個人心性上修養的完美，但不可只做一自了漢，更要學伊尹之志，爲社會大羣服務。這兩句話，把儒家修身的精微工夫，直貫到治國平天下的大道理上去。

黃庭堅讚揚敦頤曾說：

濂溪先生胸懷灑落，如光風霽月。

朱熹曾爲敦頤作像贊曰：

道喪千載，聖遠言湮。不有先覺，孰開後人。書不盡言，圖不盡意。風月無邊，庭草交翠。

從這兩人話中，眞可使我們明白敦頤的人格和精神，也能想像到他的風采神韻，既是一道德人格，也是一藝術人格。後人誤認道學先生像是不通人情世故，又像是不懂生活享受，那是大謬不然的。

## 二、張　載

張載字子厚，學者稱橫渠先生。他也是一孤兒，少能自立，志氣不羣。喜談兵，當康定用兵時，年十八，慨然以功名自許。上書謁范仲淹。仲淹知其遠器，責之曰：「儒者自有名敎可樂，何事於兵？」手中庸一編，授焉。遂翻然志於道，求之釋老，又反求之六經。終於從釋老一歸於儒學。

他繼敦頤之後，也講宇宙論。宋史說：「橫渠之學，以易爲宗，以中庸爲體。」他與敦頤同樣得力於易、庸兩書。

他著有正蒙與理窟，又有東銘、西銘。他的宇宙論盡載在他的正蒙裏。他的學問是從苦心中得來的。他終日危坐一室，左右簡編，俯讀仰思，冥心妙契。他著正蒙時，或夜裏默坐徹曉，處處置筆硯，有得卽書。程頤曾批評他說：

子厚卻如此不熟。

朱熹曾說：

明道之學，從容涵泳之味洽。橫渠之學，苦心力索之功深。

此是關、洛兩派氣味之不同。二程主張從日常生活人生經驗中，表現出自己人格來，張載則考索著述，似乎有用力艱苦之象，不如二程之重涵泳氣象。後來學者則更尊二程爲理學正統之正統，張載便不如二程般受後人重視了。

西銘僅是一篇不滿五百字的短文，這篇短文，卻極獲二程兄弟及後人的推崇。西銘云：

乾稱父，坤稱母，予玆藐焉，乃渾然中處。故天地之塞吾其體，天地之帥吾其性。民吾同胞，物吾與也。大君者，吾父母宗子，其大臣，宗子之家相也。尊高年，所以長其長，慈孤弱，所以幼其幼，聖其合德，賢其秀也。凡天下疲癃殘疾惸獨鰥寡，皆吾兄弟之顚連而無告者也。於時保之，子之翼也。樂且不憂，純乎孝者也。

可見張載論人生同敦頤一樣，把來與宇宙連貫一體。他認爲天地宇宙就如人類家庭中的父母，人之體，人之性，皆與天地合成一體。因此一切人猶如吾家庭中之兄弟，萬物則猶如吾之伙伴。因此人之處世，只要發揚我們居家爲子的純孝情操，應使這一家庭中長幼孤弱，以及顚連無告者，都能受到保翼，這是人類何等理想的人生呀！

二程兄弟極稱重西銘，專以西銘開示學者。程顥說：

西銘是橫渠文之粹者。自孟子後，儒者都無他見識。

又說：

訂頑（西銘原名）之言，極純無雜，秦漢以來學者所未到。意極完備，乃仁之體也。

又說：

訂頑立心，便可達天德。

西銘，某得此意，只是須得子厚如此筆力，他人無緣做得。孟子以後未有人及此，得此文字，省多少言語。

程頤也說：

西銘旨意，純粹廣大。

張載又另有幾句名言，一直爲後人所傳誦。他說：

爲天地立心，爲生民立命，爲往聖繼絕學，爲萬世開太平。

這也是從他西銘意思來。人與宇宙合爲一體，整個天地之間只如一大家庭，則人不再是渺小一人，而可以和天地合德。知此自能懷抱着如此偉大的胸襟與信念。他又說：

言有教，動有法，晝有爲，宵有得，息有養，瞬有存。

這是一番苦心用功的話，教人要與天地同德，更應加倍努力，一刹那也不放鬆、不間斷。他又曾提出變化氣質的理論，亦同爲二程及後人所推重。他說：

爲學大益，在自能變化氣質。不爾，卒無所發明，不得見聖人之奧。故學者必須變化氣質，變化氣質與虛心相表裏。

孟子只言養氣盡性，橫渠說變化氣質，卻在教人在心性修養功夫上脫胎換骨，變出一理想的新人來，這比孟子的養氣盡性又似乎更深進了一步，入聖的軌跡應在此。所以朱熹說：

氣質之說，起於張、程，極有功於聖門，有補於後學，前此未曾說到。故張程之說立，則諸子之說泯矣。

這些話，是把橫渠推到孟子以上去了。宋代理學家極尊孔孟，但他們有時高自位置，不加限制，他們似謂孔子以下，儘有他們自己創闢的一面，雖孟子也未說盡了這番大道理，有待他們來闡發了。

## 三、程　顥

程顥字伯淳，河南洛陽人，學者稱明道先生。他和其弟頤，在十五、六歲時，嘗從學於周敦頤，並曾兩度從遊。他自說：

再見茂叔後，吟風弄月以歸，有吾與點也之意。

又說：

某受學於周茂叔，每令尋仲尼、顏子樂處所樂何事？

又說：

吾年十六、七時，好田獵，既見茂叔，則自謂已無此好矣。茂叔曰：「何言之易也。但此心潛隱未發，一日萌動，復如初矣。」後十二年，復見獵者，不覺有喜心，乃知果未也。

從這幾段話中，我們可追尋他學問的淵源。他在十五、六歲見周敦頤，敦頤卻給與他一個人格的活薰陶，有一種直指內心的啓發，叫他驟然覺得眼前天地呈現異彩，吟風弄月，有無窮樂趣。自以為一向喜好的田獵，也自此無興味了，敦頤卻指點他說，此喜獵之心，只是一時潛隱未發，並未能眞沒有，他當時不信，相隔了十二年後，方知果被敦頤說中。這是一個極深刻感人的活教訓，宜其對於明道日後生活及人生意境有很大的影響。他曾說：

十五、六時，與弟正叔聞汝南周茂叔論學，遂厭科舉之習，慨然有求道之志。泛濫於諸家，出入於老釋者幾十年，返求諸六經，而後得之。

這是他成學前一段廣泛研尋，深切探討之經過。時代思潮在交給宋代理學家一個重大的問題，那便是人生最高眞理，究竟在儒抑在釋？所以初期理學家在其成學前，未有不出入老釋泛濫諸家，然後再反諸儒學的。道與釋的主要精神在能出世，現在周敦頤教二程兄弟，要他們心中無欲，只在孔子、顏淵處尋樂趣，自然比出世更偉大。

程顥曾說：

吾學雖有所授受，「天理」二字，卻是自家體貼出來。

「天理」二字可說是程顥學問的總綱領、總歸宿。他之所謂天理，其實並不指宇宙之理，而是指的人生之理，這一學問卻須由自己從眞實的日常生活中體驗而來，因此他此下講學，也只如在講日常生活般。他討論人生問題，也直從人生講人生，並不去另講一套大道理，而自然令人覺得親切眞實。故他說：

學只要鞭辟近裏。

從人生再鞭辟近裏講，便是心的問題了。他講學長處便在從實際人生中，指點出心的問題來，教人如何去修養自己的心。所以他說：

聖人千言萬語，只是欲人將已放之心約之，使反復入身來，自能尋向上去，下學而上達也。

他這話也只是直率地講他的生活經驗，學者爲學最先最要的，據他說，是莫過於將自己的心收歸自己身邊來，否則也只是徒勞無功。如道與釋，講的道理儘高，但他們的心也早不在自己身邊了，所以要擺棄人生來另講一番大道理。

他又說：

某寫字時甚敬，非是要字好，卽此是學。

又說：

敬須和樂，只是中心沒事也。

人心不得有所繫。

這些都是爲學時的心理修養工夫。「敬」是程門提出的人生修養最主要的一字。寫字是讀書人免不掉的一件事，寫字亦只是日常生活中一事，只要寫字時便一心在寫字上，那卽是敬，也卽是天理。若寫字要寫得好，那便別有期向，那是心中之欲。在寫字時，要分心去想要字寫得好，便是心中另有一事，旣不是心中沒事，也不是心無所繫了。但也不是要排除了一切事，纔算心中無事，纔算心無所繫。他曾擧兩件他生活中的小故事爲證。他曾說：

在澶州日，修橋少一長梁，曾博求之民間。後因出入見林木之佳者，必起計度之心。因語以戒學者，心不可有一事。

又說：

昔在長安倉中閒坐，見長廊柱，以意數之，先尚不疑，再數之，不合，不免令人一一聲言而數之，乃與初數者無差。則知越著心把捉，越不定。

這兩個小故事都是講他生活中有關的心理經驗，我們若把來與上條講寫字的合看，其理相同。數長廊柱，越著心數，越把捉不定。寫字時，若著心在要字好，刻意求之，有時會反而不好。修橋求佳木，一時著心於計度木材，以後雖不需修橋，然而遇見好樹木，仍自然會起計度心，這計度心實是多餘的，其本源自心中有慾來，此之謂人慾。修橋時此心是天理，但執着不化，便成了人欲。明道講人心，講得極平常，但道理極深微。這上面幾個小故事都是我們人人可以遇到，因此也極該我們體會的。

照程顥的意思，我們人的心，本能應付外邊一切事物到一恰當處，此恰當處卽是合於天理，卽不要有夾雜，不要有拖帶，要極單純、極乾淨、無渣滓、無汚染。若我們對事過分「著心」了，卽此便夾雜了有私欲，而使心把捉不定，於是遇到一切事不能應付到一恰當處，也卽是不合「天理」了。所以我們得注意我們的「心」修養，此修養卽是「敬」。他說：

學者須敬守此心，不可急迫，當栽培深厚，涵泳於其間，然後可以自得。但急迫求之，終是私己，終不足以達道。

又說：

大抵學，不言而自得者，乃自得也。有安排布置者，皆非自得。性靜者，可以爲學。

若不能存養，只是說話。

爲學主要在求此心得天理，自得便是此心得天理，其方法則在「敬」。「敬」字工夫不能急迫，只能如草木般栽培，但得栽培深厚，自能生長。故說存養，存養就是栽培。懂得存養，把此心涵泳於其間，自能有得。凡急迫都是私，非天理。程顥的話，全都扣緊在心上說，全都從人的生活上指引人，使人感到親切易明。他又說：

悟則句句皆是這個道理，已明後，無不是此事。

又說：

學者不必遠求，近取諸身，只明人理，敬而已矣，便是約處。

人如不從自己實生活上，不由自己的內心深處去求體會，如何能悟呢？人生的道理再沒有比從人的自己身上心上來講，更易使人覺得近已易悟的了。我們必從此上去了解程顥思想，他的思想在教育上講，也是最貼切、最平實的，莫要認爲他是講遠了。

## 四、程頤

程頤字正叔，學者稱伊川先生，幼年與兄顥同從遊於周敦頤，後世稱之曰二程。兩人學問大體相同，但他們的性格，卻絕然有不同。朱光庭去看程顥，回來對人說：「某在春風中坐了一個月。」時人都說：「顥和粹之氣盎於面背。」游酢、楊時去見頤，正值其瞑目靜坐，二人立侍不敢去，久之，頤回顧說：「天黑了，回去吧。」游、楊纔辭退。時門外大雪，已下了一尺深。有一次，他們兄弟隨侍父親宿僧寺，顥行右，頤行左，隨從的人都跟顥走右邊，只頤一人走左邊。頤也自知其姿性。他說：「這是某不及家兄處。」顥和易，人樂親近。頤嚴肅，人遠避。程顥曾說：

異日能使人尊嚴師道者，吾弟也。若接近後學，隨人才而成就之，則予不得讓焉。

哲宗時，程頤當崇政殿說書，他以布衣，一躍爲帝師，仍然是莊嚴持守。先時慣例，皇帝坐聽，講官立侍。王安石始爭要坐講，頤也爭要坐講。時文彥博以元老重臣，遇事侍立終日。或問頤：「君之嚴孰如文彥博之恭？」頤道：「彥博四朝大臣，事幼主不得不恭。吾以布衣職輔導，亦不得不自重。」

顥五十四歲卒，頤享高壽，至七十五。他對兄說有發揮，亦有補充。若使沒有頤，洛學或許便中衰，程顥也會像周敦頤般，其道不大傳。明儒劉宗周曾說：

小程夫子大而未化，然發明有過於其兄。

朱熹同尊二程，他說：

明道宏大，伊川親切。

二程教人都主從人的實生活方面講人生，但程顥偏重教人如何修養自己的心，程頤則更添進許多實際的治學方法，教人如何獲得知識。他說：

> 涵養須用敬，進學則在致知。

又說：

> 若只守一個敬，不知集義，卻是都無事也。且如欲爲孝，不成只守一個孝字，須是知所以爲孝之道。

> 問：「人敬以直內，氣便充塞天地否？」曰：「氣須是養，集義所生。積習既久，方能生浩然氣象。人但看所養如何。養得一分便有一分，養得二分便有二分。只將敬，安能便到充塞天地。」

「涵養須用敬」是程顥教人的主要宗旨，程頤加以補充，他認爲只守敬不夠，人要應付一切事物還得要知識。求知識就是致知。而知識不是一蹴可得，是積累而有，所以說要知集義。例如孝，不能只要一孝心，還得要有如何來孝的知識。一切奉侍得當，便是集義，要集義，便是致知。其他事也一樣，不能只守一個敬。至此，他將養氣養心工夫，都綰合到致知上，可以說將程顥的修養心的工夫，更補充得完美了。所以他說：

> 須是知了方能行。若不知，只是覷了堯，學他行事，無堯許多聰明睿知，怎生得如他？

又說：

> 未致知，怎生得行？勉強行者，安能持久。除非燭理明，自然樂循。

他又舉一實例說：

> 知有多少般數，煞有深淺。向親見一人，曾爲虎所傷，因言及虎，神色便變。旁有數人，見他說虎非不知虎之猛可畏，然不如他說了有畏懼之色。蓋眞知虎者也。學者須是眞知，纔知得，

便是泰然行將去。某年二十時，解釋經義，與今無異，然思今日覺得意味與少時自別。

程頤這許多話，也還是從日常人生親身體驗得來。和程顥爲學並無二致，只所說較顯更分明、更完備。

他指出知有深淺，他舉一人爲虎所傷，人人知虎可畏來說，這與近代西方教育理論亦甚相合。教育兒童要重眞實經驗，例如火會燒人，說給兒童知和兒童眞被火燒痛後所知自不同。但人生有許多不應爲的可怕事，不能一一去親身體驗，這裏程頤提到了思與悟。

問：「學何以至有覺悟處？」曰：「莫先致知。能致知，則思一日而愈明一日，久而後有覺也。學無覺，則何益矣，又奚學爲？思曰睿，睿作聖，纔思便睿，以至作聖，亦是一個思。故曰：勉強學問，則聞見博，而知益明。」

睿字聖字本皆作通字解，所通的便是天理。人欲便不免與外面事物有抵觸處，有了抵觸，便不能心中無事了。明道教人要心中無事，可見伊川語仍是處處在發明明道之意。

伊川又說：

人思如泉湧，汲之愈新。

思曰睿，思慮久後，睿自然生。若於一事上思未得，且換別一事思之，不可專守著這一事。蓋人之知識，於這裏蔽著，雖強思亦不通也。

他又說：

欲知得與不得，於心氣上驗之。思慮有得，中心悅豫，沛然有裕者，實得也。思慮有得，心氣勞耗者，實未得也，強揣度耳。

他所講的思也都親切而重要，人要致知，必求悟，求悟必用思。思是取用不竭的，愈用愈新，懂得用思，乃可到「作聖」的地步。

思的眞得不眞得，從個人內在心氣上求證驗。思慮眞得，那是合於我們的德性，我們內心會覺得悅豫。如思慮不眞得，那只是對外在事物的揣度，心多揣度，則心氣自會勞耗。這和程顥講敬，要求中心和樂也一樣。他又說：

敬以直內，義以方外，合內外之道也。

程顥主敬，太偏在內心修養方面，程頤則把來補充了向外的一面，所以說合內外之道。

總之，二程兄弟都在人的實際生活上，在內心眞經驗上來指點人，教人在修養上自己尋向前。他們的精神不黏着在書本經典上，也不重玄思冥想，不在講一套大理論，他們只主張身心生活與理一致。他們可說是兩位注重人類心理學的大教育家。以身教身，以心教心，以生活教生活，眞是人生之大導師，所以後人推奉他們爲理學的正統。他們都不注重著作，程顥只留些語錄和短文，程頤則著有一部易傳，這是他畢生精心結撰的唯一著作。

## 五、朱 熹

朱熹字元晦，學者稱晦庵先生。他不僅是南宋一大儒，也是宋以下，學術思想史中最主要的人物。後人稱他爲「致廣大，盡精微，綜羅百代。」他實當之而無愧。他十四歲喪父。他年輕時也曾出入佛老，自言：「某年十五六時亦曾思禪學。」又曾言：「某用禪僧意思去胡說，試官爲某說動了，遂得舉。」年二十四，爲同安主簿，始從學於李侗，到那時，纔將禪閣起。自是從遊凡十年，晉謁凡四次。

熹自說：

三十年前長進，三十年後長進得不多。

可知他從學李侗的一段時間，在學問思想上，定下了基礎。李侗死後，他認識了張栻，他一生受此兩人影響很大。

熹宗主二程講學宗旨，不主張冥思力索。惟二程似乎仍近於偏在本心涵養上，熹提出讀書一項工夫，來補救程門教法之偏。那是他在當時學術界絕大的貢獻。宋代理學家多擯棄文學，也不看重學術著作，只邵雍、程頤、張載可算有正式的著作，但分量少，性質單純，遠不能與宋初諸儒相比，如歐陽修、王安石、司馬光，他們對於經史文學，都有大著作，濶大浩博。到了朱熹始再從單純的理學家方面轉回到宏博廣大的儒學傳統來，他自己著作等身，包括了文史經各方面。

他對宋以前的儒學傳統，亦另加整理。初期宋儒，認爲孔孟以下有董仲舒、揚雄、王通、韓愈而至宋。熹始把此四人在儒學傳統中重新衡量安排，於是定大學、論語、孟子、中庸爲四子書，特爲作集注與章句。此下則直接周、張、二程，他集此四家思想編了一部近思錄，奉以爲學者讀四子書之階梯，在他手裏從新整理奠定了這一傳統，爲後世所遵循。

就理學來說，周、張貢獻在爲儒家建立了新的宇宙論，二程貢獻在指導人心修養上，朱熹的貢獻則在開示後人讀書方法。他弟子黃榦說：

其於讀書也，必使之辨其音釋，正其章句，玩其辭，求其義。研精覃思，以究其所難知。平心易氣，以聽其所自得。然爲己務實，辨別義利，毋自欺其謹獨之戒，未嘗不三致意焉。蓋亦欲學者窮理反身，而持之以敬也。

這幾句簡單的話，卻把朱熹教人讀書的幾項重要方法都提及了。熹極推尊二程，但程頤講致知集義，似乎仍只偏重在思想上用功，熹則加進了讀書工夫，更推擴到格物窮理，使致知工夫有了更圓密的途徑與方法。程頤所謂的合內外之道，到朱熹手裏，可謂已踏實闡說到盡處了。

朱熹不僅在心性修養義理玩索上用工，也不僅在書册誦覽文字著作上努力，他對教育也極熱忱。他知南康軍，重興白鹿洞書院，並爲親定教條，（此留待下章書院講學中詳論）可與胡瑗蘇湖學規媲美。他應接四方來學，也較二程規模遙爲擴大。黃榦曾說：

> 從遊之士，迭誦所習，以質其疑。意有未諭，則委曲告之，而未嘗倦。問有未切，則反覆誠之，而未嘗隱。務學篤則喜見於言，進道難則憂形於色，講論經典，商略古今，率至夜半。雖疾病支離，至諸生問辨，則脫然沉疴之去體，一日不講學，則惕然常以爲憂。摳衣而來，遠自川、蜀。

他身後門徒各記平日問答，分類纂輯，成語類一百三十卷，共分五十目。其門類之廣博，討論之精詳，也是至可驚人的。

他的學問包羅太廣大了，在他四十六歲那年，有鵝湖之會。江西陸象山與他持異見，引起中國此下學術思想史上一大爭端，後世稱爲朱、陸異同。下至明代，王陽明上承陸學，重新掀起學術思想史上之大辨論。宋代理學乃中國下半期學術思想之總起點，而朱熹則爲宋學中之集大成者。自熹以後，學術思想有分道揚鑣之勢，而無論走向那一方向的，都會觸及到熹學，成爲研討辨論的中心，由此也可知朱熹是這一期學術史中，最偉大最主要的中心人物了。

## 六、陸九淵

陸九淵字子靜，學者稱象山先生。他和其兄九韶、九齡合稱三陸。家江西之金溪，累世義居，推一人最長者爲家長，子弟分任家事，凡田疇、租稅、出納、庖爨賓客之事，各有主者。他們兄弟在這樣的環境中歷練成學。他們是學無師承，關着門兄弟自相師友的。有一次九齡問九淵：「吾弟今在何處做功夫？」九淵答道：

在人情事勢物理上，做些功夫。

可見三陸之學，全從他們的家庭環境篤實踐履而來。這因他們是一大家庭生活，幾百人聚族而居，便他們對人情事勢物理上，不得不有一番眞切的磨練與瞭解，這纔形成了江西陸學一種獨特的精神。全祖望說：

三陸子之學，梭山（九韶）啓之，復齋（九齡）昌之，象山（九淵）成之。

他們三兄弟雖在家庭中自相師友，但相互間的意見，和而不同。

兄弟中以九淵天分最高。三四歲時，問其父：「天地何所窮際？」父大奇之。有一天讀古書至「宇宙」二字，解曰：「四方上下曰宇，往古來今曰宙。」忽大悟曰：

宇宙內事是己分內事。己分內事，乃宇宙內事。

他又說：

東海有聖人出焉，此心同，此理同也。西海有聖人出，此心同，此理同也。南海北海有聖人出，此心同，此理同也。千百世之上有聖人出，此心同，此理同也。千百世之下有聖人出，此心同，此理同也。

理學最主要在參悟人心，不通心學，便無法瞭解得理學。九淵對此有特長。他三十四歲登進士第，時已負盛名。初到臨安，慕名從遊者極衆，九淵一見，便能知其心術之微，言中其情，多至汗下。亦有相去千里，素無雅故，聞其概，而盡得其爲人。這是他天姿獨特處，無怪他能成爲理學中講「心」學的主要人物。

九淵三十七歲那一年，呂祖謙約九齡、九淵兄弟與朱熹會於江西廣信之鵝湖寺，討論學術異同。這是學術思想史上有名的一次聚會。據象山語錄記載，九齡語九淵曰：「伯恭約元晦爲此集，正爲學術異同，某兄弟先自不同，何以望鵝湖之同，遂與九淵議論致辨，又令九淵自說，至晚方罷。九齡說：「你說甚是。」明日，九淵請九齡說，九齡曰：「某無說，夜來思之，子靜之說極是。我夜來得一詩。」詩云：

孩提知愛長知欽，古聖相傳只此心，大抵有基方築室，未聞無址忽成岑。留情傳註翻榛塞，著意精微轉陸沉，珍重友朋勤琢切，須知至樂在於今。

九淵云：「詩甚佳，但第二句微有未安。」九齡云：「說得恁地，又道未安更要如何？」遂同赴會。至鵝湖，祖謙問九齡別後新功，九齡因舉詩云云。只誦了四句，熹便說：「子壽早已上了子靜船了也。」九淵又舉出其和九齡詩一首。詩云：

墟墓興哀宗廟欽，斯人千古不磨心，涓流積至滄溟水，拳石崇成泰華岑。易簡工夫終久大，支離事業竟浮沉，欲知自下升高處，眞僞先須辨自今。

以上兩詩相比較，九淵說九齡「古聖相傳只此心」一句微有未安，但未說明未安處何在。九淵和詩云：「斯人千古不磨心。」以此較之，「古聖相傳只此心」，則猶似說：我之此心傳自古聖，以己心上傳聖人之心。換言之，沒有聖人，吾心亦將無得其傳，如此則聖人仍是主要。今謂「斯人千古不磨心」，則猶似說：千百世之上有聖人出，此心同，此理同，千百世之下有聖人出，此心同，此理同。此心卽在我，不待古聖之傳，己心卽聖人之心，反求己心卽得。象山曾說：「堯舜曾讀何書來，若某則不識一個字，亦須還我堂堂地做個人。」故曰：「先立乎其大者。」卽指先要認識己心。又曰：「六經皆我注脚。」象山兄弟意見不同之主要在此。

三年後，熹又與九齡相見，熹追和鵝湖相會時詩一首。詩云：

德義風流夙所欽，別離三載更關心，偶扶藜杖出寒谷，又枉籃輿度遠岑。舊學商量加邃密，新知培養轉深沉，只愁說到無言處，不信人間有古今。

孟子說聖人先得我心之同然。朱子所重，卽在如何使己心得上通聖人之心之功夫上。「商量舊學」、「培養新知」，此皆爲以己心上通古聖人心之爲學功夫，己心古聖心本若一心，不應專恃己心置古聖心於不問。朱子所說舊學與新知，舊學是要知古聖心，新知是著重己心，己心古聖心一線相承，較近九齡「古聖相傳只此心」之意。惟朱子所說商量與培養，有他更細密的工夫在。九齡承認吾心傳自古聖，尙近熹意，或可說熹意卽在補九齡如何上通古聖心之功夫上。若依象山意，一切反求己心，則一切需從頭做起。他的工夫看似易簡，但實更吃力了。

鵝湖會時，朱子年四十六，正是他大量著作的時代，二陸兄弟說他留情傳注，無基築室，又說是支離事業，浮沉榛塞。此實不足以服朱子之心。

象山年譜載朱享道謂：

鵝湖之會，論及教人。元晦之意欲令人泛觀博覽而後歸之約。二陸之意，欲先發明人之本心，而後使人博覽。朱以陸之教人爲太簡，陸以朱之教人爲支離，此頗不合。先生更欲與元晦辨，以爲堯舜之前，何書可讀，復齋止之。趙、劉諸公拱聽而已。

鵝湖會後，南軒（張栻）有書與朱子，問陸子壽兄弟如何，肯相聽否？朱子答書曰：

子壽兄弟氣象甚好，其病卻是盡廢講學，而專務踐履。欲於踐履之中，要人提撕省察，悟得本心，此爲病之大者。要其操持謹質，表裏不二，實有以過人者。惜乎其自信太過，規模窄狹，不復取人之善，將流於異學而不自知耳。

象山曾說：

今天下學者，惟有兩途。一途樸實，一途議論。

象山的學問思想眞可謂樸實之至，所以他提倡易簡功夫。然而知識並不只在一個層次上，有的知識需我們自身去親經驗方覺眞切，但這只是有限的知識。有的知識由前人不斷的積果，後人也可從書本文字上去獲得。若一切知識必要自心經驗，那麼知識範圍實在是太狹窄了。我們可以說象山與朱熹所見不同卽在此。

朱、陸在教學上亦各有所偏。象山可稱是對人說教派，在於因人設教，直指本心，長於活說的指點，尤在於分別指示各人自己去參悟，無一定的格套。而朱熹可稱爲書本講解派，他選定幾部重要的書本，先爲此數書定下明確的訓註，讓學者各自研讀，使人共同有一軌跡可尋，自淺入深，由簡到繁，門徑規模有一大同處，他的四書集注遂爲元代取士標準。

中庸有云：「尊德性而道問學。」「尊德性」是指導做人，「道問學」是指導爲學，兩者本該相配合，但在朱、陸兩人講法上，似乎各有偏重了。朱熹答項平父書曾云：

子思以來敎人之法，惟以「尊德性」「道問學」兩事爲用力之要。今子靜所說，專是尊德性事，而某平日所論，卻是問學上多了。所以爲彼學者，多持守可觀，而看得義理全不仔細。又別說一種杜撰道理遮蓋，不肯放下。而某自覺，雖于義理上不敢亂說，卻于緊要爲己爲人上多不得力，今當反身用力，去短集長，庶幾不墮一邊爾。

朱熹此書所言是很和平的。熹指點人道問學，也不是忽略了尊德性。象山敎人尊德性，也不能不敎人去道問學。因此熹說去短集長，不墮一邊，則朱、陸也無異同可爭了。其實一切學問異同，也都可用去短集長，不墮一邊來解決。只在短長之間，有分數之多少而已，如此則自可無學術上不可破之門戶了。

# 第五章　兩宋書院講學

## 第一節　北宋初期之書院

書院之名起於唐。唐六典載：

開元十三年，改集賢殿書所爲集賢殿書院。有學士侍講、學士修撰官、校理官、知書官等。集賢院學士掌刊緝古今之經籍，以辨明邦國之大典，而備顧問應對。凡天下圖書之遺逸，賢才之隱滯，則承旨而徵求焉。

舊唐書玄宗本紀云：

玄宗開元十三年夏，四月丁巳，改集仙殿爲集賢殿。麗正殿書院改集賢殿書院。

故袁枚隨園隨筆云：

書院之名起唐元宗時，麗正書院、集賢書院，皆建於朝省，爲修書之地，非士子肄業之所也。

至於唐時士子私人搆屋讀書之所，亦往往以書院名，全唐詩中屢見。如：

盧綸同耿拾遺春中題第四郎新修書院。

盧綸宴趙氏昆季書院，因與會文並率爾投贈。

王建杜中丞書院新移小竹。

于鵠題宇文裔山寺讀書院。

楊巨源題五老峯下費君書院。

等不勝舉。此皆用書院之名，或爲唐時士子私人肄業之所，並無學校性質，亦與宋代所謂書院不同。下至五代，天下大亂。盛朗西中國書院制度云：

> 遍查五代史，國子監徒存其名，郡國鄉黨之學，僅得一二學館而已，書院無有也。至宋初有所謂四大書院，以白鹿洞書院爲最早，書院講學至宋始盛。

宋初學者，還都在寺廟中借讀。如范仲淹讀書長白山醴泉寺，胡瑗、孫復、石介讀書泰山棲眞觀，他們開始關心到世運移轉，用功儒術經典，與唐代士人山林寺廟讀書僅爲求取功名、謀個人利祿風氣大不同。然此時已有四大書院。

四大書院卽江西廬山白鹿洞書院、河南太室山南嵩陽書院、河南歸德睢陽書院，及湖南嶽麓書院。以白鹿洞書院爲最早。白鹿洞書院志云：

> 白鹿洞者唐李渤讀書處也。初，貞元中，渤與其兄涉俱隱廬山，而渤養一白鹿甚馴，行常以之自隨，人因稱爲白鹿先生，而謂其所居曰白鹿洞。寶曆中，渤爲江州刺史，卽所隱地創臺榭，以張其事，而鹿洞遂盛聞於人矣。其後，唐末兵亂，郡學校廢壞，高雅之士往往讀書講藝其中。南唐昇元中，始建爲學，置田聚徒，以國子監九經李善道爲洞主，名曰廬山國學。四方之士，受業而歸，出爲世用，名績彰顯者甚衆。

嵩陽書院建自五代周時，睢陽書院原爲五代戚同文講學之所。宋初四大書院以嶽麓建置較遲，始於宋太祖開寶中，潭州守朱洞首度基創宇，以待四方學者。有言宋初四大書院爲白鹿洞、睢陽、石鼓、嵩麓，而不及嵩陽。衡州石鼓書院初爲唐李寬讀書之所。要之，諸書院於宋初，皆先後受朝廷褒獎。

書院雖不自宋始，但至宋始盛。初只是私人的聚徒講學。朱熹重修石鼓書院記云：

予惟前代庠序之敎不修，士病無所於學，往往擇勝地，立精舍，以爲羣居講習之所。而爲政者，乃或就而褒表之，若此山、若嶽麓、若白鹿洞之類是也。

又呂祖謙鹿洞書院記云：

竊嘗聞之諸公長者，國初斯民新脫五季鋒鏑之阨，學者尙寡，海內向平，文風日起，儒生往往依山林，卽閒曠以講授，大率多至數十百人。嵩陽、嶽麓、睢陽及是洞爲尤者，天下所謂四書院者也。

論其性質類似私家學塾，如孫復有泰山書院。石徂徠記云：

先生於泰山之陽，起學舍講堂，聚先聖之書滿屋，與羣弟子而居之。

黃百家言：

蓋先生應舉不第，退居泰山聚徒著書，以治經爲敎。

其後由私人設敎漸變爲地方政府之公立學校，如應天府書院等。五代戚同文通經業，以晉末喪亂絕意祿仕，將軍趙直爲築室聚徒。文獻通考云：

眞宗大中祥符二年，應天府民曹誠卽楚邱戚同文舊居造舍百五十間，聚書數千卷，博延生徒，講習甚盛。府奏其事，詔賜額曰「應天府書院」。命奉禮郎戚舜賓主之，仍令本府幕職官提舉以誠爲府助敎。

至仁宗天聖五年，晏殊知應天府，以書院爲府學，延請范仲淹掌敎。宋元學案安定學案云：仲淹知蘇州，聘胡安定爲蘇州教授，滕宗諒知湖州，聘爲湖州教授。此皆地方官私人倡導，並非政府明令下詔設立。嚴格言之，尚不能算是國家正式的學校。自仁宗慶曆以後，方從私人書院規模，漸變成國家正式學校，州郡相繼興學，書院亦由朝廷賜額、賜書、撥田或派山長主教。文獻通考云：

仁宗卽位之初，賜兗州學田，已而又命藩輔皆得立學，其後諸旁郡多願立學者，詔悉可之。稍增賜之田如兗州。由是學校之設遍天下。

又容齋三筆云：

（眞宗）大中祥符二年，詔賜額應天府書院。宋興天下州府有學自此始，其後潭州又有嶽麓書院，及慶曆中詔諸路州郡皆立學設官教授，則所謂書院者當合而爲一。

此不啻明謂書院與政府學校性質相同。仁宗皇祐末，又以胡瑗爲國子監講書，專管勾太學。史稱宋太學初建，以瑗在蘇、湖學教法最備，政府明令，取以爲太學法。此更可證以私人講學之法式變成國立太學規模。要之，宋代學校教育，乃由書院之私家講學開其端。文獻通考馬端臨云：

宋興之初，獨四書院之名著，是時未有州縣之學，先有鄉黨之學。蓋州縣之學，有司奉詔旨所建也，故或作或輟不免具文。鄉黨之學，賢士大夫留意斯文者所建也，故前規後隨皆務興起。後來所至，書院尤多，而其田土之錫，教養之規，往往過於州縣學，蓋皆欲倣四書院云。

歷代興學，皆於政治統一天下太平後由政府發動。宋繼五代喪亂之極，太祖初卽位，致力於謀國家一統，尚無力及於儒教，故宋初文風起自社會，儒生依於山林，迨後政治上軌道，朝中得賢臣，始起用社會人才從事興學，此事略如西漢。宋元學案高平學案載謝山慶曆五先生書院記曰：

有宋眞、仁二宗之際，儒林之草昧也。當時濂、洛之徒，方萌芽而未出，而睢陽戚氏在宋，泰山孫氏在齊，安定胡氏在吳，相與講明正學，自拔於塵俗之中，亦會値賢者在朝，安陽韓忠獻公、高平范文正公，樂安歐陽文忠公，皆卓然有見於道之大概，左提右挈，於是學校徧放四方，師儒之道以立。

繼仁宗慶曆范仲淹興學後，又有神宗熙寧王安石之興學，然先後皆失敗。尤以熙寧引起新舊黨爭，因此北宋中葉以後，雖各地仍相務興學，然或因經費或因師資，或因地方長官之不得其人，時興時輟，徒有其名，學術風氣依然在私家。

自理學家講學之風興起，私家講學亦與宋初書院私人聚徒講學時不同。理學家講學興於二程。二程曾從學於周濂溪，同時有張橫渠，雖亦講學而不盛。二程講學亦僅在自己居處，並未另立學校講舍，與南宋時朱、陸講學又不同。故盛朗西中國書院制度曰：

北宋諸儒，多講學於私家。南宋諸儒，多講學於書院也。

明道爲晉城令及知扶溝，亦設庠序聚邑人子弟敎之。宋元學案明道學案云「其所在鄉皆有校，暇時親至，召父老而與之語。兒童所讀書，親爲正句讀，敎者不善則爲易。」然與其自己之私家講學有不同，宋元學案上蔡學案載：

程明道知扶溝事，謝上蔡往從之。初造程子，程子以客肅之，辭曰：「爲求師而來，願執弟子禮。」程子館之門側，上漏旁穿，天大風雪，宵無燭，晝無炭，市飯不得溫，程子弗問，謝處安焉。踰月，豁然有省，然後程子與之語。

其時上蔡習舉業已知名，而來從師。初見，非如此不足以驗其誠，亦非如此不足以發其趣。此等師生關係自與學校師生有別。

二程私家講學，有其特殊風味。來學者多已是成年，或早已知名，如謝良佐、楊時、游酢、尹和靖及呂大忠、大鈞、大臨兄弟等皆是。學者只是聞風慕嚮，倏去倏來，無地無書，其來亦不同時羣集，有一面數日卽去，有暫留數月，此去彼來，這種流動的短時間的謁請遂盛。因此學風自然趨於掃盡枝葉，獨尋根本，不重在按步就班，循規矩次第，漸磨歲月之功。又因師弟子雙方學業皆有根底，故重於討論，不重於誦讀講解，遂有語錄之產生。而師道之尊嚴，也轉從此種風氣中特別提高，游酢、楊時程門立雪故事，遂爲後世所樂道。宋元學案龜山學案云：

一日伊川偶瞑坐，先生（楊時）與游定夫侍立不去，伊川旣覺，則門外雪深一尺矣。

其時楊時年已四十。又宋元學案黃宗羲語：

胡文定出爲湖北提舉，是時上蔡宰本路一邑。文定從龜山求書見上蔡，上蔡旣受書，文定入境，先修後進禮見之。邑人皆訝知縣不接監司。

上引兩事及前引上蔡見明道事，皆可見宋代理學家私家講學之風所引起之師道尊嚴，則絕不是唐代人所能想像。

二程私家講學，亦與宋初私家書院講學不同。胡瑗在蘇、湖講學，因有范仲淹、滕宗諒地方賢長官爲之主，故得安居教授二十年，使來學者各成其材而去。此等講學，實卽學校教育也。又蘇、湖教法分經義、治義兩齋，所成就之人材主要在爲政治上用。二程講學則其宗旨只爲個人修養，不求致用，因此學術風氣亦大不同。

## 第二節　理學家興起後之書院講學

北宋二程講學，尚無書院。宋室南渡，學校教育日衰，而講學之風日盛。私人問學之風愈來愈盛，於是又醞釀出講堂制度來。最可顯見的，莫過於象山之講學，其記載也較詳。象山年譜云：

先生爲國子正刪定勅局，居中五年，四方之賓滿門，旁無虛宇，併假於館。

先生旣歸，學者輻輳，時鄉曲長老，亦俯首聽誨。每詣城邑，環坐率二三百人，至不能容，徙寺觀。縣官爲設講席於學宮，聽者貴賤老少溢塞途巷，從遊之盛，未見有此。

門人彭世昌，訪舊於貴溪應天山麓張氏，因登山遊覽，則陵高而谷邃，林茂而泉清。乃與諸張議結廬，以迎先生講學。先生登而樂之，乃建精舍居焉。

易應天山名爲象山，學徒結廬。先生旣居精舍，又得勝處爲方丈，及部勒羣山閣，各作圓庵，學徒各來結廬，相與講習。

居仁齋、由義齋、養正堂、明德、志道、儲雲、佩玉、愈高、規齋、蕙林、達誠、瓊芳、濯纓池、浸月池，封庵批判，各因山勢之高，原塢之佳處爲之。

於是象山講學乃有一固定講所。象山年譜又云：

先生常居方丈。每旦，精舍鳴鼓，則乘山簥至，會揖陞講坐，容色粹然，精神炯然。學者又以一小牌書姓名年甲，以序揭之，觀此以坐，少亦不下數十百，齊肅無譁。首誨以收斂精神，涵養德性，虛心聽講。諸生皆俛首拱聽。非徒講經，每啓發人之本心也。間舉經語爲證，音吐清響，聽者無不感動興起。平居或觀書，或撫琴，佳天氣，則徐步觀瀑，至高誦經訓，歌楚詞，及古詩文，雍容自適。雖盛暑，衣冠必整肅，望之如神。諸生登方丈請誨，和氣可掬，隨其人有所開發，或教以涵養，或曉以讀書之方，未嘗及閑話。

先生大率二月登山，九月末，治歸。中間亦往來無定。居山五年，閱其簿，來見者，踰數千人。

是象山精舍講堂講學氣象，迥然與二程時私家講學大不同。象山講學有如今日之學校規模，先生鳴鼓升堂，行禮入座，學生按名號排坐。除講堂講學外，更有撫琴歌詩、徐步觀瀑類，如今日所謂音樂體育課，以調劑身心。

除象山講堂講學外，又有朱熹講學事可參考。

宋元學案晦翁學案附錄云：

初居崇安五夫，築書院于武夷之五曲，榜曰紫陽，識鄉關也。後築室建陽蘆峯之巔，曰雲谷，其草堂曰晦庵。自號雲谷老人，亦曰晦翁。晚居考亭作精舍，曰滄州。號滄州病叟，最後曰遯翁。

又據洪本年譜云：

朱子諱熹，徽州婺源人。始居崇安五夫里，牓所居之聽事堂曰紫陽書堂。徽州有紫陽山，韋齋先生嘗以刻其印章，用之牓於聽事，識故鄉也。又搆草堂於天湖寒泉塢，曰寒泉精舍。又搆草堂於建陽蘆峯之雲谷，牓曰晦菴。自稱雲谷老人，亦曰晦翁。又結廬於武夷五曲，曰武夷精舍。晚卜葬於建陽之考亭。作滄州精舍，自號滄州病叟，後又更號遯翁。

據上引，可知紫陽書堂爲其早年之讀書所，非爲講學之地。朱熹四十一歲，有寒泉精舍近其母墓地，年譜云：「以精舍名，則是講論之地，而非守墓之所也。」年譜又引是年朱子與范伯崇書云：「比携二子過寒泉，招季通來相聚，亦有一二友朋。初不廢講論。」此則可知朱子居喪時不廢講論，是爲朱子開始有講學。

據年譜朱子四十六歲，四月，偕呂東萊至鵝湖與陸象山兄弟相會，講論學術異同，是爲學術史上有名的朱、陸相會，此乃臨時之一種討論會。選定地址在佛寺，則仍沿唐人習慣也。又是年七月雲谷晦菴成。

朱子年譜考異云：

> 按雲谷記，乾道庚寅始得其地，卽作草堂，榜曰晦菴。則晦菴之成在庚寅，至乙未已六年矣，蓋至是亭臺始具。而又併得山北姚氏地，故作記以識其成。年譜云：「秋七月晦菴成，蓋以晦菴統名其地，非指草堂三間也，今姑仍之。」

晦菴是爲朱子中年講學之所。

朱子五十歲出仕，知南康軍，是年冬至廬山訪求白鹿洞書院遺址，遂重建之。白鹿洞書院曾於北宋太宗太平興國中蒙詔賜九經，而官其洞主，眞宗咸平中有勅重修，至此已一百六七十年。朱子又奏乞賜書院勅額，及石經板本、九經註疏，並徧求江西諸郡文字藏之。又置田以贍學者。每休沐輒一至，諸生質疑問難，誨誘不倦。退則相與徜徉泉石間，竟日乃反。又爲白鹿洞書院定學規云：

> 父子有親，君臣有義，夫婦有別，長幼有序，朋友有信。

右五敎之目。堯舜使契爲司徒，敬敷五敎，卽此是也。學者學此而已。而其所以學之之序，亦有五焉，其別如左：

博學之，審問之，愼思之，明辨之，篤行之。

右爲學之序。學、問、思、辨四者，所以窮理也。若夫篤行之事，則自修身以至於處事接物，亦各有要，其別如左：

言忠信，行篤敬，懲忿窒慾，遷善改過。

右修身之要。

正其誼不謀其利，明其道不計其功。

右處事之要。

己所不欲，勿施於人，行有不得，反求諸己。

右接物之要。

熹竊觀古昔聖賢所以敎人爲學之意，莫非使人講明義理以修其身，然後推以及人。非徒欲其務記覽爲詞章，以釣聲名，取利祿而已也。今人之爲學者，則旣反是矣。然聖賢所以敎人之法具存於經，有志之士固當熟讀深思而問辨之。苟知其理之當然，而責其身以必然，則夫規矩禁防之具，豈待他人而後有所持循哉。近世於學有規，其待學者爲已淺矣。而其爲學，又未必古人之意也。故今不復以施於此堂。而特取凡聖賢所以爲學之大端，條列如右，而揭之楣間，諸君其相與講明遵守，而責之於身焉。則夫思慮云爲之際，其所以戒謹而恐懼者，必有嚴於彼者矣。其有不然，而或出於此言之所棄，則彼所謂規者必將取之，故不得略也。諸君其亦念之哉。

是朱子之所謂學規，乃是一種爲學之大原則，與普通學校規則不同。

越二年，朱子五十二歲，象山來訪，朱子率僚友諸生，與象山俱至白鹿洞書院，請升講席。象山以「君子喻於義，小人喻於利」章發論，白鹿洞志記其事云：

淳熙八年，陸子靜來訪先生，請書其兄子壽墓志。先生請子靜同升講席，講「君子小人喻義利」章。子靜講畢，先生乃離席言曰：「熹當與諸生共守，以無忘陸先生之訓。」乃復請子靜先生書，尋以講義刻於石。

二程講學始有語錄，其時多爲師生一兩人之對面談話。至朱陸時，旣有講堂，學者多人羣集，因又有講義。惟朱、陸講學不同，陸重爲羣衆合講，故宜講義式，朱重私人討論，故宜語錄體，而朱子之語錄則又蔚然成大觀。傳世有朱子語類一百四十卷，共分五十類，錄者九十九人，其盛爲自古所未有。

朱子五十四歲，結廬於武夷之五曲，建武夷精舍，始來居之，四方士友來者甚衆。六十三歲又築室於建陽之考亭，此爲其父韋齋先生生前所愛之地，朱子於遷居後有告家廟文，此爲朱子晚年講學之所。六十五歲，還考亭，學者益衆，增建竹林精舍，後更名曰滄州。

朱子於六十七歲冬，落職罷祠。當時朝廷視朱子爲僞學，臺臣攻擊，洶洶不已。但朱子早將死生置之度外，仍與諸生在精舍講學不輟。玆錄當時記載幾節，最可見出朱子講學精神者。

資治通鑑後編：

寧宗慶元二年十一月，朱熹落職罷祠。胡紘未達時，嘗謁熹於建安。熹待學子，惟脫粟飯，遇紘不能異也。紘不悅，遇人曰：「此非人情，隻鷄爲酒，山中未爲乏也。」及是爲監察御史，乃銳然以擊熹自任。遂論熹十論，並及其徒蔡元定。詔熹落職罷祠，竄元定於通州。時逮捕元定赴謫所甚急，元定色不爲動，與季子沈徒走就道。熹與從游者百餘人，餞別蕭寺中，坐客興嘆有泣下者，熹微視元定，不異平時。因喟然曰：「友朋相愛之情，季通不挫之志，可謂兩得之矣。」

行狀云：

自先生去國，侂胄勢益張。鄙夫憸人，迎合其意。以學爲僞，謂貪黷放肆，乃人眞情，廉潔好禮者，皆僞也。科舉取士，稍涉經訓者，悉見排黜。文章議論，根於理義者，並行除毀。六經、語、孟悉爲世之大禁，猾胥賤隸頑鈍無恥之徒，往往引用，以至卿相。繩趨尺步，稍以儒名者，無所容其身。從遊之士，特立不顧者，屛伏邱壑。依阿巽儒者，更名他師，過門不入，甚至變易衣冠，狎遊市肆，以自別其非黨。先生日與諸生講學竹林精舍，有勸以謝遣生徒者，笑而不答。

語錄載：

有一朋友微諷先生云：「先生有天生德於予底意思，而無微服過宋之意。」先生曰：「某又不曾上書自辨，又不曾作詩謗訕，只是與朋友講習古書，說這道理，更不敎做，卻做何事。」因曰：「論語首章言：『人不知而不慍，不亦君子乎。』斷章言：『不知命，無以爲君子。』今人開口，亦解說一飮一啄，自有定分，及遇小小利害，便生趨避計較之心。古人刀鋸在前，鼎鑊在後，視之如無物者。蓋緣只見得這箇道理，都不見那刀鋸鼎鑊。」

又曰：

死生有命。如合在水裏死，須是溺殺。此猶不是深奧底事，難曉底語。如今朋友都信不及，覺見此道日孤，令人意思不佳。或勸先生散了學徒，閉戶省事以避禍者，先生曰：「禍福之來，命也。如某輩皆不能保，只是做將去，事到則盡付之人，欲避禍終不能避。今爲避禍之說者，固出於相愛，然得某壁立萬仭，豈不益爲吾道之光。其默足以容，只是不去擊鼓說寃，便是默，不成屋下合說底話，亦不敢說也。」

上引諸條，皆爲朱子晚年落職罷祠遭僞學之禁，在極端困阨中，仍能師生相從講學不倦的精神表現。象山卒在前，朱子卒在後，又經此僞學之禁，故論宋代理學家之書院講學，其精神之旺盛達於極點，此下能繼續不輟，實於朱子之關係爲尤大。

總之，書院雖起於宋前，而通常所稱書院講學乃指理學家與起後之講學而言。宋初雖有書院，二程乃私家講學無書院，朱、陸時書院始盛。要之，二程、朱、陸講學精神有幾個共同特點需留意。

一、書院講學來學者皆爲成人，故書院教育乃是一種成人教育，與現今所謂青年教育不同。

二、書院講學是自由講學，超出於政治法令影響之外，實可說是繼先秦諸子講學之風。故其精神不在學校與考試。

三、書院與起主要在有「師」，師資是最主要因素。「人存政舉，人亡政息。」教育亦一樣。所以各地書院時與時衰，主要在地方官得人，看重教育，覓得師選，才可以與教。

至於其後多公立書院，多置學田，以養師生，經費可以自足。書院中多奉祀先賢，有奉祀孔、孟及其門弟子者，又以奉祀周、張、二程、朱、陸爲多，或配祀其弟子。其風至於元而益盛。其精神則多少皆承襲朱子竹林精舍之講學而來，而朝廷亦不加摧殘，故雖崇古異族入主，而學術文化傳統仍能持續不斷。

# 參考書目

宋史

范文正公全集

宋元學案

近思錄

五朝名臣言行錄

陸象山全集

朱子年譜　王懋竑纂訂

文獻通考

續文獻通考

五禮通考　清秦蕙田著

日知錄　清顧炎武著

中國書院制度　盛朗西著

國史大綱　錢穆著

中國思想史　錢穆著

中國歷代政治得失　錢穆著

宋明理學概述　錢穆著

朱子學提綱　錢穆著

國史新論　錢穆著

中國傳統教育制度與教育思想　政治大學教育研究所講稿　錢穆

中國教育史　陳東原著

中國教育史　陳青之著

# 第七篇　書院講學下期——元明時期

## 第二章　元代學校及考試制度

南宋覆亡，蒙古入主中國，為中國史上第一次整個異族政權之統治。中國的政治與社會，隨著有一極大的刺激與變動。

元代自世祖忽必烈入主中國，凡十一主，歷一百零五年。然世祖忽必烈卽位後十六年始滅宋，故實際統治全中國僅八十餘年。蒙古人以武力優越，在未入主中國前，已橫掃歐亞兩洲，未受漢化。故入主後，並不重視文治。

最初的士人與普通平民一樣被俘為奴隸，後稍得解放，而南宋的儒學，也終於從這些俘虜中流傳到北方。先是姚樞，在軍前，凡儒道釋醫卜占等擅一藝者，皆活之以歸。得趙復，其徒稱江漢先生。樞挾以北行，立太極書院，請復講授其中，河洛始知有道學。

宋元學案黃百家言：

自石晉燕雲十六州之割，北方之為異域也久矣。雖有宋諸儒疊出，聲教不通。自趙江漢以南冠之囚，吾道入北，而姚樞、竇默、許衡、劉因之徒，得聞程朱之學，以廣其傳，由是北方之學鬱起。

全祖望曰：

河北之學傳自江漢先生，曰姚樞、曰竇默、曰郝經，而魯齋（許衡）其大宗也。元時實賴之。

許衡、竇默皆從姚樞得程朱書。世祖時，衡爲國子祭酒，教蒙古諸貴人子弟，始將中國禮義稍傳於蒙古人。

蒙古人統治中國，最影響其文治教化之推行者，則爲其在政治上與社會上之不平等階級之劃分。當時社會有十色之傳說，一官、二吏、三僧、四道、五醫、六工、七獵、八民、九儒、十丐。儒居第九，與丐爲伍。此亦可知蒙古人對中國傳統文化之未有認識。

元代又依種族不同，將人分成四等。

一、蒙古人——亦稱國人，乃蒙古本族人。

二、色目人——亦稱諸國人，包括西域三十餘部族。

三、漢人——指黃河流域之中國人，原受金人統治者。

四、南人——指長江流域及其以南之中國人，爲南宋所統治者。

此四階級在政治上待遇不平等，漢人、南人不得爲正官。其後雖受漢化，興學校，亦按蒙古、色目、漢學分別立學，學生名額也按種族分別定額，科舉考試又按蒙古、漢人分榜。自此種種，可推想有元一代學校教育及考試制度之一斑了。玆再分別略敘其梗概如下。

## 第一節　元代學校教育

按元史選舉志，元代學校分蒙古國子學、回回國子學、國子學、郡縣學及書院（另章說明）等五類。

元史選舉志云：

世祖至元八年，始下詔立京師蒙古國子學敎習諸生，於隨朝蒙古、漢人百官及怯薛歹官員選子弟俊秀者入學，然未有員數。以通鑑節要用蒙古語言譯寫敎之。

漢人子弟亦可入蒙古國子學，然所習則亦爲蒙古語之通鑑節要，其程度之淺可知。

元史選舉制又云：

世祖至元二十六年，尙書省臣言，亦思替非文字宜施於用。今翰林院益福的哈魯丁能通其字學，乞授以學士之職。凡公卿大夫與夫富民之子，皆依漢人入學之制，日肄習之。帝可其奏。始置回回國子學。至仁宗延祐元年，復置回回國子監，設監官，以其文字便於關防、取會、數目。令依舊制，篤意領敎。

此則明言回回文字宜施於用而設學，較蒙古學爲次一級。

至於敎中國書之國子書，元史選舉志載：

太宗六年，以馮志常爲國子學總敎，命侍臣子弟十八人入學。

世祖至元七年，命侍臣子弟十有一人入學，以長者四人從許衡，童子七人從王恂。

此皆在世祖滅宋前，雖以中國書敎蒙古貴族子弟，而人數極有限。其大致情況爲：

（至元）二十四年立國子學而定其制，設博士通掌學事，分敎三齋生員，講授經旨，是正音訓，上嚴敎導之術，下考肄習之業。復設助敎同掌學事，而專守一齋。正錄申明規矩，督習課業。凡讀書必先孝經、小學、論語、孟子、大學、中庸，次及詩、書、禮記、周禮、春秋、易。博士助敎親授句讀音訓，正錄件讀，以次傳習之。講說則依所讀之序，正錄件讀亦以次而傳習之。次日抽籤令諸生復說其功課，對屬詩章、經解、史評。則博士出題，生員具藁，先呈助敎，俟博士既定，始錄附課簿以憑考校。其生員之數定二百人，先令一百人及伴讀二十人入學，其百人之內蒙古半之，色目、漢人半之。

成宗大德八年，始定國子生。蒙古、色目、漢人三歲各貢一人。十年冬，國子學定蒙古、色目、漢人生員二百人，三年各貢二人。武宗至大四年秋，定生員額三百人，多，復立國子學試貢法。蒙古授官六品，色目正七品，漢人從七品。試蒙古生之法宜從寬，色目生宜稍加密，漢人則全科場之制。仁宗延祐二年，增置生員百人，陪堂生二十人。

是國子學雖定讀書必讀孝經、小學、論語、孟子、大學、中庸、詩、書、禮記、周禮、春秋、易諸書，似與歷代國子學無大異，然自世祖至元末順帝時，生員數無過四百人，而四百人中，又分蒙古、色目與漢人三種，試法寬嚴不同，試貢授官法又不平等，則學校敎育之濫竽充數者，可想而知。

元代亦曾提倡郡縣地方之學校敎育。元史選舉志載：

世祖中統二年，始命置諸路學校官，凡諸生進修者，嚴加訓誨，務使成材，以備選用。

又

至元二十三年，詔江南舊有學田復給之，以養士。

又

二十八年，令江南諸路學及縣學內設立小學，選老成之士敎之，或自願招師，或自受家學於父兄者，亦從其便。其他先儒過化之地，名賢經行之所，與好事之家，出錢粟贍學者，並立爲書院。

元代地方學校數量雖多，包括書院在內。（書院另章討論）但並未有何效驗。續文獻通考云：

臣等謹按元世祖紀，大司農司所上諸路學校之數，至元二十三年二萬一百六十六所，二十五年二萬四千四百餘所，二十八年二萬一千三百餘所，可謂盛矣，而學校卒未見興起。明太祖謂其名存實亡，豈不信耶。

## 第二節　元代考試制度

元代科舉考試，始於仁宗時。明王圻續文獻通考云：

初太祖始得中原，輒用耶律楚材言科舉選士。世祖既定天下，王鶚獻計，許衡立法，事未果行。至仁宗延祐間，始斟酌舊制而行之。

續文獻通考載：

仁宗皇慶二年十一月，詔行科舉定條制。

其大旨如次：

考試程式蒙古、色目人考兩場

第一場　經問五條。（大學、論語、孟子、中庸內設問。用朱氏章句集註。其義理精明，文詞典雅者爲中選。）

第二場　策一道，以時務出題，限五百字以上。

漢人、南人考三場

第一場　明經經疑二問，（大學、論語、孟子、中庸內出題。並用朱氏章句集註，復以己意結之，限三百字以上。）經義一道。各治一經。

詩——以朱氏（熹）集傳爲主。

尙書——以蔡氏（沈）集傳爲主。

周易——以程氏（頤）易傳、朱氏（熹）本義爲主。

以上三經兼用古註疏。

春秋——用三傳及胡氏（安國）傳。

禮記——用古註疏。

限五百字以上，不拘格律。

第二場　古賦詔誥章表內科一道。古賦詔誥用古體，章表四六參用古體。

第三場　策一道，經史時務內出題。不矜浮藻，惟務直述。限一千字以上成。

蒙古、色目人願試漢人、南人科目，中選者，加一等注授。

科舉條制雖於皇慶二年制定，但並未即舉行，又遲兩年於延祐二年始開科。

續文獻通考云：

正祐二年三月，始開科分進士爲左右榜。蒙古、色目人爲右，漢人、南人爲左。

元代至仁宗延祐二年始正式開科，此距宋亡已三十五年矣。而開科未久，至順帝至元元年，詔罷科舉，六年十二月詔復科舉，直至元亡。前後兩次行科舉總共不過四十五年，舉行時間既短次數又少。

五禮通考秦蕙田云：

元自延祐二年設科，至元統元年凡七科而廢，至正二年復科舉，至二十六年凡九科，先後共十有六科。其進士額，多不過百人，少者僅三十餘人。

考試分左右兩榜，左榜爲蒙古、色目人，恐多屬具文。右榜爲漢人、南人，有眞才實學者多不屑應舉。

陶宗儀輟耕錄卷二謂：

今蒙古、色目人爲官者，多不能執筆，花押例以象牙或木刻而印之。

據此可知考試之實情。輟耕錄二十八卷又載有，至正四年有四六長文，至正二十二年有彈文，揭發鄉試黑幕。科場舞弊，全失考試本意。

王圻續文獻通考引胡粹中論貢試法言：

貢試之法，蒙古、色目與漢人遞降品級，已非公論。教授，一郡之師表也，而居部令史下，則大非崇儒重教之意矣。蓋教授轉陞之難，部令史遷擢之易，故以此立法，恬于進取者幾何人哉。又於順帝至元元年爲復科舉之爭有曰：

元之用人大抵偏於國族勳舊貴游子弟，故選舉之法久而未行。仁宗決意行之，由此中華縫掖之士，僅得拔什一于千百。若謂科舉遺賢才則可，謂妨選法則非也。

要之，科舉取士之在元代亦僅有名無實，在實際政治上影響極少。此亦可見蒙古人入主中國雖近百年，但對中國傳統文治政權之意識，始終未能認識接受。故不僅其政治倒退，學校教育與取士，亦終竟不能與傳統合流。

元代科舉取士之制，雖在當時無大影響，但科舉以四書義取士之創制，卻始於元代。自此相承，直到清末。而四書義又以朱子四書集注爲準則，詩、書、易三經以理學家傳注爲準則，這眞可謂中國近世學術敎育史上一至要的演變。五禮通考秦蕙田有云：

唐時試明經，令帖孝經、論語，而孟子不立於學。咸通中，皮日休請以孟子爲科事，竟不報。至宋熙寧之世，更以經義試進士，始命專經者兼治論語、孟子。自河南二程子出，表章學、庸，朱子爲大學、中庸章句，論語、孟子集註，由是有四書之名。嗣後理學日明，學者始知其爲修己治人之切要，共尊信之。而皇慶開科，遂以朱子四書之學首立於學官。自元、明以來，五百年間相承無廢。此固儒術之效，而許魯齋諸人亦可謂能尊其所聞者矣。

蓋儒學傳統中之朱子學，須及元代始獲傳於北方。元代雖不重用儒術，而爲之定制者胥出北方之朱學傳統，則宜其有此創設也。

# 第二章　元代書院教育

元代書院較宋爲盛，此因宋以後學術逐漸在社會上自由傳播，知識份子愈後愈多，他們的興趣漸漸從家庭禮教及政治典章中，轉移到對人生宇宙整個問題的探討上來，此種學術風氣自宋理學家興起而形成。元代由於異族統治，一部份南宋遺儒他們雖無意過問上層政治，卻以在下層社會傳道自負，於是羣隱於書院中講學，如黃震、王應麟、吳澄及元末黃澤等皆是，更助長元代書院之盛。而元政府也加意提倡，使書院在元代變成官學化，此亦爲元代書院特多之一原因。

元代書院始建立在蒙古人滅宋之前。續文獻通考載：

> 自太宗八年，行中書省事楊惟中，從皇子庫春伐宋，收集伊、洛諸書送燕京，立宋儒周敦頤祠，建太極書院，延儒士趙復、王粹等講授其間。此元建書院之始。

太極書院爲元代首立之書院。自此書院建立，南宋理學開始北傳。宋元學案趙復傳云：

> 當是時，南北不通，程、朱之書不及於北。自先生而發之，姚樞與楊惟中建太極書院，立周子祠，以二程、張、楊、游、朱六君子配食，選取遺書八千餘卷，請先生講授其中。

續文獻通考又舉昌平，河間全國各地書院四十所。蓋約略舉之，不能盡載也。

明王圻所編續文獻通考學校考下之書院一項有云：

> 宋、元時代，全國各地共有三百四十幾所，明代所建亦有七十餘所。

又云：

書院之制，昉自石鼓、嶽麓、白鹿、睢陽，皆碩德鴻儒講道明教之地，世所謂四大書院者是也。厥後書院遍天下，日增月益，星羅而鱗次，然多尙虛名，而實學荒矣。

宋代書院雖受朝廷頒賜額書或賜田，但主要爲學者羣居自由講學之地。元代書院則逐漸變爲官立性質，經費行政人員均由政府支配給與。

元史選舉志載世祖至元二十八年令：

先儒過化之地，名賢經行之所，與好事之家，出錢粟贍學者，並立書院。

凡師儒之命於朝廷者曰教授，路、府、上中州置之。命於禮部及宣慰司者曰學正、山長、學錄、教諭，路州縣及書院置之。路設教授、學正、學錄各一員。散府、上中州，設教授一員。下州設學正一員，縣設教諭一員，書院設山長一員。中原州縣學正、山長、學錄、教諭，並受禮部付身。各省所屬州縣學正、山長、學錄、教諭，並受行省及宣慰司劄付。

可見元代書院已與路、州、縣、地方學校性質相同，都由政府派人掌管。

凡路、府、州書院設直學，以掌錢穀，從郡守及憲府官試補，直學考滿又試所業十篇，陞爲學錄、教諭。凡正、長、諭、錄，教授或由集賢院及臺憲等官舉充之。諭錄歷兩考陞正長，正長一考陞散府上中州教授，上中州教授又歷一考陞路教授。教授之上各省設提舉二員。正提舉從五品，副提舉從七品，提舉凡學校之事，後改直學，考滿爲州吏。

書院山長與路、府、州、縣教授、學正、山長、學錄、教諭，一律有祿，均由政府官員舉充之，而學校教官考滿也可爲州吏，兩者相互更替。又以下第舉人充爲學校教官，同時在校肄業學生也可被地方官薦舉而加以任用。

仁宗時集賢修撰虞集上學校議略曰：

師道立則善人多。今天下教官猥以資格注授，強加之諸生之上，而名之曰師。有司生徒皆莫之信。如此而望師道之立可乎。

書院主要精神在自由講學，不受政府法令限制，元代書院雖較宋爲大盛，然其多數由政府設立者，則似乎其主要精神已盡失，眞所謂徒有虛名而已。

書院有祭祀，大都祭周、張、二程、朱、陸等理學家，但也有祭祀歷代名賢的。玆略舉數例如：

太極書院——立周敦頤祠，以二程、張、楊、游、朱配食。

南軒書院——宋張栻嘗讀書於此，轉運使眞德秀爲立祠。

文正書院——在蘇州府范仲淹宅。元至正間總管吳秉彝請以祠堂置。

天門書院——內有周子、二程、張子、朱子、張南軒、呂東萊七賢祠。

近思書院——祀周、程、張、朱四子。

東坡書院——祀宋蘇軾，地卽軾卒處也。

文翁書院——內有文翁祠及碑記。

等是。

# 第三章　明代學校教育

## 第一節　明初學校貢舉制

明太祖是中國歷史上，自漢高祖後第二個起自平民的皇帝。但他對士大夫嚴刑酷罰，鞭笞捶楚，其殘酷無理，亦爲有史以來所未見。惟因中國傳統政治是一士人政治，明太祖也仍不得不用讀書人。明太祖未卽位已注意到國家教育。據明史選舉志載：「國子學之設，自明初乙巳始。」此在太祖卽位前二年。太祖卽位卽行貢舉制，明史選舉制又載：

洪武元年，卽令品官子弟及民俊秀通文義者，並充國子學生。天下既定，詔擇府、州、縣學諸生入國子學。

此爲明代貢舉制之始。

明代在教育上又有兩項值得注意的政策，一是國立太學生有歷事監生的制度，卽命太學生於諸司先習吏事。一是翰林院制度，選擇才學最優聰明俊偉之貢生，送翰林院進習。這是兩項培育人材的政策，也都始於明太祖立國初。故續文獻通考謂：

國學之政，莫備於明初。

全祖望鮚埼亭集有明初學校貢舉事宜記一篇，對明初學校貢舉制度記載甚詳。全祖望自云，此文乃根據永樂大典，並參考其他書之記載而補成。其文曰：

偶閱永樂大典載明洪武八年，中書省御史臺禮部所奉聖旨頒行學校貢舉事宜，嘆當時所以作人者，幾幾乎有三代之風，而惜其後之盡廢也。因撮其大略，參取他記以補實錄之所未備。大旨如次：

明初生員分二等：

一、府州縣學舍生員——有定額。自四十以下爲差，日給廩餼。

二、鄉里學舍生員——無定額。凡三十五家置一學，願讀書者盡得預焉。又名社學。

有關府州縣學生員之種種規定：

資格：

以官員子弟，及民俊秀，年十五以上，已讀四書者乃得預選。責任地方官親身選拔人材挺拔、容貌整齊者。報到時，內由監察御史，外由按察使一一相視，不合格者黜退，更擇人補之。

學科：

有經史（分九經、四書、三史、通鑑、莊、老、韜略）

禮律書爲一科　樂射算爲一科。

學習時間：

晨學經史律。飯後學書、禮、樂、算。晡後（四時後）學射。有餘力學爲詔、誥、箋、表、碑、版、傳記等應用文字。

考驗注意事項：

觀其進退揖讓之節，聽其語言應對之宜。背誦經史，講明大義，問難律條，試以斷決。學書不拘體格，審音以詳所習之樂，觀射以驗巧力，稽數則第其乘除之敏。

考試分三種：

一月一考——有三月學不進者，教授及本科訓導罰米。

一年一考——府學十二人，州學八人，縣學六人以上，學不進者，地方官教授及本科訓導罰俸。府學二十四人，州學十六人，縣學十二人以上，學不進者，教授及本科訓導罷黜，守令笞生員，有父兄者亦罪之。

三年大比——貢至行省，拔其尤者貢之京師。守令並其妻子資送入京，恐貽其內顧。

貢士由天子臨軒召見——令其說書一過，試文字、射、算。

分科擢用——有經明行修科，工習文詞科，通曉四書科，人品俊秀科，言有條理科，精習算法科。諸科備者爲上。以次而降，不通一科者不擢。

貢士任用：

有爲御史、知州、知縣、教官、經歷、縣丞、部院書吏奏差，五府掾史不等。

（以上是有關府州縣學舍生員的種種。）

至於有關鄉里學舍生員者

師資：

由守令及地方先輩擇有學行者教之。在子弟稱師訓，在官府稱秀才。

學課：

百家姓、千字文，以及經史律算。

考試：

> 三年大比，師生皆有升進。
>
> 行省拔秀才之尤者貢之京師，守令資送其妻子入京。天子臨軒試之加以錄用。
>
> 生員俊秀者升入學，補缺食餼。不成材者，聽其各就所業。

上述貢舉之制，行之不久，就廢弛了。全祖望云：

> 當時立法之始，直以三代人材望之天下，而豈意行之不久而中替也。自鄉里無需次之生員，而學宮之中一爲增，而再爲附，人愈多而習愈惡。自六藝之敎盡弛，而帖括講章之學可至卿相。自守令之責不先，而諸生之不肖反有進而挾持官長者。馴至憤時之士，竟以生員爲蠹世之物，而謂必廢之而爲可以救世。嗚呼！曷亦取太祖頒行之事宜而讀之可也。

然就此制度之本身言，似不失爲一理想制度，因此一制度將歷來選舉、教育、考試、任用四者配合成一整體。教育本應有選擇性，每個人生性不同，即不當受同等教育，亦非受教育的都可成材。學校敎育與考試制度融合爲一，此爲歷代士人政府一主要柱石。由此言之，太祖此制，亦非無美意存在。

此制度另有兩特點，一爲社學之設立。社學有如今日之國民教育，所不同者，一是無年齡限止，二是非強迫性，凡願意讀書者都可進學。自漢以來民間子弟在入學之前，也都先讀書鄉村，但政府正式立社學，則自以明制爲始。

另一特點則爲社學敎師成績優異，三年可與學生同升進。如此則使鄉村小學敎師也有入仕機會。惜乎此制早廢，不然應可爲明代開一新景象。

## 第二節　學校教育

明代要將科舉考試與學校教育融而爲一。不經學校，卽不能參加科舉考試。就此一點言，明代用意實較唐宋兩代爲進步。惟宋代慶暦、熙寧兩次變法亦皆有此意，只未能推行成爲定制，其重要關鍵則在學校之未臻完美。

明史選舉志云：

科舉必由學校，而學校起家不由科舉。

則學校地位，實已在科舉之上了。此層卻遙符西漢之古意。

明史選舉志又云：

學校有二，曰國學，曰府州縣學。府州縣學諸生入國學者乃可得官，不入者不能得也。

玆將國學與府州縣學分別敍述如后：

### 國學

明初設國子學於南京。

明史選舉志云：

初改應天府學爲國子學，後改建於鷄鳴山下，旣而改學爲監。設祭酒、司業，及監丞、博士、助教、學正、學錄、典籍、掌饌、典簿等官，分六堂以館諸生，厚給廩餼。

成祖時又設北京國子監，於是明有南北監之分。明史選舉志云：

永樂元年，始設北京國子監。十八年遷都，乃以京師國子監為南京國子監，而太學生有南北監之分矣。

入國學者通稱為監生，明代監生大別有四種：

一、舉監——舉人曰舉監

始於永樂中，會試下第，輒令翰林院錄其優者俾入學，以俟後科，給以教諭之俸。後不復另試，取會試副榜二十五（以上者授教職）以下者入監讀書。

二、貢監——生員曰貢監

明初已由府州縣學生選舉入監。此為國子監生之主流。旣命各學歲貢一人，故謂之歲貢。後以歲貢之法拘於資格，英才多滯，於是又加行選貢之法。另有恩貢納貢。玆分別簡述如后：

歲貢——明初生員入監，或無定制，其例屢更。（太祖）洪武二十一年定府州縣以一二三年為差，二十五年定府學歲二人，州學二歲三人，縣學歲一人。以後（成祖）永樂八年，十九年，（宣宗）宣德七年，（英宗）正統六年，屢有變更，直到（孝宗）弘治（世宗）嘉靖間，仍定府學二人，州學二歲三人，縣學歲一人，遂為永制。

歲貢之始，必考學行端莊，文理優長者充之。其後但取食廩年深者，挨次而升，遂難獲眞才，於是有選貢之法。

選貢——（孝宗）弘治中，南京祭酒章懋，請於常貢外令提學行選貢之法，不分廩膳、增廣生員通行考選，務求學行兼優，年富力強，累試優等者，乃以充貢。全國約取五六百人，以後三五年一行。

恩貢——國家有慶典，或登極，詔書以當貢者充之。

納貢——與例監相仿，視例監稍優。

（恩貢納貢所入監生有限。）

三、廕監——品官子弟入監稱廕監，分兩種。

官生——明初因前代任子之制，文官至七品皆得廕一子。後漸爲限制，在京三品以上方得請廕。

恩生——官生出自特恩者，不限官品謂之恩生。

四、例監——捐貲入監曰例監。

始於（代宗）景泰元年，以邊事孔棘，令天下納粟納馬者入監讀書，限千人止，行四年而罷。憲宗（成化）二年，南京大饑，守臣建議欲令官員軍民子孫納粟送監，禮部尚書姚夔反對。以太學乃育才之地，使天下以貨爲賢，士風日陋，未行。然其後或遇歲荒，或因邊警，或大興工作，率援往例行之，訖不能止。

以上四種監生，以舉監貢監兩種爲常例，人數多。廕監例監人數少。俟舉監貢監發生弊病，國學始漸衰。

明初卽有貢舉監生。續文獻通考載：

洪武元年，命品官子弟及民俊秀通文義者，並充國子學生。

五年命功臣子弟入國子學。

十六年二月命天下學校歲貢士於京師。先是每歲天下按察司選生員年二十以上，厚重端秀者，迨監肄業。至是設爲定例。

國立太學的組織：

設祭酒、司業及監丞、博士、助教、學正、學錄、典籍、掌饌、典簿等官，分六堂以館諸生，日率性、修道、誠心、正義、崇志、廣業，學旁以宿諸生謂之號房。

太學生的待遇：

厚給廩餼，歲時賜布帛文綺襲衣巾韡，正旦元宵諸令節俱賞節錢。孝慈皇后積糧監中，置紅倉二十餘舍，養諸生之妻子。諸生歸省，人賜衣一襲，鈔五錠，爲道里費。

太學生所習功課：

自四子本經外，兼及劉向説苑，及律令書數御製大誥。每月試經書義各一道，詔誥表策論判內科二道，每日習書二百餘字，以二王、智永、歐、虞、顏、柳諸帖爲法。

太學生的管理：

每班選一人充齋長，督諸生功課。衣冠步履飲食必嚴飭中節，夜必宿監，有故而出，必告本班敎官，令齋長帥之以白祭酒。監丞置集衍簿，有不遵者書之，再三犯者決責，四犯者至發遣安置。其堂宇、宿舍、飲饌、澡浴俱有禁例。省親畢姻回籍，限期以道里遠近爲差，違限者謫選遠方。典史有罰充吏者。

太學生考績方法：

六堂諸生有積分之法，司業二員，分爲左右各提調三堂。凡通四書未通經者，居正義、崇志、廣業。一年半以上，文理條暢者升修道、誠心。又一年半，經史兼通，文理俱優者，乃升率性。升至率性乃積分。

其法：孟月試本經義一道，仲月試論一道，詔、誥、表、內科一道，季月試本經史策一道，判語二條。每試文理俱優者與一分，理優文劣者與半分，紕繆者無分。歲內積八分者爲及格，與出身。不及者，仍坐堂肄業。如有才學超異者，奏請上裁。

太學生出身：

（太祖）洪武二十六年，盡擢監生劉政、龍鐔等六十四人爲行省布政、按察兩使及參政、參議、副使、僉事等官，其一旦而重用之至於如此，其爲四方大吏者蓋無算也。臺諫之選亦出於太學，其常調者，乃爲府州縣六品以下官。

明初國立太學之受朝廷重視，太學生待遇之優厚，管教之嚴格，尤以出身優異在當時之顯見影響，爲唐、宋所不及。明初亦行科舉，惟出身並不及太學生。明史選舉志曰：

太祖雖間行科舉而監生與薦舉人才參用者居多，故其時布列中外者，太學生最盛。一再傳之，後進士日益重，薦舉遂廢，而舉貢日益輕，雖積分歷事不改初法，南北祭酒陳敬宗、李時勉等加意振飭，已漸不如其始。衆情所趨向專在甲科。

甲科乃指當時進士科而言，此至仁宗後始漸然。其原因大別有二，一因國子監本是讀書之所，但照當時規定舉監領教諭之俸可以入監讀書，也可回原籍依親讀書，限年復班，各隨所欲，於是大多都願回家依親，教諭之俸則可照拿。後來不得已，政府設重罰以促舉人入監。另因貢監始由府州縣學舍按年定額選擇生員到太學讀書，後來漸不重選舉優秀，而取在學年資久的挨次選升，這樣一來品質差了。起初政府規定只正式廩膳生，即公費生才可被選，後因歲貢生素質差，不得不加選，於是不分廩膳，增廣都可應選。初亦獲得一些英才，貢監本亦規定應在太學中讀書，但後來他們上疏言家貧親老不願入監，如此則國子監生入監讀書的制度竟成了虛有具文。到了嘉靖中「舉人、選貢、歲貢三者迭爲盛衰，而國學之盈虛亦靡有定。」但嘉靖已是明中葉以後了。

王圻續文獻通考曰：

國初太學生皆貢自郡邑，選鄉學之秀彥者充之，其後乃有各省鄉試舉人。時進士之科未盛，內而臺諫，外而藩臬，率以授諸太學生之成材者。自制科既重，太學生成材者與天下賢士盡入蒐羅，於是內外要重之司皆歸進士。而舉貢所稱監生者，則有遺賢。詮入高等，不過授以省府幕僚，郡佐州正，而臺諫藩臬則必待其歷官有譽而後得之，然亦千百而什一耳。

故知明初教育重心在國家教育，政府重學校而不重科舉，其後科舉取士漸重，而教育重心遂從國家轉移到社會。明中葉以後社會書院教育之影響遠盛於國家之學校教育，然有明一代，國家教育較之唐宋則爲盛多矣。

續文獻通考有曰：

臣等謹按國學之行，莫備於明初。其諸生則取之公卿之子，拔之郡國之秀。廣爲號舍以居之，厚其衣食以養之。在學十餘年始撥歷出身，往往仕至顯宦。而所重者尤在司成一席，特簡大學士尚書侍郎爲之。及至中葉，名儒輩出，如李時勉、陳敬宗、章懋、羅欽順、蔡淸、崔銑、呂枘分教南北。晝則會饌同堂，夜則燈火徹旦，如家塾之教其子弟，故成材之士多出其門。筮仕之後，知禮義，重廉隅，尊主庇民，事業皆有原本。至萬曆以後，雖屢勤振飭，然求之法而不求之人，如博古正誼之倪元璐，講席未煖斥之而去，則當日之所振飭亦徒事文具耳。

府州縣學

續文獻通考載：

明太祖洪武二年十月，詔天下府州縣皆立學。

明史選舉志載：洪武二年，太祖初建國學時，卽諭中書省臣曰：

學校之敎，至元其弊極矣。上下之間波頹風靡，學校雖設，名存實亡。兵變以來，人習戰爭，惟知干戈，莫識俎豆。朕惟治國以敎化爲先，敎化以學校爲本。京師雖有太學，而天下學校未興，宜令郡縣皆立學校，延師儒授生徒，講論聖道，使人日漸月化，以復先王之舊。

照當時地方行政區劃，府設府學，州設州學，縣設縣學。又有軍區及邊界特殊行政區稱衛所，亦設學校，但與府州縣學不同，有四衛設一學，三衛設一學，二衛、一衛設一學不等。但不論府州縣或衛所皆稱儒學。

明史選舉志曰：

郡縣之學與太學相維，創立自唐始。宋置諸路州學官，元頗因之，其法皆未具。迄明，天下府州縣衛所皆建儒學，敎官四千二百餘員，弟子無算，敎養之法備矣。

可知當時明代地方敎育的普及。

學校師資規定：

府設敎授，州設學正，縣設敎諭各一。俱設訓導，府四、州三、縣二。

學生名額：

府縣四十，州縣以次減十。

未幾，卽命增廣，不拘額數，到宣宗宣德中，定增廣之額爲：

在京府縣六十人，在外府縣四十人，州縣以次減十。

到憲宗成化中，又定衞學之例：

四衞以上軍生八十人，三衞以上軍生六十人，二衞一衞軍生四十人，有司儒學軍生二十人，土官子弟許入附近儒學無定額。

因增廣不定數額，讀書的越來越多，於是學生資格也分有廩膳、增廣、附學三種。

初設食廩者謂之廩膳生員，增廣者謂之增廣生員。及其既久，人才愈多，又於額外增取附於諸生之末，謂之附學生員。凡初入學者，止謂之附學，而廩膳、增廣以歲科兩試等第高者補充之，非廩生久次者，不得充歲貢。

但後來增廣生也可充歲貢。依考試成績，增廣生員可補廩膳生員缺，附學生員可補增廣生員的缺。

明初規定學校課程：

生員專治一經，以禮、樂、射、御、書、數，設科分敎，務求實才，頑不率者黜之。洪武二十五年，又定禮、射、書、數之法。一頒行經、史、律、誥、禮、儀等書，生員皆須熟讀精通，以備科貢考試。一朔望習射於射圃。一習書依名人法帖日五百字。一數學務通九章之法。(此據續文獻通考)

學校考試分歲考與科考兩種，皆由提學官主之。

士子未入學者通謂之童生，中式卽爲舉人，不中式仍候提學官歲試合格，乃准入學。提學官在任三歲兩試諸生，以六等試諸生優劣，謂之歲考。一等前列者，視廩膳生有缺依次充補，其次補增廣生。一二等皆給賞，三等如常，四等撻責，五等則廩增遞降一等，附生降爲青衣，六等黜革。繼取一二等爲科舉生員，俾應鄉試謂之科考。其充補廩增給賞悉如歲試，其等第仍分爲六，而大抵多置三等。三等不得應鄉試。撻黜者僅百一，亦可絕無也。

這兩種考試雖同由提學官在學校舉行，但性質卻不相同。歲考等於學校年終考試，考查學生在校成績的優劣。而科考則在選拔青年俊秀生員以應科舉，將來可以入仕。

考試內容有：

四書義一道，二百字以上。經義一道，三百字以上。取書旨明晳而已，不尚華采。其後標新領異，益漓厥初。

明初規定師生都受國家供養：

師生月廩，食米人六斗，有司給以魚肉，學官月俸有差。

洪武十五年，賜學糧增師生廩膳。命凡府州縣田租入官者悉歸於學，俾供祭祀及師生餼廩。（明史選舉志不載，據續文獻通考）

明初雖優禮師儒，但對於師生管束均嚴。續文獻通考云：

洪武二十六年定學官考課法，以科舉爲殿最。初教官考滿兼覈其歲貢生員之數，至是以歲貢爲學校常例，復定制九年任滿核其學生員科舉中式，府九人，州六人，縣三人者爲最。又教官自試通經卽與升遷。中式少者爲平等，卽考通經亦不遷。中式至少及全無者爲殿。又考不通經則黜降之。

其待教官之嚴如此。而生員之管束除學校有規則外，洪武十五年又頒禁例於天下學校鐫勒臥碑置明倫堂左，不遵者以違制論。但後來皆廢而不行。明史選舉志曰：

明初優禮師儒，然鉗束亦甚謹，其後敎官之黜降，生員之謫發，皆廢格不行，即臥碑亦具文矣。

春明夢餘錄曰：

明初重督學之選，其盛時無論，迨正德末御史蕭鳴鳳懲惡嚴，雖才不貸，副使魏校敦行急受欺不悔，副使李夢陽伸士節，振萎習，士誦義不休。其後督學官稍輕，柄其任者非必有卓行實學，厭士心如曩時，高者虛談沽譽，劣者安祿養交，下者至開倖門聽請託不忌。

府州縣學本為生員讀書之所，其初由於政府之優禮，師選之認眞，督導之嚴格，全國生員入學讀書眞正收到實效，其後則讀書之制漸廢，亦如國學般僅成具文。

明初又有社學，此如鄉村子弟學校。續文獻通考載：

洪武八年正月，詔天下立社學。 詔曰昔成周之世，家有塾，黨有庠，故民無不知學，是以敎化行，而風俗美。今京師及郡縣皆有學，而鄉社之民未覩敎化，有司其更置社學，延師儒以敎民間子弟，導民善俗稱朕意焉。於是鄉社皆置學，令民間子弟兼讀御製大誥及本朝律令。

二十年，令社會子弟讀誥律者赴京禮部，較其所誦多寡，次第給賞。

英宗正統元年詔，有俊秀向學者，許補儒學生員。

孝宗弘治十七年，令各府州縣訪保明師，民間幼童年十五以下者，送社讀書，講習冠婚喪祭之禮。然其法久廢，寖不舉行。

自漢唐以來，天下一統，政府推行敎育自國立太學直下鄉村子弟學校，無如明代之推行澈底，無怪明史選舉志曰：

蓋無地而不設之學，無人而不納之教。庠聲序音，重規疊矩，無間於下邑荒徼山陬海涯。此明代學校之盛，唐宋以來所不及也。

## 第三節　歷事監生之制

明代國子監生又有歷事之制，其事始於明初。明史選舉志曰：

太祖洪武元年，選周琦、王璞等十餘人，侍太子讀書禁中，入對謹身殿，姿狀明秀，應對詳雅，太祖喜，因厚賜之。又擇年少舉人趙惟一等及貢生董彔等入學讀書，賜衣帳。命於諸司先習吏事，謂之歷事監生。

然其時尚未立為定制。至洪武五年時，始正式命國子生於諸司習吏事。按選舉志載，監生所歷之事幾無所不包，自吏部、禮部、戶部、大理寺、通政司、行人司、五軍都督府皆有。

至惠帝建文時又定考覈法：

上中下三等，上等選用，中下等仍歷一年再考。上等者，依上等用，中等者不拘品級，隨才任用，下等者回監讀書。

至成祖永樂年間，歷事監生仍極受政府優渥任用。明史選舉志載：

永樂五年，選監生三十八人，隸翰林院習四夷譯書。九年，辛卯、鐘英等五人成進士，俱改庶吉士。壬辰乙未以後，譯書中會試者甚多，皆改庶吉士以為常。歷事生成名其蒙恩遇如此。

翰林院庶吉士為政府儲備大用之材。（詳下章翰林院一節中）歷事生可由進士而改庶吉士。可稱政府對歷事生之特優任用。歷事生於諸司辦事本有定期，如此一來則期滿都不願回監讀書，仍願就科辦事，希望有機會補官。歷事監生人數漸多，此制也發生了困難。明史選舉志曰：

英宗天順以前，在監十餘年，然後撥歷諸司歷事三月，仍留一年，送吏部詮選。其兵部清黃及隨御史出巡者，則以三年爲率。其後以監生積滯者多，頻減撥歷歲月以疏通之。

因此到了憲宗成化年間，政府不得不定出國子監生撥歷法，但也並沒有能眞解決問題，一時亦無法疏通得了積滯的監生，史稱「孝宗弘治八年，監生在監者少，而吏部聽選至萬餘人，有十餘年不得官者。」

邱濬大學衍義補曰：

太學之教，所以聚天下賢才使之講明經史，切磋琢磨，以成就其器業，爲天下國家之用，非顓顓計歲月較高下以爲仕進之途也。……太祖洪武初，定積分法，其後改制，監生計年月先後撥出六部諸司歷事三閱月。所司考其勤謹，奏送吏部附選，挨次取用。方其在學校時，每月之中會講背書皆有定日，每季一試，惟第高下，以爲激勸之方，而於出身無所關預。又輪差於內外諸司，俾其習爲政事，半年回學，晝則趣事於各司，夕則歸宿於齋舍，優游之以歲月，琢磨之以義理，束約之以規法，廩食學校俾其習經，歷事各司則俾其習政法，遇大比科許其就試，其爲教法可謂本末兼舉矣。近年以來爲邊事之故，建議者欲存省京，儲以備急用。始爲依親之例，教法稍變祖宗之舊。今疆場無事，儲蓄日充，請敕所司申明舊法，以復祖宗養士之制。

歷事監生如今日大學中之實習制度，在使學生就學期中而對將來工作先熟習。明代偏重吏事，此一制度雖始於明代，考其性質實從傳統中來。漢代太學生考試分兩等，甲等可入郎署，乙等則回原籍補吏，此卽帶有歷練吏事之意。政府用人必先注重培養人才，學校教育畢竟不足擔當政府養士的全責，因此經過學校教育後，尙須再經過一番政事歷練，雙軌並重。漢代郎吏制已有此意。隋唐行科擧考試制，但唐代禮部考試及格並不受任用，必須再經吏部考試，有禮部及格而屢試吏部不獲入選者，遂於禮部試後多受聘爲屬吏，此亦歷事監生之先例也。至宋代禮部及格卽可任用，不需再經吏部，然胡瑗經義治事兩齋之分設，治事齋之用義也卽在敎士子先熟悉吏事。可知中國教育應分兩項看，一爲國家教育，旨在爲政府培植人才，以供任用。一爲社會私家教育，則重在學術思想之自由傳播，不專爲政府用才着想。元代統治，社會講學尙有存者，而政府用人則限於種族界線，惟以蒙古人、色目人爲主。明代開國，苦於需用人才之不夠，故特別注重於國家教育之一面，此亦時代要求有以使之也。故自明太祖廢宰相，在政府之職權分配上，似有趨於君主獨裁之傾向，然在政府之大體組織上，則依然遵循兩漢以至唐宋以來之士人政府之規模。

今再綜合言之，漢武帝表章五經，排斥百家，設置國立太學，實有上尊周公、孔子歷史文化大統以爲政府施政之準則。故其時謂孔子爲漢制法，諸儒以通經致用，推其意，必使道統高於治統，師道先於君道乃屬有當。惟學校教育由政府管領，其流弊總有不免。明太祖重視教育，其意若猶在考試之上，此意固得之。但教育權一掌於政府，其培植人才僅欲爲振興吏治之用，則使治統高出於道統，君道高出於師道，則其違害較之元代僅可謂是一轍相承。雖明代政治遠甚於元，而有明一代有志講學明道之士始終於上層政治有疏隔隱避之嫌，論其世運不僅不能與兩漢媲美，實猶較唐宋爲遜，此亦明祖一人始其端，而後起諸帝大體上卒未能有所改變，此乃一大可婉惜之事。後之論者，率以廢相權責明祖，實猶未窺其深處也。

# 第四章　明代科舉制

## 第一節　考試制度

國家考試與學校教育本應相輔而行，方可收其成效。唐宋以來，政府取士重在科舉，惟唐中葉以前，門第勢盛，猶有家庭教育與國家考試相濟。中葉後，則取士偏重進士，只重詩賦，私人自習，不待教育，此爲大弊。宋代慶曆熙寧先後兩次興學，雖政府明令士子必先在學若干日方可應試，然熙寧改革失敗以後，新舊黨爭，直至南宋，學校教育徒具虛文。明代在此方面可算對此一理想有所完成。明史選擧志載，洪武三年，太祖曾下詔特設科舉曰：

朕將親策於廷，第其高下而任之以官，使中外文臣皆由科舉而進，非科舉者毋得與官。

選擧志又曰：

明制科目爲盛，卿相皆由此出。學校則儲才以應科目者也。其徑由學校通籍者，亦科目之亞也。外此則雜流矣。科舉必由學校，而學校起家可不由科舉。

可證明代科舉制較唐宋有顯然不同之特點，即在明代士子應科舉試前，必先經由學校出身。其科舉只有進士一科。政府任官主要在此。

明史選舉志又曰：

科目者沿唐宋之舊，而稍變其試士之法。專取四子書及易、書、詩、春秋、禮記五經命題試士。其文略仿宋經義，然代古人語氣爲之，體用排偶謂之八股，通謂之制義。

續文獻通考有曰：

明以科目取士，蓋沿唐宋之舊，而規制亦略與元同，獨試士之法，則視歷代而稍變焉。明太祖於洪武三年始設科取士，以當時天下初定，令各行省連試三年，且以官多缺員，舉人俱免會試，赴京聽選。至洪武六年，又令有司察舉賢才而罷科舉不用。一停十年，至十五年復設科舉，十七年始定科舉之式，命禮部頒行各省後，遂以爲永制。

考試定三年一大比，共分三等級，鄉試、會試與殿試。

三年大比，以諸生試之直省曰鄉試，中式者爲舉人。次年以舉人試之京師，曰會試，中式者天子親策於廷，曰廷試，亦曰殿試。分一二三甲以爲名第之次。一甲止三人，曰狀元、榜眼、探花，賜進士及第。二甲若干人，賜進士出身。三甲若干人，賜同進士出身。

考試分鄉試、會試、殿試，元代已有之，然未有如此之詳。三年一大比，始於宋之治平四年，然亦未爲定式，自此始成定式，直至清末廢科舉而止。

考試日期：

子午卯酉年鄉試，辰戌丑未年會試，鄉試以八月，會試以二月，皆初九日爲第一場，又三日爲第二場，又三日爲第三場。廷試以三月朔。鄉試直隸於京府，各省於布政司，會試於禮部。

考生資格：

舉子則國子生及府州縣學生員之學成者，儒士之未仕者，官之未入流者，皆由有司中舉性資敦厚，文行可稱者應之。

殿試後之任用：

狀元授修撰，榜眼、探花授編修，二三甲選用庶吉士者，皆爲翰林官。其他或授給事、御史、主事、中書、行人、評事、太常、國子博士，或授府推官、知州、知縣等官。舉人貢生不第入監而選者，或授小京職，或授府佐及州縣正官，或授教職。

考試課程內容，明初設科舉時規定：

初場——試經義二道、四書義一道。

二場——論一道

三場——策一道

中式後十日復以騎射書算律五事試之。

洪武十七年頒科舉定式後改爲：

初場——試四書義三道，經義四道。

四書——主朱子集註。

易——主程（頤）傳，朱子本義。

書——主蔡氏（沈）傳，及古註疏。

詩——主朱子集傳。

春秋——主左氏、公羊、穀梁三傳，及胡安國、張洽傳。

禮記——主古註疏。

（永樂間頒四書五經大全，廢註疏不用，其後春秋亦不用張洽傳，禮記止用陳澔集說）

二場——試論一道，判五道，詔誥表內科一道。

三場——試經史時務策五道。

自洪武十七年頒爲定式後，行了兩百餘年，直到明末未改。此一考試課程內容所當注意者，爲四書五經之課本規定。四書定爲考試課程，始自元代，以朱子集註章句爲本，至明遵行無改。五經課本元代已注重用宋理學家註，惟不廢古註疏，自永樂間政府頒四書五經大全，自此全廢古註疏，四書五經已全用宋以來講說，此亦爲學術思想史上一大變化。

又顧炎武日知錄曾評明洪武十七年頒科舉定式曰：

> 太祖洪武三年八月京師及各行省開鄉試，中式者後十日復以五事試之，曰：騎、射、書、算、律。騎，觀其馳驅便捷。射觀其中之多寡。書，通於六義。算，通於九法。律，觀其決斷。詔文有曰：朕特設科舉以起懷才抱德之士，務在經明行修、博通古今、文質得中、名實相稱。伏讀此制，眞所謂求實用之士者矣。至十七年，命禮部頒行科舉程式，文辭增而實事廢。葢與初詔求賢之法稍有不同，而行之二百餘年，非所以著述祖宗之意也。

顧氏所謂文辭增而實事廢，葢指兼試騎、射、書、算、律五事言。元代讀書人僅多於政府中爲吏，於此五事皆所嫻習，亦不鄙視。明初沿元代社會之遺風，故兼試此五事。迨後太平日久，科舉志在得官，於此五事非所必習，故顧氏惜之。

明代考試又有南北卷之分。此事雖起因於明太祖洪武三十年，考官劉三吾、白信蹈取宋琮等五十二人皆南士，帝怒所取之偏而誅信蹈等，戍三吾於邊。但至永樂間未嘗分地而取，至仁宗洪熙元年，始定取士之額，南人十六，北人十四。宣德正統間分爲南北中卷，以百人爲率，南取五十五，北取三十五，中取十名。南卷應天及蘇、松諸府，浙江、江西、福建、湖廣、廣東。北卷順天、山東、山西、河南、陝西。中卷四川、廣西、雲南、貴州及鳳陽、廬州二府，滁、徐、和三州也。

鄉試取士額亦於洪熙元年全國各省舉子有定額，其後略有小改變。

會試之額明初無定數，至是定爲不過百名，英宗正統五年增爲百五十名，其後或二百名，或二百五十名，或三百五十名，增損不一，皆臨期奏請定奪。至憲宗成化乙未而後率取三百名，有因題請及恩詔，而增五十名或百名者。

自中唐以來，南北士人重經重文學風已顯不同。至宋，南方風氣開新，文章之盛，南勝於北。英宗時，司馬光與歐陽修爲貢舉逐路取士起爭議。司馬光謂古之取士，以郡國戶口多少爲率，今或數路中全無一人及第，請貢院逐路取人。歐陽修反對，謂國家取士，惟才是擇。司馬光意在均額，歐陽修意主覈實，而當時南北方文風盛衰大異由此可見，故宋廷終行分路取士之制。北方自南宋後，全部爲金人控制，迄於元代，學風益不如南，故明代仍分南北取士，此對北方學風復起有大貢獻。

要之，考試制度至明代可稱完備，一切大體有規定，無論考試日期、課程，以及等第等，直到清末無改。唐宋考試雖亦先經地方，但主要只有中央一次，至明代士子入學人數太多，不得不多加地方考試以便淘汰。而明代又因考試之嚴密而產生出八股文的流弊，影響了此下數百年教育，此問題於下節詳論。

## 第二節　翰林院制

明代翰林院有一個極有意義的創制，則爲庶吉士之增設。翰林院有庶吉士，正如國子監有歷事監生，兩制度都在爲國儲才，尤其翰林院儲才，乃以備朝廷之大用。

翰林院之設始於唐，此猶如秦漢初年之博士及郎官。舊唐書職官志言「翰林院有合練、僧道、卜祝、術藝、書奕，各列院以廪之。」這只如皇宮內廷供奉藝能技術雜居之所。亦有名儒學士，時時任以草詔。玄宗時別置學士院，自此翰林學士與翰林待詔有別。於是選用益重，禮遇益親，而號爲內相，但主要在政治任用上。

宋代翰林學士亦掌制誥侍從備顧問，並有侍讀、侍講、說書等經筵官。而宋代館閣之任如修撰、校理、校勘、檢討等，更爲士人榮任，非名流不可得。這實是政府一種儲才養望的淸職，不責以吏事，並使觀古今之書，接交朝廷重臣以熟悉政事，爲政府養成名卿賢相以備將來大用之所。但仍是一政治官職。

至明代，翰林院更成爲中央政府裏惟一最高學術集團，不僅經筵官史官均歸入翰苑，又因明太祖取消宰相，以內閣制代替，而內閣大學士之人選卽從翰林院分出。又詹事府（主輔導太子）官職亦自翰院選任，與侍讀、侍講（侍讀、侍講、與經筵官爲皇帝講師）同爲王室導師。因此明代翰林院與王室更保有緊密關係。然亦僅就在政治任用上言。

而明代翰林院自有庶吉士之增設，遂兼帶有教育後進的性質。明史選舉志載：

（洪武元年）詔擇府州縣學諸生入國子學……取其中尤英敏者李擴等入文華、武英堂說書，謂之小秀才。其才學優瞻聰明俊偉之士，使之博極羣書，講明道德經濟之學，以期大用，謂之老秀才。

又

（洪武四年）擢其年少俊異者張唯、王輝等爲翰林院編修，蕭韶爲秘書監直長，令入禁中文華堂肄業，太子贊善大夫宋濂等爲之師。帝聽政之暇，輙幸堂中，評其文字優劣。日給光祿饌，每食皇太子親王迭爲之主。賜白金弓矢鞍馬，及冬夏衣，寵遇之甚厚。

又

洪武十八年廷試，擢一甲進士丁顯等爲翰林院修撰，二甲馬京等爲編修，吳文爲檢討，進士之入翰林自此始也。

使進士觀政於諸司，其在翰林承敕監等衙門者曰庶吉士，進士之爲庶吉士亦自此始。觀政進士之名亦自此始也。

庶吉士本不專屬翰林，至成祖永樂二年，庶吉士遂專屬翰林。續文獻通考載：

永樂二年三月始選進士爲翰林院庶吉士。先是庶吉士不專屬翰林，是年既授一甲三人官，復命於第二甲擇文學優等五十人，及善書者十人，俱爲翰林院庶吉士，庶吉士遂專屬翰林矣。

永樂以後惟第一甲得入翰林院授官，二甲三甲只得選爲庶吉士。庶吉士例需進學於內閣。王圻續文獻通考載：

成祖永樂三年正月，命學士解縉等選新進士才識英敏者俾就文淵閣進學。於是縉等選修撰、編修、庶吉士凡二十八人以應二十八宿，時庶吉士周忱自陳年少願進學，上喜曰：「此有志之士也。」命增忱爲二十九人。遂命禮監給紙筆墨，光祿給朝暮膳，禮部月給膏燭，工部擇近第宅居之，仍命解縉領其事。上或時至館中程式課業，或召至便殿問以經史諸子故實，且搜奇書僻事以驗所學。每五日一休沐，使內臣隨之，校尉騶從，人莫不歆其榮。

史稱是年所選王英、王直、段民、周忱、陳敬宗、李時勉等名傳後世者不下十餘人。

照例庶吉士需進學三年。明史選舉志載：

與選以翰詹官高資深者一人課之，謂之教習。三年學成，優者留翰林爲編修、檢討，次者出爲給事、御史，謂之散館。與常調官待選者體格殊異。

留翰林爲編修、檢討，皆爲美缺清職。所謂散館即如散學，進學三年完成，各自散出爲官。在館進學時並有考試。王圻續文獻通考載：

神宗萬曆二十六年六月，上曰館選係國家儲賢鉅典，以備他日重任，閣部務要恭慎，遴選眞才，如士子始進卽謀請託，人品可知，異日安望大用。入館之後，當講求實學實政，毋徒事虛文。考試日仍着監試，御史及錦衣衞多差校役禁緝關防，如有懷挾傳遞，及閑人往來窺探的，拏來重治不饒。

明代翰林院自有庶吉士，成爲政府教養儲才，以備政府大用之所，爲歷來翰苑所不及。孝宗弘治時大學士徐溥言：

自古帝王儲才館閣以教養之。本朝所以儲養之者，自及第進士之外，止有庶吉士一途。

明史選舉志曰：

成祖初年內閣七人，非翰林者居其半。翰林、纂修亦諸色參用。自英宗天順二年，李賢奏定纂修專選進士，由是非進士不入翰林，非翰林不入內閣。南北禮部尚書侍郎，及吏部右侍郎，非翰林不任。而庶吉士始進之時，已羣目爲儲相。通計一代宰輔一百七十餘人，由翰林者十九，蓋科舉視前代爲盛，翰林之盛則前代所絕無也。

由此可知此種翰林院敎習庶吉士的制度，對於政治人才培養的重要。明代選庶吉士有時爲每科，多寡無定額，時或間科一選，或數科不選，或合三科同選，雖無定例，大致說來，自明初至明末皆有選。明代翰林院制度爲清代所沿襲，對於清代政治人才的培養及學術的貢獻也很大。

## 第三節 八股文之弊

明初太祖不重科舉，而監生與薦舉人才參用，故其時布列中外者太學生最盛。洪武十七年以後，薦舉漸輕，久且廢不用矣。仁宣以後，科舉進士日益重，而學校貢舉日益輕。學校可以造就所欲期望之人才，而科舉則只能就已有人才加以甄拔，兩者性質不同。明代漸走上側重科舉之路，出身全由場屋，則流弊漸成。而科舉考試經義漸變成八股文，則爲弊更大。從明中葉以後直到淸末，此三四百年間，科舉重八股文取士之制，實爲中國歷史上最斲喪人才的制度。

八股文始於何時不可考。所謂八股文者，乃是一種有格律的經義，爲文有一定的體裁與格式，猶如唐之有律詩律賦。唐律詩有一定平仄，其中第三四五六句必成對，故曰律詩。顧亭林日知錄言八股文破題大抵對句爲多，爲宋人相傳之格，本之唐人之賦格。

五禮通考秦蕙田云：

宋熙寧之經義，卽八股文所由昉也。唐時明經試以墨義，祇以課記誦之能否，於經典大義無所發明，宋初猶承之，故其時進士科特重，而有志之士鄙學究而不爲。至是中書撰大義之式頒行天下，主於疏解理趣不爲章句之陋。

又五禮通考載宋徽宗大觀四年臣僚言：

場屋之文，專尚偶儷，題雖無兩意，必欲釐而爲二，以就對偶。其超詣理趣者，反指以爲澹泊，請擇考官而戒飭之。取其有理致而黜其強爲對偶者，庶幾稍救文弊。

秦蕙田又云：

場屋經義之文用對偶，自宋時已然，則八股之式不始於明代矣。

明史選舉志云：

科目沿唐宋之舊，而稍變其試士之法，專取四子書及易、書、詩、春秋、禮記五經命題試士，蓋太祖與劉基所定，其文略倣宋經義，然代古人語氣爲之。體用俳偶謂之八股，通謂之制義。

此則明言明祖與劉基所定制義文體，乃倣宋之經義，而文體則用俳偶。

顧炎武日知錄試文格式條云：

經義之文，流俗謂之八股，蓋始於成化以後。股者對偶之名也。天順以前，經義之文不過敷演傳註，或對或散初無定式。其單句題亦甚少。成化二十三年會試「樂天者保天下」文，起講先提三句，卽講「樂天」四股，中間過接四句，復講「保天下」四股，復收四句，再作大結。弘治九年會試「責難於君謂之恭」文，起講先提三句，卽講「責難於君」四股，中間過接二句，復講「謂之恭」四股，復收二句，再作大結。每四股之中一反一正，一虛一實，一淺一深（亦有聯屬二句四句爲對，排比十數對，成篇而不止於八股者），其兩扇立格，則每扇之中各有四股，其次第之法亦復如之。故人相傳謂之八股。若長題則不拘此。嘉靖以後文體日變，而問之儒生，皆不知八股之何謂矣。

或可謂八股文體之定型起於成化之後。憲宗成化距明初已百年，明史選舉志謂明祖與劉基所定，可知其時所定倣宋經義，體用俳偶，而曰「謂之八股」則當爲寫史人所加，並非當時已有八股之名。元皇慶二年，考試始定以四書義取士，明代承之。明代考試規定三場。初場考四書義三道，經義四道。二場論一道，判五道，詔誥表內科一道。三場經史時務策五道。然主司閱卷只注意初場之卷，而不深求其二三場，因此學者精力全集中於四書經義。而四書範圍有限，所能出的題目也有限。

顧炎武日知錄三場條云：

國初三場之制，雖有先後而無輕重，乃士子之精力多專於一經，略於考古。主司閱卷，復護初場所中之卷，而不深求其二三場。夫昔之所謂三場，非下帷十年、讀書千卷不能有此三場也。今則務於捷得，不過於四書一經之中擬題一二百道，竊取他人之文記之。入場之日抄謄一過，便可僥倖中式，而本經之全文有不讀者矣。率天下爲欲速成之童子，學問由此而衰，心術由此而壞。

又擬題條曰：

今日科場之病莫甚乎擬題。且以經文言之，初場試所習本經義四道，而本經之中場屋可出之題不過數十，富家巨族延請名士館於家塾，將此數十題各撰一篇，計篇酬價，令其子弟及僮奴之俊慧者記誦熟習，入場命題十符八九。卽以所記之文抄謄上卷，較之風簷結搆，難易迥殊，四書亦然。而本經亦可不讀矣！

只背熟數十篇成文備應考，而本經可不讀，全成投機取巧。科舉制演變至此，可謂流弊已極。明天順、成化時，丘濬大學衍學補謂「士子有登名前列，不知史册名目、朝代先後、字書偏旁者。」所以顧炎武以爲八股之害等於焚書，而敗壞人才有甚於咸陽之坑。

明代供士子背誦之程文，又有所謂坊刻，日知錄十八房條曰：

今制，會試用考試官二員總裁，同考試官十八員，分閱五經謂之十八房（宋史各房分經，始於理宗紹定二年。至明萬曆增爲二十房。）

十八房之刻，自萬曆壬辰鈎玄錄始。旁有批點，自王房、仲士驌選程墨始。至乙卯以後而坊刻有四種。

曰程墨——則三場主司及士子之文。

曰房稿——則十八進士之作。

曰行卷——則舉人之作。

曰社稿——則諸生會課之作。

天下之人惟知此物可以取科名享富貴，此之謂學問，此之謂士人。而他書一切不觀，舉天下而惟十八房之讀，讀之三年五年，而一幸登第，則無知之童子儼然與公卿相揖讓，而文武之道棄如弁髦，嗟乎！八股盛而六經微，十八房興而二十一史廢。

如此批評，可謂痛切。然平情考究八股之由來，並非出於政府之規定，只能說是一種自然演變，主要因於科舉爲讀書人入仕唯一途徑，應考人太多，政府不能都取用，就得先定下一錄取標準。唐代規定考律詩，就因古詩不易定標準、判優劣，律詩有一定格式，平仄要對得工整，一字不合法度就可不取，其標準較易具體而合於客觀。宋代不考詩賦改考經義，仁義道德人人會說，好壞高下很難辨別，於是經義亦漸有格式，演變到明代，格式更嚴，違反了此格式就可不取，此格式亦不過是一客觀的標準，便於判別錄取而已。我們可以說八股是變相的律詩，是一種律體的經義，其始也並非政府存心要愚民，要斲傷人才，其目的也只在更準確的錄取人才，然而人才終於爲此消磨盡了。

顧炎武日知錄程文條又曰：

文章無定格，立一格而後爲文，其文不足言矣。唐之取士以賦，而賦之末流最爲冗濫。宋之取士以論策，而論策之弊亦復如之。本朝之取士以經義，而經義之不成文又有甚於前代者，皆以程文格式爲之，故日趨而下。

因此知考試制度本是未可厚非的，但考試方法則歷代有變、有爭議，而終亦歷代有弊。至於人心所向，則每不重學校，而重科舉考試，亦認爲科舉考試可以眞得人才。進學校按年誦讀自易，在科場競錄取自難，然人心重其難而輕其易，此亦未可厚非。論史者若競目科舉制度爲愚民政策，則實未獲歷史之眞相也。

# 第五章　明代理學家

## 第一節　明初理學家

明代學術大體沿襲宋，而較宋代遠爲單純。明代學者沒有像宋初學者之博大。宋初學者對史學文學以及實際政治事功上，都有極高的理想與表現，而明代學者都沒有。明代學者只是沿襲着正統的宋代理學家的一脈，而又只限於南宋以來朱、陸異同的問題上。

明初學者都屬隱退之人，他們多在個人的實踐躬行上用力，下面試舉明初幾位學者爲例。

### 一、吳康齋

明代第一位學者應數吳康齋，繼之而起幾位大學者如胡敬齋、婁一齋、陳白沙都是他的學生。

康齋名與弼，字子傅，撫州崇仁人，父溥，國子司業。康齋十九歲到京師覲親，從學於楊溥，讀伊洛淵源錄，慨然有志於道。遂棄舉子業，謝人事，獨處小樓，玩四書五經諸儒語錄，體貼於身心，不下樓者二年。還鄉，躬耕食力，弟子從遊者甚衆。雨中被簑笠，負耒耜，與諸生並耕。歸則解犂飯糲，蔬豆共食。一日，刈禾鐮傷指，先生負痛曰：「何可爲物所勝，竟刈如初。」陳白沙自廣來學，晨光纔辨，先生手自簸穀，白沙未起，先生大聲曰：「秀才若爲懶惰，他日何從到伊川門下，又何從到孟子門下。」嘗歎箋註之繁，無益有害，故不輕著述。省郡交薦之，不赴，太息曰：「宦官釋氏不除，而欲天下之治，難矣。」終不出。後朝廷禮聘，勉赴京，卒不受官而歸。

康齋有日錄，臨川章袞謂其爲一人之史，皆自言己事，非若他人以己意附成說、以成說附己意、泛言廣論者比。顧憲成稱其一團元氣，可追太古之樸。顧允成則謂其安貧樂道，曠然自古，眞如鳳凰翔於千仞之上。下鈔其日錄數則：

食後坐東牕，四體舒泰，神氣清朗，讀書愈有進益。數日趣同，此必又透一關矣。

貧困中事務紛至，兼以病瘡，不免時有憤躁。徐整衣冠讀書，便覺意思通暢。古人云：「不遇盤根錯節，無以別利器。」又云：「若要熟也，須從這裏過。」然誠難能，只得小心忍耐做將去。朱子云：「終不成處不去便放下。」旨哉言也。

夜病臥思家務，不免有所計慮，心緒便亂，氣卽不清。徐思可以力致者，德而已，此外非所知也。吾何求哉，求厚吾德耳。心於是乎定，氣於是乎清，明日書以自勉。

寢起讀書柳陰及東窗，皆有妙趣。晚二次事逆，雖動於中，隨卽消釋，怒意未形。逐漸如此揩磨則善矣。

夜大雨，屋漏無乾處，吾意泰然。

夜觀晦菴文集，累夜乏油，貧婦燒薪爲光，誦讀甚好。爲諸生授孟子卒章，不勝感激。臨寢，猶諷詠明道先生行狀，久之，頑鈍之資，爲之惕然興起。

中堂讀倦，遊後園歸，絲桐三弄，心地悠然，日明風靜，天壤之間，不知復有何樂。

月下詠詩，獨步綠陰，時倚修竹，好風徐來，人境寂然，心甚平澹，無康節所謂攻心之事。

十一月，單衾徹夜，寒甚，腹痛，以夏布帳加覆。略無厭貧之意。閑遊門外而歸，程子云和樂只是心中無事，誠哉是言也。近來身心稍靜，又似進一步。動靜語默無非自己工夫。

年老厭煩非理也。朱子云：「一日未死，一日要是當。」

上舉康齋日錄數則，可以明瞭康齋對於人生問題的探討，把來與個人眞實生活親身踐履上求得證實。似乎此下明代學風頗多近此。或是明代的學校與科舉制度，太重在爲政府求人才，於是反激起此一種恬退風氣，亦未可知。可見歷史事件，相激相盪，眞有難以逆料處。

## 二、胡敬齋

胡居仁，字叔心，饒之餘干人，學者稱敬齋先生。弱冠時，奮志聖賢之學，往遊康齋之門，遂絕意科舉。築室於梅溪山中，事親講學之外，不干人事。久之，欲廣聞見，適閩歷浙入金陵，從彭蠡而返。與鄉人婁一齋等爲會於弋陽之龜峯，餘干之應天寺。提學李齡、鍾城相繼請主白鹿書院，諸生又請講學貴溪桐源書院。敬齋嚴毅淸苦，家世爲農，至先生而寠甚，鶉衣脫粟，蕭然自得。他曾說：

心無主宰，靜也不是工夫，動也不是工夫。靜而無主，不是空了天性，便是昏了天性，此大本所以不立也。動而無主，若不猖狂妄動，便是逐物徇私，此達道所以不行也。已立後自能了當得萬事，是有主也。

又說：

人之學易差。古人於靜時，只下個操存涵養字，便是靜中工夫，思索省察是動上工夫，然動靜二端，時節界限甚明，工夫所施，各有所當，不可乖亂混雜，所謂動靜不失其時，其道光明。今世又有一等學問，言靜中不可著個操字，若操時又不是靜，以何思何慮爲主，悉屛思慮，以爲靜中工夫只是如此，所以流於老佛。不知操字是持守之意，卽靜時敬也，若無個操字是中無主，悠悠茫茫無所歸著，若不外馳，定入空無，此學所以易差也。

又

眞能主敬，自無雜慮，欲屛思慮者皆是敬不至也。

又

敬便是操，非敬之外別有個操存工夫。格物便是致知，非格物之外別有個致知工夫。

可見敬齋爲學還是承程、朱規模，只是更近了隱退之一路。

## 三、婁一齋

婁諒字克貞，別號一齋，廣信上饒人。少有志於聖學，嘗求師於四方，夷然不屑曰：「率舉子學，非身心學也。」聞康齋在臨川，乃往從之。康齋一見喜之云：「老夫聰明性緊，賢也聰明性緊。」一日，康齋治地，召先生往視云：「學者須親細務。」先生素豪邁，由此折節，雖掃除之事必躬自爲之，不責僮僕，遂爲康齋入室。凡康齋不以語門人者，於先生無所不盡。

諒著書甚富，遺文散失。王陽明年十七，嘗從諒問學，深相契。則似陽明之學，淵源仍從康齋，一齋一路而來。

## 四、陳白沙

陳獻章字公甫，新會之白沙里人，別號石齋，學者稱白沙先生。自幼警悟絕人，讀書一覽輒記。常讀孟子所謂「天民」者，慨然曰：「爲人必當如此。」會試中乙榜，入國子監讀書。已至崇仁，受學於康齋。歸卽絕意科舉。築陽春臺，靜坐其中，數年不出閾外。嗣後復遊太學，名動京師。歸而門人益進。屢薦不起，卒於家。其自序爲學云：

僕年二十七，始發憤從吳聘君學。其於古聖賢垂訓之書蓋無所不講，然未知入處。比歸白沙，杜門不出，專求所以用力之方。既無師友指引，日靠書册尋之，忘寐忘食，如是者累年，而卒未有得。所謂未得，謂吾此心與此理未有湊泊脗合處也。於是舍彼之繁，求吾之約，惟在靜坐。久之，然後見吾此心之體隱然呈露，常若有物，日用間種種應酬隨吾所欲，如馬之御銜勒也。體認物理，稽諸聖訓，各有頭緒來歷，如水之有源委也。於是渙然自信曰：「作聖之功，其在玆乎。」有學於僕者，輒敎之靜坐，蓋以吾所經歷粗有實效者告之，非務爲高虛以誤人也。

又曰：

爲學須靜坐中養出個端倪來，方有商量處。

黃宗羲明儒學案曾說：

有明之學，至白沙始入精微，至陽明而始大。兩先生之學，最爲相近。

以上四人皆屬隱退方面者，陽明始在事功上有表現，然論其學業精神，實終不脫此一脈。故陽明後學，亦多終不脫隱退一路。

## 第二節　王陽明

明代學術到王陽明，始是光采畢露。因自陽明以後的明學，無論那家那派，述王諍王，都脫離不了王學的影響。如說明代學術只舉陽明一人爲代表已足，此話亦不爲過。

王守仁字伯安，浙之餘姚人，學者稱陽明先生。父華，是狀元，仕至南京吏部尚書。陽明自小豪邁不羈。十二歲就師，問：「何爲第一等事？」師曰：「讀書登第。」他說：「恐未是，該是讀書作聖人吧！」十五歲閒行出居庸關，逐胡人騎射，經月始返。十七歲親迎於洪都，婚日，偶行入鐵柱宮，見道士趺坐，叩之，對坐忘歸。十八歲，謁婁諒，大喜，慨然謂聖人必可學而至。二十一歲，在京師，發憤欲實做格物工夫。因即庭前竹子格之，七日不通，謂聖賢有分，遂轉愛辭章養生家言，又學兵法。三十一歲歸越，習靜陽明洞，能預知來客。然時念其祖母與父，一日忽徹悟曰：「此念生於孩提，不可滅。若此念滅，是滅了自己種性。」遂輟坐而去。三十四歲始識湛若水。三十五歲因忤宦者劉瑾得罪，謫貴州龍場驛。

龍場驛在萬山叢棘中，蛇虺瘴癘，夷語不相解。又懼劉瑾派人行刺，自念得失榮辱俱可忘，獨生死一念尚在，乃鑿石椁，日夜端居以俟。適從僕皆病，他親析薪汲水，作糜飼之。又爲歌詩，唱越調，雜以詼笑，謀取病僕懽。因常沉思，若令聖人處我境，更有何道？忽一晚，中夜大悟，不覺呼躍而起，自是始倡言良知之學，時年三十七歲。翌年，他主講貴陽書院，始論知行合一。三十九歲由龍場驛陞廬陵縣知縣，歸途語學者悟入之功。

四十二歲至滁州，時從學者日衆，日與門人遨遊琅琊瀼泉間。月夕，環龍潭而坐者數百人，歌聲振山谷。是年，專以致良知訓學者，四十五歲陞巡撫南贛、汀、漳等處，此下連年建立了許多奇功偉蹟。四十六歲平漳寇，平橫水、桶岡諸寇。四十七歲平大帽、浰頭諸寇，四十八歲擒宸濠。但功愈高，謗愈張，甚至有人說他要造反。他這一段處境卻較龍場驛更艱難、更困阨。而他內心工夫也更細密更自然了。五十歲以後歸越，五十一歲父華死。五十六歲復起，總督兩廣、江西、湖廣軍務，征思田。臨行，與門人錢德洪、王畿論學，這是他最後一次的講學。他最後一番話，後人稱之為四句教，此四句是：

無善無惡是心之體，有善有惡是意之動，知善知惡是良知，為善去惡是格物。

在這四句教上引起此下絕大爭辨。最惹爭辨的是四句中第一句，即「無善無惡心之體。」

五十七歲平思田，平八寨斷籐峽，在班師的路途中死了。

我們綜觀陽明的一生，可以明白他所講是從生活眞實經驗中體驗得來，不是憑空講，但也不憑書本。他本是在龍場驛一段痛苦經歷中得悟，又在後來平宸濠功高造謗的痛苦磨練中，更體會到自己的心。所以他所講是專憑己心來指點人心，他所講可稱為心學。我們要瞭解陽明的心學，絕不能忽略他成學的經過，不從他的生平去瞭解，永遠也不能體會到王學的眞精神。

今就王學本身分述其大綱如下：

## 一、良知

陽明思想中最主要的是講良知，但良知究竟是什麼？傳習錄上說：

知善知惡是良知。

良知是天理之昭明靈覺處，故良知卽是天理。

天理在人心，亘古亘今，無有終始，天理卽是良知。

將陽明這些話會合來看，陽明所謂之天理，其實是指人心所原有的一種分別善惡的本能。這一本能陽明稱爲良知，所以說「良知卽是天理」，所以說：「天理在人心」。就因人心有天理、有良知，所以人心憑此良知天理自能分別出善惡。

陽明又說：

良知只是個是非之心，是非只是個好惡。只好惡就盡了是非，只是非就盡了萬事萬變。

是非就是善惡，講天理講良知既超不出善惡範圍，也超不出是非範圍。陽明說，只是非兩字便包括盡了人生的萬事萬變，但人生萬事萬變中之是非又憑何而分呢？陽明說：「只好惡就盡了是非。」如此說來，人心所好便爲善爲是，人心所惡便爲惡爲非。

陽明又說：

蓋良知只是一個天理自然明覺發見處，只是一個眞誠惻怛便是他本體。

人心眞誠惻怛的求生，生便是天理，助長生的是善，摧抑生的是惡。人心眞誠惻怛的求愛，愛便是天理，助長愛的是善，摧抑愛的是惡。那一番求生求愛的心，可自然明覺地發見，也便是良知。捨掉良知將無從見天理，無從分是非別善惡。

陽明又說：

故致此良知之眞誠惻怛以事親，便是孝；致此良知之眞誠惻怛以從兄，便是弟；致此良知之眞誠惻怛以事君，便是忠；只是一個良知，一個眞誠惻怛。

可見眞誠惻怛便是良知，良知便是眞誠惻怛。孝弟與忠都是人心眞誠惻怛所求，也是人之內心本於良知向外自然流露的善德。照陽明意，人的眞誠惻怛的本體自會引導人向善的方向發展。要維護這一眞誠惻怛的本體，陽明提出他爲學工夫說：

看書不能明，須於心體上用功。凡明不得，行不去，須反在自心上體當卽可通。四書五經不過說這心體，這心體卽所謂道。心體明卽道明，更無二，此是爲學頭腦處。

讀書只須在心體上用工夫，除卻心體上工夫外，別無其他工夫了。此是爲學頭腦此一頭腦，便是陽明所說的良知。所以他說：

見得時，橫說豎說皆是。若於此處通，彼處不通，只是未見得。

良知是爲學頭腦，但此頭腦，又從何着手呢？陽明說：

大抵吾人爲學，緊要大頭腦只是立志。所謂困忘之病，亦只是志欠眞切。今好色之人，未嘗病於困忘，只是一眞切耳。

諸公在此，務要立個必爲聖人之心。時時刻刻，須是一棒一條痕，一摑一掌血，方能聽吾說話，句句得力。若茫茫蕩蕩度日，譬如一塊死肉，打也不知痛癢，恐終不濟事。

學問不得長進，只是未立志，良知上留得些子別念掛帶，便非必爲聖人之志。

只念念要存天理，卻是立志。

如此說來，立志是求得良知的首要大事，但要做到卻不難，只要一心一念在存天理上就是立志，就是入聖之門。循此下去，將來自有可以做到聖人之一日。

陽明教人立志，又教人誠意，其實立志誠意也只是一事，陽明說：

誠意之說，自是聖門教人用功第一義。

以誠意爲主，卽不須添敬字，所以提出個誠意來說，正是學問的大頭腦處。

又說：

誠意卽是立志。

惟天下之至誠，然後能立天下之大本。

卽此可知陽明所說「立志」「誠意」其實爲一事。惟由良知轉說到「立志」「誠意」，則可謂從知轉到了行。

## 二、知行合一

要講良知之學，必得要明白陽明的「知行合一」之說，陽明學說本從他自身生活體驗出來，所以他看重知同樣卽是看重行。他要說：「知而不行只是未知。」良知之學重要的在分別是非善惡，而分別是非善惡必得在人的行爲上表現出是是非非、好善惡惡來才行。如只是心知而不行，又如何見到人心之眞是非眞好惡呢？傳習錄上徐愛記說：

愛因未會先生知行合一之訓，與宗賢、惟賢往復辯論未能決，以問於先生。先生曰：「試舉看。」愛曰：「如今人儘有知得父當孝兄當弟者，卻不能孝不能弟，便是知與行分明是兩件。」先生曰：「此已被私欲隔斷，不是知行的本體了。未有知而不行者。知而不行，只是未知。聖賢教人知行，正是要復那本體，不是著你只恁的便罷。故大學指個眞知行與人看說：『如好好色，如惡惡臭。』見好色屬知，好好色屬行。只見那好色時，已自好了，不是見了後，又立個心去好。聞惡臭屬知，惡惡臭屬行，只聞那惡臭時已自惡了，不是聞了後別立個心去惡。如鼻塞人雖見惡臭在前，鼻中不曾聞得，便亦不甚惡，亦只是不曾知臭。就如稱某人知孝，某人知弟，必是其人已曾行孝行弟，方可稱他知孝知弟，不成只是曉得說些孝弟的話，便可稱爲知孝弟。又如知痛，必已自痛了，方知痛。知寒，必已自寒了。知饑，必已自饑了。知行如何分得開？此便是知行的本體，不曾有私意隔斷的。聖人教人，必要是如此，方可謂之知。不然，只是不曾知，此卻是何等緊切着實的工夫，如今苦苦定要說知行做兩個，亦有甚用。」

陽明所謂知行合一是指的知行本體，他認爲知與行在本體上本是合一的，所以變成不合一者，只因有了私欲隔斷，因此要復那知行合一的本體，就得要除去那私欲。要除去那私欲，需得靠人心中存在的天理，須得人之好惡合於天理之是非。故陽明曾說：

心卽理，此心無私欲之蔽，卽是天理。不須外面添一分。以此純乎天理之心，發之事父便是孝，發之事君便是忠，發之交友治民便是信與仁。只在此心去人欲存天理上用功便是。

此所謂天理，也只是人心之自然流露，不需外面再添加進些什麼，只要無私慾隔斷。所以陽明又說：

知是行的主意，行是知的功夫。知是行之始，行是知之成。若會得時，只說一個知，已自有行在，只說一個行，已自有知在。

傳習錄上又有黃直一段記載說：

問：「知行合一。」先生曰：「此須識我立言宗旨，今人學問只因知行分作兩件，故有一念發動，雖是不善，然卻未嘗行，便不去禁止。我今說個知行合一，正要人曉得一念發動，便卽是行了。發動處有不善，就將這不善的念克倒了，須要徹根徹底不使那一念不善潛伏在胸中，此是我立言宗旨。」

所謂徹根徹底不使一念不善潛伏胸中，便是沒有私欲隔斷，卽是復那本體，天理自明，自能知行合一。

## 三、致良知

陽明學中另一重要工夫便是「致良知」。良知人心本有，然常會被私慾所阻礙而隱蔽。「致良知」就是要使人心本有的良知，排除一切私慾而顯現出來。陽明說：

知是心之本體，心自然會知。見父自然知孝，見兄自然知弟，見孺子入井自然知惻隱，此便是良知。不假外求。若良知之發，更無私意障礙，卽所謂充其惻隱之心而仁不可勝用矣。然在常人不能無私意障礙，所以須用致知格物之功，勝私復理。卽心之良知更無障礙，得以充塞流行，便是致其知，知致則意誠。

陽明又說：

爾那一點良知，是爾自家底準則，爾意念著處，他是便知是，非便知非，更瞞他一些不得。爾只不要欺他，實實落落依著他做去，善便存，惡便去，他這裏何等穩當快樂。此便是格物的眞訣，致知的實功。

陽明在給聶文蔚書說：

我此間講學，卻只說個必有事焉，不說勿忘勿助。必有事焉者，只是時時去集義……其工夫全在必有事焉上用。勿忘勿助，只就其間提撕警覺而已。……夫必有事焉，只是集義，集義只是致良知。說集義則一時未見頭腦，說致良知，卽當下便有實地步可用工。故區區專說致良知，隨時就事上致其良知，便是格物。

其實「致良知」也就是「知行合一」，只是「致良知」的口號，意義格外顯明了。陽明所講「良知」、「知行合一」、「致良知」，其實都只是指一個本體，都只是做的同一功夫。所以我們也必得把王學中所講有關此三點互相參看，方能眞明白王學的眞旨意。

## 四、事上磨練

王學中所論「良知」「致良知」「知行合一」大體上必得要體會陽明所說的事上磨練。

九川問：「近年因厭泛濫之學，每要靜坐，求屏息念慮，非惟不能，愈覺擾擾如何？」先生曰：「念慮如何可息，只是要正。」曰：「當自有無念時否？」先生曰：「實無無念時。……此是天機不息處，所謂維天之命，於穆不已。一息便是死，非本體之念，卽是私念。」

又問：「用功收心時，有聲色在前，如常聞見，恐不是專一。」曰：「如何欲不聞見？除是槁木死灰耳聾目盲則可。只是雖聞見而不流去便是。」

又問：「靜坐用功，頗覺此心收斂，遇事又斷了。旋起個念頭去事上省察，事過又尋舊功，還覺有內外打不作一片。」先生曰：「此格物之說未透，心何嘗有內外？……人須在事上磨練做功夫乃有益。」

心無無念時，如何能不聞不見？重要只在你能不隨聞見而流去，這是你內心自能主宰的。人不能只是靜坐用功屏息念慮，而不接觸到外面的事物，所以陽明要說人須在事上磨鍊做功夫。傳習錄上記載了一故事。

陸澄在鴻臚寺倉居，忽家信至，言兒病危，澄心甚憂悶，不能堪。先生曰：「此時正宜用功，若此時放過，閑時講學何用？人正要在此等時磨鍊。」

先生又說：

父之愛子，自是至情，然天理亦自有個中和處，過卽是私意。人於此處多認做天理，當憂則一向憂苦，不知已是有所憂患不得其正。大抵七情所感，多只是過，少不及者。才過便非心之本體，必須調停適中始得。就如父母之喪，人子豈不欲一哭便死，方快於心，然卻曰毀不滅性，非聖人強制之也，天理本自有分限，不可過也。人但要識得心體，自然增減分毫不得。

研究王學的人，絕不能忽視陽明的生平經歷，他在龍場驛時的憂危，以及後來征宸濠後的讒譏交作，對於陽明正是一種親身磨鍊。我們也可說陽明之學正從這種困阨憂患的磨鍊中發明，忽視了這一點，對他的良知之學也難以體認眞切。

## 五、人皆可以爲聖人論

良知之學發展到最高理想，就是人皆可以爲堯舜。這一觀念早在孟子時已講到。但孟子只提出此一理想爲其主張性善一題中應有之意，待到陽明，纔對此加倍認眞，乃認爲是普通教育中一主要項目。他說：

聖人之所以爲聖，只是其心純乎天理，而無人欲之雜。

又說：

這良知人人皆有，聖人只是保全無些障蔽。

這裏陽明對聖人二字所下解釋很簡單，只要其心純乎天理而無人欲之雜就是聖人。良知人人都有，只要人人能去掉他良知上的障蔽，便人人可爲聖人了。陽明說：

聖人之知，如青天之日，賢人之知，如浮雲之日，愚人如陰霾之日，雖有昏明不同，其能辨黑白則一。雖昏黑夜裏，亦影影見得黑白，就是日之餘光未盡處。困學工夫，只從這一點明處精察去。

這裏陽明又指示了我們到達聖人境界的困學工夫。陽明又說：

聖人之心如明鏡，只是一個明，則隨感而應，無物不照。未有已往之形尚在，未照之形先具者。

又說：

聖人無所不知，只是知個天理。無所不能，只是能個天理。聖人本體明白，故事事知個天理所在，便去盡個天理。不是本體明後卻於天下事物都便知得，便做得也。天下事物，如名物度數、草木鳥獸之類，不勝其煩，聖人須是本體明了，亦何緣能盡知得。但不必知的，聖人自不消求知。其所當知的，聖人自能。聖人於禮樂名物不必盡知，然他知得一個天理，便自有許多節文度數出來。不知能問，即是天理節文所在。

這是陽明所想像的聖人境界。也只是到得心如明鏡的境界。

陽明論聖人有等第不同，傳習錄上記有他兩節論聖人的話。

希淵問：「聖人可學而至，然伯夷、伊尹於孔子才力終不同，其同謂之聖者安在？」先生曰：

「聖人之所以爲聖，只是其心純乎天理，而無人欲之雜。猶精金之所以爲精，但以其成色足，而無銅鉛之雜也。人到純乎天理方是聖，金到足色方是精。然聖人之才力亦有大小不同，猶金之分兩有輕重。堯舜猶萬鎰，文王、孔子猶九千鎰，禹、湯、武王猶七八千鎰，伯夷、伊尹猶四五千鎰。才力不同，而純乎天理則同，皆可謂之聖人。猶分兩雖不同，而足色則同，皆可謂之精金。以五千鎰者而入於萬鎰之中，其足色同也。以夷、尹而厠之堯、孔之間，其純乎天理同也。蓋其所以爲精金者，在足色而不在分兩，所以爲聖者，在純乎天理而不在才力也。故雖凡人而肯爲學，使此心純乎天理，則亦可爲聖人。猶一兩之金，比之萬鎰，分兩雖懸絕，而其到足色處可以無愧。故曰「人皆可以爲堯舜者」以此。學者學聖人，不過是去人欲而存天理耳，猶鍊金而求其足色。金之成色，所爭不多，則鍛鍊之工省而功易成，成色愈下，則鍛鍊愈難。人之氣質，淸濁粹駁，有中人以上，中人以下，其於道有生知安行，學知利行，其下者必須人一己百，人十己千，及其成功則一。後世不知作聖之本是純乎天理，卻專去知識才能上求聖人，以爲聖人無所不知、無所不能，我須是將聖人許多知識才能，逐一理會始得。故不務去天理上著工夫，徒弊精竭力從册子上鑽研、名物上考索、形迹上比擬，知識愈廣而人欲愈滋，才力愈多而天理愈蔽。正如見人有萬鎰精金，不務鍛鍊成色，求無媿於彼之精純，而乃妄希分兩，務同彼之萬鎰，錫鉛銅鐵雜然而投，分兩愈增而成色愈下，旣其梢末，無復有金矣。」

又

德章曰：「聞先生以精金喻聖，以分兩喻聖人之分量，以鍛鍊喻學者之工夫，最爲深切。惟謂堯、舜爲萬鎰，孔子爲九千鎰，疑未安。」先生曰：「此又是軀殼上起念，故替聖人爭分兩。

若不從軀殼上起念，卽堯、舜萬鎰不爲多，孔子九千鎰不爲少。堯、舜萬鎰只是孔子的，孔子九千鎰只是堯、舜的。原無彼我，所以謂之聖，只論精一，不論多寡，只要此心純乎天理處同，便同謂之聖。若是力量氣魄，如何盡同得。後儒只在分兩上較量，所以流入功利，若除去比較分兩的心，各人儘着自己力量精神，只在此心純乎天理上用功，卽人人自有個圓成。便能大以成大，小以成小，不假外慕，無不具足，此便是實實落落明善誠身的事。後儒不明聖學，不知就自己心地良知良能上體認擴充，卻去求知其所不知，求能其所不能，一味只是希高慕大，不知自己是桀、紂心地，動輒要做堯、舜事業，如何做得？

這是陽明的良知之學闡發出人人平等的一番絕大理論，人的氣質雖有精濁粹駁，有中人以上、中人以下的區別，只要在純乎天理上用功，便都可成爲聖人。聖人也有無數等，然只在才力上有不同，至於品格則同樣可貴。孟子說：「人皆可以爲堯舜。」也只有在陽明所謂聖人才力有等第之分的條件下，才能講得通。人人在求純乎天理，這是在德性上求平等。如轉而在智識才能上求平等，那豈可能？此便流入功利，則人類永遠不可能有平等。

在今天教育進入普及性，義務教育爲每一國民可享受，但高等教育則必然走向選擇性，這是現實社會中在知識才能方面給人的不平等。陽明的聖人論則教人從德性上求平等。宋明理學上都着重自我教育之一層，所謂存天理去人欲，陽明曾屢次說到此，乃其實承程朱學脈處。惟程朱主張，仍在高等教育上，求人在事業上能有治國平天下、功在天下萬世之大聖人出現，而陽明可說是步入了社會教育，使社會上人人皆可獲得精神上自我的滿足與完成。這裏程朱雖亦同有此意，但到陽明手裏，此番理論纔發揮得更明白更透切，這可說是陽明思想的偉大貢獻。

## 第三節　王學流衍

明代學術，自陽明以後泰半都是王學流衍，明儒學案將王學分爲浙中、江右、南中、楚中、北方、閩粵，及泰州各派，而其中以浙中及泰州兩派最爲主要。玆將兩派中主要代表簡略撮述如下：

### 一、王龍谿

王畿字汝中，山陰人，學者稱龍谿先生。二十六歲試吏部，不第，歎曰：「學貴自得耳。」立取京兆所給路劵焚之。歸始受業於陽明。二十九歲，復當會試，陽明命其往，曰：「吾非以一第爲子榮，顧吾之學疑信者半，子之京師可以發明。」是年錢德洪亦在選，時閣部大臣都不喜學，兩人相語，此豈我輩入仕時，遂同不就廷試而歸。三十二歲，又與德洪赴廷試，聞守仁訃，兩人奔喪至廣信，扶櫬歸越，築塲廬墓，心喪三年。直到三十五歲始赴廷對，遂入仕，然不久卽告病。他在林下四十餘年，無日不講學，年八十，猶周流不倦。

王門弟子遍全國，但浙中爲陽明家鄉，故從遊者亦最先。錢緒山、王龍谿於王門最稱大弟子。陽明平宸濠歸，四方來者甚衆，往往由兩人先疏通其大旨，一時稱爲敎授師。陽明卒，兩人講學不輟，江浙、宣歙、楚廣名區奧地皆有講舍。德洪卒，年七十九。龍谿卒，年八十六。王學之宣揚，兩人功爲大。

### 二、王心齋

王艮字汝止，泰州人，學者稱心齋先生。七歲受書鄉塾，貧不能竟學。從父商於山東，常在衣袖中帶孝經、論語、大學，逢人質難。有一次，其父寒天起床，冷水盥洗，他見了痛哭說：「爲人子而令親如此，尚得爲人乎？」於是有事則身代之。他雖不得專功於學，然默默參究，以經證悟、以悟釋經，歷有年所，人莫能窺其際。時陽明巡撫江西，講「良知」之學，大江之南，學者翕然從信。心齋僻處鄉隅，未之聞。有客，吉安人，寓泰州，聞心齋論，詫曰：「此絕類王巡撫之談學也。」先生喜曰：「有是哉？雖然王公論『良知』，艮談『格物』。如其同也，是天以王公與天下後世也。如其異也，是天以艮與王公也。」卽日啓行，以古服進見，陽明出迎於門外始入，心齋據上坐，辯難久之，稍心折，移其坐於側。論畢，乃歎曰：「簡易直截，艮不及也。」下拜自稱弟子。退而繹所聞，間有不合，悔曰：「吾輕易矣。」明日入見，且告之悔。陽明曰：「善哉，子之不輕信從也。」於是心齋復上坐，辯難久之，始大服，遂爲弟子如初。陽明謂門人曰：「向者，吾擒宸濠，心無所動，今卻爲斯人動矣。」陽明歸越，心齋從之，來學者多從心齋指授。一日歎曰：「千載絕學，天啓吾師，可使天下有不及聞者乎？」於是歸家，自創蒲輪，招搖講學，直至京師。是時陽明之學，謗議蠭起，而心齋冠服言動，不與人同，都人以怪魁目之，同門之在京者，勸心齋歸，陽明亦移書責備，他始還會稽。陽明以心齋意氣太高，行事太奇，痛加裁抑，及門三日，不得見。適逢陽明送客出門，心齋長跪道旁曰：「良知過矣！」陽明不顧而入，心齋隨至庭下，厲聲曰：「仲尼不爲已甚。」陽明方揖之起。

陽明卒，心齋迎哭至桐廬。經紀陽明家，而後返泰州，開門授徒，遠近皆至。同門會講者，必請心齋主席。陽明門下，以辯才推龍溪，然有信有不信，唯先生於眉睫之間，省覺人最多。

下面舉幾個泰州學派有名之教育實例，可見出泰州學派對社會教育的眞實貢獻。

## 樵夫

朱恕字光信，泰州草偃場人，樵薪養母。一日，過心齋講堂歌唱曰：「離山十里，薪在家裏，離山一里，薪在山裏。」心齋聞之，對他弟子曰：「小子聽之，道病不求耳，求則不難，不求無易。」朱恕在外聽心齋講學，甚覺有味，於是每次採樵必造堦下聽之。饑則向都養乞漿解裹飯以食，聽畢則浩歌負薪而去。心齋一弟子，招朱恕曰：「吾以數十金貸汝，別尋活計，庶免作苦，且可日夕與吾輩遊。」朱恕得金，俯而思，繼而大恚曰：「子非愛我，我且憧憬然經營念起，斷送一生矣。」遂擲還之。

## 陶匠

韓貞字以中，號樂吾，興化人，以陶瓦爲業。粗識文字，慕朱恕而從之學，後卒業於心齋子王東崖先生。有茅屋三間，賣去償債，遂居窰中。自詠曰：「三間茅屋歸新主，一片煙霞是故人。」從學久之，覺有所得，遂以化俗爲己任。隨機指點，農工商賈從遊者千餘人。秋成農隙，則聚徒談學，一村既畢，又之一村，前歌後答，絃誦之聲洋洋然也。興化縣令聞而嘉許，送米二石，金一鍰，樂吾受米退金。縣令問政，對曰：「儂窶人，無能補於左右，第凡與儂居者，幸無訟牒煩公府，此儂之所以報明府也。」

## 田夫

夏叟廷美，繁昌田夫。一日，聽泰州門下張甑山講學謂：「爲學學爲人也，爲人須求爲眞人，毋爲假人。」廷美憮然曰：「吾平日爲人得毋未眞耶。」從焦竑游，得自然旨趣。焦竑謂之曰：「要自然便不自然，可將汝自然抛去。」廷美聞而有省。廷美以前未嘗讀書，焦竑命讀四書，樂誦久之，喟然曰：「吾閱集註不能了了，以本文反身體貼，如思知人不可不知天。竊謂仁者人也，人原是天，人不知天，便不是人，如何能事親稱孝子。」

此所舉樵夫、陶匠、田夫三人成學經過，可見泰州講學，眞能使愚夫愚婦走上聖賢道路。然泰州一派所講過於提高了個人地位，不免流於偏激。這與心齋成學有關。心齋是泰州學派的開山，本是一小商人出身，在未見陽明以前，早已講大學格物了。他說：

止至善者，安身也。安身者，立天下之大本也。身也者，天地萬物之本，天地萬物，末也。格物，知本也。立本，安身也。安身以安家而家齊，安身以安國而國治，安身以安天下而天下平。知得身是天下國家之本，則以天地萬物依於己，不以己依於天地萬物。

心齋的明哲保身論又說：

明哲者，良知也。明哲保身者，良知良能也。知保身者則必愛身，能愛身則不敢不愛人，能愛人則人必愛我，人愛我則吾身保矣。能愛身者，則必敬身，能敬身則不敢不敬人，能敬人則人必敬我，人敬我則吾身保矣。故一家愛我，則吾身保，吾身保然後能保一家。一國愛我，則吾身保，吾身保然後能保一國。天下愛我，則吾身保，吾身保然後能保天下。知保身而不知愛人，必至於適己自便，利己害人，人將報我，則吾身不能保。吾身不保又何以保天下國家哉？能知愛人而不知愛身，必至於烹身割股，舍生殺身，則吾身不能保矣。吾身不能保又何以保君父哉！

陽明的良知之學，注重在人人同有此良知，已是偏重在個人身上，陽明的「人皆可爲聖人論」，也已是看重個人在社會中地位，但陽明力主聖人只爭成色不爭分量，則雖是人皆可成聖人，但在智識才能上仍有等第之分。而心齋之說以天地萬物依己，不以己依天地萬物，則不免將個人地位抬得更高了。孟子曰：「人皆可以爲堯舜。」陽明言：「人皆可爲聖人。」實只指人的德性言。堯舜事業豈是人人可做得。心齋的明哲保身論，要在人人身上裝上一副保國保天下的事業重擔，這就不免要生流弊，而把陽明思想亦變質了。其原因大半因泰州。所以黃梨洲曰：

陽明先生之學，有泰州、龍溪而風行天下，亦因泰州、龍溪而漸失其傳。泰州、龍溪時時不滿其師說，益啓瞿曇之秘而歸之師，蓋躋陽明而爲禪矣。然龍溪之後力量無過於龍溪者，又得江右爲之救正，故不至十分決裂。泰州之後，其人多能赤手以搏龍蛇，傳至顏山農、何心隱一派，遂復非名敎之所能羈絡矣。」

是謂浙中、龍溪一派，猶帶書生氣，故易得江右派救正。泰州一派，可以不憑書本學問，故曰赤手搏龍蛇，則更狂放，異於講學家之舊統也。

這裏又可有一說明，陽明在龍場驛、在擒辰濠後之謗議蠭起，皆可謂至於不能保身之境地，則泰州之明哲保身論亦有感而發。明代過重政治，而把一切敎育與學術僅看作完成吏治之一手段，因此眞講學術與敎育者，都有轉向下層社會之意向，卽陽明講學亦不能免。龍谿、心齋則承其風而一偏，後人乃以事功建立重視陽明，因此纔不能把握到陽明學之眞精神，此也治史者所不能不明辨者。

### 三、羅近溪

羅汝芳字惟德，江西南城人，學者稱近溪先生。少時讀薛瑄語，謂「萬起萬滅之私，亂吾心久矣。今當一切決去，以全吾澄然湛然之體。」決志行之。閉關臨田寺，置水鏡几上，對之默坐，使心與水鏡無二。久之，病心火。偶過僧寺，見有榜急救心火者，以爲名醫，訪之，則聚徒而講學者。近溪從衆中聽，良久，喜曰：「此眞能救吾心火。」問之，爲顏山農，吉安人，得泰州心齋之傳。近溪自述其不動心於生死得失之故，山農曰：「是制欲，非體仁也。」近溪曰：「克去己私，復還天理，非制欲，安能體仁。」山農曰：「子不觀孟子之論四端乎？知皆擴而充之，若火之始燃，泉之始達，如此體仁，何等直截？」近溪聞語如大夢得醒，明日五鼓卽往納拜稱弟子。後山農以事繫獄，近溪侍養獄中，六年不赴廷試，盡鬻田產脫之。近溪嘗仕，以講學見惡於張居正，勒令致仕。歸田，身已老，山農至，近溪不離左右，一茗一果必親進之。諸孫以爲勞，近溪曰：「吾師非汝輩所能事也。」常與門人往來金陵、兩浙、閩、廣，益張皇講學。所至弟子滿座，而未嘗以師席自居。論者謂龍溪筆勝舌，近溪舌勝筆。顧盼呿欠，微談劇論，所觸若春行雷動，雖素不識學之人，俄頃之間，能令其心地開明，道在眼前，一洗理學膚淺套括之氣，使人當下便有受用。王時槐嘗說：

近溪蚤歲，於釋典玄宗，無不探討，緇流羽客，延納弗拒，人所共知。而不知其取長棄短，迄有定裁。會語出晚年者，一本諸大學孝弟慈之旨，絕口不及二氏。

近溪學統雖自泰州王心齋格物之說轉來，但心齋出要爲帝者師、處要爲天下萬世師，近溪則只講孝弟慈作一平常人。從來理學家都把天理人欲來講心性，未免有涉及玄深微妙處，到近溪專以大學中孝弟慈之心來講人的心性，人人能知能行，這眞是將陸、王易簡之學發揮到最易簡的階層了。

明儒學案載近溪語錄曰：

問：「別後如何用工？」曰：「學問須要平易近情，不可著手太重，如麤茶淡飯，隨時遣日，心旣不勞，事亦了當，久久當熟，不覺自然有個悟處。蓋此理在日用間，原非深遠，而工夫次第亦難以急迫而成。學能如是，雖無速化之妙，卻有雋永之味也。」

又

問：「今若全放下，則與常人何異？」曰：「無以異也。」曰：「旣無以異，則何以謂之聖學也。」曰：「聖人者，常人而肯安心者也，常人者，聖人而不肯安心者也。故聖人卽是常人，以其自明，故卽常人而名爲聖人矣。常人本是聖人，因其自昧，故本聖人而卒爲常人矣。」

又

古今學者曉得去做聖人，而不曉得聖人卽是自己，故往往去尋作聖門路，殊不知門路一尋便去聖萬里矣。

照近溪的話可謂簡易痛快，聖人就是凡人，凡人就是聖人，不需特別去尋作聖門路。學問只要平易近情，從日常生活麁茶淡飯中久之自有悟處，如此豈不人人都能成聖成賢，因此捧茶童子也成了聖人。語錄載：

問：「吾儕或言觀心，或言行己，或言博學，或言守靜，先生皆未見許，然則誰人方可以言道邪？」曰：「此捧茶童子卻是道也。」一友率爾曰：「豈童子亦能戒愼恐懼邪？」羅子曰：「茶房到此，幾層廳事？」衆曰：「三層。」曰：「童子過許多門限階級，不曾打破一個茶甌。」其友省悟，曰：「如此，童子果知戒懼，只是日用不知。」羅子難之曰：「他若是不知，如何會捧茶？捧茶又會戒懼？」其友語塞。

一廣文自敍平生爲學，童子捧茶方至。羅子指謂一友曰：「君自視與童子何如？」曰：「信得更無兩樣。」頃之，復問曰：「不知君此時何所用工？」曰：「此時覺心中光明無有沾滯。」曰：「君前云與捧茶童子一般，說得儘是。今云心中光明，又自己翻帳也。」友遽然曰：「

並無罣帳。」曰：「童子見在，請君問他心中有此光景否？若無此光景，則分明與君兩樣。」廣文曰：「不識先生心中工夫卻是如何？」曰：「我的心也無個中，也無個外。所用工夫，也不在心中，也不在心外。只是童子獻茶來時，隨衆起而受。從衆啜畢，童子來接時，隨衆付而與。君必以心相求，則此無非是心。以工夫相求，則此無非是工夫。若以聖賢格言相求，則此亦可說動靜不失其時，其道光明也。」廣文悅然自失。

從來理學家喜講大聖賢，喜講修、齊、治、平的大道理。近溪則常喜講那捧茶童子。近溪講學不喜講理，只講事，而在事上顯出了理。他只就眼前親切實生活，具體講究。此刻童子捧茶，一心在捧茶上，若叫聖人來捧茶，也只有如這童子般，不能更好，如此說來，童子也等於是聖人。近溪不說我該如何做聖人，卻說聖人如何來做我。捧茶童子與孔子杏壇講學、列國行道，究是有別，近溪似乎不以孔子設教，只從捧茶童子來設教，這眞別成一格了。

近溪曾自道他的爲學經過說：

某初日夜想做個好人，而科名宦業皆不足了生平，卻把近思錄性理大全所說工夫，信受奉行，也到忘食忘寢忘死生地位。病得無奈，卻看見傳習錄，說諸儒工夫未是，始去尋求象山、慈湖等書。然於三先生所謂工夫，每有罣礙。病雖小愈，終沉滯不安。時年已弱冠，先君極爲憂苦。幸自幼蒙父母憐愛甚，而自心於父母及弟妹亦互相憐愛。眞比世人十分切至。因此每讀論孟孝弟之言，則心感動，或長要涕淚。以先只把當尋常人情，不爲緊要。不想後來諸家之書做得著累喫苦，在省中逢著大會，師友發揮，卻翻然悟得，只此就是做好人的路徑，奈何不把當數，卻去東奔西走，而幾至忘身也哉！從此回頭，將論語再來細讀，眞覺字字句句重於至寶。又看孟子，又看大學，又看中庸，更無一字一句不相照映。由是卻想孔孟極口稱頌堯舜，而說其道孝弟而已矣，豈非也是學得沒奈何，然後遇此機竅。故曰：「我非生而知之者，好古敏以求之者也。」又曰：「規矩，方圓之至。聖人，人倫之至也。」其時孔孟一段精神，似覺渾融在中，一切宗旨，一切工夫，橫穿直貫，處處自相湊合。但有易經一書，卻貫串不來。天幸楚中一友（胡正中），他談易經與諸家甚是不同，來從某改舉業，殊悔當面錯過。及告病歸，侍老親，自遣人請至山中細細叩問，始言渠得異傳，不敢輕授。某復以師事之。閉戶三月，亦幾忘生，方蒙見許。反而求之，又不外前時孝弟之良，究極本原而已。從此一切經書，皆必歸會孔孟，孔孟之言，皆必歸會孝弟。以之而學，學果不厭。以之而敎，敎果不倦。以之而仁，仁果萬物一體而萬世一心也。

是近溪把孔孟道理全會歸到孝弟人倫，日常家庭中來，不需再向外尋求。在家則做一孝子，謀職則做一端茶童子，全講的是道義，絕不計及功利，豈不人人能知能行，豈不即是良知具足，豈不即是事上磨練。但到底近溪講學，既不是孔孟，也不是陽明，而且也又不是心齋了。理學衍變至此，則也就無理學可言了。梨洲說此派人都能赤手縛龍蛇，其爲赤手則眞，但恐所縛的也並不是龍蛇。其流弊則不僅無學可講，而所講則到底成爲另一套。此因陽明龍場驛一悟開始，講學全偏在社會敎育一面，對於上層政治少所措意，而極力提倡人皆可爲聖人，於是自不免要接近佛門禪宗一路。羅近溪之後，又似李贄之徒，其形跡似無可掩蓋也。

# 第六章　明代書院講學

明初因學校教育盛興，尤以永樂間爲明代之盛世，國家用人孔亟，政府倡導學校教育不遺餘力，而書院則遂不發達。續文獻通考曰：

> 初太祖因元之舊，洪武元年立洙泗、尼山二書院，各設山長一人。憲宗成化二十年，命江西貴溪縣重建象山書院。孝宗弘治元年，以吏部郎中周木言，修江南常熟縣學道書院。武宗正德元年，江西按察司副使邵寶奏修德化縣濂溪書院，其時各省皆有書院弗禁也。

自太祖至憲宗成化二十年，已是明代開國後之一百二十年，自憲宗成化以後由於理學復興，書院遂亦漸盛。盛朗西中國書院制度論明之書院曰：

> 宋元之間書院最盛，至明而寖衰。蓋國家網羅人才，士之散處書院者，皆聚之於兩雍，雖有書院，其風不盛。
>
> 其後國學之制漸隳，科舉之弊孔熾，士大夫復倡講學之法，而書院又因之以興。

此亦論成化以後之情況。成化前之理學家講學，如吳康齋講學並無所謂書院，只是居鄉躬耕，弟子從遊者也只是隨師操作，工餘讀書論學而已。康齋弟子胡敬齋乃曾主講白鹿書院及貴溪桐源書院等，然主要仍是在家。婁一齋亦不聞其講學有書院。

明代書院至王陽明、湛若水而始盛。

明史東林諸儒傳贊曰：

正德、嘉靖之際，王守仁聚徒於軍旅之中，徐階講學於端揆之日，流風所被，傾動朝野，於是搢紳之士，遺佚之老，聯講會，立書院，相望於遠近。

野獲編卷二十四書院曰：

自武宗朝，王新建以良知之學行江、浙、兩廣間，而羅念庵、唐荊川諸公繼之，於是東南景附，書院頓盛。當正德間，書院徧宇內。

陽明講學之年，初在正德四年，陽明三十八歲，在貴陽龍場有龍岡書院。翌年，在貴陽提學副使席書聘主貴陽書院。正德十三年，陽明四十七歲，在贛修濂溪書院。嘉靖三年，五十三歲，在越闢稽山書院。嘉靖七年，五十七歲，興南寧學校。然陽明隨處經營，隨地講授，並不拘限於書院。年譜載陽明由龍場驛升廬陵縣知縣，歸途過常德、辰州，與諸生靜坐僧寺，欲以補小學收放心一段功夫。在越時與徐愛等出遊，從上虞入四明，觀白水，尋龍谿之源，登杖錫，至雪竇，上千丈巖，以望天姥華頂，遂自寧波，還餘姚。至滁州，滁州山水佳勝，陽明督馬政，地僻官閑，日與門人遊遨瑯琊、瀼泉間，日夕則環龍潭而坐者數百人，歌聲振山谷，諸生隨地請正，踴躍歌舞，從遊之衆自滁始。年譜謂：

蓋先生點化同志，多得之登遊山水間也。

與陽明同時有湛若水，是陳白沙弟子。丁母憂，廬墓三年，築西樵講舍。士子來學者先令習禮，然後聽講。明儒學案謂其：

平生足跡所至，必建書院以祀白沙。從遊者殆徧天下，年登九十，猶爲南嶽之遊。

黃黎洲云：

先生與陽明分主教事。陽明宗旨致良知，先生宗旨隨處體認天理，學者遂以各立門戶。

又云：

王、湛兩家，各立宗旨。湛氏門人雖不及王氏之盛，然當時學於湛者或卒業於王，學於王者或卒業於湛，亦猶朱、陸之門下遞相出入也。

明代書院復興，實自王、湛二家講學而起，此已是明中葉時。陽明歿，其弟子建書院以祀其師者尤多，據王文成年譜載：

越城有陽明書院。
天眞山有精舍。
安福有復古書院。
衢麓有講舍，又有龍游水南會。
永康有壽岩書院。
秀水有文湖書院。
青田有混元書院。
辰州有虎溪精舍。
萬安有雲興書院。
韶州有明經書院。
溧陽有嘉義書院。
又有新泉精舍、水西書院、復初書院、崇正書院，宣城有志學書院等。

宋代書院講學猶重在「士」階層，自此乃漸漸轉移成社會教育。於是書院之外又盛講會。

南宋陸象山初講學無定址，隨處聚集一二百人，卽近於講會性質。嘉靖四年，陽明五十四歲，九月歸姚省墓，年譜曰：

先生歸，定會于龍泉寺之中天閣，每月以朔望初八、廿三爲期。書壁以勉諸生，曰：「雖有天下易生之物，一日暴之，十日寒之，未有能生者也。承諸君之不鄙，每予來歸，咸集於此，以問學爲事，甚盛意也。然不能旬日之留，而旬日之間，又不過三四會。一別之後，輒復離羣索居，不相見者動經年歲，然則豈惟十日之寒而已乎。若是而求萌蘗之暢茂條達，不可得矣。故予切望諸君勿以予之去留爲聚散，或五六日、八九日，雖有俗事相妨，亦須破冗一會於此，務在誘掖獎勸，砥礪切磋。使道德仁義之習日親日近，則勢利紛華之染亦日遠日疎，所謂相觀而善，百工居肆，以成其事者也。」

翌年十二月作惜陰說。年譜載：

劉邦采合安福同志爲會，名曰惜陰。請先生書會籍，先生爲之說曰，同志之在安成者，間月爲會五日，謂之惜陰，其志篤矣。然五日之外，孰非惜陰時乎！離羣而索居，志不能少懈，故五日之會，所以相稽切焉耳。嗚呼！天道之運無一息之或停，吾心良知之運亦無一息之或停。良知卽天道，謂之亦，則猶二之矣。知良知之運無一息之或停者，則知惜陰矣，知惜陰者，則知致其良知矣。

又載：

明年丁亥，先生過吉安，寄安福諸同志書曰：諸友始爲惜陰之會，當時惟恐只成虛語，邇來乃聞遠近豪傑聞風而至者以百數，此可以見良知之同然，而斯道大明之幾，於此亦可以卜之矣。

陽明歿後，其弟子如王龍谿、錢緒山諸人推行講會尤力，明儒學案曰：

> 陽明歿後，緒山、龍谿所在講學，於是涇縣有水西會，甯國有同善會，江陰有君山會，貴池有光岳會，太平有九龍會，廣德有復初會，江北有南譙精舍，新安有程氏世廟會，泰州復有心齋講堂，幾乎比戶可封矣。

又載：

> 王襞字順宗，號東厓，心齋仲子也。九歲隨父至會稽，每遇講會，先生以童子歌詩，聲中金石。陽明問之，始知心齋子，曰：「吾固疑其非越中兒也。」令其師事龍溪、緒山，先後留越中幾二十年，心齋開講，淮南先生又相之。心齋歿，遂繼父講席，往來各郡，主其教事。

又

> 徐階字子升，號存齋，松江華亭人。聶雙江初令華亭，先生受業其門，故得名王氏學。及在政府，爲講會於靈濟宮，使南野、雙江、松溪分主之，學徒雲集至千人。

明史：

> 羅汝芳字維德，南城人。嘉靖三十二年進士，除太湖知縣。召諸生論學，公事多決於講座。遷刑部主事，歷寧國知府。民兄弟爭產，汝芳對之泣，民亦泣，訟乃已。剏開元會，罪囚亦令聽講。入覲，勸徐階聚四方計吏講學，階遂大會於靈濟宮，聽者數千人。

講會有會場、會期、會籍、會約、會主，所講論之記錄爲會語。以前書院講學是學者相集而從師，講會則由會中延請主講者，所請不止一人。會畢，則主講者又轉至他處，如是輪番赴會，漸漸脫離書院性質，而近於社會公開演講。

茲節錄東林書院志所載東林會約數條以見一般。

東林落成於萬曆甲辰之秋，十月徧啓諸同人，始以月之九日、十日、十一日，大會東林講堂。涇陽先生爰作會約，以諗同志，而景逸先生爲之序。首列孔、顏、曾、思、孟，明統宗也。次白鹿洞學規，定法程也。申之以飭四要，辨二惑，崇九益，屏九損，衞道救時，周詳懇到，其問闡提性善之旨，以闢陽明子天泉證道之失，尤見一時障川廻瀾之力，是時海內論學諸賢，各有宗旨，亦每有會約，而莫如此約之醇正的實者。

東林會約

一，每年一大會，或春或秋，臨期酌定，先半月遺帖啓知，每月一小會，除正月、六月、七月、十二月，祁寒盛暑不舉外，二月、八月以仲丁之日爲始，餘月以十四日爲始，會各三日，願赴者至，不必遍啓。

一，大會之首日，恭捧聖像，懸於講堂。午初，擊鼓三聲，各具本等冠服，詣聖像前行四拜禮。隨至道南祠，禮亦如之。禮畢入講堂，東西分坐，先各郡各縣，次本郡本縣，次會主，各以齒爲序，或分不可同班者退一席。俟衆已齊集，東西相對兩揖。申末擊磬三聲，東西相對一揖，仍詣聖像前及道南祠肅揖而退。第二日第三日免拜，早晚肅揖用常服。其小會二月、八月如第一日之禮，餘月如第二日、第三日之禮。

一，大會每年推一人爲主，小會每月推一人爲主，週而復始。

一，每會推一人爲主，說四書一章，此外有問則問，有商量則商量。凡在會中，各虛懷以聽，即有所見，須俟兩下講論已畢，更端呈請，不必攙亂。

一，每會須設門籍，一以稽赴會之疎密，驗現在之勤惰，一以稽赴會之人，他日何所究竟，作將來之法戒也。

觀東林會約之梗概可以推想其他講會之會約。

明代理學家講學都帶有一種崇高的宗教信仰，他們用一種嚴肅的態度，來向社會傳播。由於明中葉以後政治黑暗宦官干政，書院講學常被視爲僞學遭禁。世宗時始開焚毁書院之令。續文獻通考載：

明世宗嘉靖十七年四月，吏部尙書許讚請毁書院從之。

嘉靖十六年二月，御史游居敬，疏斥南京吏部尙書湛若水倡其邪學、廣收無賴、私𠜇書院，乞戒諭以正人心。帝慰留若水，而令所司毁其書院。至是，讚復言撫按司府多建書院，聚生徒，供億科擾，亟宜撤毁。詔從其言。

明通鑑亦云：

四月壬申，罷各處私創書院，時御史游居敬論劾王守仁、湛若水僞學私創，故有是命。

自此明代書院屢遭焚燬，湛若水、王畿皆以僞學見斥。神宗萬曆時張居正當國，尤欲盡改各省書院爲公廨，然亦未能盡革。俟居正敗，書院又漸復興。明末以東林書院聲勢最盛。熹宗天啓時，以高攀龍疏發御史崔呈秀之贓而得罪太監魏忠賢，遂使天下書院再遭毁。續文獻通考引春明夢餘錄曰：

攀龍起爲總憲，疏發御史崔呈秀之贓，呈秀遂父事魏忠賢，日嗾忠賢曰：「東林欲殺我父子。」既而楊漣、左光斗交章劾璫璫，益信呈秀之言不虛也。於是遂首毁京師書院，而天下之書院俱毁矣。

張居正當政時，禁革書院，則以書院與其敎育宗旨不同，他欲嚴厲整頓學校敎育，認爲講學空談廢業。萬曆三年「請飭學政以振興人才疏」說：

聖賢以經術垂訓，國家以經術作人，若能體認經書便是講明學問，何必又別標門戶聚黨空譚。

又他答南司成者平石論為學書有云：

夫昔之為同志者，僕亦嘗周旋其間，聽其議論矣。然竊其微處，則皆以聚黨賈譽，行徑捷舉，所稱道德之說，虛而無當。莊子所謂其嗌言者若哇，佛氏所謂蝦蟆禪耳，而其徒侶衆盛異趨為事。大者搖撼朝廷，爽亂名實，小者匿蔽醜穢，趨利逃名。嘉靖隆慶之間，深被其禍，今猶未殄，此主持世教者所深憂也。記曰：「官先事，士先志。」士君子未遇時，則相與講明所以修己治人者，以需他日之用。及其服官有事，卽以其事為事，兢兢然求所以稱職免咎者，以其上之命，未有舍其本事而別開一門以為學者也。

可知張居正排斥書院尚以學術觀念之不同，至魏忠賢之盡廢天下書院，而至形成黨爭，朝士被逐，則盡為個人私怨。崇禎初，忠賢伏誅，雖有詔修書院，然朋黨勢已成，彼此報復，糾紛不已，直至明亡而後已。

明代書院屢遭焚燬，而最後以東林黨爭結束了這最後的衝突。所謂東林書院只不過是當時幾位學者結社講學之所。

明史顧憲成傳云：

顧憲成字叔時，無錫人，邑故有東林書院，宋楊時講道處也。憲成與弟允成倡修之，偕同志高攀龍、錢一本、薛敷教、史孟麟、于孔兼輩講學其中，學者稱涇陽先生。當是時士大夫抱道忤時者，率退處林野，聞風響附，學舍至不能容。憲成嘗曰：「官輦轂志不在君父，官封疆志不在民生，居水邊林下志不在世道，君子無取焉。」故其講習之餘，往往諷議朝政，裁量人物，朝士慕其風者多遙相應和，由是東林名大著，而忌者亦多。

傳統儒學，必以治國平天下爲終極目標。而理學之興，其始亦非不講政治，然而末流所趨，只看重個人知識修養，而將國家社會擺在一旁，王學流弊顯如此。東林書院則一反前習，而把對現實政治之批評亦納入講學中，於是終於引起明末朋黨之禍。

明儒學案黃梨洲論東林有曰：

> 今天下之言東林者，以其黨禍與國運終始，小人既資爲口實，以爲亡國由於東林，稱之爲兩黨。既有知之者，亦言東林非不爲君子，然不無過激，且依附者之不純爲君子也，終是東漢黨錮中人物。嗟乎！此寱語也。東林講學者，不過數人耳，其爲講院亦不過一郡之內耳。昔緒山、二溪鼓動流俗江浙，南畿所在設教，可謂之標榜矣，東林無是也。京師首善之會，主之者爲南皐、少墟，於東林無與。乃言國本者，謂之東林。爭科場者，謂之東林。攻逆閹者，謂之東林。以至言奪情奸相討賊凡一議之正，一人之不隨流俗者，無不謂之東林。若是乎東林標榜遍於域中，延於數世，東林何不幸而有是也，東林何幸而有是也。然則東林豈眞有名目哉，亦小人者加之名目而已矣。論者以東林爲清議，所宗禍之招也。

此辨有關明末史實，極爲重要。陽明以言劉瑾貶龍場驛，以平宸濠大功，而多遭讒謗，故王門後學率避現實政事不談，而肆口爲聖人，又遭張居正排抑，於是朝廷吏治與社會學風形成水火。東林欲恢復講學，志在治平之大傳統，絕無不是，而其時朝政汚黷，已不可挽救，若以其罪歸之東林，是非徹底毀滅私家講學不可，如此將成何世界，故梨洲此辨亦實情、亦正義，爲無可非難也。

今綜觀明初之興學校，明末之廢書院，實一線之兩端。與學校僅在重吏治，不在講學術，置吏治於學術之上，與漢宋兩代崇儒之意大不同，則宜其有毀書院之舉。卽如張居正其意也僅知重吏治而已。如顧、高之創建東林，則顯爲明代政治意向一大反動，其意乃欲重整儒道，置學術與吏治之上，則宜其罹此慘禍矣。故欲治教育史必兼明通史，否則亦無以明其一切興革轉變之內在意義也。

# 參考書目


元史

明史

宋元學案

明儒學案

續文獻通考　明王圻

續文獻通考

五禮通考　清秦蕙田著

王文成公全集

輟耕錄　明陶宗儀著

日知錄　清顧炎武著

結埼亭集　清全祖望著

中國近三百年學術史　梁啓超著

中國書院制度　盛朗西著

國史大綱　錢穆著

中國思想史　錢穆著

宋明理想概述　錢穆著

中國歷代政治得失　錢穆著

王守仁　錢穆著

中國近三百年學術史　錢穆著

國史新論　錢穆著

中國傳統教育制度與教育思想　治政大學教育研究所講稿　錢穆

中國教育史　陳東原著

中國教育史　陳青之著

陽明教育思想　胡美琦著

# 第八篇　教育的衰落時期——清及民初

## 第一章　清代學風概論

### 第一節　明末遺民的志節

中國歷史上朝代轉移，唯清初有大批明遺民，對清政權取不合作態度，雖不公開反抗，亦不屈從仕進，而在社會則具有重大深厚之力量。中國歷史傳統，自漢武以來，即以士人為國家社會的中心人物。而士人的職責，主要在背負起治國安民，承續民族文化歷史的傳統，而欲其盡此職責，則必為在政治上安排一出路，故士人常求出仕。惟明末遺民，則抱有極強烈的民族觀念，在異族政權下，拒絕仕宦，不應徵召，惟以終身埋首於學術事業自甘。他們雖不能堅持革命事業，但他們堅貞的志節，篤實的學風，卻深入於此下清代兩百數十年來知識份子的內心。直到清末，還是憑籍着他們人格感召的潛力，來助成清末革命的成功。

清初學者之講學精神，大體說來，仍沿晚明東林學風的影響。東林講學大體可分兩點，一是要矯挽王學之末流，一是在抨擊政治之腐敗。宋、明理學發展到陽明之良知學，可謂簡易直截已達極點。而王學自龍谿、泰州以後，更深入社會下層，影響廣大，流弊亦越顯。東林諸儒起，對於陽明、天泉橋證道

「無善無惡心之體」一語，持異議，辨難最力。因當時王學末流憑籍無善無惡爲體之心，猖狂妄行，越出常軌。於是東林講學一反其說，教法惟以由虛反實工夫。清初學術則繼此遺緒，此其一。

再則爲東林對政治主持清議。自萬曆以下，朝綱頹廢，閹宦當道，一時憂國憂時之士，無不激於義墳，所以東林一唱，四方響應。東林主張明是非、斥鄉愿、進狂狷、倡節義。明末高景逸之從容就義，黃白安之慷慨赴難，吳霞舟之節烈，華鳳超、陳幾亭之堅貞，皆貞鋼百鍊，不屈不撓。啓禎之際，忠烈接踵，不能不說是東林講學之效。清初諸大儒，如顧亭林、李二曲等，其人格之高峻，操持之堅卓，亦皆東林流風之所披。然清初大儒在國家淪亡後，不得不轉而埋首探討國家與亡民族盛衰之大原，高瞻遠矚，上下千古，發爲正論，以期他日之國土重光，文化再續。如顧亭林之天下郡國利病書與日知錄，黃梨洲之明夷待訪錄，王船山之讀通鑑論、宋論，顧祖禹之讀史方輿紀要等，皆深入經史實學，則又非東林諸儒所能望其項背。

要之，東林承王學末流，欲一反空疏之敝，而清初諸遺老已遯虛歸實，談心性則一依經史爲本，雖猶沿襲理學舊統，而於理學亦多所矯挽，此爲乾嘉以後清代學術走向考據開先路，而精神則大不相同。

清初有所謂明末三大儒，乃指孫夏峯、李二曲、黃梨洲而言，三人皆繼明末陽明理學傳統，惟與龍谿心齋以後之王學末流已不同。又受東林由王反朱之影響，而有顧亭林、王船山、張楊園、陸桴亭諸人，其持論爲學更與王學不同。而綜合兩派，皆有以心性爲本，而重歸於經史實學之趨勢。迨及清末，遂以亭林、船山、梨洲爲明末三大儒，此可證有清一代學術轉變之大體矣。

玆略舉清初明遺諸儒學行簡要敍述如下：

**孫夏峯**

名奇逢，字啓泰，號鐘元，直隸容城人。生於明萬曆十二年，卒於清康熙十四年，年九十二。順治元年，年已六十三。在明季，以節俠聞。天啓間魏閹竊柄，荼毒正人，左光斗、魏大中、周順昌被誣下獄，夏峯與友鹿伯順傾身營救，義聲動天下。其後畿輔被兵，他以一書生督率昆弟親戚固守容城，清兵攻之不下而去。又其後流寇徧地，崇禎十五年，携家人入易州五公山避亂，遠近聞風來依者數百家，一面脩飭武備，抵抗寇難，一面猶從容講學。

明亡以後，他家居講學不輟。未幾，田園廬墓皆被清廷占去，於是舉家南下。至河南輝縣之蘇門山，有人以夏峯田廬送贈，於是親率子弟躬耕，四方學者來歸，亦授田使耕，所居成聚。此地本爲宋邵康節所居，他仰慕前賢，遂以終老。居夏峯共二十五年，屢蒙詔書特徵，始終不出，學者稱夏峯先生。八十一歲時，曾有人以文字獄相誣陷，即日投呈當局請對簿。

清儒學案夏峯學案曰：

夏峯之學原本象山陽明，以愼獨爲宗，以體認天理爲要，以日用倫常爲實際，不欲判程、朱、陸、王爲二途。

他是不標榜門戶，而又不空談心性，爲一切實力行之人。

**李二曲**

名顒，字中孚，陝西盩厔人，學者稱二曲先生。生於明天啓六年，卒於清康熙四十四年，年七十九。父從軍，死於流寇之難。二曲事母孝。家貧，無錢從師，自讀經書，既能解文字。又從人借書，博覽子史，旁及九流二氏之籍，得其會通，由博返約，身體力行，以昌明橫渠關學爲己任。年未及四十，學已大成，關中人士多從之學。母死，廬墓三年，不除服，徒步到襄陽尋找父遺骸。不得，晝夜哭。縣令感其孝，爲其父立祠，以同戰死者附之。造塚於戰場，稱爲義林。

常州守駱鍾麟，事之如師，迎至常州講學。無錫、江陰、靖江爭來迎，所至聽講者雲集，爲建延陵書院。歸陝西，主講關中書院。康熙初，陝總督薦山林隱逸，被徵，辭以疾。後又以博學鴻儒薦，地方官敦促起行，遂稱疾篤。地方官用牀抬赴行省，不得已，絕食六日，乃罷。自此深以虛名爲累，閉門不與人接觸。康熙帝西巡，傳旨召見，他自忖必死，官吏以廢疾陳報，乃得免。

二曲教人，當「先觀象山、慈湖、陽明、白沙之書闡明心性，直指本初，然後取二程、朱子及康齋、敬軒、涇野、整庵之書玩索，以盡踐履之功，下學上達，一以貫之。」據此可知他雖宗王學，而亦折衷於程朱。清儒學案述之曰：

二曲以悔過自新爲入德之基，反身求己，言言歸於實踐。爲高談性命標榜門戶者，痛下鍼砭。論學雖兼取程、朱，實以陸、王爲主體。

**黃梨洲**

名宗羲，字太沖，浙江餘姚人。生於明萬曆三十八年，卒於清康熙三十四年，年八十六。父尊素，爲東林名士，被魏忠賢所害。莊烈帝卽位，宗羲年十九，袖長錐，草疏入京訟寃。至，則魏閹已伏誅，與許顯純、崔應元對簿，出長錐錐顯純，率論二人斬，遂顯名。年二十，以遺命從劉蕺山遊。

崇禎十七年，北京陷落，福王立於南京，閹黨阮大鋮柄政，驟興黨獄，捕蕺山而併及宗羲，以清兵至，蕺山死節，宗羲得免於難。歸浙東，魯王監國，宗羲糾子弟數百人隨軍江上，號世忠營。軍敗，入四明山結塞自固。後聞魯王在海上，赴之，從魯王奔亡有年。明亡，遂奉母返里，畢力於著述。康熙十七年，詔徵博學鴻儒，有人欲薦宗羲，門人陳錫嘏曰：「是將使先生疊山九靈之殺身也。」乃止。未幾開明史館，朝臣又薦他，力辭以免。

梨洲講學，自負得理學正統之傳。而其爲學，務博綜，尚實證。全祖望甬上證人書院記論黃梨洲之學云：

自明中葉以後，講學之風已爲極敝，高談性命，束書不觀，其稍平者則爲學究，皆無根之徒耳。先生始謂學必源本於經術，而後不爲蹈虛，必證明於史籍，而後足以應務。元元本本，可據可依，前此講堂錮疾，爲之一變。

又全祖望梨洲先生神道碑極稱其爲學方面之廣曰：

以濂洛之統，綜會諸家，橫渠（張載）之禮教，康節（邵雍）之數學，東萊（呂祖謙）之文獻，艮齋（薛季宣）、止齋（陳傅良）之經制，水心（葉適）之文章，莫不旁推交通，爲從來儒林所未有。

他在史學方面貢獻更大，他的明儒學案爲學術史不朽的創作。清廷開明史館，宗羲雖未肯應聘，派他門人萬季野赴之，明史有疑難，每諮詢取決於季野。

顧亭林

初名絳，國變後易名炎武，字寧人，學者稱亭林先生。江蘇崑山人，生於明萬曆四十一年，卒於清康熙二十一年，年七十。少耿介絕俗。顧家為江東望族，嗣母王氏，未婚守節，養亭林於襁褓，得朝廷褒揚。清兵南下，亭林起兵吳江，事敗，幸得脫。母王氏避難常熟，絕食而死，遺言後人勿事二姓。後來有人要向清廷薦亭林，他曾說：「人人可出，而炎武必不可出。」次年，福建唐王派使以職方司主事召之，以母未葬不往。叛僕陸恩投里豪告亭林通海，亭林親自擒僕投江。僕壻以千金賄太守，而繫亭林於家。有友求救於錢牧齋，牧齋欲亭林稱門下，友知亭林不允，私自書一制送去，亭林知後，在通衢大道貼榜自白，於是離家鄉。

四十五歲北遊，往來魯、燕、晉、陝、豫諸省，遍歷塞外，而置田舍於長白山下。常說馬伏波田疇都從塞上立業。五十六歲，被案株連，起山東請勘，訟繫半年，方洗清冤屈。到六十七歲，才卜居陝之華陰。往還河北諸邊塞二十餘年。嘗六謁孝陵，六謁思陵，遍觀四方。曾說：「秦人慕經學、重處士、持清議，實他邦所少。而華陰綰轂關河之口，雖足不出戶，而能見天下之士，聞天下之事。一旦有警，入山守險，不過十里之遙。若志在四方，則一出關門，亦有建瓴之便。」

亭林有甥徐乾學兄弟，年輕時曾得亭林幫助，後為清朝大官。累次寫信接亭林南歸，又買田欲奉養，亭林拒不往，後卒於曲沃。

明末遺老論學，大都不離理學範圍，獨亭林深惡陽明一派，因不認明代有理學。他曾說：「經學卽理學，捨經學安所得理學哉。」陽明學捨經籍而言心性良知，故亭林言云然。他論學看重以經術明道救世，他又曾說聖人之道在「行己有恥，博學於文」。在他與友人論學書中曾說：

愚所謂聖人之道者如之何？曰博學於文，曰行己有恥，自一身至於天下國家皆學之事也。自子臣弟友以至出入、往來、辭受、取與之間，皆有恥之事也。……士而不先其恥，則為無本之人，非好古而多聞，則為空虛之學，以無本之人，而講空虛之學，吾見其日從事於聖人，而去之彌遠也。

**王船山**

名夫之，字而農，又字薑齋。湖南衡陽人，晚居湘西石船山，學者稱船山先生。生於明萬曆四十七年，卒於清康熙三十一年，年七十四。年二十五，張獻忠陷衡州，召船山，執其父為質。船山引刀自刺重創，抬往易父，賊知不能屈，父子皆得脫。清兵下湖南，他在衡山舉義兵，戰敗走桂林。年三十一，大學士瞿式耜薦於桂王，為行人司行人，因彈劾王化澄，幾遭陷害，因救得免。清兵克桂林，式耜死節，船山間道歸楚，時年三十三。自此棲伏林谷，隨地託迹，以至於死。

船山不開門講學，故無門人，亦少交遊，只劉繼莊知之。廣陽雜記稱曰：「洞庭之南，天地元氣，聖賢學脈，僅此一線。」船山著述極多，但直到他死後一百六十年，道咸間，才有鄧湘皋蒐集其遺書，得七十七種二百五十卷，此外未刻及已佚者仍不少。他一生貧苦無錢，所寫稿都拾破紙帳簿之類。

船山為學，一本程朱，而最後則專主橫渠，亦兼治老莊，而特富強烈之民族感。其學無傳人，及清末始大顯。其所為讀通鑑論及宋論，與亭林之日知錄，棃洲之明夷待訪錄，幾於在清末，同成為人人皆讀之書。

**張楊園**

名履祥，字考夫，號念芝，浙江桐鄉人，居楊園，學者稱楊園先生。生於明萬曆三十九年，卒於康熙十三年，年六十四。九歲喪父，母沈氏授以論語、孟子，勉勵他說：「孔、孟只是兩家無父兒也。」甫冠，又遭大父及母喪。刻苦勵學。崇禎間，復社方興，各立門戶，楊園慨然曰：「東南壇坫，西北干戈，其亂一也。」至杭州見黃石齋，戒毋近名。至山陰，謁劉蕺山，受業爲弟子。聞京師變，縞素不食，携書笈步歸，隱居教授，時年三十四。

楊園爲學，初自陽明入，後讀小學近思錄有得，而悟其失，遂用功於程朱之書。雖師於蕺山，而不墨守師說，以蕺山人譜一書於程朱有出入，乃輯劉子粹言，欲於師門有補救。晚年評陽明傳習錄條分縷析，詳揭陽儒陰釋之弊。有懲於講學標榜之習氣，對來學之士不肯受師禮，以友道處之。他曾說：「貧士不免飢寒，宜以教學爲先務，凡人只有養德、養身二事。教學則開卷有益，可以養德。通功易事，可以養身。」

教子弟令各書白鹿洞規揭於座右，並與講呂氏鄉約。他居鄉躬耕，習於農事。以爲學者治生尤以稼穡爲先，能勤稼穡，則無求於人，而廉恥立。知稼穡之艱難，則不妄求於人，而禮讓興。

**陸桴亭**

名世儀，字道威，號剛齋，江蘇太倉人。生於明萬曆三十九年，卒於清康熙十一年，年六十二。早歲有志事功，嘗著論論平流寇方略，語極中肯。明亡，嘗上書南都，不見用。南都亡，乃避世，終生隱居。鑿池十畝，築亭其中，號曰桴亭。居其中，不通賓客，故學者稱桴亭先生。所著有思辨錄，於讀書有得隨錄而成，以大學八條目爲則，天文、地理、河渠、兵法、封建、井田、學校、無不論列。全祖望結埼亭集說他：

上自周漢諸儒，以迄於今，仰而象、緯、律、歷，下而禮、樂、政事異同，旁及異端，其所疏證剖析，蓋數百萬言，無不粹而醇。……而其最足廢諸家紛爭之說，百世俟之而不惑者，尤在論明儒。

桴亭曾對學者說：「世有大儒，決不別立宗旨。譬之大醫國手，無科不精，無方不備，無藥不用，豈有執一海上方而沾沾語人曰：舍此更無科、無方、無藥也，近之談宗旨者，皆海上方也。」觀此可知桴亭之論學態度。

## 顏習齋

顏元字易直，又名渾然。河北博野縣人。生於明崇禎八年，卒於淸康熙四十二年，年七十。父泉，爲蠡縣朱翁養子，所以習齋亦姓朱，名邦良。四歲，滿洲兵入關，父隨軍去，母改嫁。習齋年十九，爲諸生，學神仙導引術，娶妻不近。旣而知其妄，乃折節爲學。年二十餘，好陸王書，未幾，從事程朱學，信之甚篤。其時，朱翁妾生子，遂疏習齋，後更譖害謀殺之，但習齋比前更孝順。媪卒，習齋年三十四，守朱子家禮，過朝夕不敢食，遇哀至，又不敢食，病幾殆。練後，止朝夕哭，惟朔望，未除服者會哭，哀至皆制不哭，過抑情，遂悟靜坐讀書乃程、朱、陸、王爲禪學俗學所浸淫，非正務，周公之六德、六行、六藝及孔子文、行、忠、信四教才是正學。於是著存學、存性、存治、存人四編立教，名其居曰習齋。

朱媪卒時，習齋泣血，哀毁幾殆，人或憐之，私下告訴他的身世，於是歸宗顏姓。欲赴關外尋親，正値三藩之亂，蒙古響應，遼東戒嚴不能往，直到他五十歲才成行。歷盡困苦經一年餘，才知他父死於瀋陽。找到父墓哭祭，並招魂奉主，親自御車哭導而歸。棄諸生，守喪三年。五十七歲，習齋決心出遊。他說：「蒼生休戚，聖道明晦，敢以天生之身，偷安自私乎。」於是南出至中州，到開封，訪友論學。六十二歲，應肥鄉漳南書院聘，為立規制，分文事武備，經史藝能等科。漳水決口，書院淹沒，於是歸家不復出。

習齋乃北方學者，早年為學嘗出入程、朱、陸、王，一旦悔悟並宋明相傳六百年理學欲一起推翻。其氣魄毅力，非當時一般南方學者所能及。他曾對其弟子李恕谷云：

予未南遊時，尚有將就程、朱附之聖門支流之意。自一南遊，見人人禪子，家家虛文，直與孔門敵對。必破一分程朱，始入一分孔孟。乃定以為孔孟、程朱判然兩途，不願作道統中鄉愿矣。

然其後恕谷南遊，終受南方影響，不如其師之偏激矣。但後人稱顏李，終為自成一派，與同時其他學者不同。

呂留良

呂留良字莊生，又名光輪，字用晦，號晚村，浙江石門人。生於明崇禎二年，卒於康熙二十二年，年五十五。少負奇質，八歲能文。及長，讀四子書，輒心領神悟。祖父熑，曾為明室淮府儀賓。順治十年，留良出就試，為諸生。課兒讀書於家園之梅花閣，與高旦中、黃棃洲、晦木兄弟等以詩文相唱和。嘗作詩曰：「誰教失脚下漁磯，心迹年年處處違，雅集圖中衣帽改，黨人碑裏姓名非，苟全始信譚何易，餓死今知事最微，醒便行吟埋亦可，無慚尺布裹頭歸。」其國家民族觀之強烈，充滿字裏行間。後以此詩示學官陳執齋，告以將棄諸生，囑爲善全。自是歸臥南陽村與張考夫、何商隱、張佩葱諸儒共力發明宋學，考訂朱子遺書。喟然曰：「吾道在是，奚事旁求。」又嘗謂：「洛閩淵源，至靖難時中絕。及萬曆末，學益荒，雖名公鉅卿爲宗工人望，而於是非邪正之歸，含糊儱侗，眞僞莫辨，遂至國是淆亂，神州陸沈。」於是留良所論著，專發揮國家民族大義，而一以朱子爲歸。康熙時，清廷舉博學鴻儒，浙省欲薦留良，留良以死拒，得免。後郡守欲舉留良爲隱逸，留良乃剪髮爲僧，取名耐可，字不昧。又三年，作祈死詩六篇而卒。

晚村闡朱學，專以批點八股文爲主，有四書講義行世，主要在發揮民族精神，以不屈膝仕外姓。雍正時，湖南靖州曾靜讀其書而好之，遣其徒張熙以民族大義勸四川總督岳鍾琪，欲其舉兵反清，事發興大獄，晚村被剖棺戮屍，並及其家，著述皆禁燬。

### 附陸稼書

名隴其，字稼書，浙江平湖人。生於明崇禎三年，卒於清康熙三十一年，年六十三。家貧授徒，非義不取。年過四十，爲康熙朝進士，曾任嘉定、靈壽兩縣知縣。稼書守約持儉，以德化民，政教兼施，極得民愛戴，後爲監察御史，爲人鯁直恬淡，故在仕途並不得意。

稼書亦曾交晚村，其講學專宗朱子，力斥陽明，他曾說：

今之論學者無他，亦宗主子而已。宗朱子爲正學，不宗朱子卽非正學。董子云：「諸不在六藝之術者，皆絕其道，勿使並進，然後統紀可一，而法度可明。」今有不宗朱子者，亦當絕其道勿使並進。

雍正二年，被清廷選入孔廟從祀，一時推爲正學宗師。清代處晚村以極刑，而尊稼書爲巨儒，亦可謂善盡其鎭壓牢籠之能事矣。

## 第二節 乾隆朝以前清室對漢人的態度

明末政治之腐敗，終於導致了中國史上第二次全部淪於異族統治之下。然滿州人與蒙古人大不相同，蒙古人未入主中國前，先已威鎭歐、亞兩大洲，故以武功自尚，不重視文治，然雖不懂尊「儒士」，但亦不特加催抑，故元代士人於受元統治後，尚可隱居講學，獲得其一分之自由。滿州人起於中國之東北，在其入主中國前，已受漢化影響，故滿州人懂得在中國傳統文化中「士人」的重要，入主後遂特別對中國智識份子加以防制。

清室入主中國前，有太祖、太宗兩朝。太祖努爾哈赤，初未有必成帝業之心，故不重視漢人，且極端排漢。漢人每壯丁十三名編爲一莊，按滿官之階級，分別給與爲奴隸。又太祖甚憎明朝之紳衿儒生，拏捕盡處之死，嘗以爲種種之惡皆出此輩。

至太宗，乃改用懷柔政策，對漢民加以保護。初則漢滿民同居一村，漢人不免被滿人所擾，太宗乃命滿漢分居，並設漢官吏管理漢人。天聰三年，太宗舉行儒生考試，通過可免徭役。天聰七年，明將孔有德、耿仲明投降，太宗與降將行抱見禮。此乃女眞族最高等貴族間所行，表示親愛之意者。得洪承疇極爲崇重，親至洪居館，解貂裘加洪身。嘗笑謂諸將曰：「譬之行旅，君等皆瞽目，今得一引路者，吾安得不樂。」生擒明永平巡撫張春，春妻翟氏城破自殺，春被執不屈，太宗自往拜之。春駡，不加罪，曾曰：「吾從史傳中見文天祥以爲神人，今乃眞得見文天祥耳。」春祭妻用崇禎年號，太宗命以少牢往祭，春不受。凡留九年，欲移居遼陽，不許，不食而死。太宗曰：「我於春未嘗逆其意，獨奈何不聽其居遼陽乎？」遂葬於遼陽。總之，太宗對漢人用懷柔政策，而尤能刻意利用明降臣。

明亡，世祖順治帝入關，初因江南未定，重用降臣，繼則一轉而用高壓政策。滿人以崇禎十七年五月初三日占領北京，初四日卽下薙髮令，二十四日又下令聽民自由。順治二年，江南略定，又下薙髮令，並以十日爲限，有「留頭不留髮，留髮不留頭」之命。江陰、嘉定皆遭屠城之慘。

順治初入關，以世局未定，卽以開科取士爲籠絡。順治七年親政後，大局漸定，除福建、兩廣、雲南外，全國都已在清廷統治之下，於是一變而轉用高壓政策。十四年以後，連年起科場案，立貳臣名目，謂明臣而不思明，必非忠臣。十七年，張晉彥序劉正宗詩，有「將明之材」語，世祖以其言詭譎不可解，絞正宗，而斬晉彥，開清代文字獄之先例。十八年，有江南奏銷案，被牽累者一萬三千餘人，縉紳之家無一獲免。

康熙卽位，其勢有增無已。康熙二年，有湖州莊氏史案，一時名士如潘力田、吳亦溟等七十多人同時遭難。三年，孫夏峯被告對簿。七年，顧亭林在濟南下獄，黃梨洲被懸購緝捕。

康熙十二年，三藩亂起，於是又一變高壓爲懷柔。有詔薦舉山林隱逸，十七年有詔徵博學鴻儒，各地所舉一百四十三人，一等二十，二等三十，俱受翰林。然應詔者無大師負重望者。十八年，乃開明史館，以國史大業圖牢籠，然應徵而來者，均屬二三流人物，如顧亭林、黃梨洲、李二曲諸人，皆不能招致。

大體說來，康熙帝性較寬達，卽位初一段時期雖繼前朝餘威厲興文字獄，然多在其親政前。逮親政後，則對士人較寬容。

雍正嗣位，天性刻薄猜忌，而滿人入主中國已八十年，中國人已不敢公然反叛，遂又重施高壓政策，屢與文字獄。雍正二年，有汪景祺之獄，有江西考官禮部侍郎查嗣庭，因考試出題「維民所止」有暗射雍正無頭，有查嗣庭之獄。五年，有呂留良之獄，留良爲浙江儒生，宣揚朱子學，湖南人曾靜讀其書有感，勸四川總督岳鐘琪反清，遂興大獄。時留良已死，發棺戮屍，並殺其全家。七年，有廣西陸生枏之獄，以生枏著通鑑論，主復封建及論立太子、兵制、與君主權限諸點，無不與時政有關涉。

至乾隆朝，清室已臻全盛時期，漢人反叛心理到此時早已消失，然清廷高壓政策仍未稍止。此時猶有文字獄，如胡中藻堅磨生詩，有「一把心腸論濁清」。徐述夔一柱樓詩，詠正德杯有「大明天子重相見，且把壺兒擱半邊」以及「明朝期振翮，一舉去清都」語，均獲罪，此則比雍正朝時文字獄更爲瑣細。又乾隆三十八年至四十七年創編四庫全書，藉徵書之名燒燬犯禁書籍共二十四次，五百三十八種，一萬三千八百六十二部。直至五十三年以東南各省未能禁絕，尚有嚴諭，遵行禁書令。

嘉慶嗣位，民亂迭起，清廷已走向衰運。高壓政策遂稍弛，而漢民族之叛變，則紛起迭乘，直至於清亡。

## 第三節　乾嘉以後學風的演變

清初諸大儒率多明末遺民，大都抱有極強烈的民族觀念，重視傳統文化，反抗異族統治，而多以擔負起民族文化的傳遞爲職責。惟其反抗清廷的唯一途徑，最後只是拒絕仕宦，對清政權採取不合作態度。爲求解決生活，則有的出家（如方密之），有的行醫（如高旦中、呂晚村），有的務農（如孫夏峯、顏習齋），有的處館（如張楊園），有的苦隱（如李二曲、王船山。有的如朱舜水則避地海外），有的游幕（如李恕谷、劉繼莊、顧景范等），有的以墾牧爲業（如顧亭林），有的以刻書銷售營利（如呂晚村），從此種生活狀況下埋頭從事於學術文化事業。但他們這種不求仕進，專以隱居講學爲職責的生活，也只能及身而止。中國是一廣土衆民的國家，政治一穩定，便不易再激動，所以他們的子孫也依然只有應舉做官，與異族政權妥協的一條路。故當時有「遺民不世襲」之語。

明末遺老學術途徑則仍襲理學舊統，並欲力革明學末流王學空疏之流弊，而轉向朱學着重實務，也即是從單純的看重個人心性修養，重歸向講究由修齊而治平之大趨向。但經過順、康、雍、乾歷朝文字獄，一輩學者絕口不談朝政時事，學術路向遂轉向於純屬故紙堆中的探討，經史實學，盡走向考據一路，校勘訓詁次之。總之，多就書中論與現實社會隔絕了。人人鑽入故紙堆中研究，學術則全變成紙片上的，至其與現實政治完全脫節，則更不用說。

清廷入主中國，起初表示開放政權，舉行科舉考試，仍襲元明規定，以朱子四書章句集註做八股爲標準。而當時反對清廷最激勵者爲江浙一帶。南方在當時已是南宋以來全國經濟文化的中心，南方士人因鄙視清廷，故鄙視到清廷所舉行的科舉，因牽連到鄙視清廷科舉所指定的經籍之集註義訓。清廷提倡宋學，故江浙學者亦遂排斥宋學，因此有所謂漢學與宋學之分。其實宋學是當時朝廷功令，爲科舉取士之標準，所以反對者特別標出漢學與之相抗。但這亦只是他們的潛在意識，他們並未明白說出，也可說他們並未明白想到，只在下意識是如此。仔細讀當時歷史經過，自可體會得之。

乾嘉時代的考據之學，又可分兩派，一吳派，以惠棟爲代表，一皖派，以戴震爲代表。惠氏蘇州人，三代傳經。他生於康熙三十六年，卒於乾隆二十三年，年六十二。他爲學尊古而信漢，最主要在講易經，著周易述二十卷，專宗漢說。治其他經，亦如其治易。惠氏尊師傳，守家法，重古訓，而漢學的壁壘因此而定。

戴震生於雍正元年，卒於乾隆四十二年，年五十五歲。其學來自江永。永爲學最重三禮，以朱子晚年治禮未完成，繼之著禮學綱目八十八卷，自謂欲完成朱子之志，成禮樂之完書，故盛推宋學。安徽本是朱子故里，故徽學亦多受朱子影響。又因安徽學者多僻居山中，生活較貧困，故其學風亦篤實，而通於工藝。其學風尚名物、聲音、算數，全是樸學矩矱。

吳皖兩派學術最大不同者，戴震從尊朱述朱起脚，而惠棟則自尊漢復古而來。故吳學雖倡信古復古實爲急進的趨新派，帶有革命氣度，而徽學大體仍襲東林遺緒，闡宋述宋，不如吳學之嚴格劃分漢宋疆界。其後戴震於乾隆二十二年，時年三十五歲，南遊揚州與惠棟相識，在揚州客居四年，其論學宗旨始變，一轉而近於吳學故訓之說。後人論乾嘉時大學者，推惠戴二人，惠棟治經求其古，戴震治經求其是，究之舍古亦無以爲是，因此兩派終於同趨。

江浙吳皖學風的轉變，其始本於愛好民族文化，厭惡異族統治，但不敢公開反抗，因在學術上負隅。雖對古經典之訓詁考訂有發明，但卻將宋代儒者那種以天下爲已任的精神逐漸喪失了。而此後的讀書人，應科舉，全只爲做官，只在爲個人利祿打算，全然沒有國家民族觀念。所以清代中葉以後，學術雖盛，吏治卻漸衰，尤其自乾隆中葉以至道光以後，清廷步入衰運，一面因內部上層政治滿人腐化，漢人無志節，吏治日壞。一面因內亂外患相續不斷，內有白蓮敎、川楚敎、天理敎之亂，以至道光末洪楊之亂，終成腹心大患。外自道光末雅片戰爭以後，外侮迭起，在此內憂外患不絕的情況下，讀書人乃又不得不起而愛國。

洪楊之起，本由於吏治之不良起而反抗清廷，但他們起事不久，雖卽獲得優勢，但終於不得成功的，主要原因，則在他們借着外洋耶敎而漠視了兩千餘年的民族傳統文化，遂激起了一輩傳統讀書人的反感，爲保全民族文化起而平亂。但也因此而使漢人在淸政權下獲得重視，地方政權逐漸又轉移到漢人之手，於是中國的讀書人也從故紙堆中覺醒，再歸向宋儒以來以天下爲己任的老路上去。惜內部政治已衰，外國西洋文化急速滲入，政府昧於外情，雖然舉國上下均求以變法自強，而遲遲難有成效。

在此情勢下，一般力求革新之人，終於轉移目光到人才培養與教育改革上。同治以後，卽有興學校與廢科擧之舉，然學術培養非短時期能收成效，而尤其學校教育的改革，絕不能完全捨棄過去原有的歷史文化傳統。不幸晚淸以來的教育改革，其聲勢大，其改革澈底，其時期快速，然而全然如沙漠上建築，無堅固根基，因此近百年來中國新學校教育，論其實際，並未能爲國家培養出眞需要的理想人才。故只得稱此一時期爲教育的衰落時期。

# 第二章　清代學校教育與科舉考試

清代學校教育及科舉考試大體說來都是一仍明舊。然而學校教育在明代中葉以前，極受國家重視，政府人才也多由學校出身，中葉以後，政府用人趨重於科舉考試，學校教育逐漸式微。清代學校教育，雖一切規章制度皆襲明舊，其實虛有其文而已。學校教育主要在為科舉之準備，科舉取士也只為用以箝制牢籠當時士人的一種手段。要之，有清一代無論學校教育及科舉制度，皆為滿人統治中國的一種工具，絕非有意在為國家培養人才、選拔人才，所以清代政府對教育尤嚴重訓導，其目的卽在此。順治九年頒臥碑文於直省儒學明倫堂。文曰：

> 朝廷建立學校，選取生員，免其丁糧，厚以廩膳，設學院、學道、學官以教之。各衙門官以禮相待，全要養成賢才，以供朝廷之用，諸生皆當上報國恩，下立人品，所有條例開列於後。

此明言學校養士僅供朝廷之用，諸生當上報國恩，所謂作育人才，亦惟此一項目的而已。

康熙三十九年，又頒聖諭十六條於直省學官，並命：

> 每月朔望令儒學教官傳集該學生員宣讀，務令遵守。違者責令教官并地方官詳革治罪。

四十一年又頒御製訓飭士子文於直省儒學，並令各府州縣學宮一體勒石遵行。雍正二年頒發聖諭廣訓，並御製序文，於直省學宮。雍正七年議准：

> 令直省各督撫轉飭地方官，將欽定臥碑御製訓飭士子文敬謹刊刻，裝璜成帙，奉藏各學尊經閣內。遇督撫到任，及學臣到任，按臨放考祇謁先師之日，該教官率生員貢監等，詣明倫堂行三

跪九叩禮畢，教官恭捧宣讀，令其拱聽。如有無故規避者，行學戒飭。其有居址遙遠者，令其輪班入城，恭聽宣讀。

又規定聖諭廣訓不能背錄者，不准錄取。又自順治起，屢次嚴飭學官約束士子，不得立社結盟聚黨，違者治罪。學臣奉行不力，糾參處置。又飭地方官拿究申革。有論年序譜，指日盟心者，照奸徒結盟律，分別治罪。據此種種，也可知清廷辦學及行科舉之用心。

蓋自漢武帝表章五經，太學生通經致用，朝廷用意在尊經尊儒，朝廷一切立法行政，皆以儒學為本。故曰：「孔子為漢制法。」又尊之曰「素王。」此為中國士人政府之開始。唐、宋皆遵此傳統，大體言之，乃屬政府之尊儒。元代雖亦尊儒，但政府用人行政自有一套，主權操在蒙古人手中，一般儒生多只在野講學而已。及明代重用儒，其國立學校培養人才乃僅為政府之用，與兩漢、唐、宋之尊儒崇儒意已不同，但儒生不樂為政府用者，仍得在野自由講學。清代則為儒僅得為政府用，若其在野講學，則僅得講一套與世務人生及政治絕不相干之學，所謂乾、嘉經學即其代表。故兩漢、唐、宋，學為主，政為從。元、明、清三代政為主，學為從。而此三朝，明最佳，元次之，而清為下。因元、明兩代尚有在野講學之自由，清則並此無之也。其學校與科舉皆不離此大格局。

## 第一節　學校教育

### 一、國學

清代中央設國子監爲國立太學，始於順治初。清史選舉志云：

有清學校向沿明制。京師曰國學，及八旗宗室等官學，直省曰府州縣學。世祖定鼎燕京，修葺明北監爲太學。順治元年，置祭酒、司業及監丞、博士、助教、學正、學錄、典籍、典簿等官。設六堂爲講肄之所，曰率性、修道、誠心、正義、崇志、廣業，一仍明舊。

國子監學官職責亦有詳細規定。清朝文獻通考云：

順治元年，始置國子監官詳定規制。

祭酒司業職在總理監務，嚴立規矩，表率屬員，模範後進。監丞職在繩愆，凡教官怠於師訓，監生有戾規矩，並課業不精，悉從糾舉懲治。博士、助教、學正、學錄，職在教誨，務須嚴立課程，用心講解。如或怠惰，致監生有戾學規者，堂上官舉覺罰治。典籍職在收掌一應經史書板。典簿職在明立文案，並支銷錢糧季報文册。

國子監學官由漢、滿分任，以後又加蒙古助教。至於國子監的學生，亦如明代分多種貢監生。清史選舉志云：

肄業生徒，有貢有監。貢生凡六，曰歲貢、恩貢、拔貢、優貢、副貢、例貢。監生凡四，曰恩監、廕監、優監、例監。廕監有二，曰恩廕、難廕，通謂之國子監生。

又云：

貢監生諸色目多沿明制。

歲貢——取府州縣學食廩年深者挨次升貢。

恩貢——因明制國家有慶典或登極詔書，以當貢者充之。

拔貢——因明選貢遺制。令學臣於考取一二等生員內遴選文行兼優者貢太學，後又定朝考制。

副貢——朝考副榜入監，及鄉試中式，副榜增附，准作貢監廩生。

優貢——與拔貢並重。順治二年，令直省不拘廩、增、附生，選文行兼優者。大學二人，小學一人，送監。雍正間，始析貢監名色，廩、增准作優貢，附生准作優監。

例貢——例貢與例監相仿，由廩、增、附生或俊秀監生，援例報捐貢生者，曰例貢。

（恩、拔、副、歲、優時稱五貢，科目之外由此者，謂之正途。所以別於雜流也。）

（以上是六貢）

恩監——由八旗漢文官學生，算學滿漢肄業生，考取又臨雍觀禮。聖賢後裔，由武生、奉祀生俊秀入監者皆為恩監。

例監——與例貢相仿，由俊秀援例報捐監生者，曰例監。

優監——優貢之選，本不拘廩、增、附生，選文行兼優者送監。雍正間始析貢監名色，廩、增作優貢，附生准作優監。

廕監——分恩廕、難廕兩種。

恩廕——凡滿、漢子弟，奉敕送監讀書，恩詔分別內外，文武品級，廕子入監。

難廕——始於順治四年，以殉難陝西固原道副使呂鳴夏子入監讀書。九年定內外滿漢三品以上官，三年任滿勤事以死者，廕一子入監。後廣其例。凡三司首領州縣佐貳官死難者，亦得廕子。

（以上是四監）

清代貢監生亦如明制，又有廩膳生增附生之分。清史選舉志雖曰清代貢監生諸色目多沿明制，其實較明代複雜。

國子監生課業亦有規定。清朝文獻通考云：

各監生於朔望日隨行釋奠禮外，有講書（兩廂及六堂講四書、性理、通鑑博士講五經）覆書上書覆背諸課，每月三回，週而復始。各監生凡聽講書後習讀講章，有未能通曉者，卽赴講官處講解，或赴兩廂質問。每日各監生務寫楷書六百字以上，須端楷有體。

關於考課之法規定爲：

在監肄業各監生，祭酒三月季考一次，司業每月月課一次，務期齊集，不許託故規避。

國子監生坐監日期，各種貢監生規定不同，自六月至三十月不等。明代監生例需坐監，清初則名爲坐監肄業，其實假館散處。

清史選舉志云：

太學生名爲坐監肄業，率假館散處，遇釋奠堂期季考月課，暫一齊集監內，舊有號房五百餘間，修圮不時。且資斧不給，無以宿諸生。

又清代亦沿用明制，國子監積分撥歷黜罰諸法，亦只是具文而已。士子在監僅爲恃此進身而已。中央除國子監外，另有宗學、覺羅、官學等，乃專爲滿洲宗室子弟而設，玆不詳述。根據上引條文，可見當時國立大學僅如一衙門，只見規章，來學者充其量只是讀書獲取資格，而並無學校教育精神，說不上講學培養才德，則宜乎有名無實，連讀書亦只成一虛規章。

## 二、府州縣學

清代地方學校教育亦襲明制。清史選舉志云：

各府州縣衞儒學，明制具備，清因之。世祖戡定天下，命賑助貧生，優免在學生員，官給廩餼。初各省設督學道，以各部郎中進士出身者充之，惟順天、江南、浙江爲提督學政，用翰林官。宣、大、蘇、松、江安、淮揚、肇高，先皆分設，旣乃裁併。上下江湖南北則裁併後，仍分設。雍正中，一體改稱學院，省設一人。

府州縣地方學校教師：

各學教官，府設教授，州設學正，縣設教諭各一，皆設訓導佐之，員額時有裁併。

府州縣學學生：

生員色目，曰廩膳生、增廣生、附生。初入學，曰附學生員，廩增有定額，以歲科兩試，等第高者，補充生員額。初視人文多寡，分大中小，大學四十名，中學三十名，小學二十名。嗣改府視大學，大州縣視中學減半，小學四名，或五名。康熙九年，大府州縣仍舊額，更定中學十二名，小學七名或八名，後屢有增廣。

所定教官考校之法：

有月課季考，四書文外兼試策論。翌日，講大淸律，刑名錢穀要者若干條。月集諸生明倫堂，誦訓飭士子文，及臥碑諸條，諸生環聽。

府州縣學功課中，滿清皇帝先後所頒聖諭廣訓，及訓飭士子文是其中很重要一課。自儒童入學，考試及覆試，都要背錄一條。雍正時，更曾規定聖諭廣訓凡不能背錄者，不准錄取。進學後，月課中又要誦讀。當時規定新進生員，如國子監坐監，照例需在學肄業，到次期新生入學爲滿期，但實際在學者也極少。清史選舉志載政府規定：

> 除丁憂患病游學有事故外，不應月課三次者戒飭，無故終年不應者黜革，試卷申送學政查覆。

又：

> 訖於嘉慶，月課漸不舉行，御史辛從益以爲言。詔令整頓。嗣是教官多闒茸不稱職，有師生之名，無訓誨之實矣。

清府州縣學雖一依明制，其實亦形同具文。此外地方教育亦有義學社學之名，但亦形同具文。清史選舉志曰：

> 社學鄉置一區，擇文行優者充社師。免其差徭，量給廩餼，凡近鄉子弟，十二歲以上令入學義學。初由京師五城各立一所，後各省府州縣多設立，教孤寒生童，或苗蠻黎猺子弟秀異者，規制簡略，可無述也。

要之，清代學校教育無論國學或府州縣學，均不能負國家教育之責，學校全成科舉考試之準備。而終成爲無學校。因若爲科舉考試作準備，則官學實不如私學，大家儘在私學中作準備，不煩進官學也。亦因官學教師，僅係一卑官微職，不如私學教師，尚能當得上一教師。當時社會猶得保存中國傳統文化之一脈於不墜者，則惟此等不當政府卑官微職之私家之師，來盡其責任。換言之，此一責任在社會不在政府，亦可謂在風俗不在法制。

## 第二節　科舉考試

清代科舉考試大體說來多沿明舊，清史選舉志曰：

有清科目取士承明制，用八股文，取四子書，及易、書、詩、春秋、禮記五經命題，謂之制義。三年大比，試諸生於直省，曰鄉試。中式者爲舉人。次年試舉人於京師，曰會試，中式者爲進士。天子親策於廷，曰殿試，名第分一二三甲、一甲三人，曰狀元、榜眼、探花，賜進士及第。二甲若干人，賜進士出身。三甲若干人，賜同進士出身。鄉試第一曰解元，會試第一曰會元，二甲第一曰傳臚，悉仍明舊稱也。

但較明代嚴格，清史選舉志曰：

有清以科舉爲掄才大典，雖初制多沿明舊，而愼重科名，嚴防弊竇，立法之周，得人之盛，遠軼前代。

清廷在順治入關前已曾開科取士，太祖天聰三年首次舉行。太祖下詔令「諸貝勒府以下，及滿、漢蒙古家，所有生員俱令考試。」其時漢人多被分爲滿人宗室家爲奴，所以詔令上特別說到「各家主毋得阻撓，有考中者，仍以別丁償之。」此次考試得二百人，一等者賞緞二，二等三等者賞布二，俱免二丁差徭。天聰八年，禮部考取通滿洲、蒙古、漢書文義者爲舉人。崇德六年，又考取舉人七名，此雖仿效中國科舉取士，但無詳細考試規定。

順治正式入統中國，元年卽定下舉行鄉會試年分。

定以子午卯酉年鄉試，辰戌丑未年會試，鄉試以八月，會試以二月，均初九日首場，十二日二場，十五日三場。殿試以三月。

二年又頒科場條例：

首場——四書三題，五經各四題，士子各占一經。四書主朱子集註。易主程傳，朱子本義。書主蔡傳。詩主朱子集傳。春秋主胡安國傳。禮記主陳澔集說。（其後春秋不用胡傳，以左傳本事爲文，參用公羊、穀梁。

二場——論一道。判五道。詔誥表內科一道。

三場——經史時務策五道。

鄉會試同，乾隆間改會試三月，殿試四月，遂爲永制。

清代考試無論年分及科場條例皆因襲明制，以八股文爲主。然清代亦屢次欲廢八股文，而終於不廢。康熙二年首次議廢八股文。清史選舉志曰：

鄉會試，首場試八股文。康熙二年，廢制義，以三場策五道移第一場，二場增論一篇，表判如故。行止兩科而罷。四年，禮部侍郎黃機言，制科向係三場先用經書，使闡發聖賢之微旨，以觀其心術。次用策論，使通達古今之事變，以察其才猷。今止用策論，減去一場，似太簡易，且不用經書爲文，人將置聖賢之學於不講。請復三場舊制。報可。七年，復初制，仍用八股文。

這一次廢八股文，自康熙二年廢，七年復初制，中間只有五年兩科，又一切如舊。七十年後乾隆三年有兵部侍郎舒赫德，認爲科舉制憑文而取，按格而官，積弊日深，僥倖的人日衆，已非良法，不足以眞得人才，應改移更張，別思遴拔眞才之道。他上表批評當時科舉制說：

古人詢事考言，其所言者，卽其居官所當爲之職事也。時文徒空言，不適於用。墨卷房行，輾轉抄襲，膚詞詭說，蔓衍支離，苟可以取科第而止。士子各占一經，每經擬題多者百餘，少者數十。古人畢生治之而不足，今則數月爲之而有餘。表判可預擬而得，答策隨題敷衍，無所發明，實不足以得人。

他的表下禮部覆奏，承認科舉之法自明至淸皆出於時藝，時藝之弊，正如舒赫德所說。但聖人也不能使立法無弊，主要在因時而補救之。補救之道，則在知人責實。只要「司文衡職課士者，誠能仰體諭旨，循名責實，力除積習，杜絕僥倖，文風日盛，眞才自出。」也就不必更張定制，於是寢其議。這時正是大學士鄂爾泰當國，力持駁議，所以科舉制義二次得以不廢。

乾隆朝又有請廢制義之議。淸史選舉志未載明在何年，只知起因於乾隆元年，高宗下詔曰：「國家以經義取士，將以覘士子學力之淺深，器識之淳薄，風會所趨，有關氣運。人心士習之端倪呈露者甚微，而徵應者甚鉅，當明示以準的，使士子曉然知所別擇。」於是學士方苞奉敕選錄明、淸諸大家時文四十一卷，於乾隆六年刻成，曰欽定四書文，頒爲程式，分給太學頒布天下，以爲舉業指南。行之旣久，攻制義者或剽竊浮詞，罔知根柢，楊述曾至請廢制義，以救其弊。但也沒有廢成。

今從淸中葉以前三次請廢制義事，可知八股文之弊淸人未始不知，然屢議廢而終不能廢，則亦由考試制爲國家重典，沒有一更好的制度代替，卽無法遽廢。至淸末，政府腐敗，內憂外患交迭而至，更無暇關注敎育事業，科舉考試至淸末也更趨於庸濫，而終於廢了。但政府用人，亦終未能建立起一新的好制度。

淸代科舉考試規則較前嚴格。舉其大者言，考官之選，多用翰林進士出身，選舉志曰：

鄉會考官初制，順天、江南正副主考，浙江、江西、湖廣、福建正主考，差翰林官八員。他省用給事中，光祿寺少卿，六部司官行人中書評事。某官差往某省，皆有一定。

初考官不限出身，康熙十年，從御史何元英請，考官專用進士出身人員。然舉人出身者，間亦與焉。雍正三年，頒考試令，始限翰林及進士出身部院官。

又有覆試磨勘的嚴格規定。覆試起於康熙五十一年。選舉志曰：

康熙五十一年壬辰，順天解元查爲仁，以傳遞事覺而逸。帝疑新進士有代倩中式者，親覆試暢春園，黜五人。會試覆試自是始。

乾隆間或命各省督撫學政，於鄉試榜後覆試，或專覆試。

五十四年貢士單可虹，覆試詩失調訛舛，不符中卷，除名。詔旨嚴切。謂禮闈非嚴行覆試，不足拔眞才，懲倖進。至嘉慶初，遂著爲令。

道光二十三年，定制各省舉人一體至京覆試，非經覆試不許會試。

覆試詩文疵謬，詩失粘，擡寫錯誤，不避御名廟諱，至聖諱，罰停會試殿試一科或一科以上。

又

定例，各省鄉試揭曉後，依程限解卷至部磨勘。遲延者罪之。蓋防考官闈後修改試卷，避吏議也。磨勘，首嚴弊倖，次檢瑕疵。字句偶疵者，貸之。字句可疑，文體不正，舉人除名。若干卷以上，考官及同考革職，或逮問。不及若干卷，奪俸或降調。其校閱草率，雷同濫惡，雜然並登，及試卷不諳禁例，字句疵蒙謬類，題字錯落，眞草不全，謄錄錯誤，內外簾官舉子議罰有差。禁令之密，前代未有也。

清代磨勘官初由禮部及禮科主之，康熙間，開始欽派大臣專司其事，於是令九卿公同磨勘。

清代不僅考試規則嚴格，又特別看重寫字。清朝文獻通考載：

（康熙五十七年）奉諭旨，考試月官令作八股時文，大都抄錄舊文，苟且塞責。嗣後不必作八股時文，止令寫履歷以三百字爲限，觀其書法妍醜，文理工拙，則人之優絀，自可立見矣。

又載：

（雍正二年）奉諭旨，闈中謄錄試卷弊端甚多，甚有賄囑者，則書寫精工，否則潦草舛錯致悞佳文。著知貢舉及監試御史嚴行申飭，其謄寫不工者，必重加責懲，令其重寫，併令對讀官員嚴飭各生悉心校對，勿使字畫錯誤。倘有外簾官失於查察，日後發覺，將該管官一併嚴加議處。

總之，清代學校與科舉，其權皆操於政府，則所培植者乃官吏非才德，所注重者在法制非教育。中國歷史文化傳統深厚，此種在上所定之法制不得在下者之同情，則惟有更加嚴於禁防約束。積極意義既失，消極手段亦不能久。

其較值重視者，爲清代之翰林院，其制亦因襲明代。明代進士被選入翰宛，理應留在翰宛讀書，但明代多只徒有虛名，清代則對翰林院簡選極嚴格，入選後必需留院讀書。清史選舉志曰：

凡用庶吉士曰館選。初制，分習清、漢書，隸內院，以學士或侍讀敎習之。自康熙九年，專設翰林院，歷科皆以掌院學士領其事，內閣學士間亦參用。三十三年，命選講讀以下官，資深學優者數人，分司訓課曰小敎習。六十年，以禮部尚書陳元龍領敎習事，厥後尚書侍郎閣學之不兼院事者，並得爲敎習大臣。滿、漢各一。雍正十一年，特設敎習館，頒內府經史詩文，戶部月給廩餼，工部供張什物，俾庶吉士肄業其中，尤爲優異。三年考試散館，優者留翰林，爲編修檢討，次者改給事中，御史、主事、中書、推官、知縣、敎職，其例先後不一。翰林院遂爲政府儲才之所。科舉取士雖未能得眞材博學之士，被簡選爲庶吉士，入翰林院，則有三年再讀書機會。其被選者，又確知前途有望，並又近在中央政府，一面可以安心讀書，一面留心政事，人材由此而出。清史選舉志曰：

凡留館者，遷調異他官。有清一代，宰輔多由此選。其餘列卿尹膺疆寄者，不可勝數。士子咸以預選爲榮。而鼎甲尤所企望。

以清制較之明制，明代對庶吉士敎讀較嚴，反使庶吉士告假不留京，清代對庶吉士敎讀較寬，漸成具文，但反使庶吉士留京，自得優游上進。中國傳統政治從政者必秉學術修養，明、清兩代之翰林院，其意略如西漢國立太學中之五經博士及其弟子，惟漢代先經博士授讀，再有考試，明、清先經考試，始得入翰林院受讀，而又不限分治一經之太涉專門化。故此制實在明、清兩代，有其無形之貢獻，而貢獻抑又甚大也。

# 第三章　清代書院教育

清代書院可以分爲三個階段，清初書院主要爲明末遺老講學之所，其講學精神仍在明代理學一脈。明末書院最高者爲東林，東林精神主要在反王學之空虛，而反歸朱學，又反山林隱逸，而以能留心政治爲尚。清初遺老繼此遺緒，雖不明白反對現政權，但至少學術與現政權分途，有甚深之距離，而又非山林隱逸之比。所以清初朝廷甚不樂見社會有書院。至雍正末，朝廷漸倡書院，於是社會書院林立，而此時期之書院，重要在補官學之缺弊，僅爲科舉作準備，與宋、元、明各代書院以講明聖學爲務的精神，則渺無相關。

道、咸以後，清廷政治日益腐敗，滿人箝束漢人的力量已大爲解放，一輩士人從只爲個人利祿打算的觀念中，重新覺醒，再要走上爲民族文化繼絕學，爲國家政治謀出路，於是此時期之書院又一變。遂轉而注重傳統經史之學，並能關心到世道與政務。玆將清代書院演變情形分期敍述如下：

## 第一節　繼東林講學遺風之清初書院講學

孫夏峯於清儒中最稱前輩，講學終身，但未建立書院。清儒學案夏峯傳載：

> 崇禎十五年攜家之易州五公山，結茅雙峯。門生親故從而相保者數百家，修飭武備，爲守禦計，暇則講學。擾攘之中，弦誦不輟。明亡歸隱。

是有講學事業，而無書院形式也。

又

因田園被圈入旗，南徙河朔輝縣蘇門山，工部郎馬光裕奉以夏峯田廬，率子弟躬耕，四方學者歸之，亦授田使耕，所居成聚，居夏峯凡二十五年。……承明季講學之後，氣象規模最爲廣大。被其教者，出爲名臣，處爲醇儒，世以比唐初河汾之盛。

此爲孫夏峯講學之情況。

又有黃宗羲，明亡奉母返餘姚，著述講學。清儒學案曰：

既而請業者日至，復舉證人書院之會於越中，以申蕺山之緒。其後東之鄞，西之海寧，皆請主講。守令亦或與會，然非其志也。

此明沿明代書院之名。惟棃洲注重經史實學，與明代講學家專務心性空談者不同。

又如李二曲講學江南及關中延陵書院，淸儒學案二曲傳載：

常州守駱鍾麟，初爲盩厔令，造廬請業，事之如師。至是迎至常州講學，以慰學者之望。無錫、江陰、靖江爭來迎。所至，聽講者雲集，執贄門下甚衆。爲建延陵書院，肖像奉之。歸，主關中書院。

二曲集歷年紀略曰：

康熙十二年，總督鄂善修復關中書院，肅幣聘先生講學。先生登座，公與撫軍藩臬以下，抱關擊柝以上，及德紳名賢進士舉貢文學子衿之衆，環階席而侍聽者幾千人。先生立有學規、學約，約束禮儀，整肅身心。三月之內，一再舉行，鼓蕩摩厲，士習丕變。

孫夏峯、黃宗羲、李二曲稱清初三大儒，皆主王學。

又有陸桴亭：

避世終隱，築桴亭居其中。罕接賓客，與同志講學，遠近歸之。既而應學者之請，講於東林，又再講於毗陵。

其在太倉之講學略如東林，乃以友朋討論爲主。其在東林與毗陵之講學，則在書院中以一人主講。

又有高世泰講學東林書院。清儒學案梁溪二高學案云：

高世泰字彙旃，無錫人，忠憲公攀龍從子。少侍忠憲講席，篤守家學。明崇禎丁丑進士，擢湖北提學僉事。修濂溪書院，進諸生數百人講學。……及歸林下時，東林書院毀廢已十餘年，先生重建之。取舊藏先聖木主，奉祀春秋，仲丁行釋菜禮。次第復道南祠麗澤堂築，再得草廬講學其中。四方學者相率造廬問道，凡三十餘年。以東林先緒爲己任，壇坫復盛。清初鉅儒李二曲、陸桴亭、張伯行皆嘗至會講。

先正事略云：歙人有汪學聖者，援儒入禪。既至東林，乃悟前非。於是有吳慎、施璜等，皆由汪學聖游學東林，師事高彙旃，歸歙而講學於紫陽、還古兩書院。清儒學案載：

吳日慎，字徽仲，號敬庵，歙縣人。諸生，家貧力學。游吳，隱於醫。聞彙旃講學東林，往從游。虛心請益，析疑問難，時出讜論。後返里，會講紫陽、還古兩書院，守白鹿洞學規。以居敬窮理，返躬踐實爲主。

又

施璜字虹玉，號誠齋，休寧人。少過郡紫陽書院，有講學者往聽之。聞身心性命之緒論，喟然曰：「學者當如是矣。」遂棄舉業。發憤潛修。於先儒諸書，能辨其源流，得其指歸。時新安紫陽、還古兩書院，每月會講，往往推爲主席。必先期齋戒，莊肅將事。於先儒語錄多所發明。康熙壬子歲，來梁溪，謁彙旃，執贄行師事禮。彙旃推重之，會輒推爲祭酒。

先正事略云：

汪星溪、安徽休甯人。與同人發明程、朱正學。嘗曰：「紫陽書院正吾黨講學明道之壇坫也。」振興紫陽大會，訂六邑同人，歲以朱子生日行釋菜禮。講學三日，一遵白鹿洞遺規。此外若休城四孟會、白嶽聖誕會、各邑熟月講會，皆不憚遠涉，應期必赴。

有顏習齋顏氏學記云：

肥南有漳南書院，邑人請先生往設教，爲立規制甚宏。從遊者數十人，遠近翕然。

碑傳集云：

伯行字孝先，號敬庵，河南儀封人。甲申損貲建清源書院於臨清，建夏鎭書院於夏鎭。濟陽舊有書院，歲久傾圮，煥然新之。皆招士之有文行者，砥礪其中。至福建，建鰲峯書院。又出家所藏書千卷，幷廣搜前賢遺書，先儒文集，命學者分任校訂，次第刊布之。甲午在吳建紫陽書院，其規模制度及講貫課試之法，大略與閩同。一時士風丕變。

張伯行學宗朱子，刊書亦多，於清初有貢獻，但仕清廷至高官，清廷以陸稼書從祀孔廟，以稼書乃清廷僅一卑官也，而伯行不得預。此見清廷提倡朱學極具深意，凡高官治朱學皆不預。清廷亦明知民間學者之心理也。

又有沈求如姚江書院志曰：

姚江講學之盛，前稱徐、錢，後稱沈、史。

沈求如餘姚人。崇禎末，與念臺劉子會講證人社。劉子死節，哭之慟。自謂後死，作人明道之意益篤。使門人重繕義學，月旦臨講。曰：陵谷變遷，惟學庶留人心不死。

先正事略云：

沈求如，餘姚諸生，嘗從蕺山劉子，會講證人社。歸闢姚江書院，與史子虛輩申明良知之說。其所學或以爲近禪，而言行敦潔較然，不欺其志，故推醇儒。明亡，聞劉子絕粒死，哭之慟，已而講學益勤。

又

史子虛，名孝咸，繼求如主姚江書院。嘗曰：「空談易，對境難。」於居處恭，執事敬，與人忠三語，精察而力行。家貧，日食一粥。醓潔之士多歸之。

以上所舉可見清初書院講學之一斑，而其間以東林、紫陽、還古、姚江諸書院爲盛，此皆繼明代講學之風者。

## 第二節　雍正後為科舉準備之書院教育

清初政府本不提倡書院，陳東原中國教育史引大清會典云：

順治九年上諭勅：「各提學官督率教官，務令諸生將平日所習經書義理，着實講求，躬行實踐，不許創書院，羣聚結黨，及號召地方遊食之徒，空談廢業。」

此不啻明令禁止立書院也。其後雖較緩和，清文獻通考載：

順治十四年　修復衡陽石鼓書院。撫臣袁廓宇疏言，衡陽石鼓書院崇祀漢臣諸葛亮及唐臣韓愈宋臣朱熹等，諸賢聚生徒講學於其中，延及元、明不廢。值明末兵火傾圮，祀典湮墜。今請倡率捐修，以表章前賢，興起後學，歲時照常致祭。從之。

康熙二十四年　頒發御書「學達性天」匾額於白鹿洞書院、嶽麓書院。

四十二年　御書「學宗洙泗」匾額令懸山東濟南省城書院。

六十一年　頒御書「學道還淳」匾額於蘇州紫陽書院。

但對書院並不提倡。雍正四年，有江西巡撫裴𢯱度請選一人爲白鹿洞掌教，政府正式拒絕。皇朝政典學校書院類載：

上諭據裴𢯱度奏請揀選一人爲白鹿書院掌教，部議不準行，甚是。朕臨御以來，時時以教育人材爲念，但期實有益於學校，不肯虛張課士之美名。蓋欲使士習端方，文風振起，必賴大臣督率，所司躬行實踐倡導於先，勸學興文孜孜不倦，俾士子觀感奮勵，立品勤學，爭自濯磨，此乃爲政之本。至於設立書院，擇一人爲師，如肄業者少，則教澤所及不廣，如肄業者多，其中賢否混淆，智愚雜處，而流弊將至於藏垢納污，如釋道之聚處寺廟矣。若以一人教授，即能化導多人，俱爲端人正士，則此一人之才德，即可以膺輔弼之任，受封疆之寄而有餘，此等之人豈可易得。其奏請頒發未備之典籍亦不知未備者是何等書，不便頒發。至於奏請特賜匾額，當年既經聖祖仁皇帝賜以御書，今朕亦不必再賜。

蓋學校乃政府官立，而書院則屬社會私家性質。漢武帝表章五經，宋代以胡瑗蘇湖講學注定爲大學制度，此皆以政從學，以官尊私，主以學術來領導政治。此與明代張居正之摧抑書院以及清政府之輕視書院，皆主以政抑學，以公蔑私，以政治來領導學術，其意大不相同。直至雍正十一年才對書院設立的觀念有所改變，然自順治入關，至雍正十一年，清代立國已九十年矣。

清朝文獻通考載：

雍正十一年命直省省城設立書院，各賜帑金千兩爲營建之費。

諭內閣各省學政之外，地方大吏每有設立書院聚集生徒講誦肄業者。朕臨御以來，時時以教育人材爲念，但稔聞書院之設實有裨益者少，浮慕虛名者多，是以未嘗敕令各省通行，蓋欲徐徐有待，而後頒降諭旨也。近見各省大吏漸知崇尚實政，不事沽名邀譽之爲，而讀書頗能屏去浮囂奔競之習，則建立書院，擇一省文行兼優之士，讀書其中，使之朝夕講誦，整躬勵行，有所成就，俾遠近士子觀感奮發，亦興賢育才之一道也。督撫駐劄之所，爲省會之地，著該督撫商酌奉行，各賜帑金一千兩，將來士子羣聚讀書須預爲籌畫，資其膏火，以垂永久。其不足者，在於存公銀內支用，封疆大臣等並有化導士子之職，各宜殫心奉行，黜浮崇實，以廣國家菁莪棫樸之化。則書院之設，於士習文風有裨益而無流弊，乃朕之所厚望也。

其實依雍正諭旨，令全國各省會開始建立書院，則書院亦變爲公立，與宋、元、明三代私家講學之書院顯不同。皇朝政典學校書院類引會典事例載：

各省會城書院直隸曰蓮池，江蘇曰鍾山，浙江曰敷文，江西曰豫章，湖南曰嶽麓、曰城南，湖北曰江漢，福建曰鼇峯，山東曰濼源，山西曰晉陽，河南曰大梁，陝西曰關中，甘肅曰蘭山，廣東曰端溪、曰粵秀，廣西曰秀峯、曰宣城，四川曰錦江，雲南曰五華，貴州曰貴山，皆遵旨賜帑銀一千兩，歲取租息贍給師生膏火。其廣東端溪、粵秀二書院各一千兩，湖南嶽麓、城南二書院，及廣西秀峯、宣城二書院，俱各共一千兩，至奉天瀋陽書院，於每學學田租銀內酌量撥給，作爲師生膏火。其餘各省府州縣書院，或紳士出資捌立，或地方官撥公經理，俱申報該管官查覈。

至此則書院已成官學，不再是民間自由講學的精神所表顯矣。

清朝文獻通考載：

乾隆元年諭，書院之制所以導進人才，廣學校所不及。我世宗憲皇帝命設之，省會發帑金以資膏火，恩意至渥也。古者鄉學之秀始升於國，然其時諸侯之國皆有學。今府州縣學並建，而無遞升之法，國子監雖設於京師，而道里遼遠，四方之士不能胥會，則書院卽古侯國之學也。居中講習者固宜老成宿望，而從遊之士亦必立品勤學，爭自濯磨，俾相觀而善，庶人材成就，足備朝廷佐使，不負教育之意。該部卽行文各省，督撫學政，凡書院之長，必選經明行修足爲多士模範者，以禮聘請。負笈生徒，必擇鄉里秀異、沈潛學問者，肄業其中。其恃才放誕佻達不羈之士，不得濫入書院中。酌倣朱子白鹿洞規條之儀節，以檢束其身心，倣分年讀書法，予之程課，使貫通乎經史，有不率教者則擯斥勿留。學臣三年任滿，諮訪考核，如果教術可觀，人材興起，各加獎勵。六年之後，著有成效，奏請酌量議敘。諸生中材器尤異者，准令薦舉一二，以示鼓舞。

這無疑說明書院亦成官立學校。師長的選擇、生徒的考覈、課程的規定，都由政府管理。此則以政治統馭學術也。當時一般學者之反應，則純治學術不談政治，乾嘉經學之精神卽在此。與晚明東林書院提倡學術必談政治之意旨正大相反。

清會典載：

書院師長由督撫學臣，不分本省鄰省，已仕未仕，擇經明行修足爲多士模範者，禮聘。

又

書院生徒由駐省道員專司稽察，各州縣秉公選擇，布政使會同道再加考驗，果係材堪造就者，方准留院肄業。

清會典事例載：

乾隆三年議准，嗣後各學政舉薦書院優生到部，照彙題通省優生之例，廩生作爲歲貢生，附生作爲監生，俱劄監肄業。

清史選舉志曰：

各省書院之設，輔學校所不及。初於省會設之，世祖頒給帑金，風勵天下。厥後府州縣次第建立，延聘經明行修之士爲之長，秀異多出其中。高宗明詔獎勸，比於古者侯國之學，儒學寖衰，教官不舉其職，所賴以造士者，獨在書院，其裨益育才非淺尠也。

清代原有官學已極衰頹，不得不以書院補其缺。這也足說明自雍正十一年後由政府大力提倡書院教學之用意所在。至於各地書院總數不能確知。盛朗西中國書院制度一書曰：「清代書院最盛，人主亦極提倡，或頒匾額，或頒書籍，較之前代，有過之無不及。」又曰：「清書院之見於學案小識、先正事略、碑傳集、續碑傳集諸書者，爲數約三百，不能列舉其名。」陳東原中國教育史引吳景賢安徽書院沿革考謂：「卽以安徽一省而論，宋代三百年間創立了十七所書院，元代一百年間也是十七所，明代二百七十五年創立書院九十九所，清代至光緒二十八年下詔廢書院，二百五十餘年間竟有一百零三所。此可爲清代書院較前代盛行之證。」據此一省，其他各省也可推想而知。然而書院之傳統精神則蕩焉無存矣。

袁枚書院議云：

民之秀者，已升之學矣。民之尤秀者，又升之書院。升之學者，歲有餼，升之書院者，月有餼，此育才者甚盛事也。然士貧者多，富者少，於是求名賒而謀食殷。上之人探其然也。則又挾區區之廩假，以震動黜陟之，而自謂能教士，噫過矣。

續碑傳集陳澧象州鄭君傳云：

象州鄭君字獻甫，別字小谷。其學宮議曰：今之學宮乃古之所謂孔子廟，今之書院乃古之所謂學宮也。今之國子監，猶存古法，而今之國子生徧天下皆由納粟而入，發名成業，固有終身未至者。其餘鄉學，但有孔子廟耳，非學宮也。其敎職當作奉祠官耳，非學師也。學師之名，其殆主書院者尸之乎。昔潮州學爲之師者趙德也，慈谿學爲之師者杜醇也，豈嘗命於吏部哉！今以古之祠官爲學師，而以古之學師爲山長，名不正則實愈乖，但掌名籍，營糗脯，而不知敎學爲何事。其山長雖有師、有弟子、有堂、有齋，亦各緣膏火而來。天下事之觚不觚者，可勝嘆哉。

此皆見當時學人之正議。

而當時江、浙學者間，有不應科舉以家傳經訓爲名高者，如吳派領袖人物惠棟，其家四世傳經，而自身無科第。亦有一涉科第稍經仕宦，卽脫身而去者如錢竹汀、全祖望等。又如盧文弨、李兆洛等一時通儒，旣無志仕宦，惟有寄身於書院。他們旣不肯以科舉八股敎導後進，又不敢牽涉到人生現實大事，乃及政治問題，於是他們只有趨於篤古博雅之一途，寄情於古經籍之訓釋考訂上，所謂乾、嘉經學卽由此起。他們自稱爲漢學，其實漢儒經學乃把經學應用到政治上去，他們的經學，則把經學來逃避到政治外去。而且經學在漢代是極富教育意義的，連皇帝也莫能自外。但清代乾、嘉那時人，他們講做人道理，也還遵依宋儒，只做學問則一尊六經。其實他們是借着經學來躲藏，所以乾、嘉士人之講經學，恰如兩晉、南北朝門第講莊、老，只是處身事外而已。但這也是一短時期，下面清政權腐敗，對學術界不能再施高壓，而學術界風氣也就變了。

## 第三節　嘉慶以後之清代書院

嘉慶初有阮元，督學浙江時，聚諸生於西湖孤山之麓，成經籍纂詁百有八卷。後撫浙，遂以昔日修書之屋改爲詁經精舍，與孫淵如（星衍）、王述庵（昶）爲主講。先正事略云：

相國名元，姓阮氏，字伯元，號雲臺，授浙江巡撫。嘉慶六年，立詁經精舍，祀許叔重、鄭康成兩先生。延王述庵、孫淵如主講席，選高材生讀書其中，課以經史疑義及小學、天文、地理、算法。許各搜討書傳條對，不用扃試糊名法。刻其文尤雅者，曰詁經精舍集。不十年，上舍士致身通顯及撰述成一家言者，不可殫數。東南人材，稱盛極焉。

以前的書院只爲科舉作準備，爲之師者，也僅避地自修而已。詁經精舍教學精神便積極了，與前大不同。他們把避開政治的一套，公然滲透進公立的書院中來了。從前是政府提倡宋學，他們躲避一旁講漢學，現在是他們在政治上得意，正式來提倡漢學了。

嘉慶二十二年，阮元任廣東巡撫，於道光五年在廣州城粵秀山建學海堂書院，不設山長，派吳蘭修等八人爲學長同司課士，刊刻皇清經解一千四百卷，及揅經室集、學海堂集諸書。

其實皇清經解中所收，全係經學考據，與清代朝廷所正式提倡的宋學義理大不同。即如陸稼書，第一個由清政府送進孔廟的，但他的著作在皇清經解一千四百卷之中便一字也沒有。阮元是清朝大官，但他把當時在野的經學正式提倡，把在官的正學便擱置一旁了。當時的清廷也莫之奈何，而且也不覺爲異了。於是由詁經精舍及學海堂書院之後，清代的書院風氣又爲之大變了。於是有道光十八年，江蘇總督陶澍立惜陰書舍於南京，課士經史詩賦，不及制藝。

光緒十年，又有江蘇學政黃體芳捐廉創建南菁書院於江陰，仿詁經精舍例，專課經古學，以補救時藝之偏。兩江總督左宗棠助成之。延請張文虎主講，後又去請黃以周、繆荃孫繼之。光緒十一年，學使王先謙奏准在院中設局彙刊皇清經解續編。越兩載，全書告成，共一千四百三十卷。又刋南菁叢書一百四十四卷、南菁扎記二十卷、南菁講舍文集六卷。皇清經解續編所收，較之阮元之正編，範圍又放寬了。甚至如清朝初年的明遺民如顧亭林日知錄，也摘收進去。可見到此時，清代的學術風氣已重見自由，在他們的內心裏，已不再有太多顧慮與防範了。但他們在那時，似乎仍認乾、嘉經學乃學術正統，再要改進，則還在其後。

光緒十五年，張之洞建廣雅書院於廣東，聘朱一新主院。金武祥朱君一新別傳謂：

> 粵督張香濤尙書，延爲肇慶府端溪書院山長。復延入廣州爲廣雅書院山長。廣雅規模宏大，張公所新建者，儲書甚富。山長專課諸生以經訓性理及史事詞章有用之學。兩廣東西高才生咸請業。

可見那時書院中，經訓外又講性理，漢學、宋學的壁壘也打破了。本來政府提倡性理學，學術界受政府壓迫，遂避性理不講。現在政府無能，學術界解放了，講性理不就是趨附政府、迎合政府，所以宋儒性理之學，遂又受學術界注意了。本來史事附於經學，亦僅講考據，但現在史學又要復活了，連詞章之學也在書院中講究了。書院開放爲一切有用之學之研究講論之所，循此以下，學術風氣該大變了。但那時已是西學東漸、要講有用之學，乃羣趨於講西學，於是乃造成了清末民初之新形勢。

# 第四章　清末敎育革新之種種演變

清代中葉以後已逐漸步入衰運，內憂外患不斷迭起。外患自道光二十二年鴉片戰爭失敗，與英訂南京條約，割香港，許五口通商。此後咸豐七年，英、法聯軍陷廣州，八年至天津，陷大沽礮臺。十年再至天津，陷通州，入北京，燬圓明園，咸豐避難熱河，爲外兵侵入國都之第一次。光緒五年，日本滅琉球，十年中法戰起，十一年議和，失安南。十二年，與英訂緬甸條約，失緬甸。二十年，中日戰起，二十一年議和，割臺灣，失朝鮮。二十三年，德佔膠州灣。二十四年，俄借旅順、大連，英租威海衞。二十五年，法佔廣州灣。二十六年，八國聯軍入北京，光緒避難西安。二十七年，訂辛丑和約。二十九年，日俄戰起，以我東三省爲戰場。三十一年，與日訂滿州協約。宣統二年，外蒙佐倫携貳，日本併滅朝鮮。

內亂自道光末洪、楊之亂，延續十五年，蹂躪十六省，淪陷六百餘城。但在此前，乾隆末葉民變之事已數見，最大者爲川、楚敎匪，直至嘉慶七年始平。以後又有浙、閩海寇，山東天理敎，至道光末而終於釀成洪、楊之大亂。洪楊始平，捻、回之亂又熾。

由於外患內亂之更迭而起，而引起財政衰竭，加以政治腐敗，百孔千瘡，而又加上了洋務外交兵事等新問題，不得不使當時政府及社會目光都轉移到培養人才和敎育改革的方面去。

晚清興學，大略言之，可分爲兩期，自同治初年至光緒辛丑二十七年爲第一期，光緒二十七年以後至清末爲第二期。玆分別簡敍如後：

## 第一節　晚清興學之第一期

同治元年，以總理外國事務衙門奏，於京師設立同文館，教授各國語言文字，其目的只在造就翻譯人才。

同治二年，以江蘇巡撫李鴻章之請，在上海設立廣方言館。

同治五年，左宗棠總督福建，創設船廠，並設隨廠學堂，爲福建船政學校。同治十二年沈葆楨陳選派學生分赴英、法學習，多由此船政學校選出。又清末海軍將領多閩人，也由此學校出身。

光緒五年，天津創辦電報學堂。八年於上海設立電報學堂。爲中國最早的實業學校。

光緒八年，北洋大臣李鴻章奏設天津水師學堂，訓練海軍。

光緒十一年，李鴻章奏設天津武備學堂，規制略仿西方陸軍學堂，訓練陸軍。

光緒十三年，兩廣總督張之洞奏設廣東水陸師學堂。

光緒十六年，南京設水師學堂。

光緒十九年，天津創軍醫學堂。

光緒二十一年，張之洞調任湖北總督後，奏設湖北武備學堂。又設湖北自強學堂，亦爲張之洞所創設。初分方言、格致、算學、商務四門，其後又專課方言。

光緒二十一、二年間，陝西諸省設格致實學書院。以當時各省學堂未能普設，多以變通整頓書院爲請，遂有各省格致實學書院之設。

以上初期興學，不外進修外國語言文字，以養成翻譯人才，及培養軍事人才而連帶及於機械製造以及實業人才爲主。亦漸漸有普通學校之創立、擴大及於法政經濟學等。要之，仍爲一時實用而設的學校。

光緒二十三年，盛宣懷創設南洋公學於上海，遂邁入了本期創辦興學之第二步。先是盛宣懷爲津、海關道，於天津設頭、二等學堂。頭等學堂課程四年，分工程、電學、鑛務、機器、律例五門。二等學堂課程亦四年，遞升至頭等。南洋公學之設立一如天津學制，分四院，師範院及外院、中院、上院，外院爲附屬小學，中上院卽頭、二等學堂。課程大體分中文、英文兩部。注重法政經濟，擇選其中成績優異者資送出洋。以公學爲預備學校，而以入外國大學爲目的，此可謂是近代中國有系統興學之開始。光緒二十四年，始有國立京師大學堂之籌辦，然不踰年因政變新政盡廢，至二十七年才又有復興學校之議，而首創此議者，爲山東督撫袁世凱。

此一時期，又爲中國學生游學外國之始，先有廣東容閎，生於澳門，在香港入教會學校，道光末，二十歲，赴美進耶魯大學，咸豐中，年二十七(一八五四)畢業歸國，是爲中國史上第一留美學人。歸國後，力主派遣學生往西洋受教育。由於江蘇巡撫丁日昌之推薦，得到曾國藩、李鴻章贊助而實現，於同治十一年至光緒元年，四年中，每年分批選送三十人放洋，均爲十至十六歲之學童，是爲中國正式派送留學生之開始。後來有沈葆楨派學生赴日、意、法游學，有李鴻章派員赴德學習兵技，有李、沈二人合選福建船廠生徒三千人赴歐習藝，又有派赴英國學習駕駛兵船等，此爲中國游學制度之第一期。

光緒十六年，總理衙門奏請出使英、法、俄、德、美五國大臣，每屆酌帶學生兩名，後又增兩名，爲數旣少，功效亦未彰。甲午以後游學之風復盛，人取速化，不求深造，官私學生多往日本游學。

要之，此一時期不論進新式學校或被派出洋學習，在學者本身，其目的大多只爲在政界乃至社會上謀一職業、得一地位而已。因此近人有譏之爲洋八股與洋翰林者。至多亦只求分別學到西洋一套方法與智識，求有實際貢獻。至於國家社會教育之通盤設計、根本改革，則無所措意。也並不能着意於學術眞理之探尋。總之，清末之興學，並非由中央政府所發動，亦非由社會學者之提倡，對教育根本大計作全盤之打算，而全出幾個地方官吏隨時隨地所發動，如何能在全國性的轉移風氣陶鑄人才上着眼，而求其有成效。

而且學術興起，以漸不以驟，教育改革亦必求與本國歷史傳統文化精神相關連。翻譯、軍事、造船、造砲、電報、鐵路等實用人才，猶可全倣西洋，至於法政經濟等必需以本國傳統文化與社會實際狀況爲本，若求全抄西洋的，則欲救中國而反以害之。此因當時上層政治旣腐敗，而下面學術亦無基礎無準備，遂致如此。

## 第二節　晚清興學之第二期

辛丑以後，主要的教育改革首在廢科舉。

光緒二十八年，派張百熙爲管學大臣，奏設速成科，分仕學與師範二館。仕學之意無疑要以學校代科舉，但對學校觀念則仍脫不了傳統的科舉思想，乃是爲政治來培植人才，不是由人才來領導政治。至於師範本爲中國傳統文化所素重，但是亦以從仕途來定師範，非由師範來指導仕途。總之，是政治意義爲主，學術意義爲輔，不脫明、清兩代之遺風。

至光緒二十九年，張之洞與榮慶、張百熙會商學務，奏稱奉旨興辦學堂兩年有餘，至今各省未能多設，以經費難籌，經費所以不能捐集，以科舉未停，天下士林謂朝廷之意並未專重學堂，科舉不變通裁減，人情不免觀望，紳富孰肯籌捐經費。入學堂者，恃有科舉一途爲退步，不肯專心嚮學，且不肯恪守學規。就事理論，必須科舉立時停罷，學堂辦法方有起色，經費方可設籌。光緒三十一年，袁世凱、張之洞會奏，科舉一日不停，士人有徼幸得第之人，民間相率觀望，私立學堂絕少，擬請立罷科舉。遂詔自丙午（光緒三十二年）科始停止各省鄉會試及歲科試，並諭各省學政專司考校學堂事務。至此隋、唐以來沿襲千年的科舉制度，終於廢絕，而以學校爲替代。

但由政府來辦學校，不得不有一大宗旨，於是乃有「中學爲體西學爲用」的理論出現，首倡此言者爲梁啓超。光緒二十四年梁氏擬京師大學章程有言：「中國學人之大弊，治中學者，則絕口不言西學，治西學者，亦絕口不言中學。夫中學體也，西學用也，二者相需。不講義理，絕無根柢，則浮慕西學，必無心得。前者各學堂之不能成就人才，其弊由此。」同時張之洞勸學篇亦言「中學爲內學，西學爲外學。中學治身心，西學應世事。」光緒定國是詔，亦言「以聖賢義理之學，植其根本，又須博采切於時務者，實力講求，以救迂謬空疏之弊。」

可見中學西學，兼顧並重，乃當時革新教育一共同見解。任何一國家，絕不能全照外國體制來辦教育，況我國積有五千年悠久之歷史文化，更無從一旦捨棄而能全部由抄襲而來重新創造之理，則所謂中學爲體，西學爲用，自爲當時一種最恰當的想法。只可惜在當時所謂中學，實已是學絕道喪，至少是暗昧不明，而外患日逼，內政腐敗，一切僅爲空想。學術興起，教育培養，都需一段長時期的心理準備與實際努力，而一般人心之失望，則已再也不能按捺，終於要求對政治全面徹底的改革，於是乃有辛亥革命以及民國的建立。

辛丑變法後，我國游學外國者數量大增，各省創辦學校赴日本學師範者極多，日本特設速成師範班，有數月可畢業，有一年畢業，略講教授管理之法，卽歸國創辦學校。而赴日學習陸軍者亦多。光緒三十一年考試出洋學生，予以進士舉人出身，並授以檢討主事等官，利祿之門大開，於是人人以出洋爲獵官之捷徑，而中國赴日遊學生多至數萬人。

同時留學歐美者亦不少。有由官吏派送者，有由敎會資給者，有自費遊學者，亦爭歸應考試。光緒三十二年，考試出洋學生給與出身而授官者，大都是留學歐美各國之學生，但人數遠不及留日學生之多。

光緒三十四年，美國國會議決退還庚子賠款，清廷決議以此款按年派學生百人往留學，於是游美學生遂日多。而民國以來我國學術思想、社會風氣、政治情態，也多受美國風氣之影響。

美國廣收中國留學生，始於國務卿海約翰之建議。紐約星期報論華人留學美洲之今昔（東方雜誌十四卷十二號）有云：

華人之最初來美留學者，爲已故之容閎博士。容君於一八五九年返華，力勸當局派學生來美，竟費十二年之游說，始能動心量較大者之聽，卒奏聞清廷，得俞允，派生赴美肄業。然當日華人不知外國教育之價值，多躊躇不願報名，歷一年之久，始招集學生三十名，於一八九二年來美國。其後三年間，又續派數批，每批各三十名。諸生在美受監督極嚴，須穿華服，保存辮髮，守祀孔之古禮。然雖有此等禁令，後仍嫌諸生中有違背古訓，效法美俗，就近外人者，而尤惡其接近美國女子，信仰耶敎，遂一概命之歸國。至一九〇八年，始復派學生來美，蓋從當日美國國務卿海約翰之建議。美國以中國應付之庚子賠款給還一半，卽作中國學生來美留學之經費。是年招考此幫學生，投考者六百餘人，錄取四十七名，翌年（一九〇九）派送來美，先入中學，旋升入著名各大學如哈佛、耶魯、康耐爾、里海、波杜及麥塞邱塞工業學校。諸生學業皆優良，尤以麥塞邱塞工校爲最。綜計現分佈於由大西洋至太平洋間，美國各校之中國學生，共一千一百七十人。凡被派來美之學生，均經競爭試驗錄取者，亦有政府未經錄取，而由親友私費資送來美者，是可見中國人留學外國之熱忱矣。分別計之，由賠款供給之留美學生計三百七十人，由各省官費供給約二百人，其餘私費生近六百人。綜而論之，海約翰氏之主張，其識見之遠，關係之大，不止一端。第一、此法拯救中國，不至破產。第二、以中國之款供給一種新用途，有裨於中國政府與人民之進步，夫美國退還中國之款，固仍以補助美國學校，然此區區利益，與中美二國將來之親密聯結較之，又何足比數耶。學成歸國之中國少年，一日在中國教育商政諸界具有勢力，卽美國之勢力一日將在中國歷史上爲操縱一切之元素，此在今日尤有特別意味。蓋日本目前正執亞洲之牛耳，然不得謂日本將永執此牛耳也。就近事觀之，中國終非容易受人指揮者，眞正之指揮，或有一日轉操之於中國，誠未可知。而此中國乃一部分受訓練於美國之中國也。

此一篇意見，其實甚爲切實，此下歷史演變，可有種種事實爲證。中國乃成爲一大部分受訓練於美國之中國。美國歷史，最多只四百年，中國歷史，最少亦四千年。以四千年漫長歷史之中國，受訓於四百年短促歷史之美國，亦成爲人類歷史一稀見之事。

但若干年後，美國人對中國留學生頗爲不滿，民國十一年五月十一日時報世界週刊歐美特約通信曾報導美國記者班佛應中國留美學生月報記者之請，著爲歸國留學生一篇，以眞誠懇切之詞發爲憤慨惋惜之調。對於中國留美學生已往成績多所抱憾，於是有馬素著論留學生一文，亦載時報世界週刊，頗可令人深省，當時留學政策之弊。其言曰：

本期留美學生月報載班佛先生論文，頗惹余之注意。余亦學生之一，未敢議論留學生。但余觀西人之歸自東方者，往時多說，救中國者惟有留學生，而今則改變其辭曰：「禍中國者，官僚之外，即留學生。」前後結斷，截然不同。余從實際觀察，不得不佩服班佛先生之眼光過人。今請稍舉淺鮮事實，以明班佛先生之未嘗過誣我留學生。留學生敗德之不可掩塞者，一曰虛浮。歸國留學生往往妄自高大，不屑以碩士學士之資格，與未出國門者同列。未先嘗試，即求大用，寧為高等游民，不肯屈就卑職微俸。外國學生，於大學畢業後，皆從小事練起，而中國留學生，則多數好高誇大，豈非誤於虛浮。

官費學生，多數來自清華，自費學生，大半出身教會學校。清華與教會學校向來偏重英文，對於中國學術莫不關心，故留美學生大半國文不通，國情不懂，不作中國文章，不看中國報紙。見有新從中國來者，輒向探聽消息，偶聞一二，則轉相傳述，正誤不辨，新舊不分。

去年留美學生內鬨，有所謂某聯合會長者，投函紐約華字報紙，不能自寫中文信。余聞而異之。後見美國書肆刊一巨册，即出此人手筆，英文非常可觀。此等學生，從外國人皮相觀察，能不視為中國之救星！然由我國人自視則何如？此等喪失民族固有文明之怪象，實不能全歸咎於留學生。蓋中國教育當局於選派毫無根蒂之青年出洋時，即種惡因也。留美學生因犯虛浮與蔑視國學之病，當然缺乏深沉的思慮與獨立的精神。模擬而不創造，依人而不自主，故治國則主親美，經商則為買辦，服務社會則投降教會機關，辦理教育則傳播拜金主義，怠惰苟且，甚少建白。辛亥革命，無留美學生之流血，五四運動無留美學生之犧牲。人家吃盡辛苦，而留美學生安享其成，彼不明華夷之美國人，動輒稱許留美學生爲改革中國之發動機，其實此等浮誇之諛詞，適足消磨留美學生之志氣而已。

此一批評，卻較前一推論更切實、更深入了。但在中國自身內部，卻甚少此等批評與推論。其實留學教育亦只是教育中之一枝，必得有本國小學中學大學基礎，然後出國游學，方可吸人之長，補己之短。不幸清末民初之游學政策，忽視了此根本，只求幼童出國，又求速成返國，宜乎留學者日衆，而於國家民族終無大益。

# 第五章　教育的過渡時期

我國近代的新興學校教育，可說實自民國以來才有。而自民國創建，至今六十餘年，言其教育制度的變更，可說乃求走上澈底西化的路。自幼兒教育至大學階段一切倣美制，而又以出洋留學爲教育之最後最高階層。然而制度僅爲一外層形式，教育的中心基本則在教育精神上，形式制度可抄襲他國，中心精神則必求與本國文化傳統相貫通，每一國家如果沒有他一套一國獨立的教育精神，實不能稱爲一獨立國家。不幸民國以來的教育獨缺乏了此種精神。

民國三十八年政府遷臺以來，近三十年竭意發展教育。就量而言，亦可稱爲一教育發達時期，尤以國民教育的推行澈底爲然，然究其實，則仍感一種獨立的教育精神之缺乏。因此這一段時期仍當稱爲教育一過渡時期，將來必待從傳統文化中重新建立起國家獨立的教育精神，方可評論這一時期的教育狀況。茲舉今日教育幾點重大缺失，以說明此一時期教育改革方向之獨立宗旨之尙未能確定。

民國元年十月，政府有大學令，謂大學以教授高深學術養成碩學閎材，應國家需要爲宗旨。又規定大學分文、理、法、商、醫、農、工七科，設立時以文、理二科爲主。而民十八年國府公布教育宗旨，謂大學及專門教育必須注重實用科學，充實科學內容，養成專門知識技能，並切實陶融爲國家社會服務之健全品格。以此兩次法令相較，則知政府辦學旨趣已先後大不相同。

據私意言之，教育貴有獨立的精神，而後可以有高遠的理想，從事學術研究以爲國家社會百年之計，並可備國家社會之實用。所以國家高等教育應以人文教育爲主。科學可不分國界，人文教育則必需着重一國的過去歷史文化傳統精神，如以文史哲以及法政經濟諸科與數理化電工機械等科一例等視，則是蔑視了國家文化傳統。社會無安定基礎，則自然科學以及物質建設自難安頓。師範教育應更爲人文學科中之一主要骨幹，而也並無一種針對當前國家社會所需要的特立獨有之精神可言。未有一國高等教育不重視人文教育的培養，徒倡自然科學，謂能眞救國家。而不幸近年來，政府大力提倡仍只在科學改建，未聞對如何加強人文教育有所措意，此爲一大缺失。

其次談到國民教育，近二十年來，臺灣國民教育之普及已達巔峯，國民教育的宗旨應在培養優秀的國民，主要在品格的培養，其次乃及於知識的傳授。人人必需接受國民教育，但並不能希望人人進入中學大學。一國國民的品德培養，也必得要從過去的歷史文化傳統來定標準。國民教育是一切教育的基礎。國民教育辦好，方能期望實業教育專門知識技能人才培養之收效。而且國民教育之重要性，亦不專在中小學校之內，西洋有宗教，中國雖有之，但並不是文化傳統中一主要項目，故不能與西方相比，因此國民教育除學校外，家庭教育、社會教育倍感重要。現在我們專注意在學校一面，自難有理想之成效。此又爲一大缺失。

近二十年來教育唯一的進步，則在國外留學教育上。留學生絕大多數在本國受完大學教育後出國，其在國外極大多數亦有優良的表現。但不幸國家偏安一島，優秀子弟久留國外，一面是人才浪費，而尤有甚者，則國人崇拜外洋之心理更甚於前，不僅科學人才要出國深造，甚而政法經濟，乃及本國文史哲方面的人才也以留學回國者地位爲高。此又偏失之甚者。試問國家立國方針豈能如此。

本書敍述中國教育史實僅止於清末，民國肇建，本應爲一切新教育之嶄新開始，但不幸此六十餘年來禍亂相乘，教育方針及其制度實尚未確立，瑣碎敍述實無必要，本章僅堪作爲本書末之綴語，期讀者諒之。

# 參考書目

清史　張其昀彭國棟等編纂
清朝全史　日稻葉君山原著但燾譯
清儒學案　徐世昌等編
清朝文獻通考
清朝續文獻通考
國朝先正事略　清李元度撰
圖書集成
皇朝政典類纂　清席裕福等編
中國近三百年學術史　梁啓超著
中國書院制度　盛朗西
國史大綱　錢穆著
中國思想史　錢穆著
中國近三百年學術史　錢穆著
國史新論　錢穆著
政學私言　錢穆著
中國傳統教育制度與教育理想　政治大學教育研究所講稿　錢穆
中國教育史　陳東原著
中國教育史　陳靑之著

中國近三百年學術史 梁啓超著 中國文學史 劉大杰著

皇清經解 [illegible] 中國哲學史 馮友蘭著

國學概論 [illegible]

國學古籍 [illegible] [illegible] 錢穆著

[illegible] 國史新論 錢穆著

[illegible] 中國近三百年學術史 錢穆著

[illegible] 中國思想史 錢穆著

[illegible] 國史大綱 錢穆著

[illegible] 中國 [illegible]

參考書目

# 三民大專用書書目

國父遺教

| | | |
|---|---|---|
| 國父思想 | 涂子麟 著 | 中山大學 |
| 國父思想 | 周世輔 著 | 前政治大學 |
| 國父思想新論 | 周世輔 著 | 前政治大學 |
| 國父思想要義 | 周世輔 著 | 前政治大學 |

法　律

| | | |
|---|---|---|
| 中國憲法新論 | 薩孟武 著 | 前臺灣大學 |
| 中國憲法論 | 傅肅良 著 | 中興大學 |
| 中華民國憲法論 | 管　歐 著 | 東吳大學 |
| 中華民國憲法逐條釋義(一)～(四) | 林紀東 著 | 臺灣大學 |
| 比較憲法 | 鄒文海 著 | 前政治大學 |
| 比較憲法 | 曾繁康 著 | 臺灣大學 |
| 美國憲法與憲政 | 荊知仁 著 | 政治大學 |
| 國家賠償法 | 劉春堂 著 | 輔仁大學 |
| 民法概要 | 鄭玉波 著 | 臺灣大學 |
| 民法概要 | 董世芳 著 | 實踐學院 |
| 民法總則 | 鄭玉波 著 | 臺灣大學 |
| 判解民法總則 | 劉春堂 著 | 輔仁大學 |
| 民法債編總論 | 鄭玉波 著 | 臺灣大學 |
| 判解民法債篇通則 | 劉春堂 著 | 輔仁大學 |
| 民法物權 | 鄭玉波 著 | 臺灣大學 |
| 判解民法物權 | 劉春堂 著 | 輔仁大學 |
| 民法親屬新論 | 黃宗樂等著 | 臺灣大學 |
| 民法繼承新論 | 黃宗樂等著 | 臺灣大學 |
| 商事法論 | 張國鍵 著 | 臺灣大學 |
| 商事法要論 | 梁宇賢 著 | 中興大學 |
| 公司法 | 鄭玉波 著 | 臺灣大學 |
| 公司法論 | 柯芳枝 著 | 臺灣大學 |

| 書名 | 著者 | | 服務機構 |
|---|---|---|---|
| 公司法論 | 梁宇賢 | 著 | 中興大學 |
| 票據法 | 鄭玉波 | 著 | 臺灣大學 |
| 海商法 | 鄭玉波 | 著 | 臺灣大學 |
| 海商法論 | 梁宇賢 | 著 | 中興大學 |
| 保險法論 | 鄭玉波 | 著 | 臺灣大學 |
| 民事訴訟法釋義 | 石志泉<br>楊建華 | 原著<br>修訂 | 輔仁大學 |
| 破產法 | 陳榮宗 | 著 | 臺灣大學 |
| 破產法論 | 陳計男 | 著 | 行政法院 |
| 刑法總整理 | 曾榮振 | 著 | 臺中地院 |
| 刑法總論 | 蔡墩銘 | 著 | 臺灣大學 |
| 刑法各論 | 蔡墩銘 | 著 | 臺灣大學 |
| 刑法特論（上）（下） | 林山田 | 著 | 政治大學 |
| 刑事政策（修訂版） | 張甘妹 | 著 | 臺灣大學 |
| 刑事訴訟法論 | 黃東熊 | 著 | 中興大學 |
| 刑事訴訟法論 | 胡開誠 | 著 | 臺灣大學 |
| 行政法（改訂版） | 林紀東 | 著 | 臺灣大學 |
| 行政法 | 張家洋 | 著 | 政治大學 |
| 行政法之基礎理論 | 城仲模 | 著 | 中興大學 |
| 犯罪學 | 林山田 等 | 著 | 政治大學等 |
| 監獄學 | 林紀東 | 著 | 臺灣大學 |
| 土地法釋論 | 焦祖涵 | 著 | 東吳大學 |
| 土地登記之理論與實務 | 焦祖涵 | 著 | 東吳大學 |
| 引渡之理論與實踐 | 陳榮傑 | 著 | 外交部 |
| 國際私法 | 劉甲一 | 著 | 臺灣大學 |
| 國際私法新論 | 梅仲協 | 著 | 前臺灣大學 |
| 國際私法論叢 | 劉鐵錚 | 著 | 政治大學 |
| 現代國際法 | 丘宏達 等 | 著 | 馬利蘭大學等 |
| 現代國際法基本文件 | 丘宏達 | 編 | 馬利蘭大學 |
| 平時國際法 | 蘇義雄 | 著 | 中興大學 |
| 中國法制史 | 戴炎輝 | 著 | 臺灣大學 |
| 法學緒論 | 鄭玉波 | 著 | 臺灣大學 |
| 法學緒論 | 孫致中 | 著 | 各大專院校 |

強制執行法 陳榮宗 著 臺灣大學
法院組織法論 管歐 著 東吳大學

## 政治・外交

政治學 薩孟武 著 前臺灣大學
政治學 鄒文海 著 前政治大學
政治學 曹伯森 著 陸軍官校
政治學 呂亞力 著 臺灣大學
政治學概要 張金鑑 著 政治大學
政治學方法論 呂亞力 著 臺灣大學
政治理論與研究方法 易君博 著 政治大學
公共政策概論 朱志宏 著 臺灣大學
公共政策 曹俊漢 著 臺灣大學
公共政策 朱志宏 著 臺灣大學
公共關係 王德馨 等著 交通大學
中國社會政治史㈠～㈣ 薩孟武 著 前臺灣大學
中國政治思想史 薩孟武 著 前臺灣大學
中國政治思想史（上）（中）（下） 張金鑑 著 政治大學
西洋政治思想史 張金鑑 著 政治大學
西洋政治思想史 薩孟武 著 前臺灣大學
中國政治制度史 張金鑑 著 政治大學
比較主義 張亞澐 著 政治大學
比較監察制度 陶百川 著 國策顧問
歐洲各國政府 張金鑑 著 政治大學
美國政府 張金鑑 著 政治大學
地方自治概要 管歐 著 東吳大學
國際關係——理論與實踐 朱張碧珠 著 臺灣大學
中美早期外交史 李定一 著 政治大學
現代西洋外交史 楊逢泰 著 政治大學

## 行政・管理

行政學（增訂版） 張潤書 著 政治大學
行政學 左潞生 著 中興大學
行政學新論 張金鑑 著 政治大學

| | | |
|---|---|---|
| 行政管理學 | 傅肅良 著 | 中興大學 |
| 行政生態學 | 彭文賢 著 | 中興大學 |
| 各國人事制度 | 傅肅良 著 | 中興大學 |
| 考銓制度 | 傅肅良 著 | 中興大學 |
| 交通行政 | 劉承漢 著 | 成功大學 |
| 組織行爲管理 | 龔平邦 著 | 前逢甲大學 |
| 行爲科學概論 | 龔平邦 著 | 前逢甲大學 |
| 行爲科學與管理 | 徐木蘭 著 | 臺灣大學 |
| 組織行爲學 | 高尚仁 等著 | 香港大學 |
| 組織原理 | 彭文賢 著 | 中興大學 |
| 實用企業管理學 | 解宏賓 著 | 中興大學 |
| 企業管理 | 蔣靜一 著 | 逢甲大學 |
| 企業管理 | 陳定國 著 | 臺灣大學 |
| 國際企業論 | 李蘭甫 著 | 中文大學 |
| 企業政策 | 陳光華 著 | 交通大學 |
| 企業概論 | 陳定國 著 | 臺灣大學 |
| 管理新論 | 謝長宏 著 | 交通大學 |
| 管理概論 | 郭崑謨 著 | 中興大學 |
| 管理個案分析 | 郭崑謨 著 | 中興大學 |
| 企業組織與管理 | 郭崑謨 著 | 中興大學 |
| 企業組織與管理（工商管理） | 盧宗漢 著 | 中興大學 |
| 現代企業管理 | 龔平邦 著 | 前逢甲大學 |
| 現代管理學 | 龔平邦 著 | 前逢甲大學 |
| 事務管理手冊 | 新聞局 著 | |
| 生產管理 | 劉漢容 著 | 成功大學 |
| 管理心理學 | 湯淑貞 著 | 成功大學 |
| 管理數學 | 謝志雄 著 | 東吳大學 |
| 品質管理 | 戴久永 著 | 交通大學 |
| 可靠度導論 | 戴久永 著 | 交通大學 |
| 人事管理（修訂版） | 傅肅良 著 | 中興大學 |
| 作業研究 | 林照雄 著 | 輔仁大學 |
| 作業研究 | 楊超然 著 | 臺灣大學 |
| 作業研究 | 劉一忠 著 | 舊金山州立大學 |

| | | | |
|---|---|---|---|
| 系統分析 | 陳　進 | 著 | 前聖瑪麗大學 |

## 社　會

| | | | |
|---|---|---|---|
| 社會學 | 蔡文輝 | 著 | 印第安那大學 |
| 社會學 | 龍冠海 | 著 | 前臺灣大學 |
| 社會學 | 張華葆 | 主編 | 東海大學 |
| 社會學理論 | 蔡文輝 | 著 | 印第安那大學 |
| 社會學理論 | 陳秉璋 | 著 | 政治大學 |
| 社會心理學 | 劉安彥 | 著 | 傑克遜州立大學 |
| 社會心理學 | 張華葆 | 著 | 東海大學 |
| 社會心理學 | 趙淑賢 | 著 | 安柏拉校區 |
| 社會心理學理論 | 張華葆 | 著 | 東海大學 |
| 政治社會學 | 陳秉璋 | 著 | 政治大學 |
| 醫療社會學 | 廖榮利　等 | 著 | 臺灣大學 |
| 組織社會學 | 張芝雲 | 著 | 臺灣大學 |
| 人口遷移 | 廖正宏 | 著 | 臺灣大學 |
| 社區原理 | 蔡宏進 | 著 | 臺灣大學 |
| 人口教育 | 孫得雄 | 編著 | 東海大學 |
| 社會階層化與社會流動 | 許嘉猷 | 著 | 臺灣大學 |
| 社會階層 | 張華葆 | 著 | 東海大學 |
| 西洋社會思想史 | 張承漢　等 | 著 | 臺灣大學 |
| 中國社會思想史（上）（下） | 張承漢 | 著 | 臺灣大學 |
| 社會變遷 | 蔡文輝 | 著 | 印第安那大學 |
| 社會政策與社會行政 | 陳國鈞 | 著 | 中興大學 |
| 社會福利行政（修訂版） | 白秀雄 | 著 | 臺灣大學 |
| 社會工作 | 白秀雄 | 著 | 臺灣大學 |
| 社會工作管理 | 廖榮利 | 著 | 臺灣大學 |
| 團體工作：理論與技術 | 林萬億 | 著 | 臺灣大學 |
| 都市社會學理論與應用 | 龍冠海 | 著 | 前臺灣大學 |
| 社會科學概論 | 薩孟武 | 著 | 前臺灣大學 |
| 文化人類學 | 陳國鈞 | 著 | 中興大學 |

| | | |
|---|---|---|
| 勞工問題 | 陳國鈞 著 | 中興大學 |
| 少年犯罪心理學 | 張華葆 著 | 東海大學 |
| 少年犯罪預防及矯治 | 張華葆 著 | 東海大學 |

## 教　育

| | | |
|---|---|---|
| 教育哲學 | 賈馥茗 著 | 臺灣師大 |
| 教育哲學 | 葉學志 著 | 彰化教院 |
| 普通教學法 | 方炳林 著 | 前臺灣師大 |
| 各國教育制度 | 雷國鼎 著 | 臺灣師大 |
| 教育心理學 | 溫世頌 著 | 傑克遜州立大學 |
| 教育心理學 | 胡秉正 著 | 政治大學 |
| 教育社會學 | 陳奎憙 著 | 臺灣師大 |
| 教育行政學 | 林文達 著 | 政治大學 |
| 教育行政原理 | 黃文輝 主譯 | 臺灣師大 |
| 教育經濟學 | 蓋浙生 著 | 臺灣師大 |
| 教育經濟學 | 林文達 著 | 政治大學 |
| 工業教育學 | 袁立錕 著 | 彰化教院 |
| 技術職業教育行政與視導 | 張天津 著 | 臺灣師大 |
| 技職教育測量與評鑒 | 李大偉 著 | 臺灣師大 |
| 高科技與技職教育 | 楊啟棟 著 | 臺灣師大 |
| 工業職業技術教育 | 陳昭雄 著 | 臺灣師大 |
| 技術職業教育教學法 | 陳昭雄 著 | 臺灣師大 |
| 技術職業教育辭典 | 楊朝祥 編著 | 臺灣師大 |
| 技術職業教育理論與實務 | 楊朝祥 著 | 臺灣師大 |
| 工業安全衛生 | 羅文基 著 | |
| 人力發展理論與實施 | 彭台臨 著 | 臺灣師大 |
| 職業教育師資培育 | 周談輝 著 | 臺灣師大 |
| 家庭教育 | 張振宇 著 | 淡江大學 |
| 教育與人生 | 李建興 著 | 臺灣師大 |
| 當代教育思潮 | 徐南號 著 | 臺灣師大 |
| 比較國民教育 | 雷國鼎 著 | 臺灣師大 |
| 中等教育 | 司琦 著 | 政治大學 |
| 中國教育史 | 胡美琦 著 | 文化大學 |

| 書名 | 著者 | 任職 |
|---|---|---|
| 中國現代教育史 | 鄭世興　著 | 臺灣師大 |
| 中國大學教育發展史 | 伍振鷟　著 | 臺灣師大 |
| 中國職業教育發展史 | 周談輝　著 | 臺灣師大 |
| 社會教育新論 | 李建興　著 | 臺灣師大 |
| 中國社會教育發展史 | 李建興　著 | 臺灣師大 |
| 中國國民教育發展史 | 司琦　著 | 政治大學 |
| 中國體育發展史 | 吳文忠　著 | 臺灣師大 |
| 如何寫學術論文 | 宋楚瑜　著 | 臺灣大學 |
| 論文寫作研究 | 段家鋒　等著 | 政戰學校等 |

**心理學**

| 書名 | 著者 | 任職 |
|---|---|---|
| 心理學 | 劉安彥　著 | 傑克遜州立大學 |
| 心理學 | 張春興　等著 | 臺灣師大等 |
| 人事心理學 | 黃天中　著 | 淡江大學 |
| 人事心理學 | 傅肅良　著 | 中興大學 |

**經濟・財政**

| 書名 | 著者 | 任職 |
|---|---|---|
| 西洋經濟思想史 | 林鐘雄　著 | 臺灣大學 |
| 歐洲經濟發展史 | 林鐘雄　著 | 臺灣大學 |
| 比較經濟制度 | 孫殿柏　著 | 政治大學 |
| 經濟學原理（增訂新版） | 歐陽勛　著 | 政治大學 |
| 經濟學導論 | 徐育珠　著 | 南康涅狄克州立大學 |
| 經濟學概要 | 歐陽勛　等著 | 政治大學 |
| 通俗經濟講話 | 邢慕寰　著 | 前香港大學 |
| 經濟學（增訂版） | 陸民仁　著 | 政治大學 |
| 經濟學概論 | 陸民仁　著 | 政治大學 |
| 國際經濟學 | 白俊男　著 | 東吳大學 |
| 國際經濟學 | 黃智輝　著 | 東吳大學 |
| 個體經濟學 | 劉盛男　著 | 臺北商專 |
| 總體經濟分析 | 趙鳳培　著 | 政治大學 |
| 總體經濟學 | 鐘甦生　著 | 西雅圖銀行 |
| 總體經濟學 | 張慶輝　著 | 政治大學 |
| 總體經濟理論 | 孫震　著 | 臺灣大學 |

| | | |
|---|---|---|
| 數理經濟分析 | 林大侯 著 | 臺灣大學 |
| 計量經濟學導論 | 林華德 著 | 臺灣大學 |
| 計量經濟學 | 陳正澄 著 | 臺灣大學 |
| 經濟政策 | 湯俊湘 著 | 中興大學 |
| 合作經濟概論 | 尹樹生 著 | 中興大學 |
| 農業經濟學 | 尹樹生 著 | 中興大學 |
| 工程經濟 | 陳寬仁 著 | 中正理工學院 |
| 銀行法 | 金桐林 著 | 中興銀行 |
| 銀行法釋義 | 楊承厚 著 | 銘傳管理學院 |
| 商業銀行實務 | 解宏賓 編著 | 中興大學 |
| 貨幣銀行學 | 何偉成 著 | 中正理工學院 |
| 貨幣銀行學 | 白俊男 著 | 東吳大學 |
| 貨幣銀行學 | 楊樹森 著 | 文化大學 |
| 貨幣銀行學 | 李穎吾 著 | 臺灣大學 |
| 貨幣銀行學 | 趙鳳培 著 | 政治大學 |
| 現代貨幣銀行學 | 柳復起 著 | 新南威爾斯大學 |
| 現代國際金融 | 柳復起 著 | 新南威爾斯大學 |
| 國際金融理論與制度（修訂版） | 歐陽勛等編著 | 政治大學 |
| 金融交換實務 | 李麗 著 | 中央銀行 |
| 財政學 | 李厚高 著 | 逢甲大學 |
| 財政學（修訂版） | 林華德 著 | 臺灣大學 |
| 財政學原理 | 魏萼 著 | 臺灣大學 |
| 商用英文 | 張錦源 著 | 政治大學 |
| 商用英文 | 程振粵 著 | 臺灣大學 |
| 貿易契約理論與實務 | 張錦源 著 | 政治大學 |
| 貿易英文實務 | 張錦源 著 | 政治大學 |
| 信用狀理論與實務 | 蕭啟賢 著 | 輔仁大學 |
| 信用狀理論與實務 | 張錦源 著 | 政治大學 |
| 國際貿易 | 李穎吾 著 | 臺灣大學 |
| 國際貿易實務詳論 | 張錦源 著 | 政治大學 |
| 國際貿易實務 | 羅慶龍 著 | 逢甲大學 |

| 書名 | 作者 | | 單位 |
|---|---|---|---|
| 國際貿易理論與政策（修訂版） | 歐陽勛等 | 編著 | 政治大學 |
| 國際貿易政策概論 | 余德培 | 著 | 東吳大學 |
| 國際貿易論 | 李厚高 | 著 | 逢甲大學 |
| 國際商品買賣契約法 | 鄧越今 | 編著 | 外貿協會 |
| 國際貿易法概要 | 于政長 | 著 | 東吳大學 |
| 國際貿易法 | 張錦源 | 著 | 政治大學 |
| 外匯投資理財與風險 | 李麗 | 著 | 中央銀行 |
| 外匯、貿易辭典 | 于政長 | 編著 | 東吳大學 |
| | 張錦源 | 校訂 | 政治大學 |
| 貿易實務辭典 | 張錦源 | 編著 | 政治大學 |
| 貿易貨物保險（修訂版） | 周詠棠 | 著 | 中央信託局 |
| 貿易慣例 | 張錦源 | 著 | 政治大學 |
| 國際匯兌 | 林邦充 | 著 | 政治大學 |
| 國際行銷管理 | 許士軍 | 著 | 新加坡大學 |
| 國際行銷 | 郭崑謨 | 著 | 中興大學 |
| 行銷管理 | 郭崑謨 | 著 | 中興大學 |
| 海關實務（修訂版） | 張俊雄 | 著 | 淡江大學 |
| 美國之外匯市場 | 于政長 | 譯 | 東吳大學 |
| 保險學（增訂版） | 湯俊湘 | 著 | 中興大學 |
| 人壽保險學（增訂版） | 宋明哲 | 著 | 德明商專 |
| 人壽保險的理論與實務 | 陳雲中 | 編著 | 臺灣大學 |
| 火災保險及海上保險 | 吳榮清 | 著 | 文化大學 |
| 市場學 | 王德馨 | 等著 | 中興大學 |
| 行銷學 | 江顯新 | 著 | 中興大學 |
| 投資學 | 龔平邦 | 著 | 前逢甲大學 |
| 投資學 | 白俊男 | 等著 | 東吳大學 |
| 海外投資的知識 | 葉雲鎮 | 等譯 | |
| 國際投資之技術移轉 | 鍾瑞江 | 著 | 東吳大學 |

**會計・統計・審計**

| 書名 | 作者 | | 單位 |
|---|---|---|---|
| 銀行會計（上）（下） | 李兆萱 | 等著 | 臺灣大學等 |
| 初級會計學（上）（下） | 洪國賜 | 著 | 淡水工商 |
| 中級會計學（上）（下） | 洪國賜 | 著 | 淡水工商 |
| 中等會計（上）（下） | 薛光圻 | 等著 | 西東大學等 |

| 書名 | 作者 | | 單位 |
|---|---|---|---|
| 會計辭典 | 龍毓耼 | 譯 | |
| 會計學（上）（下） | 幸世間 | 著 | 臺灣大學 |
| 會計學題解 | 幸世間 | 著 | 臺灣大學 |
| 成本會計（上）（下） | 洪國賜 | 著 | 淡水工商 |
| 成本會計 | 盛禮約 | 著 | 淡水工商 |
| 政府會計 | 李增榮 | 著 | 政治大學 |
| 政府會計 | 張鴻春 | 著 | 臺灣大學 |
| 稅務會計 | 卓敏枝 | 等著 | 臺灣大學等 |
| 財務報表分析 | 洪國賜 | 等著 | 淡水工商等 |
| 財務報表分析 | 李祖培 | 著 | 中興大學 |
| 財務管理 | 張春雄 | 著 | 政治大學 |
| 財務管理（增訂新版） | 黃柱權 | 著 | 政治大學 |
| 商用統計學（修訂版） | 顏月珠 | 著 | 臺灣大學 |
| 商用統計學 | 劉一忠 | 著 | 舊金山州立大學 |
| 統計學（修訂版） | 柴松林 | 著 | 政治大學 |
| 統計學 | 劉南溟 | 著 | 前臺灣大學 |
| 統計學 | 張浩鈞 | 著 | 臺灣大學 |
| 統計學 | 楊維哲 | 著 | 臺灣大學 |
| 統計學 | 顏月珠 | 著 | 臺灣大學 |
| 統計學題解 | 顏月珠 | 著 | 臺灣大學 |
| 推理統計學 | 張碧波 | 著 | 銘傳管理學院 |
| 應用數理統計學 | 顏月珠 | 著 | 臺灣大學 |
| 統計製圖學 | 宋汝濬 | 著 | 臺中商專 |
| 統計概念與方法 | 戴久永 | 著 | 交通大學 |
| 審計學 | 殷文俊 | 等著 | 政治大學 |
| 商用數學 | 薛昭雄 | 著 | 政治大學 |
| 商用數學（含商用微積分） | 楊維哲 | 著 | 臺灣大學 |
| 線性代數（修訂版） | 謝志雄 | 著 | 東吳大學 |
| 商用微積分 | 何典恭 | 著 | 淡水工商 |
| 微積分 | 楊維哲 | 著 | 臺灣大學 |
| 微積分（上）（下） | 楊維哲 | 著 | 臺灣大學 |
| 大二微積分 | 楊維哲 | 著 | 臺灣大學 |

| | | |
|---|---|---|
| 機率導論 | 戴久永 著 | 交通大學 |

## 新聞

| | | |
|---|---|---|
| 傳播研究方法總論 | 楊孝濚 著 | 東吳大學 |
| 傳播研究調查法 | 蘇蘅 著 | 輔仁大學 |
| 傳播原理 | 方蘭生 著 | 文化大學 |
| 行銷傳播學 | 羅文坤 著 | 政治大學 |
| 國際傳播 | 李瞻 著 | 政治大學 |
| 國際傳播與科技 | 彭芸 著 | 政治大學 |
| 廣播與電視 | 何貽謀 著 | 輔仁大學 |
| 廣播原理與製作 | 于洪海 著 | 中廣 |
| 電影原理與製作 | 梅長齡 著 | 前文化大學 |
| 新聞學與大眾傳播學 | 鄭貞銘 著 | 文化大學 |
| 新聞採訪與編輯 | 鄭貞銘 著 | 文化大學 |
| 新聞編輯學 | 徐旭 著 | 新生報 |
| 採訪寫作 | 歐陽醇 著 | 臺灣師大 |
| 評論寫作 | 程之行 著 | 紐約日報 |
| 新聞英文寫作 | 朱耀龍 著 | 前文化大學 |
| 小型報刊實務 | 彭家發 著 | 政治大學 |
| 廣告學 | 顏伯勤 著 | 輔仁大學 |
| 媒介實務 | 趙俊邁 著 | 東吳大學 |
| 中國新聞傳播史 | 賴光臨 著 | 政治大學 |
| 中國新聞史 | 曾虛白 主編 | |
| 世界新聞史 | 李瞻 著 | 政治大學 |
| 新聞學 | 李瞻 著 | 政治大學 |
| 新聞採訪學 | 李瞻 著 | 政治大學 |
| 新聞道德 | 李瞻 著 | 政治大學 |
| 電視制度 | 李瞻 著 | 政治大學 |
| 電視新聞 | 張勤 著 | 中視文化公司 |
| 電視與觀眾 | 曠湘霞 著 | 政治大學 |
| 大眾傳播理論 | 李金銓 著 | 明尼西達大學 |
| 大眾傳播新論 | 李茂政 著 | 政治大學 |

| | | |
|---|---|---|
| 大眾傳播與社會變遷 | 陳世敏 著 | 政治大學 |
| 組織傳播 | 鄭瑞城 著 | 政治大學 |
| 政治傳播學 | 祝基瀅 著 | |
| 文化與傳播 | 汪琪 著 | 政治大學 |

## 歷史・地理

| | | |
|---|---|---|
| 中國通史（上）（下） | 林瑞翰 著 | 臺灣大學 |
| 中國現代史 | 李守孔 著 | 臺灣大學 |
| 中國近代史 | 李守孔 著 | 臺灣大學 |
| 中國近代史 | 李雲漢 著 | 政治大學 |
| 中國近代史（簡史） | 李雲漢 著 | 政治大學 |
| 中國近代史 | 古鴻廷 著 | 東海大學 |
| 隋唐史 | 王壽南 著 | 政治大學 |
| 明清史 | 陳捷先 著 | 臺灣大學 |
| 黃河文明之光 | 姚大中 著 | 東吳大學 |
| 古代北西中國 | 姚大中 著 | 東吳大學 |
| 南方的奮起 | 姚大中 著 | 東吳大學 |
| 中國世界的全盛 | 姚大中 著 | 東吳大學 |
| 近代中國的成立 | 姚大中 著 | 東吳大學 |
| 西洋現代史 | 李邁先 著 | 臺灣大學 |
| 東歐諸國史 | 李邁先 著 | 臺灣大學 |
| 英國史綱 | 許介鱗 著 | 臺灣大學 |
| 印度史 | 吳俊才 著 | 政治大學 |
| 日本史 | 林明德 著 | 臺灣師大 |
| 日本現代史 | 許介鱗 著 | 臺灣大學 |
| 近代中日關係史 | 林明德 著 | 臺灣師大 |
| 美洲地理 | 林鈞祥 著 | 臺灣師大 |
| 非洲地理 | 劉鴻喜 著 | 臺灣師大 |
| 自然地理學 | 劉鴻喜 著 | 臺灣師大 |
| 地形學綱要 | 劉鴻喜 著 | 臺灣師大 |
| 聚落地理學 | 胡振洲 著 | 中興大學 |
| 海事地理學 | 胡振洲 著 | 中興大學 |
| 經濟地理 | 陳伯中 著 | 前臺灣大學 |
| 都市地理學 | 陳伯中 著 | 前臺灣大學 |